이명박 정권의 외교전략

－한국의 국가전략－

이원형 저

傳 英 社

책을 쓰면서

이 책은 저자의 또 다른 하나의 생명체(生命體)이다. 저자는 젊었을 한때 학자의 꿈을 가지고 있었기에, 지난 30여 년간 일본, 중국 등 세계 각국의 외교현장에서 낮에는 대한민국의 국익을 실현하기 위하여 외교관의 역할을 수행하고, 밤에는 책과 씨름하면서 실제의 현실을 이론화하기 위한 노력을 끊임없이 하여 왔었다. 이제는 본인도 현실과 이론들 사이에 「다리」를 놓을 수 있지 않겠느냐는 자신이 생겼다. 이것이 이 책을 다시 쓰기로 한 동기이기도 하다.

저자는 외교부의 해외 첫 임지로 주일본한국대사관의 3등서기관으로 출발한 이래 1등서기관, 참사관, 공사로 4번에 걸쳐 10년 이상 근무하고, 게이오(慶應)대학교에서 국제정치학 박사를 취득하는 등 소위 "일본전문가"로서 한일 FTA 체결과 함께, 북 · 일 수교교섭과 연계하여 한반도의 통일을 염두에 둔 대북한 경제협력 로드 맵(road map)의 수립을 검토하여야 한다고 절감하고 있다.

저자는 주중국공사로 "다시 찾은 중화사상, 중국"을 경험하면서, 한국은 미국은 물론 중국의 양해 없이 통일할 수 없다고 생각하게 되었다. 따라서 한반도의 통일은 "한반도의 평화와 안정"이라는 중국의 국가이익에 도움이 된다는 차원에서 중국

정부의 지원을 유도함이 바람직하다고 본다.

저자는 Harvard 대학교 국제문제연구소의 객원교수(Fellow)로 재직하면서, 소위 「9.11 테러사건」 이후 조국의 운명을 좌우할 새로운 변화를 가져올 냉전후(post-cold war)의 신질서 동향과 한미동맹관계의 강화를 통한 통일방안을 세계적인 석학들과의 토론을 통하여 해법을 찾으려고 고민한 바 있다.

저자는 "역사란 과거와 현재의 끊임없는 대화(E. H. Carr)"라는 인식하에, 한국을 둘러싼 역사는 비슷하게 반복될 수 있다는 사실을 인정하면서, 독도를 잃는 날은 대한민국 패망의 시작이고, 동북공정의 논리에서 밀리는 날은 한반도 북반부 상실의 전초전이라고 믿고 있다. 그래서 그러한 날이 도래하지 않고, "대한민국이여, 영원하라"라고 소망하고 있다.

저자는 "영원한 동맹도 영원한 적국도 없다. 오직 있다면 영원한 국익만이 있다"는 교훈을 믿으면서, 전후(戰後) Internationalization(국제화)-Borderless(무국경화)-Globalization(세계화)이라는 국제조류에 따라 전전(戰前)의 "국제공법의 수용"을 실패한 우리 조국은 현재로서는 "세계화의 수용" 이외에 대안이 없다. 국내적으로는 산업화와 민주화에 성공한 대한민국은 국정방향으로 선진화 이외에 다른 선택이 없다는 절박한 현실을 통감하고 있다.

저자는 또한 "위기는 기회"라는 인식 하에 대한민국의 영토는 한반도와 그 부속도서로 한다는 헌법에 따라 북한을 "전략적 국경"으로 삼고, 평화적이고 민주적인 방법으로 "38선에서 백두산까지" 진출하여 늦어도 2020년까지는 "우리의 소원은 통일"을 이루어야 한다는 사명을 민족공조와 국제공조를 통하여 달성하여야 한다고 믿고 있다.

비록 2008년 2월 25일 이명박 정권이 발족하였음에도 불구하고, 급변하는 국내외환경은 여전히 계속되고 있으며, 기본적인 한국의 국가이념과 국가이익도 변화되지 않고, 이명박 정권의 외교전략 또한 역대 한국대통령 국가전략의 연장선에서 이루어질 것이다. 그러나 이에 더하여 이명박 정권 외교전략의 운영에 있어서는 Global KOREA를 지향하면서 이념을 넘어서 "창조적 실용주의 외교"를 추진할 것으로 기대된다.

저자는 현재 여의도연구소(한나라당) 정책자문위원으로 이명박 대통령의 국정철학과 대선공약 등을 고려하였으나, 본서의 주요 내용은 한국정부의 입장과 무관한 개인적인 견해로 오직 학자의 양심에서, 이명박 정권은 반드시 실천하여 주기를 기대하는 심정에서 『이명박 정권의 외교전략』이라는 책명을 쓰기로 하였다.

이 책은 나의 생명체인 동시에 나의 인생이기도 합니다.

우선 대한민국이라는 국가에 감사드립니다. 지난 1973년 이후 30여 년을 외교부에 근무하면서, 세계적인 명문대학인 Oxford 대학교, 게이오(慶應)대학교, Harvard 대학교 등에서 공부할 수 있는 기회를 주셨습니다.

외교부의 선배와 동료들에게 감사드립니다. 5년 전에 현직에 있으면서, 출판한 『韓國의 外交戰略』에 대하여 많은 격려와 비판을 바탕으로 이 책을 다시 쓰기 시작하였고, 이 책을 쓰기 위하여 동료와 후배들로부터 현안문제에 대한 "한국정부의 입장"에 관한 자료를 수집할 수 있었습니다.

박영사 안종만 회장님을 비롯하여, 조성호 차장과 마찬옥 편집부장, 강상희 님께 감사드립니다. 금번에도 기꺼이 출판을 허락하여 주시고, 자세한 책 만들기에 공을 들여 주셨습니다. 아울러, 박상은 회장님께도 이 기회를 통하여 고마움을 전합니다.

이 책을 하늘나라에 계신 아버님과 어머님께 바칩니다. 생전에는 못난 자식으로서 아무런 기쁨도 드리지 못하고 항상 걱정거리만 드렸음을 뒤늦게 깨달았습니다. 그리고 공직생활을 마친 지금에 와서 생각하면, 낮에는 일에 쫓기고 밤에는 책에 시달리면서, 이와 같은 책을 쓴다는 핑계로 집안일에 많은 관심을 갖지 못하였으나, 착하고 건강하게 잘 자라준 우리 아들 정헌과 정우, 무뚝뚝한 남편을 이해해 준 소중한 아내에게 고마움을 전합니다.

2008년 2월 25일

MB정권이 탄생하는 날

이 원 형

목 차

제 1 장 한국의 국가전략 서론

제 2 장 한국외교의 국내외환경

제 3 장 역대 한국대통령의 국가전략

제 4 장 한국외교의 국가대전략

제 5 장 이명박 정권의 국가전략

제 1 장

한국의 국가전략 서론

제 1 장 한국의 국가전략 서론

제 1 절 한국의 국내외 환경

21세기 한국의 전략 설정에는 현재 우리들은 어떤 국내외 환경 속에서 살아가고 있는가 하는 시대인식의 문제와 아울러, 장래 우리들은 어떠한 국가의 좌표를 설정해야 하는가 하는 목표설정의 문제가 중요한 요소이다.

제 2 차 세계대전 후(戰後) 우선 한 국가의 대외정책에 영향을 주는 국제환경을 시대 순으로 보면, Internationalization(국제화)→Borderless(무국경화)→Globalization(세계화)이라는 3대 조류의 「시대의 흐름」이 존재하고, 특히 21세기에 들어선 오늘, 국제환경변화는 냉전의 종식, 국경의 해체, 공동체주의와 개인주의의 경쟁, 문명의 충돌, 역사의 종말 등으로 특징되고 있다. 그리고 한 국가의 국내외정책을 어떤 노선과 방향을 취할 것인가라는 정책방향(policy orientations)을 시대 순으로 Industrialization(산업화)→Democratization(민주화)→Civilization(선진화)으로 분류할 수 있다. 다만, 한 민족이 한 국가로 통일하지 못한 우리들은 국내외의 시대조류로서 Nationalization(민족국가화)에도 특별한 관심을 가져야 하는 시대인식을 염두에 두고, 한국의 국가이익을 추구하여야 한다는 목표를 설정하여야 한다.

1. 국제조류

전후(戰後) 첫 번째 국제조류는 국제화(Internationalization)이다. Internationalization의 International이란 nation과 nation을 "연결"하는 의미이고, Inter-라는 접두어는 이질적인 것을 "연결한다"는 의미로 사용된다. 따라서 국제화란 국가와 국가를 "연결"하는 의미로 사용된다. 한국, 미국, 일본, 중국, 러시아 등의 국가들 간에는 같은 면도 있고 다른 면도 있다. 모든 면에서 같다고 한다면 국가와 국가를 연결할 필요는 없다. 즉 다른 면이 있기 때문에 "국가와 국가를 연결한다"는 국제화가 필요하다고 본다. 국제화란 용어는 1980년대에 들어와서 다시 사용되기 시작하였고, 1990년대에 들어서면서 자취를 감추었다.

한국의 당면 과제는 북한과 미국과의 전략적 균형전략을 구사하여 북한 핵폐기문제를 완전히 해결하고, 한미동맹을 주축으로 일본, 중국, 러시아와 각각 전략적 동반자관계를 구축하는 외교적 노력을 경주하여야 한다.

전후 두 번째 국제조류는 무국경화(Borderless)이다. 국제화에서 세계화로 넘어가는 과정에 무국경화라는 시대가 있었다. 1980년대 후반에서 1990년대 초반에 걸쳐 무국경화라는 용어가 많은 사람들 사이에 일종의 유행어가 되었다. 당시 「철의 장막」

(iron curtain)이 걷히고, 「베를린의 벽」이 무너지는 시대적 상황을 배경으로 하였다는 것은 말할 것도 없다.

무국경화란 국가와 국가간에 가로놓인 국경선이 사라지는 과정을 의미한다. 이런 의미에서는 무국경화는 일원적(一元的) 세계화의 서곡이기도 하다. 무국경화, 즉 국경을 없앤다는 것은 국가와 국가를 나누는 장애를 무너뜨리고, 사람이나 물건의 왕래를 자유롭게 하고, 이질성을 없앤다는 의미에서는 세계화라는 용어에 포함되어 있다고 할 수 있다.

무국경화의 전(前)단계에서는 국가와 국가 간의 무역에서 보듯이 관세율의 인하와 비관세 장벽의 철폐를 요구하기도 하고, 집중호우적인 수출에의 비판에 대하여는 수출의 자율규제로 대응하기도 한다. 다시 말하면, 국경이라는 벽을 높이거나 낮추는 것에 따라, 상품의 흐름을 촉진하거나, 역으로 억제하기도 하는 성격을 갖고 있다. 두 나라 간의 무역은 두 나라 국경의 높이에 따라 결정되고, 일방은 자유무역주의의 태도를 취하고, 타방은 보호무역주의의 정책을 취하기도 한다.

그러나 무국경화의 시대에는 일방은 타방의 국내에 존재하는 제도적 문제도 거론하고, 독점금지법을 강화하여 외국기업의 참가를 저지하여 기업계열을 약체화하기도 하고, 기업매수를 곤란하게 하는 주식의 상호보증을 완화하기도 하고, 또는 대규모 소매점포법을 개정하라고 하는 등 타방 국가 내의 공식·비공식제도의 개정을 간섭한다. 따라서 무국경화의 시대는 새로운 세계화 시대의 서장이기도 하다.

한국의 당면과제는 ASEAN이라든가, APEC, NAFTA, EU 등의 지역공동체가 출현하고 있는 시대적 상황을 인식하고, 『한민족 경제공동체』 나아가서는 『동아시아 지역공동체』의 창설을 염두에 두고 대외정책을 추진하여야 한다.

전후 세 번째이고 마지막 국제조류는 세계화(Globalization)이다. 세계화에는 겉으로는 강력한 동질화라는 구심력을 갖고 있는 반면, 속으로는 강력한 지역화라는 원심력이 동시에 작용하고 있다. 세계화에는 원래 이질적인 것을 동질화하는 의미를 포함하고 있다. 세계화는 국가의 내외에 종횡으로 펼쳐져 있는 경계선을 소멸시키는 것이 아니다. 경계는 남아 있다고 하더라도, 사람과 사람, 지역과 지역, 국가와 국가를 분리하는 경계는 아니고, 이질적인 사람, 지역, 국가가 서로 만나 상호영향을 미치는 공간, 구체적으로는 경제활동을 위한 공간(시장)을 의미한다.

세계화는 한국이 지금 받고 있는 도전이기도 하고, 기회이기도 하다. 기업 활동의 분야에는 세계화된 경제에 대응하기 위해서는 경쟁력을 높이는 것이 중요하고, 그러려면 기업의 개혁이 불가피하고, 회사원의 해고와 신규채용을 자제하지 않을 수 없게 되어, 이런 관점에는 반(反)세계화(anti-globalization)의 감정도 팽배하고 있다. 또한, 세계화란 정치, 경제, 통신, 문화, 정체성 등의 각 영역에서 세계 각 지역의 상호관계가 강화되는 현상이다. 나아가서 투자, 주식 등 국제자본시장, 인터넷, 위성방송 등이 주목받고 있으나, 기본적으로는 국제관계의 기축인 국민국가를 크게 변화시키고 있다.

한국정부로서는 주권국가의 국내와 국외의 벽을 무너뜨리

는 세계화의 흐름을 따르지 않으면 안 되고, 역사적으로 선례가 없는 과정에 직면하고 있다. 세계화는 국제사회의 존재를 바꾸어, 지금까지 국가가 독점하고 있는 힘(power)을 중앙(central)과 지방(local)으로 분산시키기도 한다. 경제문제에 관한 세계화는 1980년대 은행 중심의 금융자유화, 1990년대 증권자유화에 이어, 인터넷에 의한 개인자산의 상행위라는 금융자유화라는 3단계로 나눌 수 있다. 우선 1987년 10월의 Black Monday 후 BIS(Bank for International Settlements : 국제결제은행)에서 제1차 자기자본비율규제(BIS규제)가 1988년에 합의되어, 1992년 말에 실시되었다. 구라파와 미국의 대형은행에 관한 한, 증권자유화의 진전에 따라 제 1 차 BIS규제는 공동화(空洞化)되어 버렸으나, 국제적으로는 1992년의 구주 통화위기, 1994년 말의 멕시코 통화위기, 그리고 1997년 여름 동아시아의 금융 · 경제위기 등이 차례 차례로 발생하였다.

이에, BIS는 1997년 말 금융 Derivative(주식이나 채권에서 파생된 복합금융 상품) 상행위도 대상에 포함한 VaR(Value at Risk)이라는 제 2 차 BIS규제를 실시했다. VaR이란 10일 내지 2주간이라는 은행의 자산보유기간을 두고, 자산상행위를 해소한 경우에, 일방구간 99%의 확률에서 발생한 최대의 손실액을 말한다. 이를 위하여 필요한 자기자본액을 축적할 것을 요구하고, 매일 매일 시장 risk의 발생을 고려한 자금 position을 보유하도록 의무화한 것이다. 그런데도 불구하고, 1998년 러시아 위기를 발단으로 한 국제금융불안이 일어나, 구라파와 미국의 대형은행에 많은 손실이 발생했다. VaR은 일방 1%의 확률에서 발생한

risk, 즉 러시아의 위기와 같은 좀처럼 발생하지 않아야 하는 폭락을 전혀 고려하지 않았다. 결과적으로 제 2 차 BIS 규제는 도리어 위기를 가속화하였다.[1)]

이와 같은 BIS규제(바제르 I)는 대출의 Risk를 판단하는 Risk Weight가 단순한 구분에 따라 일률적으로 적용되는 등 은행의 Risk를 정확히 반영하지 못하였다. 이를 위하여 대출할 대상의 가격차이나 대출의 성격을 반영한 구체적인 Risk Weight가 적용되는 새로운 BIS규제(바제르 Ⅱ)가 2006년부터 적용되기 시작하였다.

그러나 세계화가 진행되면서 Sub-Prime Loan Shock[2)]는 오늘날의 Global 경제가 얼마나 불안정한 기초와 투자가의 생각에 의존하고 있는가를 보여주고 있어, 한국 기업가들의 당면 과제는 "세계경제가 거대하면 할수록, 이를 지탱하는 최말단의 활동조직의 힘은 더욱더 강하여진다(The bigger the world economy, the more powerful its smallest players)"라는 Global Paradox[3)]를 잘 인식하고, 한국 기업의 최말단 구성요소를 세분화하여, 한국 대기업을 기업가 정신이 투철한 소기업의 병렬화로 변화

1) 山口定·神野直彦, 『2025年 日本の構想』(岩波書店, 2000年), pp. 94~96.

2) 금융기관의 중요한 대출처를 Prime Loan이라 하고, 신흥국이나 저소득층 등 2차적인 대출처를 Sub-Prime Loan(Risk가 있는 반면 고금리를 기대할 수 있는 대출)이라 한다. 근래 미국의 주택시장이 저소득층 등의 주택Loan으로 급성장하였으나, 연체율이 높아, 대형 미국 주택금융이 2007년 7월 파산하고, 거기에 대형 회사가 Sub-Prime Loan 관련 금융상품의 가격을 낮추었다. 그것이 8월 초 신용불안, 나아가서 8월 중순에는 미국경제에 대한 염려가 높아져서 전 세계 주식가격의 하락으로 파급되었다.

3) John Naisbitt, *Global Paradox*(Avon Books New York, 1995), p. 5, p. 56.

시켜야 한다.

2. 국제환경의 특징

21세기 국제환경의 특징은 냉전의 붕괴(The End of Cold War)이다. 최근 국제사회에서 가장 큰 구조변동은 무엇보다도 공산주의의 몰락으로 대변되는 '냉전의 붕괴' 라는 변화의 특징을 논하지 않을 수 없다.

첫째로, 냉전체제의 붕괴는 소위 국제정치와 국제경제가 연계되는 영역이 비약적으로 확대되고, 심화된다는 특징이 있다. 다시 말하면 냉전체제에서 각국은 자유자본주의권 또는 사회공산주의권 중 어느 한쪽에 소속되고, 거기에서는 각 진영의 맹주인 미 · 소 양초대국이 각 진영의 국제관계를 원만히 기능하도록 군사원조, 경제협력, 기술제휴 등 여러 가지 협력을 강구하였다. 따라서 각국은 특히 정치적이고 군사적인 측면의 문제에 관하여는 이들 진영의 맹주인 미 · 소 양국의 역할로 떠맡기고, 각국은 자국의 경제발전을 위하여 그의 에너지를 집중할 수 있었다.

그러나 냉전체제가 붕괴한 21세기에는 이러한 맹주에 의한 지원은 질적으로나 양적으로 격감하는 경향이 있고, 국제질서를 유지하기 위한 비용분담(burden sharing)의 요청도 증대하고 있어, 국제관계의 구조는 소위 정치와 경제가 분리되는 상황에 따라 각국의 전략은 필연적으로 정경분리 지향형(政經分離 志向型)으로 발전하고 있다.

둘째로, 냉전체제의 붕괴는 국제정치에서 일어나는 현상이 국내정치의 현상과 연계되는 영역이 급격히 증대되는 특징을 가지고 있다. 다시 말하면 냉전시대에서 각국은 국제정치의 영역에서 일어나는 문제에 관하여 자기진영의 맹주인 미 · 소 양국에 떠맡기고, 각국은 자국 내의 질서를 유지하기 위한 활동에 전념할 수 있었다.

그러나 냉전시대가 끝난 21세기에 세계 각국은 국제정치에서의 행동을 자국의 판단에 따라 정책을 선택하지 않으면 안 되고, 또한 그러한 정책의 정당성을 자국의 논리에 따라 의미를 부여하여야만 한다. 따라서 각국의 국내정치는 종래보다 국제정치의 동향에 강한 영향을 받고, 각국의 전략은 국내정치의 동향에 강한 영향을 미치는 국제정치정세의 흐름 속에서 외교적 및 국내적인 여러 가지 정책을 입안하고 집행하여야 한다는 점을 고려하여야 한다.

셋째로, 냉전체제의 붕괴는 소위 전략과 정책, 환언하면 거시이론과 미시이론이 연계되는 영역이 더욱더 많아진다는 특징이다. 전후 냉전체제를 지탱한 미 · 소 양 강국의 패권력(覇權力)이 왕성한 시대(1950년대부터 1970년대에 걸친 전반기)와 쇠퇴한 시대(1970년대부터 1990년대에 걸친 후반기)라는 시대적 상황에 따라, 각국은 전략과 정책 간의 우선순위를 두어 왔다. 다시 말하면 패권력이 왕성한 시대에서는 각국의 세계전략은 각 진영의 맹주인 미 · 소 양국에 떠맡기고, 그러한 전략에 맞추어 자국의 국익에 따라 정책을 입안하고 집행할 수 있었다.

그러나 21세기에 들어와서 각국은 미 · 소(러) 양극 패권의 시대는 끝내고, 다극화를 거쳐 일극 · 다강(一極 · 多强)으로 옮겨가는 국제질서론에 맞추어 세계전략을 고려하지 않을 수 없다. 따라서 각국은 거시적인 시각에서 고려하는 전략과 미시적인 시각에서 다루는 정책을 동시에 구사하여 자국의 국익을 최대한 달성하기 위한 노력을 아끼지 말아야 한다.

또 다른 21세기 국제환경의 특징은 Globalization(세계화)이다. Globalization이란 국민국가의 국경을 넘어 다국적기업의 생산과 상행위가 확대되는 상황을 지칭하나, 이로인해 발생하는 여러 가지 사회문제에 대응하기 위한 운동도 일어나고 있다.

첫째로, 지역주의(regionalism)의 방향이다. 유럽의 EU나 아시아의 『동아시아공동체』와 같이 Globalization에 따라 국가나 사회가 거꾸로 당하는 것을 피하기 위하여 지역협력의 틀(framework)을 단순히 민영화와 시장경제화에 국민의 운명을 맡기지 말고, 정부가 책임을 지고 만들어, 공공정책으로 Globalization에서 발생하는 실업이나 파탄, 다국적기업에 의한 경제 집중과 그로 인한 빈곤과 공동화문제에 대응하는 것이다.

둘째로, 시민사회(civil society)의 운동이다. Globalization과 함께 시장경제화의 세계적인 확대에서 일어나는 사회문제, 빈곤 · 인권문제, 환경악화문제 등에 대응하기 위하여 적극적으로 발언하고, 정부의 정책형성에 참가하는 운동으로, 1999년 시애틀에서 개최된 WTO 최초의 무역자유화 라운드의 시민과 NGO가 보여준 데모에서 나타난 바 있다.

셋째로, Terrorism이다. 이는 Globalization이 만든 시장경제주의나 물질만능주의를 경계하는 중간 지식층과 Globalization의 충격을 받은 빈곤층을 토대로, 현 체제를 테러로 위협하고, Globalization을 밀어내어 중지시키려는 운동을 지칭한다. 이러한 반세계화가 종종 교차하면서, 21세기 초 지구규모의 국제관계를 움직이고 있다.

3. 한국의 국정방향

한 국가의 국내외정책이 어떠한 노선과 방향을 취할 것인가의 문제는 바로 한 국가의 정책방향(state politics orientations)의 문제이다. 한 국가의 정책방향은 그 국가의 역사적 전통과 경험, 지정학적 위치, 국내 정치경제의 환경, 국제사회의 세력구조, 외부적 위협 여부 등의 요소를 고려하여 설정된다. 이러한 정책방향은 한 가지의 요소로 결정되는 것이 아니고, 국내외 환경의 조건들과 특징에 대하여 그 국가의 가치와 이념, 국가이익 등을 적응시키려고 노력하는 과정에서 나오는 일련의 누적된 결정을 통하여 나타난다.

전후(戰後) 한국의 첫 번째 국정방향은 산업화(産業化)이었다. 일본식민지지배에서 독립한 1945년 8월 15일 독립 후 이승만 정권의 "1948년 체제"에서 대한민국이라는 국가를 형성하였다. 그 후 1960년 5월 16일 박정희 장군의 쿠데타로 정권을 쟁취한 박정희 정권의 "1963년 체제" 이후 한국 국민들의 목표는 인간다운 생활을 할 수 있는 선진국을 달성하고, 나아가서는 북한 인민들을 포함한 영광스러운 한민족의 번영을 이룩하는 것이다. 산업화(Industrialization)는 Modernization(근대화)과 함께

1950년대에서 1960년대에 걸쳐 미국의 사회과학을 중심으로 발전의 문제를 둘러싼 세계인식의 하나로 이론화한 것이다. 근대화는 아카데미적인 성격으로 출발하여, 이데올로기적 성격을 갖고 있는 개념으로 발전한 후, 역사 및 사회경제의 현실인식을 반영한 용어로 사용되었다. 근대화는 후진적인 비(非)서구제국이 지향하는 목표가치의 체계로서 경제적, 정치적, 문화적인 모든 변동의 모델이라고 정의될 수 있다. 따라서 선진과 후진, 서구와 비서구라는 대비적 모델로서 선진화, 서구화 등으로 혼용되기도 하였다.

근대화는 전후 미국의 세계전략과 결부되어 이데올로기적 성격을 갖기도 하고, 1960년대 후반기 이후에는 개발독재(開發獨裁)로 표현되는 후진국의 경제발전 모델로 나타나, 선진국의 평균수준을 넘는 경제성장률을 실현한 한국, 대만, 홍콩, 싱가포르 등은 OECD(경제협력개발기구)에 의하여 신흥공업국가(Newly Industrializing Countries, NICs)로 명명되기도 하였다.

전후 한국의 두 번째 국정방향은 민주화(民主化)이다. 박정희 정권의 개발독재를 규탄하는 1987년 6월 민주화 항쟁으로 같은 해 6월 29일 노태우 대통령 후보의 민주화 선언에서 출발한 "1987년 체제"는 김영삼 정권의 탄생으로 구체화되었다. 한국의 국가목표는 보다 많은 자유와 인권을 보장받고 더욱더 공공성을 확보하는 민주국가를 건설하고, 나아가서는 한반도 전체를 대상으로 하는 민주통일국가를 수립하는 것이다. 민주화는 토착적인 고유의 발전보다는 발전의 보편적 법칙성을 인정하고, 그러한 발전이 도시화, 공업화, 소득증가 등을 중심으로 한 산업화의 단계를 거쳐, 정치참가, 인권의 존중 등을 중심으로 한 민주화의 단계로 발전한다는 국가발전의 일반원칙을 제시하기도 한다. 근대화는 산업화를 통하여 경제발전을 달성한 후에는 정치참가, 인권존중 등 정치적 발전을 추구하게 되었고, 거기에 민주화의 대가를 치른 후 한국 등과 같은 신흥민주국가(Newly Democratizing Countries, NDCs)가 탄생된다. 한국의 경우는 NDCs의 개념과 더불어 민주화된 국가로 분류되고 있다.

한국에서는 개발독재에서 나타난 외국 의존형의 경제, 권위주의적 지배의 정치, 치안을 빙자한 군사화에서 벗어나, 경제에서의 자주화, 정치에서의 민주화, 군사에서의 비(非)군사화를 어느 정도 달성하였다. 따라서 국민들은 정치적으로 보다 많은 표현의 자유, 집회 · 결사의 자유와 아울러, 보다 인간다운 생활을 할 수 있는 인권보장을 요구하고, 민주주의의 폐해를 시정하기 위하여 「보다 많은 민주주의」(more democracy)를 주장하고 있다.

전후 세 번째 그리고 앞으로 한국의 국정방향은 세계화의 수용과 더불어 한국내의 법과 제도를 선진국 수준으로 만드는 Global Standard(GS)의 달성을 목표로 하는 선진화(先進化)이다. 김대중 정권과 노무현 정권에서 민주화는 어느 정도 성취하였으나, 북한문제로 인한 남남갈등과 아울러 국내 상황도 양극화현상이 첨예화된 결과, 이를 극복할 대안으로 이명박 정권의 출범이라는 "2008년 체제"가 탄생하였다. 동시에 한국은 국내적으로나 국외적으로도 21세기 세계화의 조류에 적응해야만 하는 압력을 받고 있다. 한국은 또한 19세기 "조선의 개국"을 둘러싼 논쟁에 이어, 다시 한번 세계에 대하여 문호를 개방할 것인가 또는 자신의 특수성을 유지하면서 쇄국할 것인가, 외부 세력에의 도전과 내부 세력에의 대항 간에 어떻게 균형을 유지할 것인가 라는 과제에 직면하고 있다. 국내외적으로 도도하게 밀려오는 세계화의 조류 속에서 유일한 대안은 "대책 있는 개방"을 통한 선진화 뿐이다.

한국정부는 OECD 가입조건으로 '자본거래 자유화'라는 개방을 단행하면서, 그에 상응하는 규제조치와 아울러, 증권시장 개방조치 또는 더 큰 규모의 외국인 직접투자에 대한 개방조치를 강구하지 않았다. 결과적으로 외국 투자자들은 문제가 생길 조짐만 보여도 바로 자금을 뺄 수 있는 단기거래에만 투자했고, 1996년과 1997년에 걸쳐 한국의 경상수지가 악화되기 시작하자 아무런 규제 없이 단기자본의 회수에 돌입했다. 그로 인해 원화는 견딜 수 없는 곤경에 직면하였다. 이것이 바로 1997년 말 한국이 겪은 소위 IMF위기의 발단이다.[4)]

한국이 경험한 외환위기는 적절한 규제 제도가 없는 상태에서 너무 일찍 자본거래 자유화를 단행한 것이 그 직접적인 원인이었다. 갑자기 밀려온 외국 단기자본을 국내 금융부분이 감당할 수 없었고, 게다가 그것을 적절하게 관리하고 감독할 수 있는 규제제도가 없었던 것이다. 당시의 여건 하에서 "대책 없는 자유화"는 비자유화보다 더 위험하다는 교훈을 남겼다. 따라서 한미 FTA 등을 통한 한국시장의 개방화도 "대책 있는 개방

4) 프랜시스 후쿠야마 저/안진환 옮김, 『강한 국가의 조건』(황금가지, 2005년), pp. 33~34.

화"를 통하여 한 단계 선진화된 한국농촌을 실현할 수 있는 대책이 필요하다.

전후 네 번째 그리고 언젠가는 달성하여야 할 한국의 국정방향은 민족국가화(民族國家化)이다. 한국의 국정방향은 대한민국의 수립이라는 이승만 정권의 "1948년 체제"에서 출발하여 산업화라는 박정희 정권의 "1963년 체제"와 민주화라는 국정방향을 제시한 "1987년 체제"를 거쳐, 세계화의 수용을 통한 선진화라는 국정방향을 제시하여야 하는 이명박 정권의 "2008년 체제"를 시작하고 있다. 한국의 국정방향은 대략 20년 주기로 진화과정(evolutionalization)을 거쳐 온 경험과 현재의 국내외정세에 비추어, 늦어도 KOREA Vision 2020년까지는 민족국가화를 달성하여야 한다.

민족국가화는 윌슨(Wilson) 미국대통령의 민족자결주의에서 비롯된 개념이다. 제1차 세계대전 후 윌슨 대통령은 미국의회에 제출한 『연두교서』에서 밝힌 "14개조(Fourteen Points)" 중의 하나인 "민족자결의 원칙(Principle of National Self-determination)"은 "피지배민족(식민지나 점령지역)은 자유롭고, 공평하고, 동등하게 자신들의 정치적 미래를 결정할 수 있는 자결권(自決權)을 인정받아야 한다"는 원칙이다. 또한, 민족자결주의는 오늘날 모든 민족이 스스로 정치적 선택을 결정한다는 국제법상 하나의 확고한 원칙이 되었다.

전후 민족국가화는 오늘에 이르기까지 매우 복잡하고 중요한 역할을 수행하고 있다. 전후 독립한 국가들은 국내적으로는 민족국가화 내지 민족주의를 국민통합의 수단으로서 사용하고,

대외적으로는 비동맹주의라는 구체적인 연대를 조직하여 외교면에서 활용하였다. 사회주의권, 특히 소련의 경우는 스탈린의 노골적인 대(大)조국주의 외교의 명목 하에 사회주의의 국제연대를 구성하였다. 그러나 사회주의의 대의보다 민족국가들의 이익이 우선한다는 외교논리는 1960년대의 중 · 소 대립뿐만 아니라 1979년 중국과 베트남전쟁에서도 실증되었다.

또한 민족주의는 사회주의와 상극으로, 동구제국의 문제에서도 나타났다. 전후 「위에서의 공산화」를 강요받던 동구제국에서는 민족주의적인 성향이 소련의 간섭정책에 대한 유효한 견제수단으로 작용한 것이 폴란드, 헝가리에서의 민족전(民族戰)이라는 반소감정에서도 증명되었다. 반면, 전후 일정기간 동안에 유고슬라비아에서의 사회주의는 많은 소수민족의 민족주의를 억압하고 국가적 통일의 이념으로 사용되기도 하였으나, 탈냉전 후 결국에는 하나의 민족으로 구성된 사람들은 하나의 국민국가를 조직한다는 민족국가화가 실현되었다.

한국은 북한을 포함한 한반도 전체를 대상으로 한반도의 통일이라는 '민족국가(nation state)의 건설'을 목표로 하고 있다. 민족국가화는 하나의 민족으로 구성된 사람들을 하나의 국민 국가로 조직하려는 보편적인 관념력(觀念力)이라고 정의할 수 있다. 현실의 세계에는 한국과 같이 하나의 민족이 한국과 북한으로 나뉘어 있기도 하고, 중국 등과 같이 하나의 국가 속에 다수의 소수민족으로 구성된 국가도 있다. 세계사의 흐름은 동티모르의 독립에서 보듯이 하나의 민족은 하나의 국가라는 등식이 성립되는 민족국가화로 발전될 것으로 본다.

제 2 절 전후 한반도 주변정세

맥킨더(Sir Halford Mackinder)가 유라시아를 잡는 자가 세계를 제패한다고 한 바 있듯이, 한반도를 장악한 국가가 동아시아에서 패권을 장악한다고 할 수 있다. 전후 한반도 주변체계는 세력변천이론으로서 다층위계론(多層位階論)으로 설명할 수 있다. 세력균형이론은 산업화 이전(농업경제)에 국가들 간 상대적 국력의 변동을 쉽게 찾아 볼 수 없는 정적인(static) 체제이론인 반면, 세력변천이론(power transition theory: Organski)은 산업혁명 후 국가들 간의 국력변동이 심한 동적인(dynamic)체제를 설명하는 이론이다.

세력균형이론에서는 대부분의 국가들이 잠재적 국력만을 소유한 채 국력분포의 변동이 거의 일어나지 않는 첫 단계를 지나, 산업화과정에서 국가들 간의 각기 다른 산업화 속도에 따라 국력증대 속도의 차이로 상대적 국력의 재분배 현상이 일어나는 두 번째 단계에 진입하고 있다. 그러나 마지막 단계는 거의 모든 국가들이 산업화과정을 종결하여 성숙한 형태로 되는 미래의 어느 한 시점으로, 이 단계에서는 첫 단계와 같이 국가들 간 상대적 국력의 변화를 별로 인지하지 못 할 것으로 추정하고 있다. 그러나 세력변천이론은 산업화 이후의 체제에서 국력의 증대가 동맹관계(세력균형이론)와 같은 외적인 방법보다 산업화를 통한 경제성장과 같은 내적인 요인에 의해서 이루어진다고 가정하고, 국가의 궁극적 목표는 국가안보를 확고히 하는 것이고, 국력증대는 국가안보를 증대하기 위한 수단으로 간주하고 있다.

오늘날 국제체계는 국력의 우열을 바탕으로 패권국가에 의해 형성되는 위계체계(dominant power, major power, middle power, minor power) 하에서, 만족국가군(지배국가, 그 지배국가와 동맹관계 등을 맺고 있는 몇몇 강대국, 지배국이 주도하는 체계질서에 불만 없는 중 · 소국가)과 불만족국가군(상기 만족국가를 제외한 국가들은 현존질서에 강한 거부감을 느끼고, 기회가 주어지면 언제든지 현 체계를 전복시키려는 국가들)으로 구성하고 있다고 가정하고, 다층위계론(multiple hierarchy theory: Lemke)은 국제체계(international hierarchy)의 세력변천이론을 지역(한반도)이라는 하위체계(sub-system)인 지역체계(local hierarchy)에 적용시킨 이론으로서, 국제체계라는 위계질서 속에 여러 개의 지역적 위계질서 또는 다층적 위계질서가 존재하고, 이러한 지역체계는 이들 국가의 국력투사능력(power projection capability)의 한계에 비추어, 거리가 중요하기 때문에 지리적으로 근접한 국가들 간에 형성되고, 지역패권을 추구하는 국가군에 의한 전쟁, 예를 들면 한국전쟁과 같은 전쟁이 발발할 가능성이 존재한다는 가정에서 출발한다. 그리하여 전후 한반도 주변체계를 열전체계, 냉전체계, 탈냉전체계, 냉전후(post-cold war)체계로 나누어, 한반도의 안전성(安全性)과 안정성(安定性)의 관점에서 설명할 수 있다.

1. 열전체계(1945년~1953년): 한반도 불안전(不安全)의 시대

전후(戰後) 국제정치체제에서는 미국과 소련(러시아)을 중심으로 한 강대국의 정치구조도 있으나, 중요한 정세로서 한국과 북한을 중심으로 미, 소(러), 중, 일 등을 포함한 한반도의 정치구조를 살펴보고자 한다. 전후 한반도의 정치구조는 전체적으로 불안전한 냉전구조로 특징지을 수 있다. 냉전이란 전후 국제정치의 질서를 구축한 구조라고 할 수 있다. 이런 냉전구조에서 한반도는 열전구조로 발전하기도 하고, 탈냉전구조로 진전하기도 한다.

전후에는 세계대전이라 할 만한 전쟁은 일어나지 않았으나, 한국전쟁을 포함하여 무력분쟁은 많이 일어났다. 이러한 통상의 전쟁을 지역열전형(地域熱戰型), 국가간형(國家間型), 내전형(內戰型)으로 나눌 수 있다. 우선 지역열전형 전쟁에는 한국전쟁과 아울러 이란·이라크전쟁, 걸프전쟁 등을 대표적 예라고 할 수 있다. 한국정부는 한국전쟁의 재발방지를 사활적 이익(vital interest)으로 인식하고, 유비무환 전략에 따라 자강(自强)을 실현하고, 미국과의 동맹을 강화하는 동시에, 북한과의 대화와 중국·러시아와의 환경정비를 통한 제 2 의 한국전쟁이 일어나지 않도록 하여야 한다.

다음으로 국가간형 전쟁은 걸프전쟁 이후 일어나지 않고 있다. 냉전 사태와 같이 미·소의 지원을 받기 어렵기 때문에 유사한 전쟁이 일어날 가능성은 적다고 할 수 있다. 다만 포클

랜드전쟁과 같이 아르헨티나의 군사정권 등이 국내적 지지를 받고자 대외적 성과를 얻기 위한 전쟁은 있었다. 또한 내전형 분쟁은 하나의 주권국가 내에서 민족대립 등에 따라 정부정규군과 반란군이 전쟁상태에 들어간 분쟁이다. 구 유고에서의 세르비아 · 크로아티아전쟁, 보스니아전쟁, 코소보전쟁 그리고 러시아의 체첸전쟁, 아프리카에서의 소말리아전쟁, 르완다 전쟁 등이 대표적인 예이다. 내전형 분쟁의 특징은 하나의 주권국가는 전쟁이 아닌 내란으로 인식하고 단지 치안회복을 위한 무력행사라고 주장하고 있는 점이다. 따라서 분쟁 당사자 간의 주장에 관한 판단이 매우 어렵고, 현재의 국제법은 기본적으로 당사자 일방을 지원하는 무력개입을 금지하고 있을 뿐이다.

일본의 식민지 지배에서 벗어난 한민족은 자본주의와 사회주의 간의 심각한 대립으로 발발한 제 2 차 세계대전의 종결 과정에서, 한민족의 독립은 미 · 영 · 중 3국 수뇌 간의 카이로선언(1943. 11. 17)에서 싹트기 시작했다. 그러나 국제환경 변화라는 냉엄한 현실 앞에 한반도의 통일은 내정과 외교의 연계관계 속에서 실현되지 못하였다. 일본의 항복 조건을 구체적으로 결정한 포츠담선언(1945. 7. 26)은 제 8 항에서 "카이로선언의 조건은 이행될 것이다"고 명기하여 한민족의 독립은 이미 제 2 차 세계대전 중의 국제공약으로 분명히 예정되어 있다는 선에서 머물고 있었다. 그 후 소련은 얄타협정(1945. 2. 4)에 따라 대일본 선전포고(1945. 8. 8)를 행하고, 1945년 8월 12일에는 한반도에 진격하기 시작하였다.

당시 미국군은 오키나와를 점령한 후 주둔하였으나, 한반도에의 상륙작전을 행할 준비태세는 되어 있지 않아, 결국 소련군에 의한 한반도 전역의 해방을 두려워 한 미국은 같은 해 8월 12일 국무성과 육해군 양성의 조정위원회(SWNCC)에서 38도선을 경계로 북은 소련군, 남은 미군이 일본군의 항복을 받는다는 초안을 최종적으로 검토한 후, 소련군의 북한에의 진격이 시작한 익일 8월 13일, 트루만 대통령은 군의 권고를 받아들여 38도선에 의한 한반도 분할점령을 승인하였다. 그 후, 한반도에는 신탁통치를 반대하고 유엔에 의해 승인된 남쪽만이 단독선거에 의하여 1948년 8월 15일 대한민국정부가 수립되었고, 북한에서는 9월 9일 북한공산정부가 수립되었다.

한국과 북한이 대치하고 있는 상황 중에, 1949년 6월 주한미군은 완전히 철수하였고, 또한 1950년 1월 12일 미국 애치슨 국무장관은 서태평양의 미국방위선을 후퇴시켜 한국과 대만을 방위선에서 제외한다는 중대한 연설을 행하였다. 같은 해 6월 25일 한국전쟁은 발발하였다. 미국 국무성은 "북한군이 1950년 6월 25일, 일요일 새벽(한국시간) 38도선을 넘어 대한민국에 대한 전면적인 공격을 개시하였다는 존 · 무치오 서울 주재 미국 대사로부터 최초의 보고를 받았다"하고, 『한반도의 위기에 관한 미국의 정책』을 발표했다. 미국 트루만 대통령은 북한군의 남하에 대하여 종래의 군사적 불개입 정책을 포기하고, 6월 27일과 30일 각각 해 · 공군과 지상군의 파견을 명령하였다. 한국전쟁은 북한군의 한국 침범, 유엔군 인천상륙작전 성공, 유엔군의 북한 진출, 중국공산군의 참전 등을 거쳐 휴전은 1953년 7월

27일 최종적으로 합의에 도달하였다.

한국전쟁의 역사적 의의는 세계적으로 반공군사포위망을 형성하는 등 냉전을 세계화, 군사화하였고, 한반도의 분단을 고정화하였다. 소련은 베를린 봉쇄의 실패 등 유럽에서 실추된 위신의 회복, 모택동에 대한 입장의 강화 등 세계전략의 일환으로 북한을 지원하여 한국전쟁을 일으켰고, 중국은 전쟁과정에서 중국공산군의 참전 등으로 그 후 20년간에 걸친 미국과의「대결의 원형(原型)」을 만들었다.

2. 냉전체계(1953년~1972년): 한반도 불안정(不安定)의 시대

제 2 차 세계대전 중의 동맹국이었던 미 · 소 양국은 전후과정에서도 심한 대립을 하였다. 더 나아가 상호간을 적으로 규정하고, 전쟁유사 상황인 "냉전"이라는 용어를 사용하게 되었다. 전후 한반도에서는 냉전 상태를 넘어서 직접 남북한 간의 전쟁은 열전(熱戰)의 상태를 거쳐, 휴전협정이 체결된 후에도 불안정(不安定)한 냉전 상태는 계속되었다.

한국전쟁에의 참전으로 한반도 문제에서 발언권을 강화한 중국은 국내적으로 1958년 여름에 출현한 인민회사를 농촌에서의 대약진 정책의 실행단위로 조직화하고, 당시 "15년 후에는 영국을 뒤쫓아 앞서 간다"는 국가목표를 제시하였으나, 농촌은 대약진(大躍進)정책의 열광 후에 오히려 황폐의 극에 달하여 실패하였다. 그 후 1962년 9월의 중국공산당 8기(期)10중전회(中

全會)에서 모택동은 「프롤레타리아 문화대혁명」을 「중국사회주의혁명의 새로운 단계」라고 공식적으로 규정한 후, 1960년대 후반부터 10년간을 소위 「문혁의 10년」으로 중국 사회 전체를 혼란에 빠뜨리고, 구체적인 성과 없이 1977년 8월 중국공산당 11전대회(全大會)는 문화대혁명의 폐막을 선언하였다.

또한 중국은 국제적으로 1949년의 중화인민공화국의 성립 이후 모택동의 향소일변도(向蘇 一邊倒) 선언 및 쌍방의 "중 · 소 우호"의 명목 하에 단결을 과시하였으나, 소위 「스탈린 비판」을 감행한 소련공산당 제20회 대회는 스탈린 개인 · 승계문제를 둘러싼 중국 · 소련 양 공산당 간의 이데올로기 불화를 가져오는 발단이 되어, 1960년 이후에는 공개적인 중 · 소 논쟁을 계기로 "중 · 소 우호"는 붕괴하였다. 이어 1963년 여름에는 중국 · 소련 양 공산당회담의 결렬로 "중 · 소 대립"이 격화되어 결국에는 소위 "스탈린 비판"과 대만문제, 핵정책을 둘러싼 갈등으로 1969년 봄과 여름에 중 · 소간 국경[珍寶島]에서 군사충돌까지 발전하였다. 1970년대에 들어가서는 미 · 중 접근에 영향을 받아, "중 · 소 냉전"이라는 국제정치상의 확전(擴戰)을 가져왔다.

한편 전후 동서냉전은 아시아에서는 "미 · 중 대립"이라는 아시아의 냉전구도를 만들었다. 이러한 미 · 중 양국의 대립은 한국전쟁에 중국의 참전으로 군사적으로 심화되었고, 또한 1960년대 후반의 인도지나전쟁에서 미국이 북베트남을 지원한 중국과 적대하고, 북경(北京)과 대북(台北)이라는 「두 개의 중국」의 대립 상황에서 미국은 일관되게 대만정부를 지지함으로써 "미 · 중 대립"의 기본을 형성, 공산중국과 미제국주의는 숙명적인 운명으로 보였다.

이와 같이 미 · 중간의 대립상황에서, 1964년 12월 당시 브라운(Winthrop Brown) 주한미국대사는 한국정부에 존슨 대통령의 친서를 전달하면서, 첫째로 한국군의 남베트남에서의 유지비, 작전비, 해외수당 등은 미국정부가 부담하고, 둘째로 주한미군은 사전협의 없이 감축 또는 철수되지 않으며, 셋째로 한국군 장비 현대화를 지원한다는 세 가지 남베트남 파병 조건을 제시하였다. 한국정부는 결국 1965년 1월에는 국회에서 비전투병력의 파병을 결정하고, 2월에는 2,000명으로 구성된 비둘기부대를 파병하였다. 이어 10월에는 미국의 전투병력 파견 요청을 받아들여, 청룡부대 5,000명과 맹호부대 15,000명을 각각 파병하였다.

이러한 한국군의 남베트남 파병에 대항하여, 북한은 북베트남을 지원하고, 한국과의 38도선을 둘러싼 대립도 격화되었다. 특히 1966년에서 1969년 사이에 북한은 무장간첩을 남파한 청와대 기습사건(1968. 1. 21), 미국 해군 정보수집함 푸에블로호 나포사건(1968. 1. 23), 미국정찰기 EC-121기 격추사건(1969. 4. 15) 등을 일으켜, 적극적인 대남공격을 하는 등 전쟁유사의 상황을 만들었고, 한국은 북한의 공격에 방어적인 전략을 구사하면서 "싸우면서 건설하자"는 자세로 대응하였다.

한편 1960년대 후반에 들어가면서, 일방에서는 "중 · 소 대립"이 심화되고, 미국이 인도지나전쟁에서의 곤경에서 탈출하려는 구상을 시작할 때, 미 · 중 간의 숙명적 대립에도 근본적인 변화를 가져오기 시작하였다. 1969년 7월의 닉슨 대통령에 의

한「괌 · 독트린」[5]에 따라 미국은 아시아에서의 철수를 기획하기 시작하면서, 중국당국에 계속하여 화해의 신호를 보내고, 중국은 중 · 소 대립이 쌍방의 국경을 둘러싼 군사충돌로 발전하면서, 소련의 위협을 심각하게 느끼기 시작하였다. 그 결과 문화대혁명의 과정에서「극좌와 극우의 만남」이라고 세계를 놀라게 한 1972년 2월의 닉슨 대통령 방중(訪中)을 통하여 역사적인 "미 · 중 화해"의 공동성명(상하이 코뮤니케)을 발표하고, 대만과의 관계를 당면, 현상유지하기로 하였다. 이와 같은 "미 · 중 접근"은 아시아에서도 냉전구조에서 탈냉전으로 넘어가면서 한반도에서는 불안정의 시대에서 안전화(安全化)의 시대로 변하기 시작하였다.

전후 냉전구조의 특징을 보면, 첫째로 자본주의와 공산주의의 이데올로기 대립이었고, 둘째로 유럽에서는 NATO와 바르샤바조약기구(WTO)와의 대치상태, 동아시아에서는 한국, 미국, 일본, 필리핀, 태국, 호주 등 남방과 북한, 소련, 중국 등의 북방간에 구조화된 군사적 대결로 나타났다. 그러한 결과 셋째로, 유럽에서는 동서독의 분단이 있었고, 아시아에서는 남북한과 남북베트남의 분단을 초래하였다고 볼 수 있다.

---

5)「괌 · 독트린」이란 닉슨대통령이 1969년 7월 25일 괌에서 발표한 원칙으로서, 당시까지의 미국의 아시아 정책을 전면적으로 전환,「아시아에서의 철수」를 시사한 후,「베트남전쟁의 베트남화」로 구체화한 선언이다.

3. 탈냉전체계(1972년~1991년): 한반도 안전화(安全化)의 시대

닉슨 대통령이 미국 대통령선거에서 당선된 직후 1968년 12월에서 1969년 1월에 걸쳐, 북한은 닉슨 대통령의 유화적인 자세에 대응하여, 한국에의 인민전쟁전략을 전개한 책임자로 생각되는 군 수뇌부를 경질하고, 그들의 노선을「잘못된 극좌주의와 극우주의」라는 표현으로 강하게 탄핵하였다.[6]

닉슨 대통령 정권은 1969년 7월의 소위「괌 · 독트린」이라는 원칙 하에 병력의 대폭 삭감을 실현하는 미국의 전략체제를 재편성하기 시작하였다. 이러한 전략의 연장선에서 1970년 1월부터 주한미군 일부를 철수하기 시작하였다. 이에 박정희 대통령이 1970년 8월 15일, 광복절 기념식에서 남북적십자회담의 개최에 찬성을 표시한 후, 경제발전에 있어서 북한보다 우위를 차지하고 있다는 자신감에서 남북한 간의 "선의의 경쟁"을 요구하는 등 4개항의 소위「8.15 평화선언」[7]을 발표하였다.

한국정부는 한반도에서 유일 합법정부라는 입장을 견지하면서, 닉슨 대통령의 중국 방문 계획이라는 국제정세에 대응하여, 같은 해 8월 20일 판문점에서 남북한의 적십자 대표들이 26년 만에 회담을 개최함으로써, 한반도에서도 냉전구조에서 탈

---

6) 林運産,『分斷國家』(鹿島硏究出版會, 1974年), pp. 221~222.

7) 소위「8.15 평화선언」은 (1) 북한의 폭력혁명 노선의 포기 선언 요구, (2) 인위적 장벽의 단계적 철수를 위한 현실 방침 제시 용의, (3) UN에서의 한국문제 토의에 북한 참가 찬성, (4) 남북한간 선의의 경쟁 요구 등으로 구성되어 있음.

냉전구조로 넘어가기 시작하였다. 한편, 김일성 주석은 1971년 8월 6일 평양을 방문한 캄보디아 망명 정부의 시아누크 원수 환영 시민대회 석상에서 닉슨 대통령의 중국 방문 발표(1971. 7. 15)를 거론, "닉슨이 백기를 들고 북경을 방문하려고 하고 있다"고 한 후, 한국에 대하여는 자유총선거에 의한 중앙정부수립을 포함한 소위 「8항목의 평화 통일 제안」[8]에 관하여 협상할 용의가 있다고 밝혔다.

박정희 대통령이 1972년 1월 1일, 평화통일의 수단으로서 국내의 군사력 충실에 역점을 둔 연설을 행한 후, 김일성 주석은 한국에서 "평화통일"이라는 용어의 사용을 평가하고, 1월 10일 한반도에서 긴장 제거를 위하여 휴전협정을 평화협정으로 바꿀 필요성을 제기하였다.

이와 같은 탈냉전구조 하에서 이후락 한국중앙정보부장은 1972년 5월 2일부터 5월 5일까지 평양을 방문, 김영주 조직부장 및 김일성 주석과 회담하였다. 뒤이어 박성철 북한부수상은 5월 29일부터 6월 1일까지 서울을 방문, 이후락 부장과 박정희 대통령을 면담한 후, 1972년 7월 4일 소위 「7 · 4 공동성명」[9]을 발표하였다.

---

8) 소위 「8항목의 평화통일제안」은 (1) 주한 미군의 철수, (2) 쌍방 군대 10만 이하 축소, (3) 한미, 한일 조약 폐기, (4) 자유총선거에 의한 중앙정부수립, (5) 정치활동 자유보장 및 정치범 석방, (6) 남북 연방제 실시, (7) 통상·경제협력, 과학·문화·기술·체육·서신교류, 사람·자동차 왕래 실시, (8) 남북정치 협상회의 소집 등이다.

9) 소위 「7 · 4 공동성명」은 조국통일의 원칙으로서 (1) 외세에 의존하거나 외세의 간섭을 받지 않고 자주적으로 해결한다. (2) 무력에 의하지 않고 평화적 방법으로 통일한다. (3) 사상, 이념, 제도의 차이를 넘어서, 민족적 대동단결을 도모한다. (4) 기타 서울과 평양간의 Hot Line 설치와 남북조절위원회의 설치 등을 규정하고 있다.

소위 「7 · 4 남북공동성명」은 한반도에서도 탈냉전구조를 시사하는 것으로, 1972년 12월 21일 동서독 기본조약 조인, 1973년 1월 23일의 남북베트남 간의 평화협정 합의와 함께, 냉전구조가 만든 분단국가 지역에서 하나의 중요한 전기가 마련되었다는 것을 의미하였다. 그러나 이러한 3개의 문서에 따른 분단국가의 정치는 서로 다른 형태로 전개되었다. 인도지나반도에서는 1975년 4월 30일 미군이 남베트남에서 최종적으로 철수한 후 남북베트남은 통일하였고, 유럽에서도 1990년 베를린 장벽의 붕괴로 동서독도 통일하였으나, 한반도에서만은 탈냉전구조에서 냉전구조의 최종적 붕괴까지 도달하지 못하고 있다.

소위 「7 · 4 남북공동성명」 이후의 한국과 북한의 대립은 동서냉전구조 속에서의 대립이라기보다는 제 3 세계의 비동맹제국과 강대국 간의 충돌이라는 틀 속에서 생각하는 편이 적절한 상황이 되었다. 미국은 역사적으로 제 3 세계에 대하여 소련의 경우보다 훨씬 강하게 냉전구조의 유지를 견지하면서 대응하여 왔고, 북한은 1975년 페루의 리마에서 개최된 비동맹제국 외상회의에서 비동맹국의 회원으로 가입하게 되었다. 그 결과, 1975년 제30차 UN총회에서 한반도의 UN군 해체안은 51 대 38(기권 50)까지 이르게 되었다.

4. 냉전후(post-cold war)체계(1991년~현재): 한반도 안정화(安定化)의 시대

UN에서의 한국문제는 첫째로 6.25전쟁 이후 한국과 북한의 대표를 UN의 토의에 참가시키는가 하는 대표초청문제와 둘째로 UN 한국 통일부흥위원회(UNCURK)를 존속시키는가 하는 UNCURK 존속문제, 셋째로 한국과 북한을 UN회원국으로 동시에 가입시키는가 하는 동시가입문제로 나눌 수 있다.

우선, 대표초청문제는 이미 1952년 제7차 UN총회부터 한국 대표만을 투표권 없이 UN의 심의에 참가시키는 안이 가결되어 있었으나, 아시아 · 아프리카의 비동맹 국가들이 독립한 후 UN에 가맹하여 UN에서의 세력 분포가 변화된 결과, 1973년의 제28차 UN총회 이후에는 전원일치로 한국과 북한의 대표들이 심의 참가를 인정받게 되었다. 이러한 표결 결과를 표시하면 [도표 1-1]과 같다.

다음으로 UNCURK 존속문제에 관하여는 1950년의 제5차 UN총회에서 UNCURK가 설립된 이래, UN총회에서는 매 회기마다 UNCURK의 연차 보고에 따라 한국문제의 심의가 이루어졌으나, 1973년의 제28차 UN총회에서 UNCURK 해체안이 전원일치로 가결되었다. 이를 도표화하면 [도표 1-2]와 같다.

마지막으로 한국과 북한의 UN 동시가입은 1991년 8월 8일 제300차 UN 안전보장이사회 본회의에서 토의 없이 신가맹심사위원회의 단 5분간의 보고를 통해 만장일치로 채택되었고, 같은 해 9월 17일 제46차 UN총회에서 정식으로 가맹되었다. 한국은 1949년 1월 19일, 북한은 같은 해 2월 9일 UN 가입을 각기 단독으로 신청하였으나, 이를 "하나의 결의안," 즉 "결의 702호"로 남북한이 동시에 가입하게 되었다. 결과적으로 한국과 북한

도표 1-1 • UN 대표초청문제에 관한 표결

연 도	총 회	한국 지지국 안			북한 지지국 안		
		찬성	반대	기권	찬성	반대	기권
1952	7	54	15	11	11	38	38
1953	8						
1954	9	43	15	10	19	39	39
1955	10	44	15	19	14	34	34
1956	11	51	10	12	20	40	40
1957	12	44	15	16	20	36	36
1958	13	51	10	16	17	42	42
1959	14	49	10	15	22	40	40
1960	15	59	14	23			
1961	16	63	18	19			
1962	17	65	9	26	29	56	56
1963	18	64	10	24	25	54	54
1964	19						
1965	20	50	20	20	28	38	38
1966	21	63	24	21	34	53	53
1967	22	58	28	25	37	50	50
1968	23	67	28	28	40	55	55
1969	24	65	31	26	40	55	55
1970	25	63	31	25	40	54	54
1971	26						
1972	27						
1973	28	전원일치			전원일치		
1974	29	전원일치			전원일치		
1975	30	전원일치			전원일치		

도표 1-2 • UNCURK 해체에 관한 표결

연 도	총 회	UNCURK 해체			UNCURK 계속		
		찬성	반대	기권	찬성	반대	기권
1950	15				47	15	17
1952	17	15	54	10		심의연기	
1954	19	15	50	11	50	15	14
1955	10				45	10	11
1956	11				57	18	13
1957	12				53	19	15
1958	13				54	19	18
1959	14				49	19	19
1960	15					심의연기	
1961	16				55	11	20
1962	17				65	11	26
1963	18				64	11	22
1964	19						
1965	20		철 회		62	12	29
1966	21	21	61	25	66	19	24
1967	22	24	60	29	67	23	23
1968	23	27	68	27	72	23	26
1969	24	30	65	27	71	29	22
1970	25	32	64	26	69	30	23
1971	26	25	68	22		←(심의연기안)	
1972	27		철 회				
1973	28		전원일치채택				

은 1991년 9월 17일에 국제적으로 UN 동시가입을 실현하게 되었고, 같은 해 12월 13일에는 국내적으로 "남북화해와 불가침 및 교류 · 협력에 관한 합의서(남북기본합의서)"를 서명하였다.

이러한 남북한 UN 동시가입은 대한민국이 한반도에서 유일 합법정부라는 UN 총회 결의(192호 Ⅲ)의 『하나의 한국』정책을 어떻게 구현할 것인가 하는 문제를 낳게 되었다. 또한 남북한 기본합의서는 1991년 제 6 차 남북고위급회담에서 두 총리들에 의하여 서명되었고, 다음해 2월 19일 발효되었다. 이는 분단된 두 정부 사이에 "남북화해와 불가침 원칙," "남북 교류와 협력"을 처음으로 공식 합의한 문서로서, 남북한은 지난 46년간의 극심한 대결과 상호불신의 냉전시대로부터 벗어나 냉전후시대를 지향하는 중대한 기초를 마련하였다.

탈냉전구조, 나아가서는 냉전구조의 해체과정에서는 냉전구조에서 본 이데올로기의 대결은 동구 · 소련 등에서 볼 수 있듯이 공산주의 지배체제의 붕괴와 민주화 · 시장경제의 도입으로, 더 이상 존재하지 않으리라 본다. 비록 정치활동의 주체로서 공산당은 남아 있다고 하더라도, 중국의 정치체제를 공산당 일당지배의 권위주의체제로 분석하듯이, 북한, 베트남 등 동아시아에서의 공산주의체제는 러시아 · 동구의 이행문제와는 완전히 별개의 이행문제로 발전하고 있어, 공산주의체제의 변형(metamorphosis)을 시도하고 있다.

냉전구조에서 나타난 동서간의 군사적 대결에서도 많은 변화를 가져왔다. 유럽에서는 바르샤바조약기구(WTO)체제가 소멸되고, NATO체제도 크게 변질하고 있다. 동아시아에서도 유럽과 비교한다면 냉전구조의 해체라기보다 탈냉전구조라고 할 수 있다. 그렇다고 동아시아에 남아 있는 냉전구조를 재강화할 가능성은 현실성이 없다고 본다. 역시 2000년 6월 15일의 남북정상회담은 한반도에서도 냉전구조가 해체될 수 있지 않겠는가 라는 희망을 제공하여 주고 있다.

유럽에서 본 냉전구조의 해체는 구조화된 군사적 대결을 종결하고, 평화를 구조화하는 기회를 창출한 것으로 인식하였다. 소련·동구에서 공산당 지배의 붕괴와 동서독의 통일도 냉전구조의 해체가 가져온 결과로 인식하여야 한다. 동아시아에서 본 냉전구조의 해체는 한반도의 평화를 구조화하는 것으로 인식하고, 북한의 현 체제의 해체를 한반도에서 냉전종결의 전제조건으로 인식하지 않고, 한반도의 통일도 냉전구조의 해체가 가져온 결과로 보아야 한다.[10)]

제 3 절 한국의 국가목표

1. 국가이익

한국의 국가목표는 한국의 국가이익을 추구하는 데 있고, 이러한 국익추구는 한국의 국력을 넘어서는 행위를 하여서는 안 된다. 따라서 한국이라는 국가의 역할은 현실적 제약 속에서도 국민들이 소원하는 방향으로 행동하여야 한다. 여기에서 국

10) 山口定, 前揚書, pp. 66~68.

가이익이란 국가에 관련된 이해관계를 다루는 모든 업무에 있어서 유리함을 추구하고 불리함을 피하는 것[求同存異]까지 포함하는 개념으로 정의한다. 한 국가의 대외정책이란 처음부터 끝까지 국가이익과 관련된다는 점을 명확히 인식하여야 한다. "국제정치에서는 영원한 동맹도 영원한 적국도 없다. 오직 있다면 영원한 국익만이 있다"고 한 영국 정치가 Palmerston의 교훈을 염두에 두고, 국익을 추구하려면 국력을 바탕으로만 가능하다는 것을 명심해야 한다. 국력을 군사력으로 대표한다면 이를 지탱하는 데는 경제력이 필요하고, 군사력의 행사를 정당화하는 데는 이데올로기의 조작능력이 필요하다.

이러한 국가이익을 추구하는 외교에도 원칙이 있고, 대통령을 포함한 국가지도자는 그러한 외교원칙에 따라 행동하여야 한다. 첫 번째 외교원칙은 국익추구라는 본심을 드러내는 외교행위를 하여서는 안 된다는 것이다. 한국의 대통령은 한국의 국익을 추구하는데 일반적으로 통용되는 원칙을 사용하여야 한다. 두 번째 외교원칙은 국력의 범위를 넘어서는 외교행위를 하여서는 안 된다는 것이다. 이는 "네가 씹을 수 있을 만큼 물어라"라고 하는 적정균형의 기술을 말한다. 최대 국가이익을 추구함에 있어서, 한국의 대통령은 Popularism(대중영합정치)을 지양하고, 때로는 국내적으로 굴욕외교라는 비판을 감수하여야 한다. 또한 세 번째 외교원칙은 외교를 내정과 혼돈해서는 안 된다는 점이다. 한국과 같은 중급국가의 대통령은 외교를 내정의 연장선에서 외교행위를 하여서는 안 된다. 네 번째 외교원칙은 세계사의 조류를 따르지 않으면 안 된다는 것에 있다. 한국의 대통령은 국제적으로 통용되는 조류를 정확히 인식하고, 정통성 있는 국제조류에 따라 외교행위를 하여야 한다.[11]

한국의 국익은 한반도에서의 평화와 번영 그리고 통일이다. 한국 국익의 우선순위는 첫째로 한반도의 평화이고, 둘째로 한민족의 번영이며, 셋째로 한반도의 통일이다. 현재로서는 현실적 목표인 한국의 국익을 이상적 목표인 한민족의 이익과 어떻게 조화시키고, 동시에 수용할 수 있는지가 과제이다. 한민족의 이익을 추구한다는 명분으로 한국이라는 국가 존망의 이익을 희생할 수는 없을 것이다.[12] 남북한 어느 한쪽이 주축이 되어 통일이 이루어져야 하느냐 하는 문제보다는, 어느 쪽이 보다 풍요롭고 자유로운 삶을 제공할 수 있는 체제인지의 경쟁에서 우월한 위치를 점하는 쪽으로 통일이 되어야만 하는 것이다. 이것이 곧 남북한의 국익과 한민족의 이익을 동시에 실현할 수 있는 방법이다.[13]

국가이익이란 national interest라는 언어에서 보듯이 국가의 이익과 국민의 이익이라는 2가지 측면에서 고려하여야 한다. 다시 말하면 군주의 의사, 왕조의 이익, 국가이성(state reason) 등을 거쳐 국민의 이익으로 정착하여 가고 있다. 따라서 한국의 이익을 남북한 국민의 이익으로 발전시켜 나가야 한다. 국가이익이란 국민국가가 행동 목표로 하는 일반적이고도 영속적인 제목적(諸目的)이라고 정의할 수 있다.[14] 따라서 국익의 특성은

11) 中曾根康弘,『二十一世紀 日本の國家戰略』(PHP 硏究所, 2000年), pp. 73~74.

12) 구영록 · 임용순 공편, 『한국의 통일정책』, p. 29.

13) 구영록, 『한국의 국가이익』(법문사, 1995년).

14) Joseph Frankel, *Contemporary International Theory and the Behavior of*

첫째로 국제협조와 상호의존주의를 기조로 하면서, 국가의 안전보장이나 경제적 번영 등 광범위한 뜻을 갖고 있어 명확히 규정할 수 있는 성질이 아니고, 둘째로 국민국가가 존속하는 한 추구하는 목표로서, 단기적이 아닌 장기적인 것으로 어느 정도 연속성을 갖고 있다. 셋째로 국민적 합의에 따라 형성하되, 타국에 대하여 분명하게 지킬 것은 지키고, 양보할 것은 양보하는 (양보할 것과 양보하지 않을 것을 분명히 구별하는) 정치행위와 결부되어 있다고 볼 수 있다.

또한 국가이익은 국력의 범위 내에서 설정하지 않으면 안 된다. 국익을 설정하고 국민적 목표를 마련하더라도 그것을 국력이나 타국에의 영향력으로 보장받지 못한다면, 국익으로써 존재가치를 상실하게 된다. 여기서 국력이 무엇이고, 한국의 국익을 어떻게 한국의 국력으로 보장받을 수 있는가의 문제가 발생한다. 여기에는 국력의 범위를 벗어나는 국익추구는 불가능하다는 현실적 제약이 있다는 것을 명심해야 한다.

2. 국　력

국력이란 national power, 즉 국가라는 국제관계의 주체가 갖고 있는 힘(power)을 말한다. 국제관계의 주체로서 국가란 외국으로부터 어떠한 영향과 제한을 받지 아니하고, 대내적으로는 최고의 권력을 보유하고, 대외적으로 자주독립을 의미하는 주권을 갖고 있다. 한 나라가 독립을 이루고 있는 이유는 주권

States(London: Oxford University Press, 1973), p. 63.

을 갖고 있기 때문이다. 국가는 바로 주권국가를 의미한다. 국가는 국제사회에서 권리를 누리고 의무를 부담할 수 있는 외교의 행위자이다. 따라서 국가가 국제관계의 주체이고, 국력의 범위 내에서 외교의 집행자임을 분명히 인식함으로써, 국가의 대외관계가 곧 국제관계의 기초임을 알 수 있다.

또한, 국력이란 어느 일방의 국가가 서로 상대방 국가의 행동에 어떤 형식으로든 영향을 미치는 원인이라고 정의할 수 있다. A국과 B국이라는 국가 간의 관계를 도식화하면, A국의 의지(원인)와 B국의 반응(결과)으로 나타낼 수 있다. A국이 자기의 의지를 명시적으로 B국에 전달하는 행위를 할 경우, A국에 의한 「power의 행사」라고 하고, B국이 A국의 의지표시를 염두에 두고 반응을 나타낼 경우, A국에 의한 「power의 보유」라고 한다.

국력의 크기는 「power의 행사」로 인하여 발생한 결과의 크기로 표현될 수 있다. 예를 들면 한국(정부)이 지지하는 제안이 UN에서 가결될 확률이 x%라 하고, 한국(정부)이 반대하는 제안이 UN에서 가결될 확률을 y%라 하며, 한국(정부)이 지지를 얻지 못할 것 같아 처음부터 제안하지 않은 확률을 α라고 한다면, 한국 국력의 크기는 $(x-y+\alpha)$라고 할 수 있다.[15]

국력의 측정에 관하여 클라인 교수는 『세계의 군사력 · 경제력 비교』에서 $P_p=(C+E+M)\times(S+W)$이라는 국력 산출의 방정식을 제시하였다.[16] 여기에서 P_p란 타국에 의해 인지된

15) 高坂正堯·公文俊平編, 『國際政治經濟の基礎知識』(有斐閣, 1984年), p. 4.

16) Ray S. Cline, World Power and U. S. Foreign Policy for the 1980's(Clorado:

도표 1-3 · 국력 종합지수표

국 명	국력지수 ($C+E+M$)	계 수 전략 의미($S+W$)	계
1. 구소련	382	1.2	458
2. 미국	434	0.7	304
3. 브라질	98	1.4	137
4. 서독	77	1.5	116
5. 일본	77	1.4	108
6. 호주	73	1.2	88
7. 중국	139	0.6	83
8. 프랑스	82	0.9	74
9. 영국	68	1.0	68
10. 캐나다	87	0.7	61
11. 인도네시아	61	0.9	55
12. 대만	29	1.7	49
13. 한국	**33**	**1.4**	**46**
14. 이집트	38	1.2	46
15. 남아프리카	36	1.1	40
16. 베트남	39	1.0	39
17. 사우디아라비아	30	1.3	39
18. 이스라엘	23	1.7	39
19. 스페인	39	1.0	39
20. 인도	71	0.5	36

power이고, C는 Critical Mass의 의미로서 구체적으로는 인구와 영토를 포함하는 기본요소이다. 그리고 E는 경제력(Soft Power), M은 군사력(Hard Power), S는 전략목표, W는 국가전략을 추구하는 의사를 표시하는 것이다. 여기에서 국력은 인구 · 영토

Westview Press, 1980), pp. 143~178.

(*C*), 경제력(*E*), 군사력(*M*)이라는 숫자로 표시할 수 있는 양적 요소와, 아울러 전략목표(*S*)와 국가전략을 추구하는 의사(*W*)라는 질적 요소로 구성되어 있다고 보았다.

이러한 국력 산출 방정식에 따른 국력 통합지수 표를 [도표 1-3]과 같이 제시하였다. 이러한 국력분석은 냉전구조의 상황에서 이루어졌고, 구소련, 동서독이 존재한 시대이긴 하나, 한국의 국력이 전 세계 국가들 중에 13위라는 우위를 차지하였다는 점이 주목된다. 또한, 세계의 면적과 인구 중에 한국이 차지하는 비중은 [도표 1-4]와 같다. 또한 세계 각국의 인구와 인구 증가 수에서 차지하는 한국의 비중은 [도표 1-5]와 같고, 세계 각국의 국민총생산 중 한국이 차지하는 위치는 [도표 1-6]과 같다.[17]

따라서 국력이란 어떤 국가가 다른 국가의 행동에 대하여 가진 영향력이라는 측면을 갖는 개념이라고도 할 수 있다. Holsti 교수는 영향력의 행사방법으로서 (1) 설득(Persuasion), (2) 보상의 제시(The Offer of Rewards), (3) 보상의 제공(The Granting of Rewards), (4) 처벌의 협박(The Threat of Punishment), (5) 비폭력적 처벌의 실시(The Infliction of Nonviolent Punishment), (6) 무력(Force)으로 나누었다. 또한 국가와 국가 간의 관계는 (1) 합의의 관계(Relation of Consensus), (2) 공공연한 조작의 관계(Relations of Overt Manipulation), (3) 강제의 관계(Relations of Coercion), (4) 무력의 관계(Relations of Force)로 나누었다. 나아

17) 失野恒太記念會編, 『世界國勢圖會』(國勢社, 1998/99年版), p. 27, p. 56, p. 121.

도표 1-4 • 세계 면적과 인구

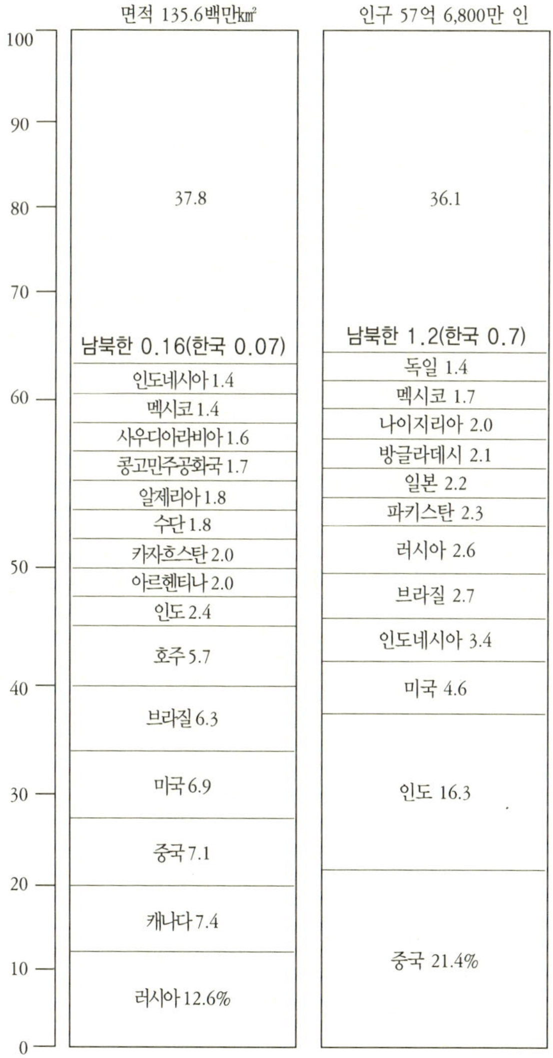

→ **도표 1-5** · 세계각국의 인구와 인구증가수(1996년)

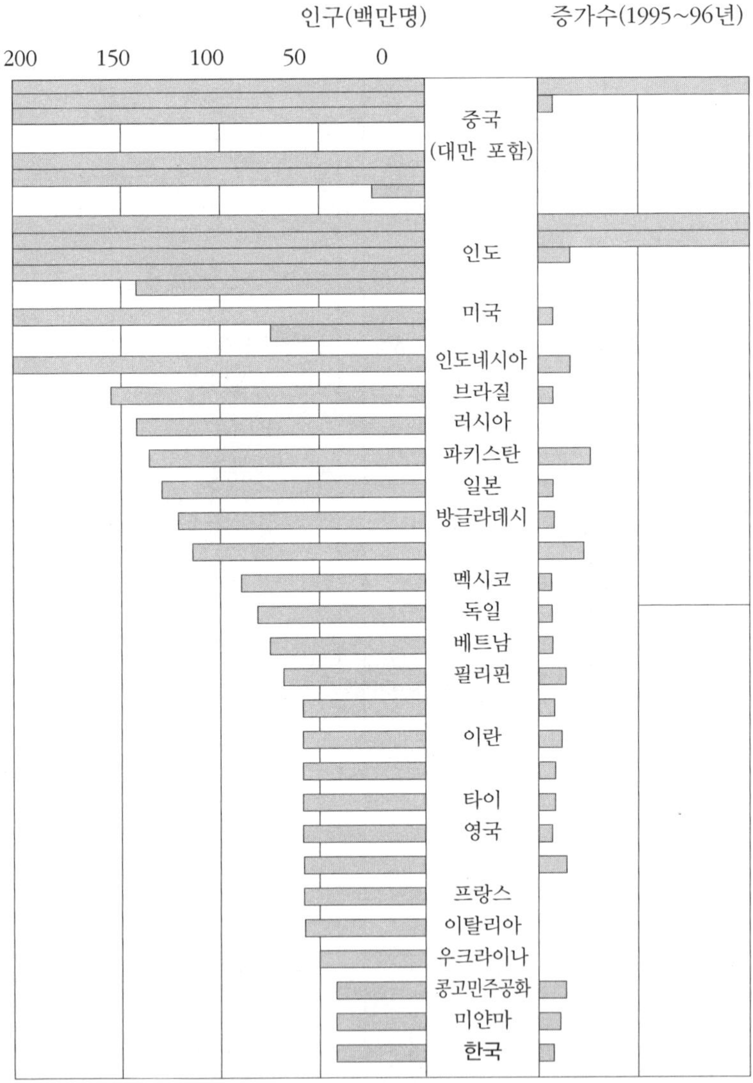

도표 1-6 • 세계각국의 국민총생산(1996년)

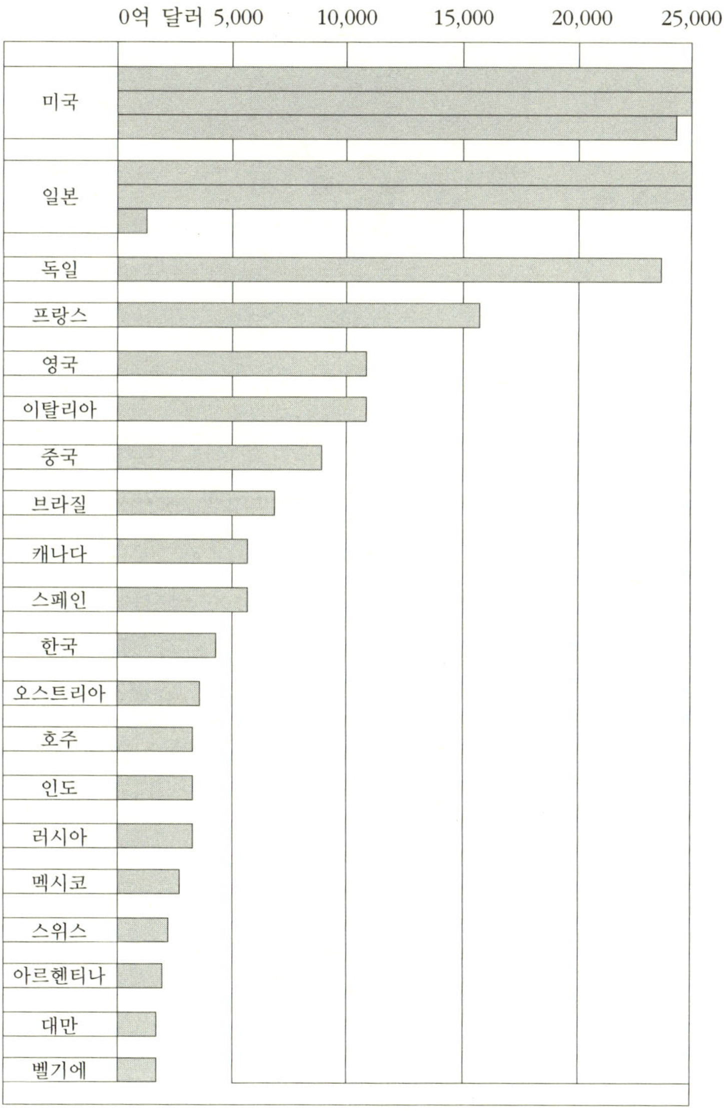

도표 1-7 • 국가간의 관계와 영향력의 행사방법

국가간관계 경찰력의 행사방법	합의 관계	공공연한 조작의 관계	강제의 관계	무력의 관계
설 득				
보상의 제시				
보상의 제공				
처벌 협박				
비폭력적 처벌의 실시				
무 력				

가서 국가 간의 관계와 영향력의 행사방법을 [도표 1-7]과 같이 도식화할 수 있고, 사선의 부분이 그러한 국가 간의 관계에서 사용할 수 있는 영향력의 행사방법이라고 할 수 있다.[18]

현재로서는 한국과 북한의 관계는 같은 역사와 전통, 같은 언어 등을 갖고 있는 같은 민족이라는 관점에서 싫든 좋든 "합의의 관계"로 지향해야 하나, 북한과 미국 및 일본의 관계는 외교관계가 없을 뿐만 아니라 정치철학을 달리하고 있어 "강제의 관계"라고 볼 수 있다. 한편, 북한과 중국 및 러시아의 관계는 외교관계를 기반으로한 전통적인 우호관계를 유지하고 있어, 설득과 비폭력적 처벌의 실시도 가능한 「공공연한 조작의 관계」로 규정할 수 있다. 따라서 작금의 북한핵문제를 평화적이고 외교적으로 해결할 수 있는 국가는 중국과 러시아이고, 특히 중

18) K. J. Holsti, *International Politics*(Prentice-Hall International Inc., 1992), pp. 125~130.

국의 건설적 역할이 가장 중요하다고 본다.

3. 국가의 역할

"외교정책은 국내정치의 연장(Foreign policy begins when domestic policy ends)"이라는 키신저(Henry A. Kissinger)의 언급은 외교정책의 목표가 기본적으로 국내구조 속에서 결정된다는 측면을 정확하게 지적해 주고 있다. 따라서 국가전략도 국내환경의 영향을 받는다는 것은 두말할 필요 없다. 국가란 국제환경 속에서 자국의 지위를 절대적으로 높이려 하고, 때로는 타국보다도 유리한 지위에 놓이려고도 한다. 구체적으로 말하면, 국가는 자국의 권력기반을 경제발전, 정치발전 나아가서는 군사적인 확대를 통하여 증강하려고 한다. 결과적으로 하나의 국가가 힘이 강해지면, 적어도 어딘가 다른 하나의 국가는 상대적으로 지위가 떨어진다고 본다. 모든 국가가 동시에 지위를 높일 수는 없기 때문에, 현실의 국제정치에서는 긴장이 있고, 때로는 지배적 지위를 둘러싼 경쟁의 단계를 넘어 전쟁까지 발발하기도 한다.

그렇다면 국가는 국내적으로나 대외적으로 어떠한 역할을 하여야 하는가의 문제에 봉착하게 된다. 국가의 주요한 역할에 관하여 좀 추상적이긴 하나 질서, 안전, 생산, 통상이라는 4개의 분야로 나누어 생각하여 볼 수 있다.[19] 우선 국내적으로는 '질서의 유지'라는 정치정책과 '생산의 장려'라는 경제정책을

19) 猪口孝, 『國際政治の構圖』(有斐閣, 1990年), pp. 17~37.

추진하고, 대외적으로는 '안전의 확보' 라는 안전보장정책과 '통상의 촉진' 이라는 대외경제정책을 강구하여야 한다.

첫 번째 국가의 역할은 질서의 유지이다. 국가의 질서유지 능력을 궁극적으로 보증하는 것은 현실적으로 또는 잠재적으로 국가에 대항하는 사회집단에 비하여 그의 강제장치가 압도적이고 또한 사회 구성원의 대부분이 국가의 정통성을 인정하기 때문이다. 국가가 질서유지의 역할을 할 수 있는 것은 사회집단에 대한 가치의 부여와 박탈이라는 2개의 기능을 할 수 있기 때문이다. 국가는 사회잉여의 몇 퍼센트를 세금으로 징수하는 등 사회잉여를 비교적 자유스럽고 대규모로 사용할 수 있는 입장에 있고, 또한 검사, 경찰관, 세무공무원 등 지배를 위한 행정상의 조직을 갖추고 있어, 스스로 가치의 부여와 박탈을 행사할 수 있다.

두 번째 국가의 역할은 안전의 확보이다. 국제사회에는 각각 주권을 주장하는 복수의 국가가 병존하고 있어, 국가는 국가 간의 경쟁에서 살아남지 않으면 안 된다. 국제사회에는 힘의 행사와 위협이 공존하기 때문에 국가는 여러 가지 어려움에 봉착한다. 이를 극복하기 위하여 국가는 기본적으로 (1) 자강, (2) 동맹, (3) 환경정비라는 3개의 전략이 필요하다.

우선 자강이란 타국에 대한 자신의 힘(power)을 강화하는 것이고, 경제력과 군사력을 포함한다. 다음으로 동맹이란 공동의 적에 대하여 타국과 정책을 조정하고, 힘(power)을 증강하려는 것이다. 외교는 일반적으로 보다 큰 위협에 대항하기 위하여 동맹관계를 만드는 경우가 많다. 다만 동맹은 각국의 국익에 따라 제2차 세계대전을 둘러싼 독·소 불가침조약이나 일·소중립조약과 같이 「편의상 일시적인 결혼」과 같은 경우도 있다. 마지막으로 환경정비란 적에 대항하기 위하여 동맹을 만드는 것보다, 오히려 국가가 타국으로부터 우호적인 반응을 얻으려고 노력하고, 그것으로 목표수행을 위한 기반을 만드는 것을 말한다. 예를 들면, 한국은 미국과 중국간 긴장완화에 강한 관심을 가져야 한다. 미 · 중간 긴장완화라는 환경정비가 진행되면, 우선 한반도에서 전쟁이 일어날 확률이 적어질 것으로 예상할 수 있기 때문이다.

세 번째 국가의 역할은 생산의 장려이다. 국가로서는 국가수입이 많으면 많을수록 좋다고 할 수 있다. 거기에 상응하여 국가가 행동할 수 있는 범위를 확대할 수 있기 때문이다. 또한 국가는 계속적으로 생존 · 발전하지 않으면 안 된다. 그러기 위해서는 사회잉여로부터 세금 등 국가 수입을 계속 창출해야 하기에, 국가는 생산의 유지 · 확대도 장려하지 않으면 안 된다. 생산이 크면 클수록 그로 인하여 생기는 사회잉여도 크게 되고, 국가가 거두는 세금도 많아진다는 것이다.

국가가 생산을 장려하기 위해서 후발공업국은 선발공업국과 다른 정책을 강구하여야 한다. 후발공업국은 선진공업국으로 발전하기 위하여 수출주도공업화와 수입대체공업화라는 2개의 전략이 필요하다. 우선 제 1 차 상품 수출주도의 경제에서 수입대체공업화의 전략으로 추진하고, 더 나아가 수입대체공업화에서 수출주도공업화의 전략으로 역점을 옮겨가야 한다. 선발공업국가에서도 국가는 기본적으로 경제성장률, 물가상승률, 실업률, 국제수지균형, 외환시세의 움직임을 보면서, 금융 · 재정정책수단을 사용하고, 산업정책, 소득정책, 과학기술정책, 교육정책, 사회복지정책, 인구정책 등을 강구하여 생산증대에 기여하도록 한다.

네 번째 국가의 역할은 통상의 촉진이다. 통상은 국가의 영역을 넘어서 일어나는 것이기에, 보통은 국경으로 관리하는 것이 용이하다. 국가는 통상을 독점하거나, 적어도 국가의 이익이 되도록 규제할 수 있다. 따라서 통상은 국가 수입의 주요한 원천이었다. 국가가 통제, 개입 또는 직접적인 사업을 통하여 사회에 급속히 침투하고, 징세능력을 크게 높인 것은 최근에 와서 일어난 일이다. 또한 외국과의 통상은 많은 개발도상국 정부 수입의 많은 부분을 차지하고, 외국으로부터의 기술이전도 가능하게 한다.

나아가서 국가의 대외경제정책은 국민경제를 어느 정도 세계경제에 통합시켜야 하는가의 문제이다. 국민경제는 규모와 국제경쟁력에 있어서 다양하나, 이들 2개의 요인을 고려하여 통합의 정도를 결정하는 것이 대외경제정책의 역할이라고 할 수 있다. 다시 말하면, 대외경제정책이란 국가의 이익에 맞추어 국민경제를 운영하기 쉽도록 통합의 정도를 결정하는 것이다.

반면 국가의 국내경제정책은 생산량을 증가시키고, 생산성을 높여 국민경제규모와 국제경쟁력을 강화하여, 국민경제의 운영을 원활히 하려는 것이다. 다시 말하면, 대외경제정책과의 다른 점은 통합의 정도는 주어진 것으로 하고, 국민경제의 운영을 담당한다는 점이다.

국민경제의 규모 확대는 영토의 확대, 인구의 팽창, 공업화의 진전, 통상의 증대 등에 따라 이루어진다. 또한 공업제품의 국제경쟁력 상승은 기술수준의 향상, 노동생산성의 증가, 공업화의 진전, 통상루트의 확보 등을 통하여 이룩할 수 있다.

한편 국민경제의 통합도는 세계경제 자체가 어느 정도 엄격한 틀이나 규율을 갖고 있는가와 각 국가가 선택한 정책 등에 의하여 결정된다. 국민경제의 세계경제에의 통합도를 결정하는 가장 근본적인 요인은 세계경제에 있어서 패권국이 어느 정도 힘(power)을 갖고 있는가에 있다. 패권국이 세계경제체제의 틀과 규율을 설정하고, 이를 계속적으로 유지하는 능력을 갖고 있는 시기에는 각국 경제의 세계경제로의 통합도는 매우 높다. 또한 통합도의 결정에 중요한 것은 각 국민경제의 성격과 국제경쟁력에 비추어 어느 정도의 통합이 유리한가라는 각 국가의 정책적 선택이다. 앞에서 언급한 국가의 역할을 한국이라는 국가에도 적용할 수 있으나, 그러기에 앞서 다른 국가에는 없는 "통일의 달성"이라는 역할도 수행하여야 한다. 이를 도표화하면 [도표 1-8]과 같다.

다음으로는 국민들은 국가에 대하여 무엇을 기대하는가 하는 문제를 살펴보기로 한다.

대부분의 국민들은 풍요로운 삶을 영위하기를 희망하고, 자신들의 국가가 그 지역에서나 세계적으로 경제대국이 되기를 바라고, 경제대국이 달성된 다음에는 정치대국, 나아가서는 군사대국을 지향하기를 기대하고 있다고 할 수 있다. 이러한 국민들의 요청을 받아들여 대부분 국가의 밀교전략(Covert Strategy)은 경제대국→정치대국→군사대국으로 지향하고 있다고 볼

도표 1-8 • 국가의 역할

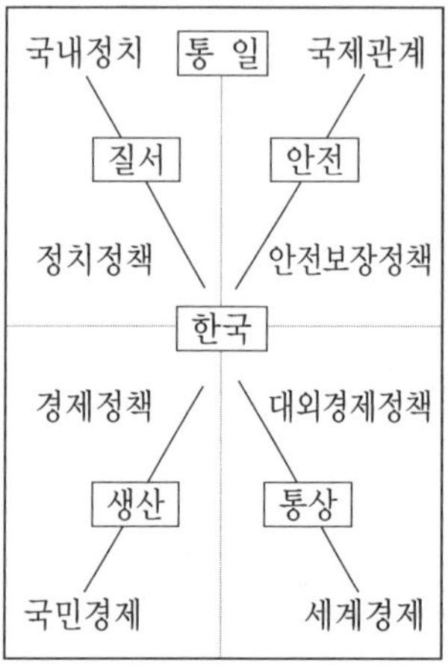

(A) 국가의 역할
(B) 국가의 정책
(C) 정치경제영역
의 연계

	(A)	(B)	(C)
(1)	질서의 유지	정치 정책	국내정치
(2)	안전의 확보	안전보장정책	국제관계
(3)	생산의 장려	경제 정책	국민경제
(4)	통상의 촉진	대외경제정책	세계경제
(5)	통일의 달성	통일 정책	국내외 관계

수 있다.

그런데 전후 대부분 국가들은 국제적으로 용인된다는 조건 하에 국제적인 분위기를 감안, 현교전략(Overt Strategy)으로 전후라는 시대적 상황을 고려, 평화제일주의를 거쳐 경제우선주의에 이르렀다. 그러나 21세기에는 정치우선주의를 지나 군사우선주의로 발전할 것이라는 가설이 성립될 수 있다. 전전에는 제국주의가 국제적으로 용인되었으나, 전후에는 평화주의와 더불어 경제우선주의가 모든 국가에서 인정되고 있다고 볼 수 있으나, 군사우선주의는 모든 국가에게는 용인되지 않고 있다.

대부분의 국가는 자국의 적으로 인식되거나 자국의 국익에 위협적인 것으로 인식되는 국가가 군사우선주의로 발전하는 것을 견제한다. 오키나와 주둔 스타크 포름 미국 해병사령관은 1990년 3월 27일 경제대국으로 성장한 일본을 경계하면서, "재

군비하여 재등장하려는 일본은 어느 국가도 바라지 아니한다" 고 하고, "따라서 우리들은 병의 마개이다"(So we are a cap on the bottle)라는 「병마개(Bottle's Neck)론」을 1990년의 상황에서 제기하였다.[20] 이는 병마개를 열면 병 안에 있는 일본군사대국이라는 괴물이 출현할 것이라는 뜻으로 해석할 수 있다. 더불어 21세기에 들어선 오늘의 상황에서 보면, 중국의 패권주의도 견제되어야 할 과제인지도 모른다.

한편, 대부분의 국가는 평화제일주의라든가 경제우선주의라는 현교전략과 별도로 국위선양을 우선하는 정치우선주의라든가 강병(强兵)을 우선하는 군사우선주의라는 밀교전략을 동시에 추진하고 있다. 전후 한국의 국가전략은 한반도 주변 체계를 중심으로 한 국제정치체제에 따라 조정되지 않을 수 없다. 미·소 양국을 정점으로 하는 냉전체제 하에서는 한국은 자본주의라는 이데올로기를 우선하지 않을 수 없으나, 탈냉전체제 하에서는 경제적 이익을 포함한 국가이익을 우선할 수 있다. 그러나 국제적으로 용인되는 경제우선주의를 전략의 목표로 삼을 수는 있더라도, 현재로서는 군사우선주의를 현교로서 채택하기에는 시기상조라고 할 수 있다. 반면 한반도 문제에 관한 한, 한국은 정치우선주의라는 현교를 국가전략으로 채택하여도 무방하다고 본다.

한국의 국가전략을 실질적으로 구사함에 있어서, 경우에 따라서는 명분론이라는 현교와 실익론이라는 밀교를 구분하여

---

20) *Washington Post*(27 March, 1990).

→ **도표 1-9 • 한국의 국가전략**

구 분	냉전체계 (이데올로기 우선주의)	탈냉전체계 (국익우선주의)	냉전후체계 (국익우선주의)	?
현 교 (명분론)	평화제일주의 (전후 복구)	경제우선주의 (아시아에서의 경제강국)	정치우선주의 (한반도 문제에 관한 발언권)	군사우선주의 「통일한국」
밀 교 (실익론)	1945년 (한국 독립) 경제우선주의 (부국을 우선하는 이념)	1972년 (남북 공동성명) 정치우선주의 (국위선양을 우선하는 이념)	1991년 (남북 기본합의서) 군사우선주의 (강병을 우선하는 이념)	2010년(?) 한반도에서 사실상의 통일 ?

사용할 필요성이 있다. 국제적으로 용인되는 전략은 표면적으로 나타나는 현교로 설정하고, 국제적으로 인정을 받지 못하고 있는 밀교전략은 내면적으로 추진하되, 일정한 기간이 지난 후에 국제적으로 여건이 허락되는 경우에 현교로서 추진함이 바람직하다고 본다. 이러한 사실을 도표화하면 [도표 1-9]와 같다.

제 4 절 한국의 국가전략

1. 전략사상

국가는 생물과 마찬가지로 성장하는 조직이고, 생존을 위하여 일정한 영역, 즉 생존권(生存圈)이 필요하다. 국경은 국가 동화력(同化力)의 경계선이고, 성장력 있는 국가의 국경은 확대된다. 그러나 이런 확대를 저지하는 국가와 만나면 전쟁으로 발전한다. 영토를 흡수하려는 경향은 한 국가에서 다른 국가로 전염 · 증폭되고, 지구라는 소혹성에는 하나의 대국 이외에 존재할 여지가 없다고 보는 것이다. 이런 이론이 소위 프레드릭 · 러셀의 생존권의 개념이다.[21)]

이런 생존권의 이론중에 국경이라는 지리적 국경의 연장선에서 제기된 '전략적 국경' 이라는 개념을 상정할 수 있다. 지리적 국경은 영토, 영해, 영공이라는 범위의 한계이나, 전략적 국경은 영토, 영해, 영공에 제약을 받지 않고, 종합적인 국력의 변화에 수반하여 변경되는 등 상대적인 불안정성과 불확실성을 갖고 있다고 할 수 있다.

전략적 국경은 종합적인 국력의 증감에 따라 변화한다. 국가의 전략적 국경이 장기간 지리적 국경보다 작고 양자를 일치시킬 힘(Power)이 없을 때에는, 지리적 국경은 전략적 국경까지 후퇴하고, 영토의 일부를 잃어버린다. 현실적으로 독도를 둘러싼 한국과 일본간 전략적 국경의 충돌에서 한국의 힘(Power)이 약할 때는 독도를 상실할 수도 있다.

이와 반대로 지리적 국경으로부터 외부에 나와 전략적 국경을 장기간 유효하게 지배하면, 지리적 국경을 확대하는 것이 될 수 있다. 따라서 전략적 국경은 국가와 민족의 생존공간을

---

21) 創前盛通, 『Geo-politic 人間 一國家戰略策定の假說』(春秋社, 1982年), pp. 29~32.

결정한다. 현실적으로 한국의 전략적 국경은 한국의 헌법에서 명시한 대로 북한을 포함한 한반도와 그 부속도서로 한다(헌법 제3조).

따라서 전략적 국경을 확대하기 위하여 군사력과 이를 뒷받침하는 종합적인 국력(경제력, 정치 · 외교력 등을 포함한 국력)이 필수적인 요소이다. 종합적인 국력이 강대할 때 비로소 전략적 국경은 지리적 국경의 외부까지 확대될 수 있다. 종합적인 국력의 기초 위에 구축된 전략적 국경이야말로 유효하고 안정적인 것이며, 종합적인 국력과 전략적 국경 간에 공통성을 강화하고 상호협력하면 좋은 환경을 형성할 수 있다.[22] 결과적으로 지리적 국경은 지구상에서 현실적으로 변화시키기는 어려우나, 군사력이나 경제력이 신장되면 전략적 국경은 타국에서의 시장 확대와 영향력의 증대를 통하여 넓힐 수도 있다. 나아가서 미국, 러시아, 중국 등은 우주공간에서도 전략적 국경을 둘러싼 우주패권의 투쟁이 진행 중에 있다.

지리적 국경과 전략적 국경의 유사한 개념으로 山縣有朋은 1890년 「국가독립자위의 도(道)」에서 주권선(主權線)과 이익선(利益線)을 이미 제시하였다.[23] 여기에서 주권선이란 일본 영토의 선으로 이를 수호하는 것은 당연하나, 주권선을 지키기 위하여 이익선, 즉 인근지역으로서 일본 본토의 「안위와 엄격하게 서로 연계」되는 지역도 방위하지 않으면 안 된다고 하고 있다.

22) 徐光, 「追求合理的三維戰略 一國防發展戰略思考之九」, 『解放軍報』(1987年 4月 3日).

23) 人江昭, 『日本の外交』(中公親書, 1996年), pp. 30～33.

열강 중에 일본의 본토로 침입하려는 국가는 없으나, 이익선을 확보하지 않는 한, 일본 본토의 안전을 확실히 보장하는 것은 아니다라는 견해이다.

나아가서 일본 이익선의 초점은 실제로 한반도에 있고, 이익선을 지키기 위하여 "조선의 독립"을 위한 방책으로 조선을 영구중립의 지위에 놓을 구상을 하였다. 그리고 1910년에 일본은 이익선을 방위한다는 이유로 한국을 병합하였다.[24] 21세기 현재에도 일본은 한반도를 포함한 「극동의 범위」를 이익선으로 간주하고 있다. 소련의 소멸 등 냉전종결 후 신질서에서 미국은 전 세계에서 군사적으로 일극구조의 정점에 있고, 경제적으로도 열강 중에서 가장 강력한 힘을 갖고 있다. 뿐만 아니라 UN, IMF 등 주요 국제기구에서 권력과 영향력을 행사하고 있어, 앞으로도 국제정치에 있어서 절대적 우위를 유지 · 강화할 것으로 본다. 이러한 현실은 신현실주의자(neo-realist)들의 패권안정론으로 설명할 수 있다.

한국의 국가전략은 외세(external power)의 극소화와 내세(internal power)의 극대화에 두어야 한다. 그리고 구체적인 시행방법으로서 어느 쪽이 선행되어야 하는가라는 문제는 외교는 현실이기에 외세의 극소화에 우선을 두어야 한다. 약소국의 독립은 항상(그를 둘러싼 강대국 간의) 세력균형에 의하거나, 지배적인 한 강대국의 보호에 의존하고,[25] 강대국 간 경합상태만이

24) 神谷不二, 『朝鮮半島論』(PHP, 1994年), p. 27.

25) Hans J. Morgenthan, *Politics Among Nations*(Inded., New York: Alfred A. Knopf, 1956), p. 164.

약소국의 외교가 자기에게 유리하게 이용할 수 있는 유일한 상태이다. 그러나 강대국 쌍방이 합의를 보게 되면, 약소국은 위험한 상태에 놓이게 되고, 한쪽이 다른 쪽을 정복하면, 약소국은 큰 재난에 당면한다.[26)]

한국은 한반도 통일이 달성되지 않은 현재로서는 한국이 실질적으로 관할권을 행사할 수 있는 한반도의 남반부(한국)를 주권선으로 북한을 포함한 한반도 전체를 이익선으로 고려하여야 한다. 그러나 한반도에서 통일이 성취된 후에는 일본열도와 중국 동북삼성 등을 포함한 「극동의 범위」를 『통일 한국』의 이익선으로 삼아야 한다. 이 이론의 첫 번째 특징은 세계정치 · 경제에 있어서 중심적인 주체는 주권국가(nation-state)라는 인식이고, 두 번째 특징은 국가 간의 관계, 즉 국제관계는 대등한 국력을 갖고 있는 국가들로 구성된 것이 아니고, 패권국과 그의 지도력에 따르는 국가라는 계층화(hierarchy)된 질서라는 인식이다.

패권안정론자는 국제안전보장이라는 군사면에서 국제공공재뿐만 아니고, 개방된 국제무역체제와 안정된 국제통화체제라는 세계경제발전에 필요한 국제공공재의 공존을 보증하는 패권국이 존재하지 않으면, 국제질서는 불안정할 수밖에 없다고 주장한다. 더욱이 패권국의 중요한 역할은 「국제적인 최후의 대부자(貸付者)」의 전략이라는 위기관리에 있다.[27)] 이러한 주장의 연

---

26) Annett Baker Fox, *The Power of Small States: Diplomacy in World War Ⅱ* (Chicago: University of Chicago Press, 1950), pp. 2, 77.

27) 山本榮治, 『國際通貨System』(岩波書店, 1999年), p. 76.

장선에서 세계대전 간의 국제금융공황과 통화블록의 형성은 영국에서 미국으로 패권의 교체가 순조롭게 진행되지 못한 결과라고 인식하고 있다. 특히 위기관리와 관련하여 「1929년 영국은 그런 능력이 없었고, 미국에는 그런 의지가 없었다」고 하고, 그 결과 국제금융공황이 대공황으로 발전하였다고 분석한다.

한국의 국가전략에는 우선 유일 초강대국이 된 현재의 미국이 어떻게 패권을 계속하여 강화하고, 또한 어떤 방법으로 북한을 포함한 한반도를 미국의 패권전략에 포함시키려고 하는지를 고려하지 않으면 안 된다. 전후 미국의 국가전략은 소위 「2.5 전략」의 원칙에 따라 미국의 통상전략체제를 유지하여 왔다. 미국은 소련과 중국의 공격에 대응하여 NATO의 전방위와 아시아 동맹 및 우호국의 방위를 수행하고(2전쟁), 나아가서 다른 지역에서의 소규모 작전을 수행(0.5전쟁)할 수 있는 군사력을 유지하여 왔다. 그러나 1960년대 소련의 군비확장으로 착실하게 소련군이 증강한 반면, 미국은 베트남전쟁에 의한 심리적 타격으로 소위 「2.5전략」을 수행할 수 없었다.

이에 1969년 1월 20일 발족한 닉슨 정권은 국가전략을 재검토한 결과, 소위 「1.5전략」을 추진하기로 하였다. 소위 「1.5전략」이란 유럽과 아시아에서 대규모 공산주의의 공격에 동시에 대처할 능력을 갖는 것이 아니고, 어느 일방에 대처하는 능력을 갖고(1전쟁), 추가하여 타 지역의 긴급사태(0.5전쟁)에 대응하는 군사력을 갖는다는 전략을 말한다. 당시의 "1전쟁"이란 소련에 의한 유럽에서의 전쟁을 의미하였고, "0.5전쟁"이란 중동지역 또는 한반도를 사실상 상정하였다.

21세기에 들어와서는 소련의 붕괴로 인하여 20세기 "1전쟁"의 가능성은 희박한 반면, 소위 「9.11 테러사건」 이후, 20세기 "0.5전쟁"으로 상정한 중동지역과 한반도는 21세기의 "2전쟁"으로 부상하고 있다.

미국의 국가전략은 클린턴 정권에서 제시한 「관여와 확대의 국가안보전략」(A National Security Strategy of Engagement and Enlargement) 등 전략론과 소위 「9.11 테러사건」 이후 부시 대통령의 「악의 축」(axis of evil) 발언(2002. 1. 29. 미국의회에서 밝힌 연두교서에서)을 둘러싼 국제정세를 면밀히 분석하여야 한다. 다음으로는 이러한 미국의 의도와 동향에 대하여 아프가니스탄 사태에 대한 파키스탄 대통령의 대응을 참고하면서, 한국은 국익의 관점에서 어떠한 반응을 보일 것인가를 신중히 고려하여야 한다.

2. 대(大)전략, 전략 그리고 정책

국가전략(national strategy)이란 국가가 주어진 국내외 환경 속에서 자국의 가용자원을 효과적으로 활용하여 국가의 이익과 목표를 실현하는 데 필요한 중장기적인 행동원칙과 이념 및 수단이라고 할 수 있다. 국가전략은 대전략, 전략 그리고 정책으로 나눌 수 있고, 국가전략의 개념적 범주를 시간의 흐름과 국가이익의 우선순위를 중심으로 분류하면 [도표 1-10]과 같이 정의될 수 있다.[28] 시간의 흐름에서 보면 정책(단기) → 전략(중

28) 류상영 외, 『국가전략의 대전환』(삼성연구서, 2001년), pp. 16~17.

도표 1-10 · 국가전략의 개념적 범주

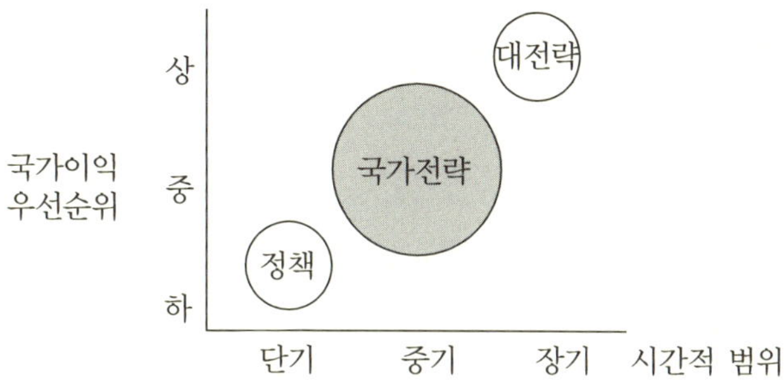

기)→대전략(장기)으로 분류할 수 있고, 국가이익의 우선순위에서 보면 정책(하)→전략(중)→대전략(상)으로 나눌 수 있다.

한국의 국익 추구에 앞서 한반도를 포함한 국제관계의 전체국면을 제대로 파악하여야 한다. 우선, 총론으로 국제질서구조를 주요 국제세력 간의 분포와 국제모순 간의 대치상황을 정태적으로 분석하는 국제정치체제와 각종 모순관계의 변화와 극복을 동태적으로 다루는 국제전략의 구도를 분명히 이해하여야 한다. 각론에서는 한반도를 둘러싼 "시대의 상황"을 정확히 인식하고, 유명한 한비자(韓非子)의 모순(矛盾) 고사에서 표현한 바와 같이, 현실 인식은 "시대의 상황"에 따른 대응 방식의 변화를 가져와야 한다. 즉 상대방보다 국력에 있어 우월할 때는 창(공격)의 전술을 구사하고, 열세한 경우에 방패(방어)의 전술을 사용하여야 한다.

한국의 국가전략에는 한반도의 평화와 안정이라는 안보전략(security strategy), 한민족의 번영이라는 번영전략(prosperity

도표 1-11 • 한국의 국가전략과 상관관계

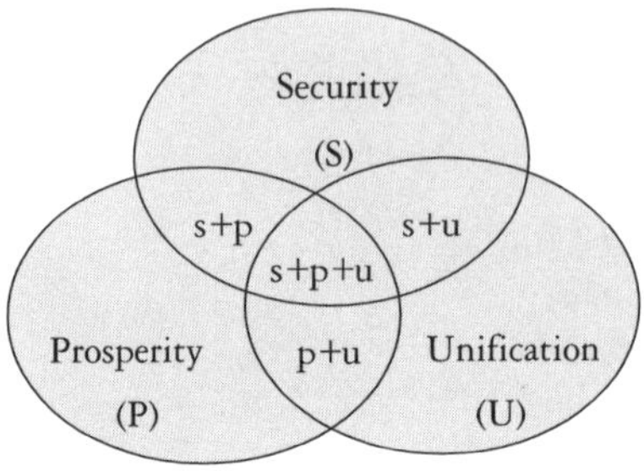

- 3가지 전략의 중요성
- 국가별, 분야별 중요도 차이
- 분야별 관계 다양
(시너지 vs. 상호모순)

strategy), 그리고 한반도의 통일이라는 통일전략(unification strategy)이라는 3가지 전략이 있다. [도표 1-11]에서 보듯이 세 전략이 모두 얽혀 있어 어떠한 형태로든 통합되어 있다.

한국의 안보전략은 한국의 영토 및 주권, 그리고 한국인의 생명과 재산을 외부의 위협으로부터 안전하게 보호하기 위한 전략이다. 여기에는 군사전략이 핵심이다. 그러나 최근에는 대외적인 군사안보만으로는 부족하기 때문에, 국내정치의 안정 및 민주주의의 신장 등 대내적인 안보개념을 포함하여 광범위한 전략이 요구된다.

또한 한국의 번영전략에는 한국 국민의 삶의 질을 향상시키고 한국의 경쟁력을 제고하기 위하여 추진해야 할 경제전략뿐만 아니라, 북한인민들의 번영도 포함하는 한민족의 번영을 고려하여야 한다.

그리고 한국의 통일전략은 첫째로 평화적 통일이어야 한다. 따라서 전쟁에 의한 통일은 바람직하지 않고, 둘째로 자유

민주주의 통일이어야 한다. 따라서 공산주의가 지배하는 통일은 바람직하지 않다. 셋째로 자주적 통일이어야 한다. 따라서 강대국간 타협의 산물이어서는 안 된다.

제 5 절 한국의 국가전략 모델

1. 한반도론

한반도론은 남북분단을 어떻게 인식하는가에 근거를 두고, "분단시대"로부터 출발, 분단모순의 "분단체제론"을 넘어, 남한과 북한을 하나로 인식하는 "한반도 시대"로 발전하여야 한다는 가설을 설정하고자 한다. "분단시대"는 과거 진보운동을 주도한 민족해방운동론(NL진영: "선 통일, 후 민주변혁")과 민중민주주의론(PD진영 : "선 민주변혁, 후 통일") 간에 경쟁하는 과정을 거쳤다. 그 후 한국사회의 당면과제는 동구라파 공산주의의 몰락과 독일통일 후 발생한 독일내부 문제에 영향을 받아, 한국에서 "보다 많은 민주주의"와 선진화를 달성한 다음, 통일 후에 북한에서 민주변혁을 달성하여야 한다는 "선(先)민주화-통일-후(後)민주변혁"이라는 "한반도시대"로 발전하고 있다.

국가를 바탕으로 하는 한국은 "민주주의 국가 간에는 서로 전쟁하지 않는다," "민주주의 국가도 전쟁을 하나, 여간해서는 전쟁을 시작하지 않는다," "민주주의 국가는 독재국가와 전쟁하면 승리가능성이 크다"라는 가설을 갖고 있는 "민주평화론"에 따라, 우선 한국에서 「보다 많은 민주주의」를 달성하면서, 통일 전이라도, 북한에서도 "인류 보편적 가치"로서 인권의 신장을 통하여 "낮은 단계의 민주주의"가 실현되기를 기대하고 있다. 한편, 계급을 앞세우는 북한은 우선 북한지역을 사회주의 방식에 의한 통치를 확고히 하는 소위 "민주기지"를 확보하고, 이를 바탕으로 북한을 남조선혁명의 수출기지로 삼아 한반도에서 통일을 달성한다는 "민주기지론"으로, 한국의 "민주평화론"과 경쟁하고 있다.

그리고 미군의 한국주둔을 인정한 한미동맹은 약소국 한국이 강대국 미국으로부터 안보를 보장받기 위해 한국군의 작전통제권을 이양한 상태에서 맺은 것이었다. 좁은 의미로 볼 때 한미동맹은 한국군의 작전통제권과 미국의 안보지원과의 교환관계로 볼 수도 있어, 전시 작전통제권의 전환으로 "국가안보"와 "국가자주성"의 딜레마를 극복하려고 하고 있다. 또한, 한미동맹은 냉전기에 주한미군의 철수문제가 "한국 포기의 두려움"으로 작용하였다. 탈냉전기에는 중국과 대만 간 양안문제(兩岸問題) 등에 "한국 연루의 두려움"을 갖고 있어, 주한미군의 전략적 유연성문제로 해결하려고 하고 있다. 그리고 한미동맹은 급변하는 21세기 안보환경 속에서 한반도의 통일을 달성하는데도 기여할 뿐만 아니라, 통일 후 동북아의 평화와 안정에 도움을 줄 것으로 기대된다. 이와 같은 한반도론의 구성은 [도표 1-12]와 같다.

다음으로 한반도론을 보는 한국사회의 정치적 시각은 현실주의 세계관, 이상주의 세계관, 그리고 혁명주의 세계관으로 분

→ **도표 1-12** · 한반도론의 구성

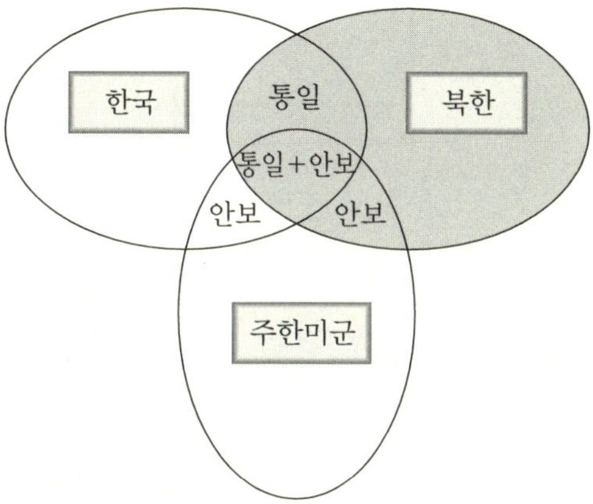

류할 수 있다. 현실주의 세계관(한나라당)은 "자유"를 중요한 가치로 인식하고, 힘의 법칙을 인정하는 현실에 바탕을 두고 점진적 변화를 통하여 "현상의 진화"에 무게의 중심을 두고 있다. 반면 이상주의 세계관(통합민주당)은 자유보다는 "평등"에 더 많은 가치를 두고, 국가차원에서 급진적 변화를 통하여 "현상의 개혁"을 주장하고 있고, 혁명주의 세계관(민주노동당)은 "통일"을 중요한 가치로 인식하고, 계급단위의 혁명과 급격한 변화를 통한 "현상의 전복"을 중시한다. 이명박 정권은 지난 10년간 주도하여 온 "평등세력"에서 세계화의 수용을 통하여 선진화로 지향하는 "자유세력"으로 교체되었다고 분석할 수 있다. 이를 도표화하면 [도표 1-13]과 같다.

도표 1-13 • 한국사회의 세계관

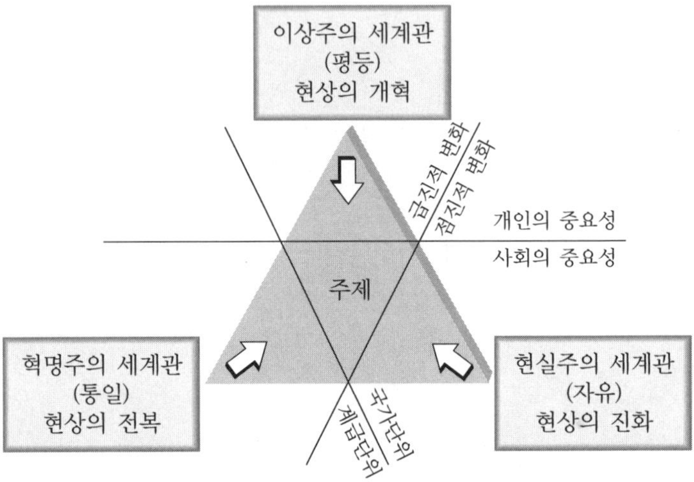

2. 국가전략 모델

국가를 국제정치의 주요 주체로서, 국가를 대표하는 정책 결정자(decision maker)가 국가전략(national strategy)을 염두에 두고, 「상황의 정의」(definition of situation)를 기초로 하여 국가이익(national interest)을 극대화하는 정책을 내리는 것을 전제로 하는 분석모델이 본서의 기본적 입장이다.[29)]

"시대는 바다(海)이고, 국가는 배(船)이고, 국민은 바람(風)이고, 정부는 돛(帆)이다"라고 한 독일 격언을 교훈삼아, 한국의 대통령은 한국호라는 선박의 선장으로서 국가이익이라는 목

29) 花井 等, 前揭書, pp. i ~vii.

적지에 어떻게 도달할 수 있는가 하는 국가전략을 구축하여야 한다. 한국호는 미국과 같은 대형군함은 아니고, 그렇다고 돛단 배도 아닌 중형선박이라 할 수 있다. 따라서 폭풍우가 몰아치면 침몰할 수도 있다는 것을 항상 염두에 두고 바람의 방향과 속도에 맞추어 돛을 올리기도 하고 내리기도 하는 전략이 필요하다.

오늘날의 국제정치 현실에서 패권국이 일방적으로 막대한 비용을 부담하면서까지 패권질서를 유지하는 이유는 중소국가들의 무임승차를 허용하더라도, 질서를 일방적으로 유지하는 것이 가장 많은 이익을 얻을 수 있기 때문이다.[30] 또한 "어떤 국가의 힘(Power)이 증가하면 할수록 그 국가의 지도자와 국민들은 자신들이 세계의 질서를 형성하지 않으면 안 된다는 운명이라고 생각 한다"는 Parkinson's Law의 교훈을 고려, "외교는 전문가에게 맡겨야 한다"는 것은 정치현실주의자의 논리이다. 국가전략을 바탕으로 하는 외교정책은 냉정한 객관성을 바탕으로 국가이익을 중심개념으로 하여 입안하고 집행되어야 성공할 수 있다는 주장이다.

우선 한국의 국가이익을 추구함에 있어서 "시대의 상황"을 근거로 한 「상황의 정의」(definition of situation)를 구체화하는 차원에서 대외적으로는 한반도를 둘러싼 전전 및 전후 국제정치 정세를 가장 쉽게 파악할 수 있는 개념으로 국제정치체제를 설정하고, 대내적으로는 당시의 시대적 상황에 바탕을 둔 역대 대통령의 국가전략을 분석하기로 한다. 이러한 국제정치체제와 대통령의 국가전략은 객관적인 국내외정치의 현실을 반영한 것

30) 松村 昌廣, 『米國覇權と日本の選擇』(勁草書房, 2000年), p. 103.

이긴 하나, 관찰자의 주관적인 필요성과 인식에 의하여 구성되는 것이므로 주관성을 배제할 수 없다. 같은 시기에 발생하는 동일한 국제정치현상에 대해서도 각 관찰자의 상이한 입장과 시각에 따라 여러 가지 다양한 국제정치체제와 지배구조가 성립할 수 있다.

전전 국제정치구조는 자본주의 체제하에서 제국주의 국가와 그 식민지 국가와의 관계를 동양 질서의 예(禮)와 서양 질서의 공법(公法) 간의 충돌체제에서 출발, 제국주의체제를 거쳐 열전체제로 이어지는 국제정치체제를 분석하고 있다. 한반도를 둘러싼 지배구조는 중국 단독지배체계에서 출발, 중국 · 일본 세력균형체계와 러시아 · 일본 세력균형체계를 지나 한국의 일본 식민지화라는 일본 단독지배체계로 전락하는 과정으로 본다.

또한, 1917년 10월 사회주의 혁명으로 최초의 사회주의 국가가 탄생함으로써 전후 국제정치구조는 자본주의체제와 사회주의체제 간의 국제기본모순이 존재하게 되었고, 이는 미소양극구조의 냉전체제에서 출발, 다극화의 구조를 갖는 탈냉전체제를 거쳐 일극 · 다강(一極 · 多强)의 구조로 특징되는 냉전후(post-cold war)체제로 나누어 분석한다. 전후 자본주의진영과 사회주의진영 속에서 1919년 제1차 세계대전 종료와 더불어 윌슨 미국대통령의 민족자결주의에 바탕을 둔 국가주의 간의 국제기본모순이 존재하게 되었고, 각 국가는 자국의 국가이익만을 추구한 결과, 제2차 세계대전의 원인이 되었다고 본다.

전후 한반도의 지배구조는 한국과 북한이 미 · 소(중) 양극체제의 어느 한편에서 출발하였다. 한국은 미국은 물론 일본과도 국교정상화(1965년)를 통하여 남방 3국 관계(한국/미국/일본)와 북방 3국 관계(북한/소련/중국)의 구조를 거쳐, 남북한기본합의서의 서명(1991년)을 계기로 남북한은 그때까지의 종속변수에서 분리하여 독립변수로 남북한+미 · 중+일 · 러 3차원체계를 구사하고, 언젠가는 『통일한국』, 미국, 중국, 일본, 러시아 등 동북아 5국체계가 될 것으로 기대한다.

한편 국내체계에서는 대한민국이 수립된 이후, 역대 대통령들의 국가전략이라는 국내환경은 역대 대통령의 정치철학과 아울러 당시의 시대적 상황을 고려한 국익의 우선순위에 따라 결정된다. 우선은 독립국가를 만드는 국가형성전략을 추진하고, 나아가서는 민주주의라는 체제를 유지하는 전략과 정권을 유지하는 전략을 강구하였고, 이어서 민주국가화를 국가전략으로 삼아 왔다.

다음으로 대(大)전략, 전략 그리고 정책의 상관관계를 염두에 두어야 한다. 또한 한국의 대전략은 자유민주주의, 사회적 시장경제주의, 평화민주통일주의라는 국가이념을 바탕으로, 한반도의 평화와 안정, 한민족의 번영, 한반도의 통일이라는 국가이익을 달성하기 위하여 민족국가화 외교, 국제화 외교, 세계화 외교라는 국가전략과 자주외교, 실용외교, 전략외교라는 국가전술을 구사하여야 한다.

이러한 대전략을 기본으로 이명박 정권에서는 내정전략, 안보전략, 외교전략, 한민족번영전략, 통일과정전략 등 국가전략을 강구하고, 이에 따라 한국의 외교정책, 방위정책, 금융정책, 무역정책, 통일과정정책, 통일후정책 등 갖가지의 정책이 이루어진다. 이것을 도식화하면 한국의 국가전략 모델로서 [도표 1-14]와 같다.

도표 1-14 · 한국의 국가전략 모델

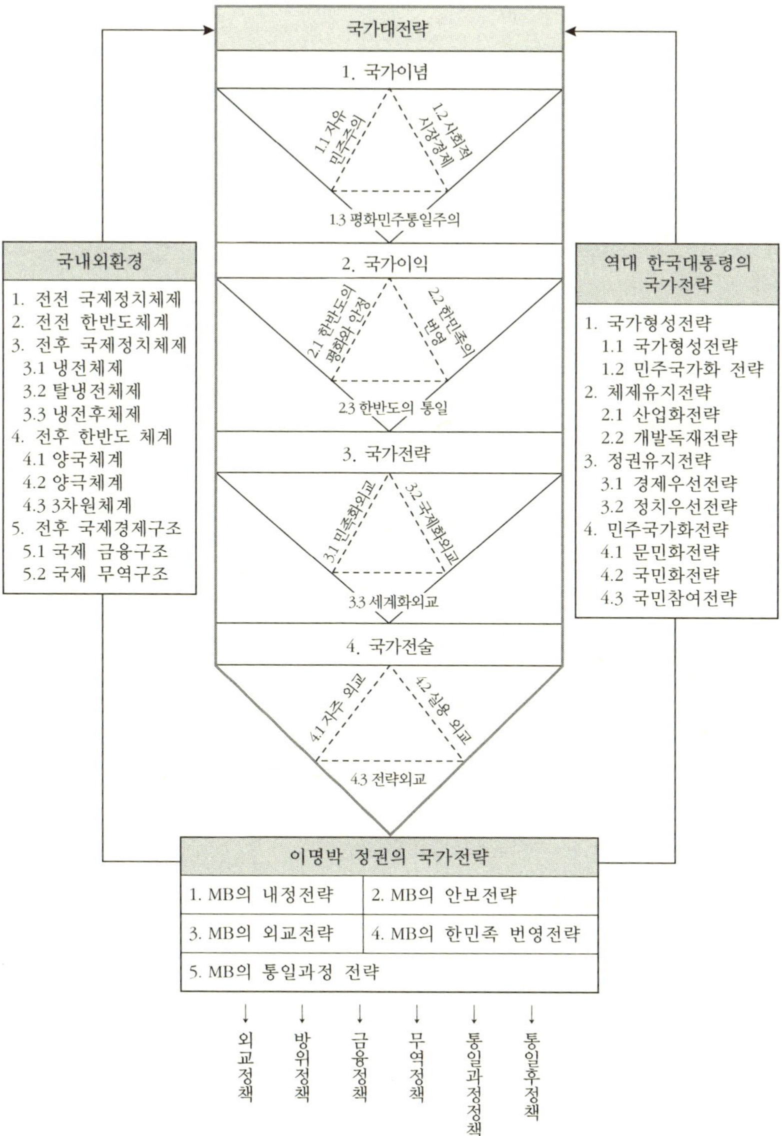

제2장

한국외교의 국내외환경

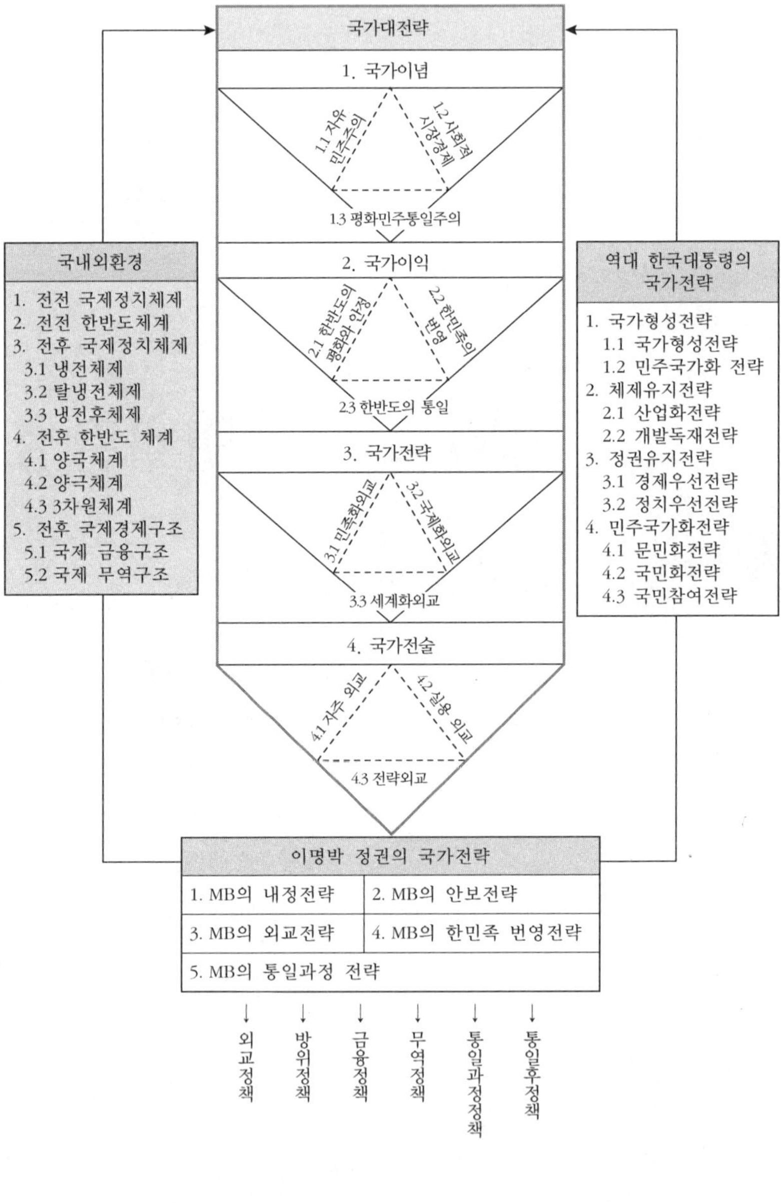

국가대전략
1. 국가이념
1.1 자유 민주주의
1.2 사회적 시장경제
1.3 평화민주통일주의
2. 국가이익
2.1 한반도의 평화와 안정
2.2 한민족의 번영
2.3 한반도의 통일
3. 국가전략
3.1 민족화외교
3.2 국제화외교
3.3 세계화외교
4. 국가전술
4.1 자주 외교
4.2 실용 외교
4.3 전략외교
국내외환경
1. 전전 국제정치체제
2. 전전 한반도체계
3. 전후 국제정치체제
3.1 냉전체제
3.2 탈냉전체제
3.3 냉전후체제
4. 전후 한반도 체계
4.1 양국체계
4.2 양극체계
4.3 3차원체계
5. 전후 국제경제구조
5.1 국제 금융구조
5.2 국제 무역구조
역대 한국대통령의 국가전략
1. 국가형성전략
1.1 국가형성전략
1.2 민주국가화 전략
2. 체제유지전략
2.1 산업화전략
2.2 개발독재전략
3. 정권유지전략
3.1 경제우선전략
3.2 정치우선전략
4. 민주국가화전략
4.1 문민화전략
4.2 국민화전략
4.3 국민참여전략
이명박 정권의 국가전략
1. MB의 내정전략
2. MB의 안보전략
3. MB의 외교전략
4. MB의 한민족 번영전략
5. MB의 통일과정 전략
외교정책
방위정책
금융정책
무역정책
통일과정정책
통일후정책

제 2 장 한국외교의 국내외환경

본서의 기본 입장은 국가를 대표하는 최고의 정책결정자(decision maker)인 대통령이 국익(national interest)을 극대화하기 위하여 「상황의 정의」(definition of situation)에 기초를 두고 국가전략(national strategy)을 수립한다는 것이다. 여기에 언급한 「상황의 정의」에는 국가전략의 환경으로서 국제환경과 국내환경으로 나눌 수 있다.

한국외교의 국내외환경을 고찰하기 전에, 외교정책은 어떻게 결정되는가에 관하여 논하고자 한다. 외교정책을 결정하기에 앞서 주관적 환경과 객관적 환경을 고려하여야 한다. 주관적 환경은 외교결정자의 가치관이나 이미지(image) 등을 들 수 있고, 객관적 환경은 국내환경과 국제환경으로 나눌 수 있다. 국내환경은 국내체계의 구조와 상황, 국내집단(관료)의 이익과 가치, 국내여론, 국력과 국민성(전통, 역사, 문화) 등을 들 수 있고; 국제환경은 국제체계의 구조와 상황, 국제여론, 국제법, 국제제도의, 그리고 관계국의 행동을 말한다.

외교정책의 결정과정을 결정 전 단계, 결정 단계, 결정 후

단계로 구분할 수 있다. 결정 전 단계에서는 지도성(Initiative), 계획성, 「상황의 정의」(예측), 조언과 심의 등이 필요하고, 결정 단계에서는 가능한 모든 선택대안의 선정, 정보·시간 등으로 한정된 대안의 선정, 정치적으로 받아들일 수 있는 대안의 선정, 그리고 유일한 대안을 "선택"하고, 결정 후 단계에서는 "선택"된 결정을 "집중"하여 시행하고 실시한다.

우선 국제환경이란 국가의 상호작용인 국제체계로서, 각국의 국가전략에 많은 영향을 미친다. 국제체계의 구조에는 반복되거나 또는 특징적인 형태가 있어, 국가행동에 영향을 준다는 것을 전제하고 있다. 어떤 국가의 전략은 자국의 힘(power)과 영향력이 어느 정도인가에 따라 영향을 받고, 행동의 자유도 크게 제약을 받는다. 예를 들면 분극체계(分極體系)에서 중소국가는 군사력이 강한 동맹국의 지배에 따라야 하기에 전략 선택의 자유는 거의 없으나, 다극체계(多極體系)에서는 중소국가라도 동맹을 결성하거나 또는 동맹의 이탈을 통하여 국제적 환경에 비교적 자유스러울 수 있다.

그러나 한국의 외교 전략에서는 전전 또는 전후 전 세계를 대상으로 하는 국제정치체제와 국제경제구조보다는 한반도 주변체계와 한반도 지배체계에 많은 영향을 받지 않을 수 없고, 북한이라는 변수가 있어, 다른 국가보다 국제환경으로부터 더 많은 제약을 받아야 한다.

제 1 절 전전(戰前) 국제정치체제

전전(戰前) 국제정치체제, 특히 서양 국제정치는 세력균형론으로 설명할 수 있다. 세력균형론은 하나의 국가 또는 국가연합이 다른 국가의 세력(Power)과 균형(Balance)을 이룩하고, 그렇게 함으로써 어느 한 국가가 다른 국가를 집어삼켜 대제국으로 발전하지 못하도록 한다는 이론이다. 세력균형의 기능은 이론상으로 세력균형이 관련국가의 평화와 독립성을 보존하는데 공헌하였으나, 실제로는 세력균형정책이 전쟁을 유발시키기도 하고, 약소국가들을 분할시키기도 하였다.

세력균형의 유형에는 19세기 영국이 균형자의 역할을 담당한 바와 같은 균형자형과 몇 개의 복합적 동맹으로 묶어 가상적국을 고립시켜 견제하는 방법과 같은 비스마르크형이 있다. 또한 강한 세력을 가진 국가들 간에 이해관계의 불일치로 약한 세력을 가진 국가와 균형을 이루는 뮌헨형과 적대 당사자 간에 세력의 단순한 균형을 이루는 빌헬름형도 있다.

세력균형의 방법으로는 분할과 지배(적국 또는 경쟁국의 영토를 분할), 보상(제국주의시대 식민지의 분할 또는 병합), 완충지대의 설치(두 강국 간의 마찰과 충돌을 완화), 동맹의 형성(자국의 세력을 보완하는 수단), 군비증강(자국의 국력을 증강하는 방법), 군비축소(적의 군사력을 축소시키는 방법), 간섭(강대국이 현상유지를 위해 약소국의 변절을 방지하는 수단) 등을 들 수 있다.

전전 국제정치체제는 아편전쟁(1840) 이전에는 『예와 공법의 충돌』체제이고, 그 후 제1차 세계대전까지는 제국주의체제이고, 제1차 세계대전부터 제2차 세계대전까지는 열전체제이다.

1. 『예(禮)와 공법(公法)의 충돌』체제(1840년 이전)

아편전쟁(1840) 이전의 국제정치체제, 특히 중국의 입장에서 본 "동양의 세계"는 중국 중심의 하나의 세계, 즉 중화사상이라는 단위 또는 확대된 가족관으로 인식되었다. 중국은 자연적 · 계급적 사회의 가부장지국(家父長之國)이고, 조선은 천자의 나라인 중국의 황제로부터 왕권을 인정받아 왕조의 정당성과 명분을 얻어 왕권을 유지하고, 소중화(小中華)라는 문화적 우월감을 갖기도 하였다. 조공을 통해 교역을 하고 필요시 중국의 중재와 지원군을 받는 등 실리적 측면도 존재한 반면, 일본은 문화적으로 야만국으로 간주되었다. 당시 동양의 "예의 질서"는 중화(중국) – 소중화(조선) – 야만(일본)이라는 위계체계를 유지하였다.

한편, 일본의 입장에서 본 세계관은 세계를 문명국가, 반(半)문명국가, 그리고 야만국가 등의 세 범주로 구분한 후, 일본은 국가체제가 어느 정도 정비되어 있으나 실학에 힘쓰는 것은 대단히 적었고, 모방은 잘하나 창조성은 결핍되어 있었다. 따라서 과거의 습관에 압도되어 있는 반(半)문명국가의 상태로 규정하였다. 따라서 일본이 지향할 목표는 자연계의 법칙을 분별하고, 과거의 습관에 구애되지 않으며, 자립적이고 미래지향적인 사고를 하는 것이다. 그리하여 공업과 상업이 날로 번창하고, 구미국가와 같은 문명(文明)의 경지에 도달하는 것으로 인식하였다. 당시의 세계관을 개화(開化 : 유럽국가) – 반개(半開 : 일본) – 미개(未開 : 조선, 중국)로 구분하였다.

나아가서, 일본은 "일신독립(一身獨立)하여 일국독립(一國獨立)"의 명제라는 일본의 독립정신에서 출발하여, "힘은 곧 정의다"라는 논리로 부국강병과 더불어, "국내문제는 참을 수 있지만, 대외문제는 참을 수 없다"[內安外競]는 "대외문제 우선"의 내부통합과 함께, "사물의 득실과 이해를 논할 때는 반드시 시대와 장소를 고려하지 않으면 안 된다"는「상황의 정의」에 의한 시대인식에 따라, 아시아의 맹주론에 이어 탈아론(脫亞論)으로 옮겨가는 해외팽창의 관점에서 조선을 무관심에서 지배의 대상으로 인식하였다.

또한, 동양의 예(禮)는 나라와 나라 사이에 지켜야 할 법을 대례(大禮)라 하고, 대예의 근본이 곧 사대자소(事大字小 : 대국을 섬기고, 소국을 어여삐 여기는 사상)로서 이를 제도화한 것이 조공제도이다. 서양의 공법(公法), 즉 국제법은 국가의 의사만을 그 연원으로 하고 있는 실정법주의와 함께 유럽중심주의와 팽창주의를 그 특징으로 하고 있다.

이러한 예와 공법 간의 충돌은 오직 조약을 맺어 나라 간의 관계를 규율한다는 만국공법의 기본이 영국과 청간의 남경조약(1842)에서 조공제도의 붕괴로 출발하였다. 그후 영국과 청간의 천진조약(1858)에서 화이(華夷)의 구별을 국가공문서에서 추방하였고, 청국황제와 외국군주가 법적으로 동등하다는 국가평등의 관념이 조약 문안으로 삽입함으로써, 예의 질서는 서서히 자취를 감추었다. 이와 병행하여 만국공법의 수용과정은 영사재판권, 협정세율, 최혜국대우조항의 일방적 적용이라는 불평등조약을 평등조약으로 개정하는 교섭이 일본에서 시작되었다.

그리하여 일본은 만국공법의 수용과정을 통하여 서방 선진국의 대열에 들어간 반면, 조선과 중국은 쇄국정책으로 만국공법의 수용을 원만하게 수행하지 못한 결과, 후진국으로 남게 되었다. 지금이라도 한국이 선진국의 대열에 진입할 수 있는 길은 현재 도도히 흐르는 세계화의 물결을 원만하게 수용하는 길 이외에 대안이 없다.

한편, 유럽에서는 30년 전쟁(1618–1648)에서 합스부르그 왕가의 국가들(가톨릭)은 서북부 유럽국가(기독교 : 프랑스 · 영국 · 스웨덴 · 네덜란드)에게 패배 후, Westphalia조약(1648)에서 모든 왕은 자주적이며 다른 모든 왕과 동등하다는 원칙, 외부세력은 종교적 근거로 주권의 관할문제에 개입할 권리가 없다는 원칙, 어떤 패권국가가 등장해서 여타 국가를 지배하는 것을 막으려는 세력균형의 원칙을 정립하였다.

또한 프랑스대혁명에 뒤이은 나폴레옹전쟁(1803–1815)에서 프랑스는 영국 · 네델란드 · 오스트리아 · 헝가리 · 스페인 · 러시아 · 프러시아의 연합군에 패배한 후, 비엔나회의(1815)에서 프랑스혁명과 나폴레옹제국의 도전에 대한 반작용으로 국가주권의 원칙(정통주의)과 세력균형의 원칙을 재강조하였다. 뒤이은 유럽협조체제(European Concert)에서는 알렉산더1세를 중심으로 러시아, 오스트리아, 프러시아 등 세 군주의 신성동맹조약

(1815)과 영국을 추가한 4국 동맹조약(1815)에 이어, 프랑스를 포함한 Aix-la-Chapelle회의(1818)를 통하여 5두정치(五頭政治)를 성립한 후, 영국과 프랑스가 러시아에 선전포고한 크리미아 전쟁(1853) 후의 파리강화회의(1856)에서 오스만제국(터키)문제를 둘러싼 세력균형을 논의하였다.

한편, 민족주의에 입각한 전쟁을 통하여 이탈리아와 독일은 통일하였다. 이탈리아는 통일전쟁(1859)의 결과, 사르디니아 왕국을 주체로 이탈리아왕국이 건설되고, 프러시아 · 오스트리아 전쟁(1866)과 프러시아 · 프랑스 전쟁(1870-71)의 결과, 베네치아와 로마법왕령을 점령하여 민족통일을 성취하였다. 또한 독일은 프러시아를 맹주로 덴마크전쟁(1864)과 프러시아 · 프랑스 전쟁(Sadowa전투에서의 대승)에 이어, 프러시아 · 프랑스 전쟁 후 알사스 로렌의 할양을 포함한 프랑크푸르트평화조약(1871)에서 독일의 민족통일을 달성하였다.

2. 제국주의체제(1840년~1914년)

"제국주의"라는 용어는 나폴레옹 제국의 확장주의를 지칭하는 표현으로 사용하기 시작하였으나, 일반적으로 한 국가가 다른 국가나 타 지역에 행하는 지배 또는 공격적 행동을 의미하는 것으로 정착되었다. 이러한 의미에서 제국주의는 고대부터 존재하였으나, 국제정치에서 "제국구의"라는 용어는 1870년 이후 유럽열강에 의한 식민지 팽창을 의미하는 경우가 많았다. 반면 동양에서는 아편무역을 둘러싼 아편전쟁(1840년)에서 그 기원을 찾을 수 있다.

청국과 영국 간 아편전쟁의 결과로 맺어진 남경조약(1842)은 중국을 구미 열강의 반(半)식민상태로 전락하게 만든 최초의 법적근거이다. 홍콩의 할양과 광저우, 샤먼, 푸저우, 닝보, 상하이 등 5개 항구의 개방과 영사의 주재 등으로 구성된 비교적 간단한 남경조약은 실상 그 전쟁의 원인이 되었던 아편문제에 관하여는 아무런 규정이나 해결을 보지 못하였다.

한편 1870년 이후 유럽열강, 특히 독일제상 비스마르크(Bismark)는 러시아를 가상적국으로 하는 독일과 오스트리아·헝가리 간 양국동맹(1879-1918)을 중심으로 프랑스를 겨냥한 독일, 오스트리아·헝가리, 이탈리아 간 3국동맹(1882-1915)과 프랑스의 고립을 위하여 러시아를 끌어들인 3제협상(1881-1887)을 양축으로 하는 "비스마르크체제"를 구축하였다. 그러나 이에 대응하여 프랑스의 델카세(Delcasse) 외상은 이탈리아를 3국동맹에서 떼어내려는 노력의 결과 제3국에 대해 중립을 지킨다는 양국 간 각서(1902)를 교환하였다. 그후 영국과의 영·불 협상(1904)과 아울러, 러시아와 군사협력의정서(1899. 7), 정치협정개정(1899. 8)을 체결하여 동맹관계로 발전한 소위 "델카세 체제"를 구축함으로써 비스마르크체제는 붕괴되었다. 그리고 소련에 가혹한 독일과의 브레스트-리토브스크(Brest-Litovk)조약(1918. 3)은 연합국과 동맹국 간에 휴전조약(1918. 7)으로 무효화되었다.

또한, 제1차 세계대전 전에는 대내적으로 독일·오스트리아·이탈리아의 3국동맹과 영국·프랑스·러시아의 3국협상 간의 무장대립은 세력균형에 의한 평화보장 기능을 현저하게 감퇴시켜 국지전쟁을 세계전쟁으로 확대될 위험성을 증대시켰다. 반면 이탈리아는 3국동맹의 일원이면서 3국협상에 비밀리 내통하였고, 3국협상은 영국 · 러시아 간에 이해관계 불일치로 동맹관계로의 발전에 실패하였다. 나아가 유럽제국들은 대외적으로 영국의 3C정책과 독일의 3B정책으로 대표되는 세계시장의 쟁탈전과 해군확장경쟁이라는 제국주의정책을 전개하였다. 그 중 러시아의 범슬라브주의와 독일 · 오스트리아의 범게르만주의는 발칸에서 충돌(1914)하였고, 독일과 프랑스는 서유럽의 석탄 · 석유 지배권과 아울러 아프리카 재분할을 둘러싸고 대립하였다.

3. 열전체제(1914년~1945년)

제 1 차 세계대전에서 독일과 오스트리아 · 헝가리는 영국 · 프랑스 · 러시아 · 이탈리아 · 미국 등의 연합국에 패배한 후 성립된 "베르사이유 체제"(1919)는 영국 · 프랑스의 지도하에 형성된 세계평화유지 체제이다. 이는 미국(5), 영국(5), 프랑스(3), 이탈리아(1.75), 일본(1.75) 등 5개국 간의 해군군축조약, 미국 · 영국 · 프랑스 · 이탈리아의 4개국이 태평양에서의 현상유지, 그리고 미국 · 영국 · 프랑스 · 이탈리아 · 일본 외에 중국 · 벨기에 · 네덜란드 · 포르투갈이 참가한 1922년 중국에 관한 9개국 조약(중국의 독립, 영토 · 행정보전의 존중)으로 구성된 "워싱턴(Washington)체제"를 구축하였다. 또한 영국과 이탈리아가 보장국으로서 영국 · 프랑스 · 독일 · 벨기에 · 이탈리아 등 5개국은 프랑스 · 독일국경과 벨기에 · 독일국경의 현상유지나 불가침 등 중유럽의 안전보장에 관한 조약(1925)이 맺어져 베르사이유 조약에서 정해진 국경을 재확인 하는 "로카르노(Locarno)체제"라는 두 개의 하부체제를 구성하였다.

또한, 로카르노조약과 같은 안보장치를 동유럽과 지중해에도 구축하려는 움직임은 특히 영국 · 독일 · 이탈리아 등이 반대하여 실현하지 못하였으나, 국제연맹 내에서는 "국제분쟁의 평화적 해결을 위한 의정서(1928)"와, 국제연맹 밖에서는 국가정책으로서의 전쟁을 포기하고, 모든 분쟁은 평화적으로 해결할 것을 천명한 부전(不戰)조약(Kellogg-Briand조약)을 1928년에 채결하였다.

한편, 유럽에서 파시즘과 나치즘의 등장, 이탈리아의 에디오피아 침공(1935)과 독일의 오스트리아합병(1938)에 이어, 체코슬로바키아문제가 대두되었다. 그러나 영국 · 프랑스 등 서유럽 국가들은 볼셰비즘의 서유럽 파급 저지와 군사충돌을 회피하려는 유화정책의 일환으로 영국 · 프랑스 · 독일 · 이탈리아 등 4국 수뇌들은 뮌헨협정(1938. 9) 직후, 영국 · 독일 불가침조약(1938. 9)과 프랑스 · 독일 불가침조약(1938. 12)을 체결하였다. 소련은 영국 · 프랑스 · 러시아 · 루마니아 · 폴란드 · 터키에 평화회담을 제창(1938. 3)하였으나, 영국이 이를 거절함에 따라, 독일과의 불가침조약(1938. 8)을 체결하였다. 이로 인해 소련은 독일로부터의 침략위협을 일시적으로 피하고, 독일은 폴란드침공에 대해 양면작전을 피할 수 있었으나, 결국 독일이 폴란드를 침공하자 영국 · 프랑스는 독일에 선전포고(1939)함으로써 유럽대전이 발발하였다.

결과적으로 20세기에 접어들면서 미국 · 일본 · 이탈리아 등 3개의 강국이 세계무대에 등장하였고, 독일이 유럽에서 최강국 영국의 지위를 위협한 결과, 제 1 차 세계대전에서 독일 · 오스트리아 · 헝가리는 영국 · 프랑스 · 러시아 · 이탈리아 · 미국 등의 연합군에 패배했다. 그 후 제 2 차 세계대전에서 독일 · 이탈리아 · 일본은 미국 · 영국 · 프랑스 · 소련 · 중국의 연합군에게 패하였고, 이러한 과정을 통하여 합스부르크(오스트리아 · 헝가리), 오스만제국(터키), 제정러시아, 제국중국 등 4개 주요제국이 소멸하였다.

제 2 절 전전(戰前) 한반도 지배체계

1. 중국 단독지배체계(1876년 이전)

조선에서는 임진왜란을 겪은 선조의 뒤를 이은 광해군이 명 · 청(후금)교체기에 친후금정책(강홍립은 후금에 항복)을 취한 반면, 인조는 향명배금(向明排金)의 정책을 추진하였다. 이로 인하여 병자호란의 결과로 맺게 된 "성하(城下)의 맹(盟)"에서, 최초로 조선은 청에 군신의 예와 사대의 예를 행할 것을 서약한 것이 조선이 청에 종속된 역사상 근원이었다.

또한, 조선의 대프랑스전쟁(병인양요: 1866)과 대미국전쟁(신미양요: 1870)을 목격한 구미 각국들은 조선과의 수교를 위하여 청의 중재를 요청할 경우, 청은 조선이 비록 청의 속방이라 하더라도, "조선의 내치와 외교는 자립이기 때문에 간섭할 수 없다"고 거절하였다. 그러나 일본은 운양호 사건(1875) 이후 인천 앞바다에서 일본군함으로 협박하여 조선과 체결한 조선 · 일본 수호조약(1876) 제 1 조에서 "조선국은 자주지방(自主之邦)으로서 일본국과 평등한 권리를 보유한다"고 명기, 조선은 자주국(독립국)으로 간접적인 조선 · 청 종속관계를 부인하였다.

2. 중국과 일본 세력균형체계(1876년~1895년)

청은 조선에 침투하는 일본 · 러시아 세력을 견제할 이이제이(以夷制夷)정책의 일환으로, 조선으로 하여금 미국(1882), 영국(1883), 독일(1883), 러시아(1884), 프랑스(1886) 등과 수호조약을 체결케 하여 조선에서 각국 간의 세력을 균등하게 하는 과정에 종주국의 지위를 유지하려고 시도하였다.

그러나 조선 · 일본 수호조약(1876) 이후 일본의 영향 등으로 조선에서 근대적인 제도 개혁이 이루어졌다. 그런 가운데, 재래식군대 5영은 일본식군대 별기군보다 대우가 나쁜 것에 불만, 일본공사관을 습격, 불을 지른 임오군란(1882)이 발발하였다. 이후 일본은 군함 등을 파견, 조선과 체결한 제물포조약(1882)에서 조선은 일본에 진사사절을 파견하여 사죄하고, 일본은 일본공사관을 경호하기 위하여 병원약간(兵員若干 : 2중대)을 둔다고 하여 일본군대의 조선주둔을 처음으로 인정하는 법적근거를 마련하였다. 반면 청도 임오군란 후 조선에 군대를 파견,

대원군을 납치하여 천진으로 압송한 후, 조선 · 청 간의 종속관계를 예에 입각한 주종관계가 아닌, 만국공법에서 보는 종속국의 위치를 강요하였다.

그리고 임오군란 이후 3,000명의 청군이 조선에 주둔하고, 개화파인사들이 신식군대를 양성하는 등 보수파와 개화파는 대립하였다. 그러던 중 개화파의 쿠데타를 청군의 완전승리(3일천하)로 끝낸 갑신정변(1884. 12) 후, 조선과 일본 간에 맺은 한성조약(1885. 1)에서 조선이 갑신정변의 책임을 간접적으로 인정함으로써 일단락되었다. 또한 중국과 일본 간에는 천진조약(1885. 4)에서 양국군대는 3개월 내에 조선으로부터 철수하고, 장차 조선에서 중대한 사건이 발생하여 조선에 출병할 경우에는 서로 문서로 알리고, 사태가 수습되면 곧 철수한다고 규정하여, 임오군란 이후 청국의 군사적인 우위가 어느 정도 감소하였다.

그 후 전라도 고부에서 일어난 동학혁명(1894)은 농민군에 의한 진주성 함락으로 낭패한 조선왕정은 청에 원병을 요청하였다. 그래서 청은 곧 조선파병을 결정하고, 천진조약에 따라 일본정부에 군대파병을 알리고, 일본정부도 군대파병을 청에 알리면서 청과의 개전(開戰)구실을 찾아 청일전쟁(1894)에서 승리하였다. 그 후 체결된 시모노세키조약(1895)에서 청은 조선의 독립을 확인하고 조공전례(朝貢典禮)를 폐지하였으며, 대만과 요동반도를 할양하였다.

3. 러시아와 일본 세력균형체계(1895년~1905년)

러시아는 독일, 프랑스와 함께, 요동반도의 철수를 권고하는 일종의 외교적인 행동(demarche)을 일본에 취하고, 일본은 "3국의 우의 있는 충고에 따라 요동반도의 점령을 영구히 포기한다"고 함으로써 3국 간섭(1895)은 일단락되었다. 그러나 조선과 만주는 러시아와 일본의 각축장이 되어 러시아 · 일본 간의 전쟁을 예고했고, 조선에서 민씨 일파는 친일파를 몰아내고 친러파 내각을 출범하였다. 그러나 명성황후시해사건(1895) 후, 고종이 러시아공관에 이어(移御)한 아관파천(1896. 2 – 1897. 2) 후 러시아 세력이 엄청나게 조선에 진출하였다.

이와 같이 조선을 둘러싼 러시아와 일본 간의 충돌은 피할 수 없었으나, 러시아와 실력으로 다툴만한 자신이 없는 일본은 러시아와 타협하는 차원에서 우선 서울주재 러시아 · 일본 공사 간에 "베버와 고무라 간의 협정"(1896. 5)을 체결하였다. 이 협정에서 일본은 서울에 2개 중대, 부산과 원산에 각각 1개 중대(200명 이내)를 주둔시키고, 러시아도 공사관과 영사관의 보호를 위하여 일본군의 병력을 초과하지 않는 범위 내에서 주둔하기로 합의하였다. 러시아와 일본 외상 간의 "로바노프와 야마가타 간의 의정서"(1896. 6)에서는 "베버와 고무라 간의 협정"이 효력을 갖는다고 합의하여 일본이 러시아에 크게 양보하였다. 그 후 만주에 크게 진출하여 만주경영에 몰두하던 러시아는 로젠 · 니시협정(1898)에서 러시아는 조선과 일본 간 상업상 · 공업상의 관계가 발전되는 것을 방해하지 않는다고 합의하면서 조선에서 경제적으로는 일단 일본에 양보하였다.

그 후 조선 · 만주문제를 둘러싼 러시아의 남하정책과 일본 팽창정책의 충돌인 러시아와 일본 간의 전쟁(1904 – 1905)에서 세계적 강국이었던 러시아는 국내대립의 격화로 일본에게 패배하였다. 그 후 포츠머스 강화조약(1905)에서 러시아는 조선에서 일본의 경제적인 우월권은 물론 정치와 군사적 우월권도 인정하고, 러시아 · 일본 양군은 요동반도 이외의 만주에서 철수하기로 합의함으로서, 일본은 조선에서 독점적 지위와 아울러, 대륙진출의 발판을 마련하였다.

4. 일본 단독지배체계(1905년~1945년)

세계최강국인 영국은 "영예로운 고립"을 버리고 처음으로 일본과 동맹관계(1902)를 맺었다. 일본은 영국을 배경으로 러시아 · 일본 전쟁에서 승리한 후 제 2 차 영일동맹(1905)에서 영국은 일본의 조선에 있어서의 영구적인 정치 · 경제 · 군사적인 권익과 조선을 보호할 권리를 승인하고, 일본은 동맹적용의 범위를 인도까지 확장하기로 합의하였다. 또한 일본은 미국으로부터도 조선에서의 독점적 지위를 얻으려는 외교적 노력의 결과 태프트–가쓰라 밀약(1905)에서 미국이 조선에 대한 지배를 승인하는 대신에 일본은 필리핀에 대해 침략적 의도가 없음을 언명함으로써 미국은 극동문제에 있어서 영일양국과 협조할 것을 승인하였다.

한편, 일본은 러시아와 전쟁을 시작하면서 조선의 식민지화 작업에 착수, 먼저 한일의정서(1904)에서 조선은 제도개선에 관한 일본의 충고를 받아들이기로 하였다. 구체적으로 제 1 차 한일협정(1904)에서 일본인 재정고문의 초청, 미국인 외교고문의 초청, 외국과의 조약 체결에 있어 일본과의 사전협의 등으로 조선은 외교권과 국가재정권이 박탈되었다. 그 후 을사보호조약(1905)에서 한국의 대외관계는 일본이 전담하고, 조선은 외국과 직접 조약을 체결하지 못하게 한 후, 태프트-가쓰라 밀약과 제 2 차 영일동맹 등을 구체적으로 실행하였다. 또한 정미7조약(1907)에서 조선은 시정개선에 관하여 통감의 지도를 받도록 한 후, 내정외치의 권리를 박탈하고, 군대를 해산함과 동시에 사법과 경찰권 등 모든 권리를 박탈한 후 강압적으로 한일합방조약(1910)을 조인케 함으로써 조선을 완전히 일본의 식민지화 하였다.

제 3 절 전후(戰後) 국제정치체제

전후 국제정세를 정치체제이론과 전략이론으로 나누어 설명할 수 있다. 우선 정치체제이론으로 봉쇄정책(Containment Policy)을 들 수 있고, 이는 냉전의 기원에서 출발한다. 냉전은 1917년 러시아혁명과 함께, 공산주의 소련의 탄생, 여기에 대한 자본주의 열강의 반(反)혁명 간섭(1918-1922)의 시대로 소급하여, 기존의 자본주의국가에 의해 성립된 국제정치체제에 이질적인 공산주의 국가군의 성립으로 야기된 두 개의 정치체제의 충돌로 보는 견해이다. 냉전의 시작은 영국수상 처칠의 "철의 장막"(an iron curtain) 연설(1946)에서 출발, 미국 트루먼정권의 공산주의 봉쇄정책과 마셜플랜(유럽경제부흥계획)에 대항하는 소련 스탈린의 코민포름(공산당 정보국)의 결성(1947)과 COME-CON(공산권 경제상호원조협의서)의 설치(1949) 등에서 현실화되었다.

전후 모스크바 주재 미국대사관에 근무한 케넌은 Foreign Affair잡지(1947. 7)에 무명필자 X라는 가명으로 "소련행동의 원천"에서 소련 공산주의의 위협과 그 세력의 팽창에 대항하기 위해서는 전쟁과 같은 무력수단에 호소하는 것보다 그 주위를 군사기지망으로 포위하여 봉쇄하면 마침내 고립 속에서 용해되어 자연히 붕괴된다는 봉쇄정책을 논문으로 발표하였다. 또한 트루만 정부의 국무장관 고문이었던 덜레스는 공산주의자와는 어떠한 타협적 해결도 불가능하다고 전제하고, 소련이 밀고 나오기를 기다리지 않고 미국이 적극적으로 공세를 취함으로써 공산세계의 내부를 교란하고 소련 이외의 공산국가를 소련으로부터 떼어놓자는 반격정책(Roll-back Policy)을 주장한 바 있다.

다음으로 전략이론은 "세력(힘)의 균형"에서 "공포(핵)의 균형"이라는 현실주의자로서의 세력균형이론을 들 수 있다. 세력의 균형(balance of power)이란 이론적으로는 한 국가(군)의 세력(힘)이 다른 국가(군)의 세력을 상쇄하고, 어떠한 경우에도 한 국가(군)가 다른 국가들을 압도하는 위치에 이르지 않는 "힘의 균형 상태"를 확보하는 것으로, 세력의 조화에서 오는 평화와 안정을 추구하는 "균형화 과정"으로 정의할 수 있다. "힘은 진공상태를 그냥 내버려두지 않는다"는 전제하에, 실제로 강대국들(영국, 중국, 러시아)은 특정시점에서 가장 강력한 국가(미국)에 편승하기보다 이를 균형화 함으로써 의도적으로 균형자(balancer) 또는 전략적 동반자(strategic partner)의 역할을 하기도 한다. 반면 중소국가들(벨기에, 한국)은 시대상황에 따라 "힘의 상쇄"보다 "위협의 상쇄"에 중점을 두고, 가장 강력한 국가와 동맹을 맺어, "힘의 균형"과 반대되는 편승(bandwagoning)의 정책을 수행하고 있다.

현실주의는 국가주의(statism), 생존(servival), 자조(self-help)라는 세 가지 핵심요소(three S)로 구성되어 있고, 국가는 자기의 이익을 합리적으로 추구한다는 가정을 설정하고, 국제정치는 국내정치보다 훨씬 폭력적이고 무정부상태(혼돈상태는 아니고, 정치적 권위의 부재를 의미)라고 인식하여, 다른 어떤 국가에게도 자국의 생존을 위탁할 수 없다는 자조의 정신에서, 국가(군) 간의 세력균형을 통하여 국가의 자유와 독립을 유지하고 있다.

국제체제라는 구조는 선택된 모든 외교정책을 결정하고, 무정부 상태에서 더 많은 힘을 가진 국가가 더 큰 영향력을 가진다는 것은 당연하다는 인식 하에, 권력(권력이라는 이름으로 정의되는 이익의 개념)과 도덕(공동체 의식), 강제와 합의, 그리고 무력과 양보의 상호작용을 인지한 외교정책을 수행하고 있다.

그리고 "공포(핵)의 균형"과 관련, 핵폭탄은 원자를 쪼개거나(핵분열폭탄), 합쳐서(핵융합폭탄) 폭발적 에너지를 얻고, 우라늄235와 플루토늄239(각각 25g과 6~8g으로 한 개의 핵폭탄을 제조)처럼 질량이 큰 원자들이 핵분열용으로 사용되고, 수소(중수소, 삼중수소)처럼 질량이 작은 원자들이 핵융합용으로 사용된다.

핵 확산(nuclear weapon proliferation)이란 핵무기를 보유하는 국가가 증가하는 수평 확산(horizontal proliferation)과 아울러, 이미 핵무기를 갖고 있는 국가가 그것을 개량하거나 보유수를 늘리거나 하는 수직 확산(vertical proliferation)을 의미한다. 전략(strategy)이란 목표달성을 위해 미래의 사태에 대비하여 어떠한 전력을 선택하고, 그 전력을 특정한 곳에 집중하여 사용할 것인지에 대한 의지를 의미한다.

핵 비확산의 전략 중에 상호주의(reciprocity)전략이란 내가 원하는 대로 상대방이 행동하면 그에 상응한 보상을 제공하고, 그렇지 않을 경우, 그에 응징하는 위협을 사용하는 것이다. 1962년 쿠바위기 이후 각광받은 핵 억지(deterrence)전략이란 핵 보유국이 서로 제 2 차 공격능력의 보유를 전제로 상대방의 선제공격을 포함한 침략행동을 사전에 억제하는 것으로 상호확증파괴(mutually assured destruction, MAD)전략, 대량보복(massive retaliation)전략, 한정 억지전략, 유연 반응전략 등을 포함한다. 만약 억지전략이 실패할 경우 상대방이 이러저러한 행동을 하도록 위협을 가하는 강요(compellence)전략과 잠재적 핵위협을 방지하기 위한 반확산(countre-proliferation)전략도 존재한다.

1. 냉전체제(1945년~1972년): 양극(兩極)의 구조

전후 미 · 소 양극안정구조로서의 냉전시대에 세계는 미 · 소 양대국이 지배하는 양대진영으로 나뉘어져 미 · 소 양국의 통제 하에 있게 된다. 그래서 여타 국가는 마음대로 행동을 하는 것이 허락되지 않았다. 어디에서 일어난 위기(예를 들면, 베를린위기, 쿠바위기 등)이든, 어디에서 발생한 전쟁(예를 들면, 한국전쟁, 베트남전쟁)이든 간에 이러한 사태는 최종적으로 워싱턴의 백악관에 있는 미국 대통령과 모스크바의 크렘린에 있는 소련 공산당 서기장 간에 해결되었다.

이러한 위기나 전쟁에서 사용된 무기의 수준을 어디까지 높이는가, 위기나 전쟁의 지역적 범위를 어디까지 확대할 것인가, 교섭을 통하여 수습할 것인가 또는 무력으로 해결할 것인가, 이러한 모든 것은 위기나 전쟁의 현장에 있는 직접 당사자에 의해서가 아니고, 미국대통령과 소련공산당 서기장에 의해 결정되었다. 그리하여 미 · 소 어느 쪽도 상대를 직접 위협하지 않아, 제 3 차 세계대전의 위험을 모험할 의도는 없었다.

이러한 것을 가능하게 한 요인은 간단하지는 않으나 단순화한다면 상호확증파괴(Mutual Assured Destruction, MAD)로 불리는 "중앙"(Central System)의 존재에 있다고 할 수 있다. 다시 말하면 전 인류가 핵의 공포에 의해 구속되어 있는 시대환경 속에서 「핵의 방아쇠」를 당길 수 있는 미국대통령과 소련공산당 서기장이 전 세계의 "중앙"에 있어, 전 세계의 위기와 전쟁을 통제할 수 있었다.

소위 세계정부가 존재하지 않는 국제정치구조 하에서는 지휘 · 명령계통을 통하여 질서를 형성하는 권위의 서열은 존재하지 않고 있다. 국제질서의 유지에 필요한 군사력은 비록 각 국가들이 분권적으로 보유하고 있기는 하나, 전후 미 · 소 양국은 전략핵전력(戰略核戰力), 대규모인 육해공의 통상 전력, 그리고 전 세계 군사조직(network)을 갖고 있고, 미 · 소 양국 간에 비교적 안정적인 이해와 권력관계가 존재하여 국제질서가 유지하여 온 것이 현실이다.

소련은 스탈린의 사망(1953)으로 흐루시초프 주도 하에 개인숭배의 배격을 강조한 스탈린비판을 중심으로 한 탈스탈린화 정책을 선언하고, 서방과의 평화공존 정책을 추진하는 과정에 헝가리에서 자유화 폭동이 발생하여 소련군대가 개입하는 사태(1956)가 일어났다. 이후 중국은 소련과 대립하는 과정에서 1970년 4월, 소위 「브레즈네프선언」[1]을 "틀림없는 패권주의이다"라고 비난하고, 패권주의라는 용어를 처음으로 사용하면서, 반패권의 입장을 전략적으로 구사하였다. 그러나 중국은 중 · 소 간에 화해가 진행될 때는 소련을 패권주의라고 비난하는 것을 그만두고, 미국을 패권주의라고 부르는 등 패권주의는 그 때 당시 중국의 세계정세 인식에 따라 전략적으로 사용하는 정치용어라고 할 수 있다.

---

1) 「브레즈네프선언」이란 소련공산당 브레즈네프 서기장이 1968년 11월 12일 바르샤바에서 행한 연설을 말한다. 소련은 자국진영의 국가, 특히 동구국가와의 관계는 국가간의 관계보다는 공산당이라는 당관계를 우선하고, 경우에 따라서는 군사력을 사용하여서라도 간섭할 권리와 의무를 갖고 있다는 제한주권론이라 할 수 있다.

제2차 세계대전 중에 카이로선언(1943. 11 : 루즈벨트, 처칠, 장제스)에서는 만주와 타이완이 중국에 반환되며, 한국은 "적당한 시기"에 독립되도록 하였다. 또한 얄타협정(1945. 2 : 루즈벨트, 처칠, 스탈린)에서는 소련의 대일본전 참여의 대가로 소련이 주장한 유엔안보리의 거부권문제를 수용하고, 외몽고(몽고인민공화국)를 계속 존속시켰으며, 소련은 남부 사할린을 다시 찾았다. 여기에서 쿠릴열도를 소련에 할양하기로 합의하였으나, 제2차 세계대전 후 미국과 소련 간에 유달리 상호불신이 심화되었다.

그리하여 미국은 그리스와 터키에 경제적 및 군사적 원조를 선언한 트루먼선언(1947. 3)을 통하여 소련 팽창의 억제를 도모하고, "유럽부흥계획"이라는 마셜플랜(1947. 6)을 통하여 미국의 재정부담으로 전후 황폐화된 서유럽제국(18개국)의 경제부흥에 기여하였다. 그러나 소련은 마셜플랜으로 경제적 빈곤을 이용한 서유럽을 공산화한다는 계획을 수정, 베를린으로 연결되는 도로 · 철도 · 수로(공로는 제외)를 완전히 봉쇄(1948. 6. 24)하고, 미국 · 영국 · 프랑스 3국은 공수로 베를린 시민의 생필품을 공급하면서, 서베를린과 동독사이 및 서독과 동독 사이의 통상과 교통을 제한하는 역봉쇄로 대응하였다.

미 · 소 양극구조 하에서는 미국은 서구 및 한국, 일본 등을 중심으로 하는 자본주의제국의 맹주이고 소련은 동구 등을 중심으로 하는 사회주의제국의 맹주로서 역할하였다. 한편 미 · 소 양국은 초강대국으로서 전 세계적인 차원에서 군사적으로나, 정치적 경제적으로 대립하였다. 비록 소련은 동구를 억압하여 유라시아 대륙에서 지역패권을 누렸으나, 미국을 맹주로 하는 서측진영은 군사적으로나, 경제적으로 전 세계를 대상으로 하는 패권체제를 만들었다.

한편 미 · 소 대립의 구조 하에서 소련은 전략상 가장 중시한 지역인 서구에 대하여 동구에서 직접 군사적 위협을 주지 못하였다. 하지만 유라시아 대륙의 심장부에서 주변에 위치한 극동 및 중동에 대하여는 비교적 용이하게 군사적 위협을 줄 수 있었기 때문에, 유럽 · 러시아와 동구를 중심으로 한 소련의 지역패권은 전 세계적인 영향력을 갖게 되었다. 아울러 핵능력을 비롯한 군사력에 있어서 미 · 소 양진영이 서로 세력을 다투어 우열을 가릴 수 없어, 미 · 소 양극구조는 균형을 유지할 수 있었다.

전후는 냉전시대인 동시에, 소위 핵시대이기도 하다. 냉전이 종결되어 가는 과정에도 불구하고, 미 · 소(러) 양국의 핵시대는 여전히 계속되고 있다. 냉전 상황은 돌연 발생한 것이 아니고, 제 2 차 세계대전의 종결기와 전후기에 걸쳐 서서히 발생하고, 전개된 것이다. 제 2 차 세계대전의 종결기에는 미 · 소간 이데올로기의 대립이 격화되고, 소련의 핵보유(1949)에 따라 미국의 핵독점이 소멸되고 핵전쟁의 공포가 발생하게 되어, 냉전은 겉으로 명확한 자세를 보이게 되었다. 미국과 소련을 비롯한 각국의 핵무기 개발을 도표화하면 [도표 2-1]과 같다.

미국(1945)과 소련(1949)에 추가하여 영국(1952), 프랑스(1960), 중국(1964)등 5개국은 “1967년 1월 1일 이전에 핵폭탄 또는 기타 핵폭발장치를 제조했거나 실험했다”는 핵 비확산조약(NPT)의 규정에 의해 핵보유국으로 인정받았다. 그리고 미국

도표 2-1 • 핵무기 개발 연표

45. 7.16	미국, 원폭실험	58. 1.31	미국, 최초로 인공위성 (에쿠스프로라 1호)발사
49. 9.22	소련, 최초로 원폭실험	60. 2.13	프랑스, 최초로 원폭실험
52.10. 3	영국, 최초로 원폭실험	62.10.22	케네디 대통령, 쿠바 해상봉쇄 선언
11. 1	미국, 수폭실험	63. 8. 5	미·소·영, 부분적 핵실험 정지조약(PTBT) 조인
53. 8. 8	소련, 수폭실험	64.10.16	중국, 최초로 원폭실험
57. 5.15	영국, 수폭실험	67. 6.17	중국, 최초로 수폭실험
8.26	소련, ICBM 실험	68. 7. 1	핵비확산조약(NPT) 조인
9.19	미국, 최초의 지하핵실험	8.24	프랑스, 최초로 수폭실험
10. 4	소련, 세계 최초의 인공위성(스푸트니크 1호)발사	70. 4. 2	중국, 인공위성 발사
12.17	미국, ICBM 실험		

출처: 世谷千·丸山直起 編, 『(增補改訂版) 國際政治』(有信堂, 1992年), p. 99.

은 냉전 초기 본토에서 소련에 도달할 수 있는 장거리 폭격기를 보유하지 못하여, 영국과 기타 기지를 이용하여 소련 내 목표를 위협하였으나, 그 후에 미국과 소련 양국은 장거리 폭격기를 개발하고, 본토에서 상대방의 목표를 타격할 수 있는 핵 운반수단(미사일)을 개발하였다.

소련의 핵보유(1949. 9) 1년 전에 발생한 베를린위기(1948. 6), 소련의 핵보유 1년 후에 발생한 한국전쟁(1950. 6. 25), 그리고 제1차 인도지나전쟁(1946. 12)은 2개의 베트남, 2개의 독일, 2개의 한국을 분명하게 만들었고, 냉전은 구조화되었다.

이러한 구조화된 냉전에서 미국진영은 경제적으로 IMF(국제통화기금), GATT(관세무역일반협정) 체제를 구축 · 강화하였다. 군사적으로 유럽에서는 NATO(북대서양 조약기구)를 결성하고,

아시아 · 태평양 지역에는 한국, 일본 등과 2국간동맹조약이라는 수레바퀴의 중심과 살(Hub & Spoke)의 관계를 형성하고, COCOM(대공산권수출통제위원회)을 설치, 소련진영에의 전략물자 유출을 제한하였다.

한편, 소련은 경제적으로 COMECON을 설치하고, 군사적으로는 바르샤바조약기구(WTO)를 결성하여 소련진영의 통제를 강화하였다.

2. 탈냉전체제(1972년~1991년): 다극화(多極化)의 구조

미 · 소 냉전의 격화는 역으로 긴장완화의 움직임을 가져왔다. 그 원인으로는 급속한 핵군비확대, 반핵평화운동의 확산, 비동맹운동의 활성화, 소련에서의 스탈린 비판을 들 수 있다. 나아가서 1962년 10월 22일 발생한 쿠바 미사일 위기를 계기로 핵전쟁 방지의 필요성이 인식되어, 미 · 소 간에 Hot Line협정(1963. 6)이 체결되게 되었다. 또한 1969년 성립된 미국의 닉슨정권은 대소련 긴장완화(detente)정책의 일환으로 핵무기의 군비관리체제를 마련하고, 나아가 닉슨 대통령은 1972년 2월 21일 한국전쟁 이래 적대관계인 중국을 방문, 중국과의 접근정책을 추진함으로써 다극화의 구조에 탄력을 받게 되었다.

한편 1960년대 중국과 프랑스는 미 · 소 양진영 내에서 각각 양극구조에 도전하였다. 프랑스는 1958년 드골 정권 하에서 대국으로서의 위신회복과 유럽으로부터 미국 영향력의 배제를 목표로 독자적인 핵개발의 성공(1960), 영국의 EEC 가맹거부(1963), 중국과의 국교회복(1964), NATO 군사부문에서의 탈퇴(1966)라는 독자적인 외교 · 군사노선을 추구하였다. 또한 중국은 1959년의 스탈린 비판 이후, 흐루시초프의 평화공존 노선 등을 둘러싼 미 · 소 논쟁과 아울러 국제공산주의 운동의 주도권 쟁탈전이 격화되고, 소련의 강한 반대에도 불구하고 핵개발을 강행하는 등 소련과 공공연히 대립하였다.

또한 미 · 소 양극지배에 대하여 1960년대 이후 아시아, 아프리카 신흥국가들로부터의 도전도 많았다. 이들 신흥국가들은 미 · 소 양진영의 대립에 가담하지 않고, 정치적 자립을 확보하고, 경제발전을 실현한다는 명목 하에 제 1 회 비동맹국 수뇌회담(1961)을 개최하였다. 이후 UN 등 국제적인 무대에서 함께 행동함으로써 국제정치에 영향을 미치기 시작했다.

한편 국제경제면에서 독일과 일본의 고도성장, 베트남전쟁의 영향 등으로 미국 경제력의 상대적 저하와 아울러, 석유 위기를 계기로 선진국수뇌회의(G7)를 정기적으로 개최하는 등 냉전의 군사적 양극구조가 계속되는 가운데 경제적으로는 북미, 유럽, 아시아 삼극(三極)에 의하여 세계경제를 주도적으로 운영하였다.

또한 중국은 1972년 미국과의 관계개선 이후 독자적인 주체로서 국제정치에의 역할을 강화하고, 1979년의 개혁 · 개방정책으로 전환을 실현하여, 미국, 소련과 함께 국제정치의 대삼각(大三角)을 형성한다는 자부심을 보이기 시작하였다.

이러한 현상을 전략적 관점에서 본다면, 1972년의 미 · 중

접근과 닉슨 대통령의 중국방문을 통하여 미 · 중 · 소 3국간 전략적 삼각체계를 만들어, 자유주의진영과 공산주의진영 간에 이데올로기적 군사력 대결이라는 양극구조를 최대의 특징으로 하는 냉전은 전체 아시아 구조에서는 소멸되고, 오직 한반도 등 일부지역에만 남게 되었다. 이런 의미에서 1972년부터의 국제전략 체제를 탈냉전 체제라 할 수 있다.

탈냉전체제에서 핵무기 문제는 핵무기 삭감이라는 움직임과 동시에, 핵보유국의 증가라는 핵확산도 일어나고 있다. 미국과 소련 간의 합의와 UN총회의 가결을 거쳐 1970년 3월 5일 발효된 핵 비확산조약(NPT)은 핵보유국(5개국)과 비핵국을 구분하고, 비핵국들은 NPT에 조인함으로써 핵무기 소유가 금지되나, 평화로운 핵에너지활동은 보장된다. 또한 조약가입 18개월 내에 IAEA와 핵안전협정을 맺고, 그에 따른 IAEA의 핵사찰을 의무화하고, 1995년에는 NPT를 무기한 연장하기로 결정하였다. NPT는 핵보유국으로부터 위협을 받을지도 모른다는 비핵국의 우려도 있으나, 매 5년마다 개최되는 "검토회의"를 통하여 보완하고 있다. 가맹국에는 실제로 "핵 문턱"부근에 있다가 NPT에 가입한 국가(아르헨티나, 브라질, 남아공)도 있고, 핵폭발 연구 프로그램에 착수했다가 핵 포기를 선언한 국가(스웨덴, 한국)도 있다. 그리고 핵무기를 개발한 국가(이스라엘, 인도, 파키스탄)도 있고, 핵 실험을 한 북한도 존재한다.

또한 핵무기의 삭감에 관하여 미 · 소 간에는 1963년 Hot Line협정을 체결한 이래 양국 간 군비관리협정을 추진하여 왔다. 1972년 미 · 소 간의 제 1 단계 전략인 무기제한교섭(SALT I)

잠정협정은 고정식 지상배치의 대륙간 탄도미사일(ICBMs)발사기와 신형의 잠수함발사 탄도미사일(SLBMs)발사기의 총수를 5년간 동결하는 것을 규정하고 있다. 양 체약국은 양자 발사기의 할당은 자유로이 선택할 수 있으나, 경(輕)ICBM 또는 구형 ICBM을 위한 지상 발사기를 신형의 중(重)ICBM을 위한 지상발사기로 전환하는 것은 금지하고 있다. 전략 폭격기는 제한의 대상에 포함되어 있지 않았다.

또한 1979년 미 · 소 간의 제 2 단계 전략무기제한교섭(SALT Ⅱ)조약은 미 · 소 양 체약국에 대하여 ICBM 발사기, SLBM 발사기, 중(重)폭격기 및 600km가 넘는 사정능력을 갖는 공대지(Air-to-surface)탄도미사일(ASBM)에 관하여 2,400기라는 당초의 상한을 설정하였다. 이러한 상한은 그 후 2,250기로 하향 조정되었다. 이와 같은 삭감은 1981년 1월 1일 개시되었고, 이러한 숫자를 넘는 시스템의 해체 · 폐기는 같은 해 12월 31일까지 완료하기로 되었다.

한편 SALT 조약은 장거리 탄도미사일(지상배치 및 해상배치)만을 제한한 것이었다. 미 · 소 양국은 중거리 미사일과 준(準)중거리 미사일(SRM)의 개발과 배치를 계속하였다. 소련은 SALT 조약에 포함되어 있지 않은 구형 중거리미사일 SS-4와 SS-5를 신형 중거리미사일 SS-20으로 갱신하기 시작하였다. 미국은 당시 1960년대부터 서독에 배치한 퍼싱구Ⅰ · 전술미사일의 사정거리를 확대하고, 정밀도를 높이도록 개량하였다. 그 후 미 · 소 간의 교섭 결과 1987년에 서명한 INF(중거리 핵전력) 조약은 미국과 소련이 IRM(중거리미사일)과 SRM(준 중거리미사일)을 폐기

도표 2-2 · 미 · 소(러) 2국간 군비관리현황

연 도	협 정
1963	미·소, 워싱턴 · 모스크바간 직통전화 가설 협정 조인
1971	미·소, 우발 핵사고 방지 협정 조인
1972	미·소, 제 1 단계 전략무기제한교섭(SALT Ⅰ) 잠정협정 서명
1972	미·소, 대탄도미사일(ABM) 조약 서명
1973	미·소, 우발핵전쟁 방지협정 조인
1974	미·소, 지하핵실험 금지 조약(TTBT) 서명
1977	미·소, 환경파괴 무기금지 협정 조인
1979	미·소, 제 2 단계 전략무기제한교섭(SALT Ⅱ)조약 서명(미발효)
1987	미·소, 핵위험감소센터 협정 서명
1987	미·소, 중거리핵전력(INF) 조약(중거리 및 준준거리 미사일 폐기에 관한 조약) 서명
1991	미·소, 화학무기협정(화학무기의 폐기와 생산 금지 및 화학무기의 금지에 관한 다자조약의 촉진을 위한 조치에 관한 조약) 서명
1991	미·소, 제 1 단계 전략무기삭감조약(START Ⅰ, 전략공격무기의 감축 및 제한에 관한 조약) 서명
1992	미·러, 제 1 단계 전략무기삭감조약(START Ⅰ) 의정서 서명
1993	미·러, 제 2 단계 전략무기삭감조약(START Ⅱ) 서명

출처: Allen Sens, Peter Stoett, *Global Politics*(Nelson, 2002), p. 206.

할 것을 규정하여 모든 IRM과 SRM의 비행실험과 생산 및 발사대 생산을 금지하였다.

그리고 미국과 소련 간에 9년간의 교섭 성과로서 1991년에 서명한 제 1 단계 전략무기 삭감조약(START Ⅰ)은 미국과 소련 양국이 전략공격무기를 7년간 3단계로 나누어 동일수준까지 삭감할 것을 약속하였다. 예상된 삭감의 완료 후에는 미 · 소 양국의 무기는 1,600기의 전략핵 운반수단과 6,000기의 탄두로 제안하기로 하였다. 또한 쌍방은 이동식 ICBM에 배치된 탄두 수를 1,100기 이하로 하기로 합의하고, 이미 배치된 ICBM과 SLBM의 탄두미사일 발사 중량의 총계는 쌍방 공히 3,600톤을 넘을 수 없도록 하였다.

또한 1993년에 서명한 제 2 단계 전략무기 삭감조약(START Ⅱ)은 미 · 소 양국이 배치할 수 있는 전략핵무기에 관하여 동일한 수적 상한을 설정하고, 합의된 상한은 2단계에 걸쳐 달성하기로 하였다. 제 1 단계는 START Ⅰ 조약의 발효로부터 7년 후에 완료하는 것으로 하고, 쌍방은 이미 배치된 전략핵탄두의 총수를 3,800기 내지 4,250기로 삭감하지 않으면 안 된다고 규정하고 있다. 제 2 단계는 2003년까지 완료하는 것으로 하고, 쌍방은 이미 배치된 전략핵탄두의 총수를 3,000기 내지 3,500기로 삭감하지 않으면 안 된다고 규정하고 있다. 이를 도표화하면 [도표 2-2]와 같다.

3. 냉전후(post-cold war)체제(1991년~현재): 일극(一極) · 다강(多强)의 구조

1972년부터 시작한 탈냉전체제하에서 긴장완화와 다극화가 진행되었다. 1972년의 ABM(대탄도미사일) 조약은 미국 및 소련의 영토 전체 또는 명시적으로 허용된 경우를 제외한 개개의 지역을 방위하기 위한 ABM시스템의 배치를 금지하고 있다. 배치가 허용된 장소로 당초에는 미 · 소 양국에 각각 2개 장소(하나는 수도의 방위를 위하고, 다른 하나는 대륙간 탄도미사일 기지의 방위를 위하는 장소)에 한정하였다. 한 장소의 ABM배치지역에는 100기를 초과하지 않는 고정식 ABM발사기와 100기를 넘지 않는 수의 단탄두(單彈頭) ABM요격(邀擊)미사일을 배치할 수 있도록 하였다.

여기에서 언급한 ABM시스템이란 비행궤도에 있는 전략탄도미사일 또는 그의 구성요소를 요격하기 위한 시스템으로 정의할 수 있다. 이러한 시스템의 구성요소는 현재로서 ABM요격미사일, ABM발사기 및 ABM레이더라고 예시하고 있다. 그러나 ABM조약에는 ABM시스템의 개발을 금지하지 않았고, 대탄도미사일 방위의 완전하고도 무조건의 포기를 규정하고 있지 않고 있다.

따라서 미 · 소 양국은 미사일 방위 기술의 프로그램을 계속하는 등 ABM조약에 대한 도전을 계속하였다. 레이건 대통령의 SDI(Strategic Defense Initiative : 전략방위구상), 조지 부시 대통령의 GPALS(Global Protection Against Limited Strikes: 한정 공격에 대한 세계적인 방위구상), 클린턴 대통령의 TMD(전역 미사일 방위)와 NMD(본토 미사일 방위)계획, 조지 W. 부시 대통령의 MD(미사일 방위)계획 등을 들 수 있다.

1977년에 발족한 미국의 카터 정권은 인권외교와 미 · 중국교수립을 적극적으로 추진한 결과, 소련의 격심한 반발을 초래하여, 역으로 소련의 에티오피아 · 소말리아 전쟁에의 개입, 아프가니스탄 침공(1979), 소련 해군의 베트남 캄란만 진주를 가져왔다. 미 · 소 관계는 다시 긴장한 소위 "신냉전"을 맞이하였다.

이러한 상황에서 소련을 「악의 제국」(evil empire)이라고 부른 레이건이 미국 대통령으로 취임하고, SDI 구상을 발표함과 동시에, 소련의 SS-20 배치에 대항하여 퍼싱구 Ⅱ 및 토마호크 순항미사일을 배치하기 시작하여 한정핵전쟁(限定核戰爭)의 위험성이 높아졌다. 그러나 이러한 극도의 긴장 격화가 역으로 긴장을 완화하게 되었다.

이와 같은 신냉전 상황을 거쳐 1985년을 계기로 냉전해체의 시작(the beginning of the end of the Cold War)으로 옮겨진 이유는 첫째로 소련에서는 고르바초프 혁명이 전개되고, 미국에서는 레이건 대통령이 "역사에 이름을 남기는 대통령"에의 의욕을 강력하게 갖고 있었다는 점이다. 둘째로 냉전 수행 비용이 미 · 소 양국의 총체적 국력을 소모시켰고, 특히 소련에서는 70년간에 걸친 스탈린형의 폐쇄적이고 억압적인 통치체제의 소멸을 촉진시켰다는 점이다. 셋째로 레이건 정권이 제시한 SDI 구상에 대항하는 시스템을 소련이 개발하지 못하였다는 점이다.

이러한 「고르바초프 혁명」과 전파혁명(電波革命)이 유발한 동유럽국가의 자립화는 베를린 장벽의 붕괴 및 루마니아 혁명, 나아가서는 우크라이나의 독립을 계기로 소련 자체의 해체를 가져 왔다. 여기에 제 2 차 세계대전 후 계속 되어온 냉전의 해체 국면을 맞이하게 되었다.

미국과 소련은 냉전을 수행하는 과정에 많은 국력을 소모하였다. 그러나 미국은 냉전수행을 위해 개발한 군사기술을 민간수요로 전환하는 것에 성공하여 냉전 후에도 현저히 경제성장을 실현하였다. 걸프전쟁(1991) 이후에는 베트남 후유증(Vietnam Symptoms)을 불식하고, 세계전략의 재구축을 진행하고 있다.

그러나 소련의 중심이었던 러시아는 정치적으로나 경제적으로 혼란을 가져와 국제정치의 영향력이 저하된 반면, 개혁 · 개방정책을 정착시킨 중국은 미국 주도의 국제정치 상황을 「일극 · 다강(一極 · 多强)」으로 인식하고 경계감을 강하게 보이고 있다.

냉전종결 체제에서 미국은 클린턴 정권 하에서 제 2 의 SDI라고 하는 NMD(본토 미사일 방위)를 추진하여 왔고, 조지 W. 부시 정권에서도 MD(미사일 방위)를 추진하고 있다. NMD 또는 MD는 미사일로부터 미국본토 방위를 실현하자는 것이다. 이는 기본적으로 1972년의 ABM조약과 같은 문제를 러시아와 NATO 국가에 제기하고 있다.

MD는 이론적으로 공격용 핵병기를 무력화하려는 것이긴 하나, 실제로는 미국이 일방적으로 유리한 상태를 만들려는 심각한 문제를 재부상시키고 있다. 러시아로서는 일방적으로 불리한 상태를 방지하기 위하여 제 3 단계 전략무기삭감조약(START Ⅲ)과 연계시킬 가능성이 크고, NATO 국가로서는 핵우산의 신뢰성을 약하게 만들 가능성을 우려하고 있다.

미국이 추진하고 있는 TMD 또는 MD의 개발과 배치는 1972년의 ABM조약의 규정 내용을 명확히 하는 것이 전제조건이 되었다. ABM조약에서 배치가 규제되고 있는 요격 미사일 시스템이란 "비행궤도에 있는 전략탄도미사일 또는 그의 구성부분을 요격하기 위한 시스템"이다. 따라서 이러한 범주에 들어가지 않는 요격미사일, 즉 전술과 전역(戰域)탄도미사일을 격추하는 요격미사일은 육상, 해상, 공중에 관계 없고, 또한 그러한 요격미사일의 배치량에도 제한을 받지 않고 배치할 수 있다.

다만 ABM조약은 전략탄도미사일을 격추하는 요격미사일과 나머지 탄도미사일을 격추하는 요격미사일의 정의를 명확히 규정하고 있지 않아, 전략탄도미사일과 전술 · 전역 탄도미사일 간이 분명하게 구분되지 않고 있다. 미국과 러시아는 이러한 ABM조약의 애매한 점을 해소하기 위하여 1993년 11월 이후 교섭한 결과, TMD용으로 배치할 수 있는 요격미사일을 규정하는 ABM조약에 관계되는 합의 성명에서 사정 3,500km를 초과하는 탄도미사일 및 비행속도가 초속 5km를 초과하는 탄도미사일에 대하여 요격실험을 행하지 않는 한, TMD용 요격미사일로 간주하고, ABM조약에 위반하지 않는 것으로 되었다.

따라서 미 · 러 등은 사정 3,500km 이하 또는 초속 5km 이하의 탄도미사일에 대한 요격실험을 행할 수 있게 되었다. 다만 러시아는 미국이 TMD라는 명목에서 요격미사일 시스템의 연구와 개발을 진행하고, 그러한 성과가 NMD에 적용되어, 그 결과 러시아의 대미 핵억지력이 저하되는 것을 염려하고 있으나, 이러한 염려를 불식시킬 수 있는 구체적인 대책은 포함되지 않았다.

또한 미 · 러 간의 핵무기 삭감은 러시아가 START Ⅱ 조약을 2000년 4월에 비준함으로써 일보 진전하였다. 그러나 START Ⅲ에 따라 핵무기를 더욱 삭감하는 문제에 관하여 미국은 2,000~2,500을, 러시아는 1,500을 주장하고 있어, 이후의 교섭을 주목하고 있다. 어쨌든 미 · 러의 핵무기와 함께 영, 불, 중 등의 핵무기는 중장기적으로 최저한 억제라고 할 수 있는 숫자까지 삭감하기를 기대하고 있다. 이러한 다자간 군비관리 현황은 [도표 2-3]과 같다.

한편, 핵확산도 커다란 문제이다. 이에 대한 대책으로, 우선 1963년의 부분적 핵실험금지조약(PTBT)으로 불리는 「대기권 내, 우주공간 및 수중에서의 핵무기 실험을 금지하는 조약」은 1950년대 말 이래 주로 소련을 일방으로 하고, 영국과 미국을 타방으로 하여 이루어진 교섭의 성과이다. PTBT의 체결은 군비경쟁의 흐름을 바꾸려 하였다고 하기보다는 오히려 1962년 쿠바 미사일 위기에 따라 크게 긴장된 미 · 소 관계를 개선하고, 또 하나의 요인은 프랑스와 중국이 핵무기의 보유를 보다 곤란하게 하고 싶은 미 · 소 양국 공동의 희망도 고려되었다고 할 수 있다. PTBT에 기초한 금지는 체약국의 관할 또는 관리하에 있는 장소에 있어서 3곳의 환경(대기권내, 우주공간 및 수중)에서의 핵무기 실험적 폭발 및 기타의 핵폭발을 금지하고

→ **도표 2-3** • 다국간 군비관리현황(1986년~현재)

연 도	협 정
1959	남극조약서명
1963	부분적 핵실험금지조약(PTBT: 대기권내, 우주공간 및 수중에서의 핵실험을 금지하는 조약) 서명
1967	우주조약(달 및 기타 천체를 포함한 우주공간의 탐사 및 이용에 관한 국가활동을 규율하는 원칙에 관한 조약) 서명
1967	Tialeco 조약(라틴·아메리카 및 카리브 지역에서의 핵무기 금지에 관한 조약) 서명
1968	핵비확산조약(NPT: 핵무기의 비확산에 관한 조약) 서명
1971	미·소, 지하핵실험 금지 조약(TTBT) 서명
1977	해저(비핵화) 조약(핵무기 및 기타 대량파괴 무기의 해저에서 설치의 금지에 관한 조약)
1972	생물무기 조약(BWC: 세균 무기 및 독소 무기의 개발, 생산 및 저장의 금지와 폐기에 관한 조약) 서명
1977	환경무기 조약(환경변경 기술의 군사적 사용 및 기타 적대적 사용의 금지에 관한 조약) 서명
1981	비인도적 무기금지 조약
1985	Roratonga 조약(남태평양 비핵지대 조약) 서명
1986	유럽에서의 군축회의(CDE) 협정 서명
1987	미사일 기술관리제도(MTCR) 서명
1990	CFC 조약(구주에 있어서의 통상전력에 관한 조약) 서명
1992	Open Skies 조약 서명(미발효)
1993	화학무기 조약(CWC: 화학무기의 개발, 생산, 저장 및 사용의 금지와 폐기에 관한 조약) 서명
1993	UN 통상무기 등록
1996	포괄적 핵실험금지 조약(CTBT) 서명(미발효)
1997	세계지뢰 조약(대인지뢰의 사용, 저장, 생산 및 이양의 금지 및 폐기에 관한 조약) 서명

있다.

또한 1974년 미 · 소 간의 지하핵실험금지조약(TTBT)은 지하핵폭발에 의해 방출되는 에너지량, 즉 폭발위력에 제한을 설정하였다. 미 · 소 양국은 1976년 3월 31일 이후 그의 관할 또는 관리 하에 있는 장소에 있어서도 150킬로톤을 넘는 위력을 갖고 있는 지하핵무기 실험을 금지할 것을 약속하였다.

나아가서 포괄적 핵실험금지조약(CTBT)은 1996년 UN총회에서 정식으로 채택되었으나, 미국 상원은 비준을 부결하였고, 1998년 5월에는 인도가 핵실험을 실시하고 핵보유국이라고 선언하였다. 이에 대항하여 파키스탄도 핵실험을 실시하였고, 최근에는 북한도 핵실험을 함으로써 핵보유국이 증가하는 핵확산도 일어나고 있다.[2)]

최근에는 카슈미르 문제를 둘러싼 인도와 파키스탄 간에 긴장이 고조되고 있어, 핵사용의 우려를 가져오고 있다. 이러한 CTBT는 일방에서 핵비확산조약(NPT) 미가맹의 비핵무기국에 대하여 핵폭발 실험을 금지하는 것으로 NPT에서는 달성할 수 없는 핵비확산의 목적을 추구하는 반면, 핵무기보유국에 대하여는(폭발을 수반하지 않는) 핵실험의 계속을 인정하는 결과가 되었다.

냉전체제에서 탈냉전체제를 거쳐 냉전종결체제로 시대의 상황을 변경한 것은 1989년 11월의 「베를린 장벽」의 붕괴에서 시작된 국제정치 상황이라는 일련의 변화이었고, 1991년 12월의 소련연방의 해체로 지구 전체를 염두에 둔 미 · 소 간의 상호

2) 山口定 · 神野直彦, 『2025年 日本の構想』(岩波書店, 2000年), pp. 70~72.

확증파괴(MAD)라는 중앙(Central System)의 존재도 해체됨에 따라, 특히 9.11 동시다발테러사건 후 지구 전체를 대상으로하는 미국이라는 일극(Central System)만 남고, 다강(Sub System)의 지역을 만들어 가는 과정이라 할 수 있다.

제 4 절 전후(戰後) 한반도 지배체계

전후 한반도 지배체계는 "패권안정론 내에서의 국내외정치 Linkage론"이라는 이론으로 설명할 수도 있다. 우선, 패권이란 단어는 중국이 1970년 4월, 소위 「브레즈네프 선언」을 "틀림 없는 패권주의이다"라고 최초로 이 용어를 사용한 후, 중국과 소련 간에 화해가 진행될 때는 미국을 패권주의라고 부르는 등 그 때 당시의 세계정세 인식에 따라 전략적으로 사용하는 정치용어이다.

세력변천이론과 유사한 패권안정론(hegemonic stability theory : Gilpin)은 먼저 패권국이 국제질서를 확립하는 데 필요한 공공재를 제공함으로써 국제(지역)체계의 균형상태(state of equilibrium)에 놓이고, 다음으로 쇠퇴하는 패권국과 급성장하는 도전국가들 간에 국력증대 속도의 차이에 따라 국력의 재분배현상으로 인하여 체제의 불균형을 초래하였다. 결국에는 패권국가와 도전국가 간에 패권전쟁이 일어나서 체제위기의 해소단계에 이른다는 이론이다. 패권안정론자는 국제안전보장이라는 군사면에서의 국제공공재만 아니고, 개방된 국제무역체제와 안정된 국제통화체제라는 세계경제발전에 필요한 국제공공재의 공존을 보증하는 패권국이 존재하여야만 국제질서는 안정된다고 주장하고 있다.

국내외정치 Linkage론의 세력균형론은 국가가 국제정치에서 가장 중요한 행위자이고, 국가는 단일체적(unitary)이다. 또한 합리적(ratioal)인 행위자(actor)이고, 기본적으로 국력증대를 추구한다고 전제하고 있다. 국내정치의 세력균형론은 정당이 가장 중요한 행위자이고, 단일체적이지는 않지만, 권력을 쟁취하는 목적을 갖고 있고, 또한 국내정치에서는 선거를 통하여 세력변천을 확인할 수 있으나, 국제정치의 세력균형에서는 국가들 간의 이합집산을 통해 대등한 힘을 지닌 두 개의 세력이 형성된다. 그리고 한 특정세력이 전체를 지배할 만한 힘을 구축하는 것을 방지해야하는 반면, 세계정부가 없는 무정부 상태의 국제정치에서는 결국 전쟁을 통하여 세력변천을 확인할 수밖에 없다.

그 결과, 국내외정치 Linkage론의 세력균형론은 민주주의 국가의 국내정치에서는 두 개의 정치세력, 즉 양당제를 지향하는 경향은 있다. 그러나 나라에 따라서는 선거에 의한 절대다수의 정당출현도 가능한 것과 같이, 국제정치에서도 국내정치의 양당제와 유사한 양극체제나, 국내정치의 집권당과 소수야당제와 같은 일극 · 다강체제도 출현할 수 있다는 이론이다.

1. 미국 · 소련(중국) 양국(兩國) 지배체계(1945년~1965년)

전후 한반도를 포함한 국제사회에서는 미국과 소련이라는 초강대국의 존재를 전제로 세력균형정책을 추구하였다. 미 · 소 강대국 간의 세력균형은 미 · 소 양국에 의한 위험의 방지와 전쟁의 억지라는 전략외교에 따라 국제질서의 안정을 가져왔다. 미 · 소 양극구조라는 대칭적 국제시스템이 어느 정도 계속되었으나, 소련의 소멸과 더불어 미국은 군사적으로 일극구조의 정점에 위치하였다. 또한 국제정치에 있어서 절대 우위를 유지 · 강화하려는 비대칭적 국제시스템이라는 새로운 패권시스템을 만들려고 하고 있다.

전후 미국과 소련은 여타 국가들을 압도하는 권력을 보유하는 소위 2개의 초강대국의 지위를 차지하고, 양국의 관계는 이데올로기와 사회체제의 차이에 따른 대립 관계인 동시에, 기본적으로 정치철학과 사회체제가 비슷한 국가들을 규합하는 진영을 형성하였다. 따라서 세계 각 국가들은 미국과 소련을 각각 맹주로 하는 서의 자본주의진영과 동의 공산주의진영으로 나누어 대립하였다.

이러한 상황은 특히 한반도에서도 남과 북으로 국토가 분단되고, 대한민국과 북한은 각각 1948년 8월 15일, 같은 해 9월 9일 수립되었으나, 미국과 소련의 영향권으로 나누어진 미국 · 소련 양국 지배체제 하에 놓이게 되었다.

미국 · 소련 양국 지배체제는 1917년 러시아혁명정권의 출현 후에 이데올로기의 대립에서 출발하여 냉전과 더불어 표면화되었다고 볼 수 있다. 제 2 차 세계대전 중에는 동맹국이었던 미국 · 소련 양국은 종전되자마자 서로 적으로 인식하여 행동하는 양극구조가 형성되었다.

미국 · 소련 양극구조가 전후 장기간에 걸쳐 지속된 근저에는 적대적인 이데올로기가 존재하였을 뿐만 아니라, 미국 · 소련 양국의 군사력은 여타 국가들을 압도하였고, 미국 · 소련 각각의 동맹국은 미국 · 소련의 맹주에 의존하지 않으면 자국의 안전을 확보할 수 없었기 때문이기도 하였다.

이런 상황은 한국전쟁의 과정에서도 잘 나타났다. 한국전쟁의 직접적 원인이 1950년 6월 25일 아침 38선을 넘어온 북한군의 무력남침이라는 것은 말할 것도 없으나, 이런 남침공격은 「계획적으로 조정되고, 극비리에 준비된」(UN 한국위원회의 6월 25일 자 보고) 것으로서, 소련의 사전승인과 원조 없이는 불가능한 것이었다.

그러나 개전(開戰) 얼마간은 압도적으로 북한군의 우세로 진행되었으나, 중국군의 참전 등 우여곡절 끝에 1953년 7월 최종적으로 휴전에 도달하였고, 한국과 미국은 북한의 남침도발을 막기 위하여 그해 10월 1일 한 · 미 상호방위조약을 체결하고, 이듬해 1월 양국 의회의 비준을 받아 공식적으로 한 · 미 군사동맹관계를 수립하였다. 한 · 미 상호방위조약의 제 3 조에서는 상대국에 대한 무력공격은 자국의 평화와 안정을 위태롭게 하는 것으로 간주하여 "헌법상의 절차"에 따라 공동의 위협에 대처하도록 규정하였다. 그리고 제 4 조에서는 미군의 한국 내 주둔을 인정한다고 명시함으로써 한 · 미 연합방위체제의 법적

근거를 마련해 두고 있다.

이와 같이 1950년 한국전쟁 후 1965년 1월 8일 한국정부의 월남전 파병까지 한·미관계는 소위 "보호-피보호(Patron-Client)"의 관계로서 한국에 대한 미국의 경제 및 군사원조와 냉전대결의 구조 속에서 상호지원이라는 "협력"이 이루어졌다. 반면 미국으로부터 자주성을 확보하려는 "갈등"도 병존했던 시기라고 볼 수 있다. 1960년대 중반 이후부터는 한국군의 월남전 파병을 계기로 정치적 갈등관계를 청산하고, 상호보완적인 동맹관계로 발전하면서, 1960년대 후반, 특히 1968년 박정희 대통령 암살미수사건(1. 21), 푸에블로호 나포사건(1. 23), 울진·삼척 무장공비 침투사건(10. 30-11. 1) 등 북한의 빈번한 대남도발로 한반도가 긴장하자, 한·미 간 긴밀한 안보협력의 필요성이 대두되었다.

그리하여 1968년 4월 17일 하와이에서 개최된 박정희-존슨 대통령 간 정상회담에서 「한·미 연례국방각료회의」를 교대로 개최하기로 합의한 후, 1968년 5월 워싱턴에서 제1차 회의가 열린 것을 시작으로 그 후 매년 한·미 양국에서 교대로 개최되어 오다가 1971년 2월 제4차 회의에서 「한·미 안보협의회의(Security Consultative Meeting, SCM)」로 개칭되어 오늘에 이르고 있다. 한편, 중국인민군의 한국전 참여 등으로 한국전쟁 이후에는 한반도에서 중국의 영향력이 서서히 확대되어 가기 시작하였다.

2. 한국 · 미국 · 일본/북한 · 소련 · 중국 양극(兩極)체계(1965년~1991년)

한반도를 둘러싼 미 · 소 양국지배체제는 서서히 미 · 일동맹(1951)과 중 · 소동맹(1950)과의 대결이라는 4극 구조를 거쳐, 한국과 북한을 포함하는 한국 · 미 · 일/북한 · 소 · 중이라는 남방3국과 북방3국의 양극체제로 발전하였다. 한국은 1953년 10월 1일 미국과 상호방위조약을 통한 한 · 미동맹의 관계를 갖게 되고, 일본과는 1965년 6월 22일 기본조약을 통한 한 · 일 우호관계를 수립하였다. 한편 북한은 소련, 중국과 각각 우호협력상호원조조약을 1961년 7월 6일과 같은 해 7월 11일 체결함으로써 조약상 소련과 중국과의 동맹관계를 맺게 되었다.

이와 같이 형성된 남방 삼국관계(한국 · 미 · 일)와 북방 삼국관계(북한 · 소 · 중) 간에는 세력균형을 유지할 수 있었다. 이런 세력균형의 목적은 패권세력의 등장을 방지하는 데도 있다.

미국을 정점으로 한 · 미동맹과 미 · 일동맹은 1965년 한 · 일 간의 국교정상화를 통하여 형성된 「간접적인 한 · 미 · 일 동맹관계」와 소련을 정점으로 한 「북한 · 소 · 중 동맹관계」의 대결 구조로 나눌 수 있다. 이는 첫째로 중 · 소 분쟁, 둘째로 미 · 중 관계개선과 일 · 중 국교회복을 진행하면서 변화하게 되었고, 북한은 중 · 소 분쟁에도 불구하고 중 · 소 등거리정책으로 소련과 중국과의 동맹관계를 유지하였고, 한국은 미 · 중과 일 · 중 간의 관계개선의 연장선에서, 셋째로 소위 북방외교를 추진한 결과, 1990년 소련과 외교관계를 수립한 후 1992년 중국과의 국교를 수립하였다.

첫째로, 중·소 분쟁은 북한과 중국 및 소련의 군사동맹관계에 큰 변화요인이었으나, 그것이 동북아정세를 바꾸어 놓지는 못했다. 중국과 소련의 관계가 악화되면서, 북한은 60년대 이후부터 중국과 소련 간에 등거리외교를 펼치게 되었다. 중국은 북한이 지리적으로 중국 심장부에 인접해 있기 때문에 북한과의 우호적 관계 이상을 늘 바랐고, 소련은 극동함대의 본거지인 블라디보스톡이 추운 겨울이면 얼어서 북한의 원산만과 영흥만을 사용해 왔었기에, 소련 역시 북한과의 동맹관계가 필요하였다.

따라서 북한은 쉽게 중·소 등거리외교를 펼칠 수 있었고, 중국과 소련을 자신의 동맹국가로 잡아둘 수 있어, 중·소 대립이 동북아정세를 근본적으로 바꿔놓지는 못했다. 그러나 1980년대에 접어들면서 중국과 소련의 관계가 우호적으로 바뀌고, 1989년에는 중·소 관계가 정상화됨으로써 북한의 등거리외교의 기반이 무너지게 되었다.

둘째로, 미국과 중국 관계는 1969년 7월의 소위 「괌·독트린」에 의해 급속도로 호전되어 갔다. 괌·독트린의 주요 내용은 아시아지역에서 미군과 미군의 기지를 단계적으로 축소 및 철수시킨다는 것으로, 중국 공산세력의 팽창을 막아 왔던 봉쇄정책을 해제함을 의미한다. 미국은 중·소 대립이 격화되자 중국에 대한 봉쇄정책을 풀어, 중국으로 하여금 미국과의 관계정상화의 길로 나올 수 있도록 길을 열었다고 할 수 있겠다.

또한 일본과 중국과의 관계정상화는 미·중 관계가 호전되면서 급진전되었다. 미 · 중 관계와 일 · 중 관계의 정상화는 한국 · 미 · 일/북한 · 중 · 소의 양 동맹체제를 이완시키는 것으로서 동북아정세를 크게 동요시켰다고 할 수 있다. 그러나 남북한의 입장에서 보면, 그것이 동북아질서의 완전 개편을 의미하지 않았다. 남과 북의 대결 상황이 여전한데다가 한국과 중국 · 소련과의 적대관계, 북한과 미국 · 일본과의 적대관계가 풀리지 않았기 때문이었다.

셋째로, 한국의 북방외교는 1973년의 평화통일외교정책(소위 6.23 선언)부터 시작되었고, 1982년 올림픽 유치 이후 본격화되었다. 1988년 서울올림픽의 성공적 개최를 위해, 중국, 소련은 물론 동유럽 공산국가들의 올림픽 참여가 필수적이었다. 적극적인 대공산권 외교가 효과를 발휘하여 서울올림픽이 성공적

도표 2-4 · 한반도 세력균형도

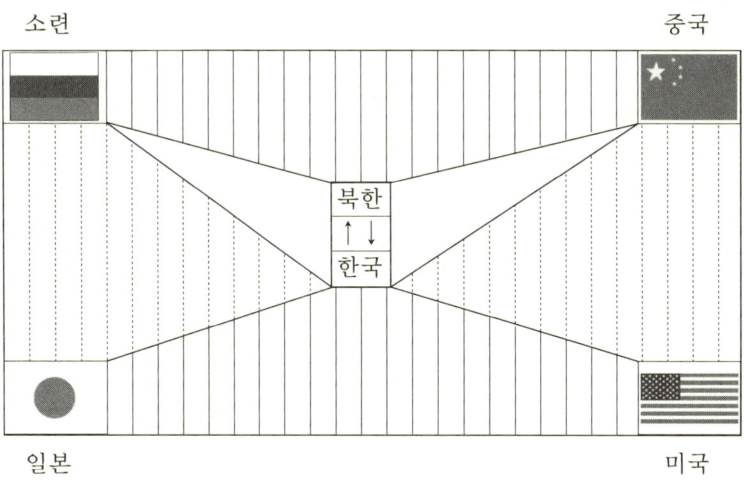

으로 개최될 수 있었고, 또한 그것을 밑거름으로 동유럽 각국과의 외교관계가 수립되게 되었다. 최초로 1989년 헝가리와 외교관계가 수립된 후, 폴란드, 체코슬로바키아, 불가리아, 루마니아와도 외교관계를 수립했다. 한국과 동유럽과의 이러한 국교정상화를 토대로 1990년 9월 30일에는 한국과 소련과의 외교관계가 수립되게 되었고, 1992년 8월 24에는 역사적인 한국과 중국의 수교가 수립되게 되었다. 이러한 한국 · 미 · 일/북한 · 중 · 소 양극체제를 도표화하면 [도표 2-4]와 같다.

3. 남북한/미국 · 중국/일본 · 러시아 3차원(三次元)체계(1991년~현재)

한국은 북방정책의 핵심인 북한과의 관계개선을 시도하였으나, 평양당국은 한국과의 대화조차 응하지 않았다. 그래서 북방외교를 적극적으로 추진한 결과, 멀리 헝가리(1989)를 포함한 동구제국과의 외교관계를 수립하였고, 한반도를 둘러싼 주요한 강국인 소련과 중국과 각각 1990년과 1992년 외교관계를 맺게 되었다.

한국은 한반도 통일에 관하여는 남북한의 당사자 우선주의, 한반도의 평화에 관하여는 남북한/미 · 중의 휴전당사자협의, 나아가서 한반도의 안정에 관하여는 남북한/미 · 중 · 일 · 러의 한반도판 Locarno 구상[3]을 추진하여 왔다고 할 수 있다.

3) 한반도판 Locarno 구상은 남북경계선에 관하여, 1925년 독불국경에 관한 Locarno 조약과 같은 형태의 국제적 보장기구의 설립을 하자는 구상이라 할 수 있다. 神谷不二, 『朝鮮半島論』, p. 96.

한국은 1972년 7월 4일자 남북공동성명을 통하여 대한민국 정부수립 이후 추진하여 왔던 「UN을 통한 통일」보다는 「남북한 당사자 간의 직접적이고 평화적인 대화를 통한 통일」정책에 무게를 두고, 북한정권을 대화나 협상의 실체로 인정하여 남북한 당사자 우선주의를 실천하였다.

한편, 한국은 1975년 인도차이나 반도가 적화되는 충격적인 사태 이후 처음으로 개최되는 제30차 유엔총회에 대비하여, 미국과 협의한 결과, 당시 키신저(Henry Kissinger) 국무장관은 1975년 9월 22일 제30차 유엔총회에서 행한 정책연설 가운데 남북한, 미국, 중국을 중심으로 한반도 휴전 당사자협의를 제의하였다. 이러한 구상은 1996년 제주도 한미정상회담의 공동성명을 통하여 4자회담을 제의한 후, 한 · 미 양국의 일관된 노력과 중국의 적극적 호응으로 북한이 4자회담의 개최를 수락함으로써 1997년 12월 9일 스위스 제네바에서 4자회담 제 1 차 본회담이 개최되었으나, 현재까지 주요한 성과를 거두지 못하고 있다.

또한 한국은 1994년 5월 ASEAN 지역안보 포럼 고위관리자 회의(ARF-SOM)에서 동북아지역 국가들, 즉 남북한과 미 · 일 · 중 · 러가 참가하는 동북아 다자 안보대화(Northeast Asia Security Dialogue, NEASED)의 구상을 제안한 바 있다. 이는 4자회담과는 별도로 일본과 러시아를 포함시켜 아시아판 CSCE(Conference for Security and Cooperation in Europe)와 같은 정치 · 안보 협력 체제를 형성하여 한반도판 Locarno 구상을 실현하자는 것이다.

김대중 정권은 북한에 대하여 「햇볕정책」을 추진하는 과정에 한국과의 우방국인 미국과 일본이 북한과의 국교수립을 반대하지 않고 있다. 한국은 중국과 러시아와는 국교를 수립하고 있는 반면, 북한은 미국과 일본과는 외교관계를 맺지 않고 있는 상황이어서, 한국으로서는 한반도 주변 4강과의 확대균형전략을 구사하는 것이 바람직하다. 북한으로 하여금 교차승인의 실현에 따른 평화공존 정책을 추진하도록 하고, 한국으로서는 중국과 러시아와는 한 단계 더 높은 양국관계를 수립하는 것이 바람직스럽다.

한국정부는 늦어도 2020년(KOREA Vision 2020) 전에는 한반도의 통일을 달성할 수 있다는 가정 하에 지금부터라도 한반도 주변 지배체제가 『통일한국』, 미국, 일본, 중국, 러시아 등 5국체제로 개편될 상황을 염두에 두고, 통일과정에서 한반도 주변국(이해관계국)의 우려를 불식하고, 통일 후에도 원만한 우호관계를 유지한다는 점을 인식시켜 주는 노력이 필요하다.

제 5 절 전후(戰後) 국제경제구조

국제정치경제이론이란 국제정치와 국제경제 사이의 상호연관 관계에 주목하고, 국제정치경제학은 국제관계에서 힘(power)의 추구와 부(wealth)의 추구 사이의 상호작용, 즉 "국제관계의 힘과 부의 배분에 영향을 미치는 국가와 시장의 상호작용(Gilpin)"을 연구대상으로 하는 학문이다. 국제정치경제이론의 분류로는 제국주의, 종속이론, 세계체제론 등으로 이어지는 맑스주의적 경제결정론의 관점에서 국제정치경제의 현상을 이해하는 이론과, 기능주의, 통합이론, 상호의존론, 국제협력이론 등으로 이어지는 자유주의 전통으로, 국제관계에서 정치와 경제의 분리와 상호작용론의 관점에서 양자 사이의 관계를 이해하는 이론으로 나눌 수 있다. 또한 국민국가와 민족주의를 강조하는 패권안정론, (신)중상주의, 전략적 무역이론, 경쟁우위 등의 현실주의 이론은 국가와 정치의 시장에 대한 우위의 입장에서 이해하는 이론이다.

현실주의 국제정치경제는 국제체제의 조직과 기능에 있어서, 국가 · 안보 · 군사력의 우월성 등을 가장 중시하고, 힘과 부의 추구를 상호보완적인 관계로 간주하면서도 부의 힘에 대한 종속을 강조한다. 또한 국제경쟁관계에서 불균형적으로 자신의 이득을 추구하고, 국가 간의 관계도 부의 상대적 분배를 중시하여 발생하는 갈등으로 파악하고 있다. 중상주의자들은 국제체제 내에서 국가의 상대적 힘(relative power)과 상대적 지위(relative position)를 강조하고, 중요한 것은 부의 절대적 양이 아니라 경쟁국들과 비교 속에서 파악되는 상대적 부의 획득과 상대적 지위의 상승이라고 파악하면서, 이들을 중시하고 있다.

우선, 국제무역에 관한 국제정치경제이론으로 전후성립된 Bretton Woods체제는 자유로운 금융질서와 자유로운 무역체제는 양립할 수 없다는 인식 하에, 자본의 이동은 개별 국가가 통제하고, 상품의 이동은 GATT를 통하여 국가의 권한을 제한한 체제로서, 국내차원에서는 케인스주의(Keynes at home)이고, 국제차원에서는 스미스적인 논리(Smith abroad)를 연계한 체제이다. 그리고 GATT에서의 상호주의(reciprocity)는 최혜국대우(most favored nation, MFN)조항과 같이 포괄적(diffuse) 상호주의로서, 일정한 정도 개별국가의 부국강병 추구라는 현실주의적 고려와 자유무역에 따른 세계경제의 확대라는 자유주의적 고려라는 두 가지 상충되는 목표를 동시실현되도록 추구하고 있다.

그러나 미국에서의 호혜성은 포괄적인 것이 아니고 구체적인 방식으로, 미국은 자유무역체제에서 다른 국가에 비하여 너무 많은 양보를 하여왔다는 인식 하에, 상대국에 상응한 개방을 요구한다. 그리고 이에 응하지 않을 경우 미국시장에서 제재조치를 취하는 불공정무역(unfair trade)을 규칙에 의한 무역이 아니라 일정한 목표를 설정하고 그 성과의 달성여부에 따라 제재조치를 취하는 관리무역(managed trade)으로 추진하고 있다.

다음으로, 국제금융에 관한 국제정치경제이론으로 국제통화금융질서는 가장 국제협력이 필요한 부분이면서 가장 위계적인 구조를 가지고 있다. 이는 19세기 Pax-Britanica체제가 바로 영국의 파운드에 기초해 있었고, 20세기 Pax-America도 미국 달러에 기초하고 있다.

현실주의자들은 1971년도 고정환율제로부터 변동환율제로의 전환은 통화와 금융질서의 최상층에 속하는 국가(미국)가 자신들의 경제적 · 정치적 이익의 극대화를 위하여 기존질서의 변경을 시도하고, 그 결과 그들(미국)이 엄청난 국가이익을 획득하였다고 주장하고 있다. 플라자 협정(Plaza Accord, 1985)으로부터 루브르 협정(Louvre Accord, 1987)까지의 급속한 달러 평가절하와 가파른 엔화 평가절상, 그리고 은행의 자기자본비율을 규제한

1988년의 바젤협약을, 현실주의자들은 쇠퇴하는 패권 미국이 자신의 국가이익과 상대적 지위의 유지를 위하여 일방적으로 비용을 일본과 독일에 전가시킨 악성적 패권의 예로 간주하기도 한다.

한편, 자유주의 국제정치경제학은 개인의 자유를 확대할 수 있는 정치 · 경제 질서의 수립, 세계시장의 작동을 보장할 수 있는 국제질서의 수립, 국제적 공공재를 공급하기 위한 국제협력의 가능성에 대한 신념을 소유하고, 시장이 자원을 가장 효율적으로 배분하는 도구로서 시장의 역할을 신뢰한다. 그래서 이기적 행위자들인 국가들 사이에서도 협력이 가능하고, 이러한 협력은 모두에게 유익하고, 국제제도를 국제관계에서 매우 중요한 변수로 고려하고 있다.

또한, 자유주의자들은 자유무역이 쌍방 모두에게 유익하며, 상호의존의 끈으로 서로를 묶어 국제협력과 평화의 증진에 기여한다고 주장하고, 각국이 상대적으로 잘하는 것에 집중하고, 서로 교역을 하게 되면 모두가 이익이 된다는 비교우위론(comparative advantage)으로 설명하고 있다. 자유로운 국제무역질서를 구축할 수 있는 이유는, 첫째로 자유무역을 선호하는 패권국이 존재하고, 둘째로 최혜국대우와 상호주의를 무역자유화를 위한 효과적인 방법으로 인정하는 것이다. 셋째로 GATT, WTO와 같은 국제무역기구를 통하여 국제무역규범을 제정하고 집행함으로써 무역자유화에 기여한다는 점을 들 수 있다.

그리고 국제통화제도나 금융자본의 이동도 개별국가들이나 국내세력들의 부와 힘에 중요한 영향을 미치고, 자본의 이동이 자유로워지면 통화들 사이에 위계질서가 형성되고, 자본의 국제적 이동은 개별 국가들의 통화가치나 경제정책에 중대한 영향을 초래한다. 자본은 특정국가가 필요로 할 때는 나가고, 필요하지 않을 때에는 들어오는 경향, 즉 경기가 좋을 때는 유입되어 거품을 일으키고, 경기가 나쁠 때는 빠져나가 경제상황을 더욱 악화시키기 때문에, 자유주의자들은 국가들 사이에 긴밀한 협력을 통한 정책공조 등을 주장하고 있다.

마지막으로 한국의 입장에서 본 국제무역과 국제금융은 1997년 한국의 소위 IMF위기와 관련, 현실주의자들은 국제기구인 IMF가 미국의 이익을 충실히 대변하고 강제하는 역할을 수행하였고, 안정적인 국제통화질서라는 국제공공재의 공급이라는 역할은 하지 않았다고 인식하였는데, 이는 일본의 지원을 차단했던 클린턴 대통령의 친서에서 잘 반영하고 있다. 한국과 같이 규모가 작으면서도 대외의존도가 높은 국가의 경우는 외부에서 만들어진 질서에 민감할 수밖에 없고, 질서의 형성자가 아니고 질서의 추종자로서는 냉엄한 국제정치경제의 현실과 변화를 정확히 파악하고, 현실주의 이론에 따른 냉철한 상황분석은 하되, 자유주의가 가져오는 이익은 놓치지 않는 마키아벨리적 지혜가 절실히 필요하다

1. 전후(戰後) 국제금융구조

1.1 Bretton Woods 체제(1945년~1973년)

양 세계대전 간 경제적 혼란의 반성으로서, 제 2 차 세계대

전 후 세계경제 질서의 일익을 담당할 것으로 체결된 것이 IMF(국제통화기금) 협정이고, IMF를 중심으로 하는 국제통화제도를 Bretton Woods 체제라고 한다.

제 1 차 세계대전 후 특히 1929년의 대공황의 발발을 계기로 대량의 실업자와 기업도산, 경기의 정체에 직면한 각 국가들은 국제 금본위체제를 붕괴시켰다. 게다가 잇달은 환율평가절하의 경쟁에 의한 근린궁핍화(近隣窮乏化)정책의 수행과 파운드, 달러, 프랑 등을 중심으로 하는 보호주의적 경제 블록의 형성이 진행되고, 세계경제의 질서는 위기에 직면하였다.

이런 역사적 교훈으로 세계 각국은 자국본위의 정책수행에 대하여 많은 반성을 하였다. 제 2 차 세계대전 후 세계경제의 재건에는 상호협동의 정신이 지주가 되고, 전후 경제재건의 일환으로 1944년 미국 Bretton Woods에서 44개 연합국의 대표가 참가하여 Bretton Woods 협정을 체결하였다. 이는 IMF와 IBRD(국제부흥개발은행, World Bank)의 설립을 통하여 전후 국제통화제도가 확립되고, 1945년 12월 27일 Bretton Woods 협정이 발효되었다.

이와 같은 Bretton Woods 체제, 즉 IMF 체제의 골격은 첫째로 금환본위제이다. 이는 금을 IMF의 중심자산으로 하고, 금에 의한 평가표시와 출자할당의 일부를 금으로 갹출하는 것 등을 내용으로 하고 있다. 둘째로는 고정환율제이다. 각 가맹국은 고정환율제에 의한 환안정의무에 따라 제도적으로 결부된 것이다. 환안정의무란 (1) 대외결재를 위하여 안정가격에서 금의 자유매매라는 평가유지, (2) 환시장에 대하여 평형조작(平衡操作)

에 의한 환평가의 유지(평가 상하 각각 1% 이내)를 행하는 일방, 평형조작을 위한 외화가 부족하면 IMF로부터 차입을 하고, 국제수지가 기초적 불균형에 처하였을 때에는 평가변경이 가능하다는 것으로 구성되어 있다.

현실적으로 IMF 체제는 달러를 Key Currency로 하는 금 · 달러본위제로서 기능하고, 달러는 국제금융에 있어서 거래통화, 개입통화, 준비통화로서 사용된다. 달러는 협정상 어떠한 특별한 규정이 없음에도 불구하고, 유일의 국제통화로서 국제통화제도를 지탱하여 왔고, Bretton Woods 체제는 미국의 경제력과 행동에 의존하여 왔다.

그러나 Bretton Woods 체제는 미국 경제의 국제경제에서 차지하는 상대적 기반저하와 더불어, 달러 불안, 달러 위기 등을 가져온 결과, Bretton Woods 협정은 1969년의 제 1 차 개정에 따라 SDR(특별인출권)의 창출이라는 보강이 있었고, 1978년의 제 2 차 개정으로 변동환율제의 용인, 금의 협정상 폐지 등으로 Bretton Woods 체제 자체가 붕괴하였다. Bretton Woods 협정은 존속하고 있으나, Bretton Woods 체제라고 하더라도 현재는 특정한 성격을 갖고 있지 않다.

1.2 변동환율제하의 「달러본위제」(1973년~현재)

1971년 8월 15일 닉슨 대통령의 신경제정책 발표는 대외적으로는 금 · 달러 교환정지를 포함하고 있어, Bretton Woods 체제의 붕괴를 예고한 것이었다.

이러한 금 · 달러 교환정지 후의 외국환시장의 혼란과 선진제국의 변동환율제도로의 이행을 거쳐, 1971년 12월 Smithsonian 협정을 설립하여, 다국 간 평가조정(平價調整)에 관한 합의를 보아, 고정환율제의 복귀가 행하여졌다. 이런 합의에 의한 새로운 국제통화체제를 Smithsonian 체제라고 부른다.

이와 같은 Simithsonian 체제에서 주요 국가 간 환율평가의 기초적 불균형이 제기되고, 새로운 체제의 도래가 기대되었으나, 1972년 6월의 파운드 위기, 1973년 1월 이탈리아 리라의 이중환율제에의 이행에 따라, Smithsonian 체제는 고정환율제로서의 기능을 상실하여 약 1년만에 붕괴되었고, 소위 변동환율제에 돌입하게 되었다. 따라서 적극적으로 변동환율제를 채용하였다기보다는 긴급피난적 조치로서 변동환율제로 이행하였다는 것이 당시의 상황이었으나, 그 후에는 하나의 제도로서 정착하는 현상을 보였다.

그 결과, 1973년 이후의 국제통화 시스템은 국제협정을 기초로 한 Bretton Woods 체제와 Smithsonian 체제와는 달리, 어떠한 제도적 기초도 없는 non-system(제도 없는 제도)이 되었다. 나아가서는 non-system으로서의 변동환율제하의 「달러 본위제」에서는 재정금융정책이 대외균형(환 안정 및 국제수지의 조정)보다는 국내균형(물가안정 및 고용)을 우선목표로 운용되었을 뿐만 아니라, 국제수지의 조정 및 국제유동성의 공급 등 모든 것을 시장(외국환시장과 국제금융시장)에 맡긴다는 의미에서는 시스템의 민영화(privatization of the system)에 의해 운영되게 되었다.

발족 당시의 변동환율제도는 IMF 협정에는 없는 제도이었으나, 1978년의 제2차 개정협정에는 가맹국이 채택할 환율제도로서 (1) 페그제[4](대 SDR, 단일통화 등), (2) 공동 프로트제,[5] (3) 기타의 환시세 결정을 규정하고(제4조 2항), 변동환율제라는 현실을 "(3) 기타의 환시세 결정"에 포함하였다. 따라서 현재의 변동환율제는 IMF 협정에 따른 제도이다.

이러한 변동환율제 하의 「달러본위제」의 특징은 국제통화의 다양화 현상이 진행되는 과정에서 외환매개 통화기능에 한하여 달러의 독점적 지위가 강화되는 현상이라는 기본구조에 있다. 변동환율제 하에서 달러 가치의 변동에 따른 외환 Risk는 국제통화의 다양화 현상을 가져왔다. 민간 레벨에서는 무역거래에서의 계약통화기능과 국제자본거래에서의 투자통화기능, 나아가서는 준비통화기능에 있어서 달러의 독점적 지위가 붕괴되어 Euro 등 여타 통화도 병행하여 사용하고 있다. 은행 간 외환거래에 있어서 외환매개통화기능은 오히려 달러의 독점적 지위로 강화되고 있다.

2. 전후(戰後) 국제무역구조

2.1 GATT 체제(1947년~1995년)

전후 자본주의경제는 사회주의 이데올로기와 대립하면서 발전하여 왔다. 양 세계대전을 통해 압도적인 대국이 된 미국은

4) 페그(peg)란 기축통화에 대해 교환비율을 정한 고정환율제를 말한다.

5) 공동 프로트(joint float)제란 하나의 경제권을 형성하고 있는 여러나라가 역내에서는 고정환율제(또는 고정환율제와 거의 비슷한 제도)를 채택하면서, 역외에 대해서는 환율을 공동으로 변동시키는 것을 말한다.

대불황의 교훈으로부터 1944년에는 자유주의적인 Bretton Woods 체제의 형성을 주도하고, 1947년에는 「관세와 무역에 관한 일반협정」(General Agreement on Tariff and Trade, GATT)을 추가하여 전후 국제경제체제를 만들었다.

전후 무차별적인 자유무역 원칙들을 기본이념으로 한 세계 무역체계는 1947년 제네바에서 조인된 GATT에 의하여 설정되었다. GATT는 제 1 차 세계대전 후 각국에서 고조된 보호무역주의의 재현을 방지하기 위하여 각국 간의 무역을 차별하지 않고, 보다 자유롭게 행함으로써, 세계무역의 확대와 각국 경제의 발전을 실현하고자 했다. 구체적으로는 첫째로 최혜국 대우의 원칙을 지켜, 타 가맹국에 대해서는 동일한 관세를 부과하지 않으면 안 되고, 둘째로 관세 양허표에 정한 각국 관세율의 수준을 상회하는 수입세를 부과하지 않는다. 셋째로 수입수량제한은 국제수지의 악화 등 특별한 경우를 제외하고는 행하지 않고, 넷째로 기타 비관세장벽을 폐지하는 것 등의 의무가 규정되어 있다.

GATT 발족 후, 관세의 인하는 국별, 품목별로 행하여졌으나, 1963년 GATT 각료회담에서 미국은 GATT의 세율을 전 상품을 대상으로 일률적으로 인하하는 일괄인하방식을 강하게 주장하였다. 이를 Kennedy Round라고 하고 1967년에 타결되었다. 그 뒤를 이어 1979년에는 Tokyo Round가 조인되고, 1993년에는 Uruguay Round가 결착을 보았다. 전후 자유무역체제는 수출의 자율규제(Voluntary Export Restraints, VER) 및 수입의 자율강화(Voluntary Import Expansion, VIE) 등의 GATT 규칙에 저촉되지 않는 합의를 추가하여 전후 국제무역체제를 유지하였다.

전후 자유무역체제를 옹호하고 강화하는 노력은 주로 GATT 가맹국에 의하여 GATT의 무대에서 다자간 교섭을 통하여 계속되어 왔다. 그러나 이러한 과정에서 GATT 체제로는 처리할 수 없는 문제도 발생하고 있다. 또한 GATT 체제에서 표방하는 보편적이고 일률적인 자유무역주의에 대항하는 움직임도 나타나기 시작하였다. 그 움직임의 하나는 EEC 등 지역적 무역시장의 발전이고, 다른 하나는 불황, 실업증대, 인플레이션, 경상수지 대폭 적자 계속 등을 배경으로 선진국 간 및 선진국의 개발도상국에 대한 보호무역주의의 강화이다.

지역적 경제통합 및 관세동맹에 대하여 GATT 24조는 엄격한 조건하에 이들을 인정하고 있다. 이것은 GATT 발족 당시 이미 형성된 Benelux(Belgium, Netherlands, Luxemburg) 관세동맹을 인정하지 않을 수 없었기 때문이다. 그러나 1958년에는 EEC가 발족하고, 그 후 EFTA 등의 지역적 경제통합이 진행되어, 역내와 역외의 차별적 무역거래의 효과 등이 문제되기도 하였다. 지역주의는 GATT의 이념에 맞지 않는 것으로 보았으나, EEC 지역통합의 힘으로 Kennedy Round에서 농산물 자유화가 제외되었다.

2.2 WTO 체제(1995년~현재)

Uruguay Round는 1986년에 시작하여 7년 이상의 세월을 거치면서 GATT에 대한 비관론 등 우여곡절 끝에, 최종적으로는 시대의 조류에 따라 자유무역주의의 승리로 결착을 보았고,

이어서 1995년 1월 1일부터 세계무역기구(WTO) 체제가 탄생하였다.

WTO 체제는 자유무역주의를 목표로 한다고 평가할 수 있으나, 보호무역주의의 움직임은 상상 이상으로 집요하여 자유무역주의와의 갈등이 계속되고 있다. 또한 지역주의의 움직임은 EU, NAFTA 등이 세계로 확산되어 보호무역주의의 요새를 형성할 것인지, 아니면 자유무역주의체제의 과도기 현상을 나타내는 것인지 아직은 분명하지 않은 상태이다.

자유무역주의는 국가와 국가 간의 무역장벽을 철폐하고, 자유로운 무역을 추진하려는 입장으로서 GATT의 종래목표인 동시에 WTO의 장래목표이기도 하다. 자유무역주의는 공명정대한 정책으로서의 지위를 확보하였으나, 최근에는 무제한적인 자유무역은 불공정한 무역을 하는 자에 대한 무방비의 상태라는 지적에 따라, 자유무역 대신에 공정무역을 주장하고 있다.

반면, 보호무역주의는 국내의 일정한 산업을 국가의 보호하에 두고, 관세 또는 비관세의 장벽으로 해외 경쟁자로부터 보호하는 입장이다. 이는 자유무역주의의 폐해를 시정하기 위한 차선책으로서 관리무역의 형태로 주장하게 되었다. 보호무역주의는 양의 조류인 자유무역주의와 달리 음의 조류를 형성하여 앞으로 무역교류의 모든 면에서 교묘하게 주장될 것이기 때문에 보호무역주의를 어떻게 자유무역주의와 조화해 가는가가 영원한 과제이다.

지역주의는 복수의 국가들이 지역통합협정을 체결하고, 가맹국으로 구성된 일정한 지역 내에서 무역장벽을 철폐하고, 자유로운 무역을 추진하려는 입장이다. 지역주의는 지역 내에서는 자유무역주의의 정책을 취하나, 지역 외에 대하여는 어느 정도의 차별은 당연한 것으로 여기고 있다. 전형적인 예로서 1992년에 시장통합을 달성한 EC와 1994년 1월 1일 발족한 NAFTA 등을 들 수 있다.

이러한 지역주의에 의하여 형성된 경제블록은 자유무역지역이든지 관세동맹이든지 간에 두 가지 측면을 갖고 있다. 하나는 회원국 간에는 무역을 자유화하나, 다른 하나는 외부에 대하여는 보호의 역할을 수행한다. 다시 말하면, 특정의 지역주의가 효율적인 외부의 공급자로부터 무역을 받아들여, 비효율적인 가맹국에 무역을 전환(trade-diverting)하는가, 또는 보다 비효율적인 가맹국의 희생으로 보다 능률적인 가맹국이 무역을 창출(trade-creating)하는가 하는 문제에 봉착하게 된다. 전자와 같은 경제블록은 세계의 복지를 감소시키고, 후자의 경우는 세계의 복지를 증대시키게 된다.

따라서 지역주의가 무역전환적인 것으로 되지 않도록 하여야 한다. 지역주의의 종착점은 다국간 주의가 목표로 하는 세계적인 자유무역체제를 실현하는 데 있다. 지역주의의 장점은 세계적인 자유무역체제를 지향하는 중간적 조직 또는 기구를 만드는 점이다. 각 지역마다 자유무역의 장애가 되고 있는 관세·비관세 장벽을 철거한 후에, 경제블록 간의 벽을 허물면, 세계는 완전한 자유무역을 실현하게 된다. 이것을 실현할 수 있다면, 지역주의는 세계규모의 자유무역체제에의 이정표가 되고, 자유무역주의와 모순되지 않게 된다.

세계경제는 매우 크고, 구성하는 국가수도 많아, 세계경제체제를 무차별적으로 취급하기에는 무리가 있다. 세계경제를 효과적으로 관리하기 위하여 전체 세계경제체제를 몇 개의 지역체제로 분해하고, WTO가 최종적 목표로 하는 세계적인 자유무역에 맞추어 WTO의 의무와 모순되지 않도록 하여야 한다.

지역주의는 환경에 따라 내용이 변하는 카멜레온과 같은 성격을 갖고 있다. 지역주의가 WTO에 의하여 대표되는 다국간주의와 궁극적인 목표를 공유하고 있기 때문에, 자유무역의 혜택을 많이 받고 있는 한국으로서는 부단한 감시를 통하여, 필요에 따라서는 궤도를 수정하여 세계의 보편적인 자유무역체제의 완성을 위하여 노력하여야 한다.

이와 같이 기로에 선 세계무역체제는 물품 중심의 GATT에서 물품, 서비스, 지적소유권 등 3가지 중심의 WTO 체제로 변경되었다. 종래의 GATT는 법적으로는 조약을 수락한 체약국의 모임에 지나지 않았으나, 국제기구로서 WTO의 설립으로 인하여 전후 계속되어 온 「잠정적인」 GATT에 의한 변칙적인 체제가 종료되고, Uruguay Round의 성과가 나타나게 되었다. 앞으로 다각적인 교류를 통하여 세계무역을 보다 자유화시키기 위한 본격적인 국제기관이 탄생하게 된 것이다.

WTO를 설립하는 협정에는 종래 GATT의 분야인 물품의 무역에 관한 다각적협정(부속서 1A)에 추가하여, 서비스의 무역에 관한 일반협정(부속서 1B)과 지적소유권의 무역관세 측면에 관한 협정(부속서 1C)과 함께, 가맹국의 분쟁처리 수속을 규정한 협정(부속서 2)과 가맹국 무역정책의 심사에 관한 협정(부속서 3)

을 첨부하고 있다. WTO의 설립 협정을 수락하는 국가는 상술한 부속서의 내용을 일괄하여 수락하지 않으면 안 된다는 일괄수락주의이나, 다만 부속서 4(복수국간 무역협정)에 관하여는 수락 여부를 가맹국의 판단에 일임하였다.

제3장

역대 한국대통령의 국가전략

제1절 국가형성 전략

제2절 체제유지 전략

제3절 정권유지 전략

제4절 민주국가화 전략

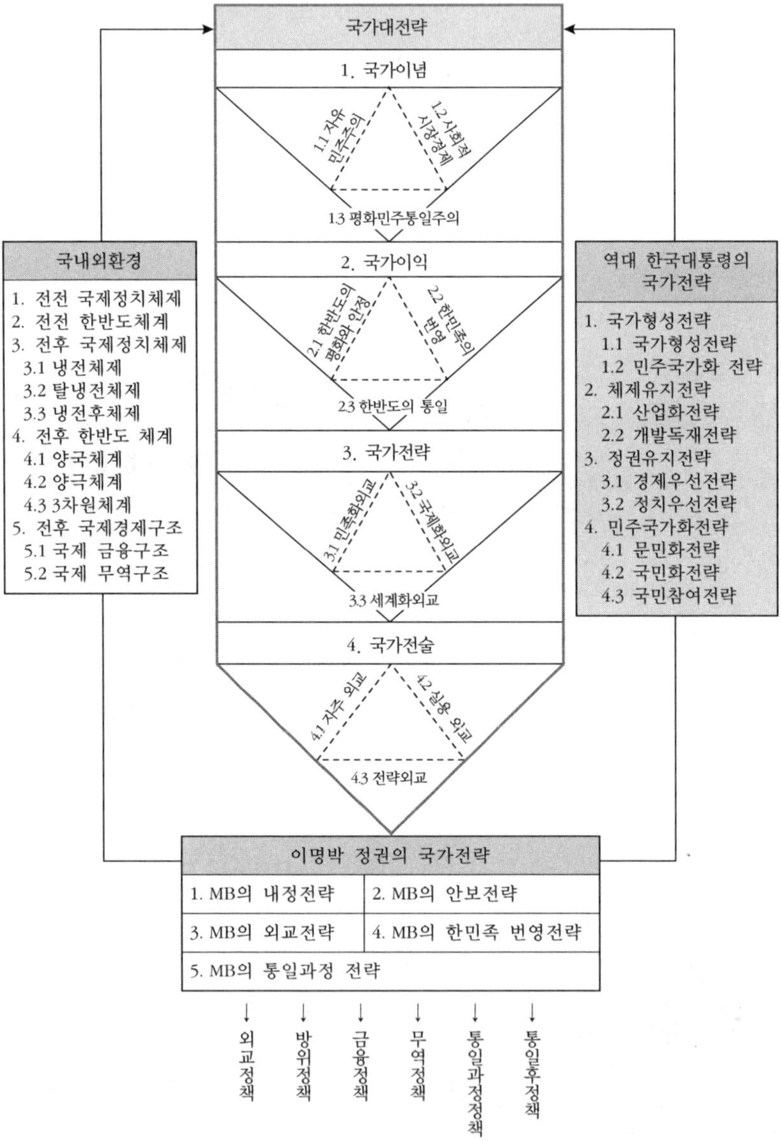

국가대전략
1. 국가이념
1.1 자유 민주주의
1.2 사회적 시장경제
1.3 평화민주통일주의
2. 국가이익
2.1 한반도의 평화와 안정
2.2 한민족의 번영
2.3 한반도의 통일
3. 국가전략
3.1 민족화외교
3.2 국제화외교
3.3 세계화외교
4. 국가전술
4.1 자주 외교
4.2 실용 외교
4.3 전략외교
국내외환경
1. 전전 국제정치체제
2. 전전 한반도체계
3. 전후 국제정치체제
3.1 냉전체제
3.2 탈냉전체제
3.3 냉전후체제
4. 전후 한반도 체계
4.1 양국체계
4.2 양극체계
4.3 3차원체계
5. 전후 국제경제구조
5.1 국제 금융구조
5.2 국제 무역구조
역대 한국대통령의 국가전략
1. 국가형성전략
1.1 국가형성전략
1.2 민주국가화 전략
2. 체제유지전략
2.1 산업화전략
2.2 개발독재전략
3. 정권유지전략
3.1 경제우선전략
3.2 정치우선전략
4. 민주국가화전략
4.1 문민화전략
4.2 국민화전략
4.3 국민참여전략
이명박 정권의 국가전략
1. MB의 내정전략
2. MB의 안보전략
3. MB의 외교전략
4. MB의 한민족 번영전략
5. MB의 통일과정 전략
외교정책
방위정책
금융정책
무역정책
통일과정정책
통일후정책

제 3 장 역대 한국대통령의 국가전략

제 1 절 국가형성 전략

이승만 정권에서는 국가형성(nation-building) 전략으로서 한국을 하나의 굳건한 독립국가로 형성하려고 하였다. 이후 장면 정권은 한국의 체제를 민주화된 독립국가로 발전시키려 하였으나, 북한과의 대결이라는 현실적 제약으로 인하여 성공하지 못하였다.

이승만 정권에서는 독립 후 국가형성 전략의 일환으로 대내적으로는 반공(反共)과 반일(反日)을 슬로건으로 반 공산주의화와 비 식민지화를 통하여 달성하려고 하였고, 대외적으로는 친미정책으로 미국과 유엔을 중심으로 한 반공 안보외교를 추진하였다.

1. 이승만 정권의 국가형성 전략(1948년~1960년)

1945년 8월 15일 일제로부터 해방된 한민족은 또 다른 국토분단이라는 비극을 맞게 되었다. 일제하의 독립운동을 통하여 광복에 대한 의지는 강하였다고 하더라도, 광복 후의 통일조국을 설계하지 못하였고, 비록 『통일한국』을 설계하였더라도 냉전체제라는 국제환경이 이를 허용하지 않았을 지도 모른다.

38도선은 이제는 존재하지 않는 남북분단선이지만, 한반도를 남과 북으로 분단하는 선으로 그 역사적 의미는 매우 크다. 38도선은 당초 한반도에 주둔하고 있던 일본군의 항복을 수리하고 무장을 해제하기 위한 잠정조치로써 만들어진 군사적 분단선이었으나, 그 후 한반도에서 냉전 상태의 발전으로 미 · 소 양군 점령지역에 남과 북으로 2개의 정권이 만들어져, 정치적 분단선으로 발전하고, 결국에는 국제적 성격을 띤 냉전 분단선으로 고착화되고 말았다.

1945년 12월 16일부터 모스크바에서 열린 미 · 영 · 소 3개국 외상회의에서 미국 번즈 국무장관이 내놓은 "한반도에 대한 미 · 영 · 중 · 소 4대국 신탁통치" 및 "한국독립정부의 수립을 위한 한국 통일행정부 창설안"과 소련 몰로토프 외상이 내놓은 "한국인에 의한 과도적 임시정부의 수립과 이를 위한 미 · 소 공동위원회 창설안"을 절충하여 같은 해 12월 27일 한국문제에 관한 모스크바 협정을 발표하였다.

이 모스크바 협정에 규정된 5년간의 4대국 신탁통치 안을 둘러싸고, 1946년은 연중 내내 남북한을 통해 우익세력은 반탁(反託)으로 좌익세력은 찬탁(贊託)으로 갈려 격렬한 투쟁을 전개하였다. 이러한 상황 속에서 소련은 북한 내 친소공산정권의 수립에 박차를 가하여 2월 8일에는 단독정권의 성격을 띤 "북조선

임시인민위원회"가 발족되고, 미 군정청은 12월 12일 "남한 과도입법의원회"를 발족시켰다.

이에 자극된 이승만 박사는 1946년 12월 미국을 방문, "소련이 전 조선을 위한 자유정부의 수립에 동의하지 않을 것이 명백한 이상, 남한에만 이라도 단독정부를 세울 것"을 호소하고, UN에 의한 한국문제 해결을 처음으로 제의하였다. 이어 1947년 5월 21일 제 2 차 미 · 소공동위원회가 개최되었으나, 미 · 소 간의 협상이 실패로 돌아갔다. 그래서 미국은 같은 해 9월 17일 한국의 독립문제를 제 2 차 UN총회에 제기함으로써 한국은 처음으로 UN과의 관계를 갖게 되고, 한국 문제는 미 · 소의 소관사항에서 벗어나 UN이라는 범세계적인 국제기구로 이관되었다.

제 2 차 UN총회는 1947년 9월 23일 한국문제를 의제로 채택하고, 정치위원회(제 1 위원회)로 하여금 토의 · 보고토록 하였고, 정치위원회에서 미국은 "선 정부수립, 후 외군철수"를 주장하고, 소련은 "선 외군철수, 후 정부수립"을 내세워 맞섰다. 미국의 마샬 국무장관은 미국의 견해로 한국으로부터의 주둔군 철수 문제는 "통일독립 한국정부를 수립하는 문제의 일부로서 취급"해야 한다고 소련 몰로포트 외상에게 통고하였다. UN총회는 같은 해 11월 14일 "공정한 선거를 감시하기 위하여 한국 전역에 걸쳐 여행 · 감시 · 협의할 권한이 부여되는 9개국(호주, 캐나다, 중국, 엘살바도르, 프랑스, 인도, 필리핀, 시리아 및 우크라이나) 대표로 구성된 UN 한국임시위원회(Untied Nation Temporary Commission on Korea, UNTCOK)를 설치한다"는 내용을 요지로 하는 미국측 결의안을 찬성 43, 반대 9, 기권 6으로 채택되었다.

UNTCOK는 1948년 1월 12일 서울에서 최초 회합을 가졌으나, 소련군 사령관이 UNTCOK의 입북을 거부하자 UNTCOK는 남한에서만 UN총회의 결의사항을 실시할 것인지 여부에 관하여 소총회의 자문을 구하였고, 소총회는 UNTCOK의 접근이 가능한 남한에서만이라도 선거를 실시해야 한다는 미국측 결의안을 찬성 31, 반대 2, 기권 2로 가결하였다.

이에 따라 UNTCOK의 감시 하에 5월 10일 남한에서는 제헌국회를 구성하기 위한 총선거가 실시되었고, 선출된 의원들은 5월 31일 제헌국회를 소집, 이승만 박사를 초대의장으로 선출하고, 제헌국회는 7월 12일 대한민국헌법을 제정, 7월 17일 이를 공포하였다. 대한민국 헌법 제 1 조에서 국체가 민주공화국임을 선언하고, 제 4 조에서 그 영토가 한반도와 그 부속도서로 구성된다고 명백히 하였다. 이어 제헌국회는 7월 20일 이승만 박사를 초대 대통령으로 선출하였고, 8월 15일 역사적인 대한민국의 수립을 내외에 선포함으로써 이승만 정권이 탄생하였다.

일본 식민지로부터 독립한 후 정권을 장악한 이승만 대통령은 국가형성 전략으로 우선 내정으로는 비 식민지화(Decolonialization)의 정책의 일환으로 반일화를 추진하였다. 아울러, 전후 국제냉전의 구조 속에서 한반도는 공산주의 세력과의 대결이라는 국내냉전을 극복하려고 반공화의 정책을 반일화의 정책과 함께 수행하여 국내정치의 혼돈으로부터 벗어나려고 하였다.

제 2 차 세계대전을 계기로 한국을 포함한 많은 국가들은 민족국가로서 정치적 독립을 달성할 시기에, 직접 또는 간접적으로 미국과 소련의 영향을 받았다. 비식민지화의 과정이 전후 동서 간 국제냉전의 성립 과정과 중복되고 있어, 미 · 소 간에는 구 식민체제의 타도를 지지하고, 새로운 국제질서의 형성과정에서 우위를 차지하기 위한 경쟁이 실현되어, 비식민지화에 바람직한 국제환경이 조성되었다. 이런 의미에서 미 · 소의 대립이 비식민지화를 촉진하는 결과가 되었다.

이승만 정권에서 겉으로는 북진통일을 외치면서, 내면적으로는 북한의 남침에 대한 대비에는 소홀히 하여 왔으나, 한국전쟁의 휴전협정조인(1953. 7. 27) 이후, 한 · 미상호방위조약조인(1953. 10. 1)을 통하여 한미군사동맹을 주축으로 한 체제안정화(반공화) 전략을 추구하였다.

또한 한국전쟁은 결과적으로 이승만 정권의 안정화를 가져왔다. 이후 한국 내에서 좌파세력은 힘을 잃고 좌익은 한국 국내정치의 무대에서 배제되어 더이상 사상의 대립이 없는 상태를 만들었다.

이승만 정권에서는 "대한민국은 한반도에서의 유일합법정부"로서 『2개의 한국』을 부인하는 이른바 「할슈타인 원칙」[1)]을 대외적으로 적용하고, "UN 감시 하에 한국 헌법 절차에 따른

1) 「할슈타인(Hallstain) 원칙」은 서독의 기독교민주당(CDU)의 아데나워(Konrad Adenauer) 수상이 1949년부터 1963년까지 집권하면서, 국제사회에 서독이 독일의 유일합법정부로서 전체 독일을 대표한다는 할슈타인 원칙을 선언하고, 동독과 국교를 수립한 국가와는 외교관계를 거의 단절하였다. 구체적으로는 1954년 당시 서독외무차관 "할슈타인"에 의하여 「두 개의 독일」을 부정하는 할슈타인 원칙을 적용하였고, 이러한 원칙은 1969년에 등장한 브란트 정권의 동방정책을 취하기 전까지 서독외교정책의 기조를 이루었다.

인구비례 자유선거의 실시(UN 감시 하의 북한지역 총선거)"를 통일정책으로 삼았다.

2. 장면 정권의 민주국가화 전략(1960년~1961년)

이승만 정권은 반공산주의와 비식민지화를 국가전략으로 삼아 민족국가의 형성에는 어느 정도 성공하였으나, 초대 대통령 중임제한을 철폐하는 사사오입개헌(1954. 11. 29), 진보당 조봉암 당수의 구속사건(1958. 1. 13) 등으로 이승만 정권의 정당성이 흔들리기 시작하였다.

그 후 1960년 3월 15일 제5대 정·부통령선거에서 야당인 민주당의 조병옥 대통령후보는 이승만 대통령후보에 도전하였으나, 선거 한 달 전인 2월 15일 미국 육군병원에서 급사하였다. 이로 인하여 부통령 선거만을 행하였으나, 부정선거 등으로 한국 민중의 반정부 감정에 불을 질러, 1960년 4월 19일 전국적인 학생 데모로 10여년에 걸친 이승만 정권을 붕괴시키는 기폭제가 되었다.

이와 같이 이승만 정권의 붕괴 후에 한국에서는 일시적이나마 민주주의의 봄을 맞이하였다. 내각책임제와 국회 양원제를 채택한 허정 잠정정권이 발족하였고, 신헌법 하에서의 선거에서 민주당의 압승으로 장면 정권이 탄생하였다.

장면 정권은 4.19혁명 이후 수립되어, 민주국가화 전략을 추진하였다. 그 결과, 보다 민주적이고 민중의 요구에 부응하는 정부형태의 수립을 통하여 비록 어느 정도 혼란을 수반하기는 하였으나, 비교적 자유스러운 상황이 계속되었다. 장면 정권은 당시 정권 수립의 배경 등으로 보다 민주체제의 안정화를 위하여 민주화를 최우선 과제로 추진했으나, 민주체제의 안정화에는 민주화보다는 산업화가 우선한다는 현실적 제약으로 좌절되었다.

또한 젊은 4.19혁명 세력은 민족독립운동을 한국 역사의 출발점으로 하고, 민족주의 사상을 국민국가로서의 정통성의 근거로 삼았다. 이런 민족주의 사상과 운동은 단순히 한국을 포함한 동아시아 사회의 특징이었을 뿐만 아니라, 근대 국제정치를 움직이는 원동력의 하나가 되었다.

민족주의는 국가나 사회의 차이를 넘어 인간의 평등화에 기인하는 것이기 때문에, 단지 식민지 지배국에 대한 피 식민지국의 평등을 요구하는 것과, 인종과 계급 그리고 개인의 평등을 요구하는 것과 구별하기 어렵게 되었다. 따라서 민족주의 사상과 운동은 식민지 권력으로부터 자립을 요구하는 민족독립의 근거가 되었을 뿐만 아니라, 식민지 지배질서 자체의 변혁을 추구하는 혁명의 근거가 되기도 하였다. 이러한 의미에서 민족주의가 사상적으로 혁명사상과 연결된 것은 이상한 것이 아니다.

이러한 민족주의 사상과 운동은 민족국가의 형성과 사회혁명의 수행이라는 두 개의 목표를 처음부터 내포하고 있었다. 그러나 어느 목표에 중점을 두었는가는 각각의 국가에 따라 차이를 나타내었고, 식민지 지배로부터 자립을 실현하는 독립사에 커다란 차이를 보였다. 그렇다고 하더라도, 민족주의 사상과 운동을 민족국가의 존재이유(raison detre)의 하나로 간주하는 한,

거기에는 항상 사회혁명을 추구하는 요구가 잠재하여 있고, 그런 요구는 언제든지 민족주의 운동과 연결하여 현실화할 가능성은 있었다.

결과적으로 북한공산주의 세력의 존재를 의식하지 않을 수 없는 한국은 이승만 정권의 반공과 아울러 반혁명의 정책을 채택하지 않을 수 없었다. 이는 어떤 의미에서 「공산주의의 위협」에 의한 것이라기보다 「민족국가의 존재이유」와 깊은 관련이 있는 문제이기도 하다.

비록 한국 민주주의의 봄은 1961년 5월 16일 박정희 장군에 의한 군사 쿠데타로 단명하고 말았으나 한국정치에 역사적 교훈을 남겼다. 그 후 산업화를 추진한 박정희 정권의 삼선개헌과 유신체제 하에서는 "수면 밑"에서 민주세력에 의한 민주화를 추진하였으나, 전두환 정권과 노태우 정권에서는 국내적으로 "수면 위"의 민주화 운동이 빈발하였다. 이에 대응하여 민주체제 유지의 일환으로 급진적인 민주화보다 점진적 민주화의 정책을 추진하는 결과를 가져왔다.

제 2 절 체제유지 전략

박정희 정권에서는 체제유지 전략으로 대내적으로는 반공의 체제를 강화하고, "싸우면서 건설하자(선개발, 후통일)"는 슬로건으로 산업화전략을 통하여 국민경제에 있어서의 자립화를 추진하였다. 대외적으로는 반일의 정책을 중단하고 일본과의 국교정상화를 실현하였고, 친미의 정책은 계속 추진하였다.

박정희 정권의 전기에는 산업화를 국가전략으로 삼아 국민경제에 있어서 자립화에 성공하였으나, 후기에는 북한과의 경쟁에서 절대적 우위를 차지하여야 한다는 사명감에서 삼선 개헌과 유신체제라는 개발독재정책을 취함으로써, 산업화와 함께 민주화도 추진하여야 한다는 국가의 순리에 역행하는 결과를 가져왔다.

1. 박정희 정권(전기)의 산업화 전략(1961년~1972년)

1961년 5.16 군사혁명으로 정권을 장악한 박정희 정권은 정치적 안정과 경제적 성장을 목표의 양축으로 하는 소위 개발정치를 국가전략으로 삼아, 급속한 산업화를 추진하여 「한강의 기적」이라는 기록적인 고도경제성장을 달성하였다.

먼저, 경제적 성장을 목표로 하는 산업화 전략은 공업화를 경제정책의 핵심으로 인식하고, 보다 큰 규모로 보다 조직적인 국가주도의 경제성장정책을 채용하였다. 이러한 산업화 정책을 채용한 이유는 산업화가 빈곤상태를 타파하고, 나아가 고용을 창출하여 건전한 국내경제를 만들기 위해서이다. 또한 생필품 등 외국에의 의존도를 줄이고, 당시로서는 「파이를 크게 만든 후에 나누어 가진다」는 원칙 하에 사회불안 해소로 민주주의라는 체제를 안정화 시키는데 기여할 것으로 보았다.

이러한 경제정책은 국가 엘리트들에 의해 수행된 국가주도형이었다. 따라서 경제정책의 성과와 실패가 국가기관에 의존하고, 민간기업이나 외국기업에 대한 관료통제가 크게 강화되었다. 또한 노동조합의 국가통제, 국가경제계획에 참가한 기업에의 세제상 우대, 나아가 공공사업과의 연결 등으로 국가 자체가 거대기업으로서 기능하여, 「파이를 크게 한다」는 데에는 기여하였으나, 경제의 불균형발전, 사회모순의 확대 등 부정적인 영향도 가져 왔다.

또한 박정희 정권은 경제발전을 우선으로 하는 산업화전략을 국가전략으로 추진함에 있어서, 자본축적이 되어 있는 민족자본이 거의 없는 당시로서는 미국, 일본, 유럽 국가들을 중심으로 한 친서방일변도로 외국자본을 도입할 수밖에 없었고, 그 결과로 외국자본에 의존하는 외자의존형경제와 아울러 수출주도형경제를 추진할 수밖에 없었다. 그러나 한국에 도입된 외국자본을 Local Content법 등을 통하여 국가기관이 여과(percolation)함으로써 외자의존도를 감소시키는 자립화전략을 병행하여 추진하였다.

박정희 정권은 개발정치의 전략으로 인하여 외국의존형의 경제, 권위주의적 지배의 정치, 군사화로 대표되는 사회라는 문제점이 발생하였으나, 정치에 있어서 민주화와 사회에 있어서 비군사화보다는 우선 경제에 있어서 자립화를 국가전략으로 삼아 추진하였다.

당시 산업화전략 하에서 고도경제성장을 달성할 수 있었던 조건으로는 대량의 외자도입과 수출대체공업화, 일차상품의 가격상승과 수출의 양적확대, 그리고 선진공업국의 호황에 따른 시장개방 등을 들 수 있다. 그러나 1970년대의 석유파동 등을 거치면서 선진공업국들의 장기적이고 구조적인 불황이 계속되었고, 대외채무의 누적과 지불연체를 둘러싼 금융문제뿐만 아니라 국내자본시장의 확충이라는 새로운 문제가 제기되어 당시까지의 대외의존적 체질의 근본적 개혁, 즉 경제자립화가 불가피하게 되었다.

국민경제에 있어서 자립화전략은 소위 구조화된 의존체질을 한 번에 바꿀 수 있는 대안은 없으나, 기본적으로 외자나 선진국시장에의 의존을 계속하면서, 어느 정도 성장을 구축한 국내자본(특히 민족자본)의 육성과 보호를 국가정책으로 내걸어, 민족자본(특히 산업자본)의 등장을 통하여 달성할 수 있었다. 구체적으로는 원자재 수출을 금지하고, 가공품이나 반가공품의 형태로만 수출을 인정하는 정책을 취하였다. 반면 소비물자, 특히 기호품이나 사치품의 수입제한 등의 조치를 취하였다. 또한 국내자본에 유리한 금융관세정책이나 산업정책 나아가서 통상정책을 정비하여, 외국에의 종속경제에서 중화학공업화의 정책을 추진하는 등 자립경제의 노력을 꾸준히 하였다.

이러한 박정희 정권의 산업화전략 성과로 북한과의 경쟁에 있어서 역전을 달성할 수 있었다. 박정희 대통령은 1970년 8월 15일 광복절 기념사에서 남북한의 경제발전에 관한 경쟁에서 한국의 우위라는 자신감으로 북한과의 「선의의 경쟁」을 제안할 수 있었다. 한편 박정희 대통령은 국내정치에서 능률을 강조하는 경제논리를 지나치게 강조한 결과, 1972년 12월 27일 유신체제를 출범시키는 등 민주화에 역행하는 권위주의체제를 만들어, 개발독재를 국가전략으로 삼았다.

2. 박정희 정권(후기)의 개발독재 전략(1972년~1979년)

한편, 정치적 안정이라는 명분으로 추진한 개발독재는 국민의 정치 참여가 제한되고, 군과 테크노크라트(technocrat)라는 기능집단에 의한 국가권력이 강화되어, 행정우위와 관존민비를 특징으로 하는 권위주의(Authoritarianism)지배체제가 형성되었다.

이와 같이 군과 테크노크라트들로 형성된 권력 피라미드의 상층부에 속하는 국가 엘리트들은 일종의 특권층집단을 만들었다. 이들은 국민의 판단으로부터 자유롭기 때문에 국민의 요구에 유연한 정치적 대응을 처음부터 고려하지 않는다. 그들의 관심은 무엇보다 권력의 보다 높은 피라미드에 올라가는 것에 있어, 대통령이라는 절대 권력자를 정점으로 하는 권위주의 체제가 형성되었다.

이러한 권위주의 체제의 특징으로, 대통령에 대한 비판이나 정책에의 반대는 바로 체제에 대한 도전이나 국가에의 반역으로 규정하고, 정치문제로서보다는 치안문제로 철저히 탄압하는 경향이 강하였다. 결국 유신체제라는 일종의 공포정치로 귀결되어, 정치의 경직화를 강화시킨 결과, 대통령이라는 최고위 지도자는 평화적 방법으로 교대하는 것이 어렵게 되어 선거는 형식화되어 가고, 그로 인하여 정치는 점점 경직화되어 가는 악순환을 만들게 되었다.

한국사회는 군사적 사고와 행동양식이 정치분야뿐만 아니라 경제, 사회, 문화 등의 인간생활 전반에 깊이 영향을 미치는 소위 군사화의 과정을 경험하였다. 이러한 군사화의 특징으로 군사력, 특히 치안유지를 위한 기구, 장비, 기술 등의 능력이 급속히 확대되었고, 또 다른 특징은 이러한 군이나 경찰, 검찰, 국세청, 정보기관 등 치안기구가 단순히 개인 레벨뿐만 아니라 조직전체로서 정치, 행정, 경제 기타 모든 영역에 진출할 수 있었다.

결과적으로 개발독재라는 국가전략을 추진한 박정희 정권은 「파이를 크게 만든다」는 경제발전전략에는 커다란 성과를 가져왔으나, 군사화의 과정을 거치면서 형성된 권위주의적 지배로 인하여 최고위 지도자인 대통령의 암살이라는 비극적인 종말을 가져왔다. 이러한 역사적 교훈을 통하여 하루 빨리 권위주의 지배에서 벗어나 민주주의 지배로 이행하여야만 체제유지와 아울러 정권유지를 달성할 수 있다는 것을 인지하게 되었다.

제 3 절 정권유지 전략

박정희 정권이 물러나고 새로이 등장한 전두환 정권에서는 대내적으로 개발정치의 연장선에서 경제우선의 전략과 아울러, 언론중시 등을 통하여 비관료화의 전략을 추진하였다. 또한 삼선개헌, 유신체제 등의 경험을 갖고 있던 당시로서는 쉽지 않은 대통령 단임제를 실현함으로써 한국의 민주화에도 기여하였다. 노태우 정권에서는 대내적으로 정권 탄생 당시부터 중산층의 등장과 더불어 정치적 민주화를 바라는 대중운동의 활성화에 따라, 민주체제의 유지라는 국가의 운명 앞에서 민주화라는 정치우선의 전략을 취하지 않을 수 없었다.

또한 전두환 정권은 탄생 배경과 함께 대두된 정권의 정통성 문제로 인하여 대외적으로 미국을 중심으로 한 남방외교를 추진하였다. 반면 노태우 정권은 대외적으로 국제조류의 변화에 발맞추어 소련과 중국 등과의 수교 등을 통한 북방외교를 수행하였다.

1. 전두환 정권의 경제우선 전략(1980년~1987년)

전두환 정권은 대내적으로 박정희 정권의 계승이라는 배경도 있으나, 정권유지의 차원에서 경제우선전략으로 인플레이션과 더불어 빈부격차의 심화 등 개발정치의 과오를 시정하는 노력을 하였다.

수출주도와 외자의존을 통한 개발정치를 추진하는 과정에서 직면한 최대의 문제는 인플레이션이었다. 한국정부가 발표한 소매물가 등귀의 상황을 [도표 3-1]에서 보는 바와 같이 1975년 지수를 100으로 하였을 때 1978년은 14.4%, 1979년은 21.2%를 보이고 있어, 정부공약인 10%선을 넘고 있었다.

이러한 인플레이션의 심각성을 인식하고, 경제기획원 장관은 1979년 1월 기자회견에서 경제성장전략이 여러 면에서 많은 곤란을 초래한 것을 인정하고, 그 중에서도 "가장 심각한 문제는 물가안정이다"라고 말했다. 이런 인식에서 같은 해 4월에는 물가의 안정화를 중심내용으로 하는 경제안정종합시책을 발표

→ **도표 3-1** • 소매물가 추이

연 도	지 수	등귀율
1975	100.0	25.3
1976	115.3	15.0
1977	127.0	10.1
1978	145.3	14.4
1979	176.1	21.2

출처: 경제기획원, 「주요업무 지표」.

하였다.

그 후에 탄생한 전두환 정권은 무엇보다도 물가안정에 경제정책의 중점을 두고, 대통령의 정치적 의지를 갖고 수행한 결과, 어느 정도 성과를 거두었다.

1986년부터 국제수지 흑자 45억 달러를 실현한 이래, 1987년에는 98억 달러, 1988년에는 139억 달러의 경상수지 흑자를 기록하고, 1986년의 445억 달러를 전환점으로 총 외채는 감소국면으로 들어서서 1987년 말에는 355억 달러, 1988년 말에는 320억 달러로 감축(1987년 말 대비 약 35억 달러 감소)되어, 1990년대 초반에는 채권국으로의 진입이 예상되었다.

1984년 7월 외국인투자에 관한 기본적인 외자도입법을 positive system에서 negative system으로 전환, 1987년 11월 당시 대한 외국인 직접투자 총인가 건수는 2,412건에 총인가액은 약 45억 달러에 달했다. 1986년에 제정된 대외경제협력기금법에 의거하여 원화표시로 공여하는 장기저리의 대외경제협력기금(EDCF)을 설치하고, 1987년 6월부터 3백억 원의 예산으로 기금운영을 시작하였다.

한편 1986년부터 1988년까지의 경제호황과 더불어, 1987년 이후 우량기업들이 토지투자를 활발하게 추진한 결과, 한국 전역에서 지가가 1989년에는 전국평균 32%의 상승을 기록하여 서민들의 「내 집 마련」이 곤란하게 되고, 주택임차료도 급등하여 심각한 사회불안을 가져왔다.

한국정부는 1990년 3월 (1) 택지소유지상한법(6대도시에서의 토지소유는 200평 이내), (2) 토지초과이득세법(정상적인 지가 상승률을 초과한 부분의 50%를 세금으로 징수), (3) 개발이익 환수법(개발이익의 50%를 세금으로 징수) 등을 통하여 "토지는 개인의 전유물이 아닌 공공재로서, 토지는 투기의 대상이 아니다"라는 토지 공개념을 도입하여, 사회적 시장경제주의의 이념을 실현하였다.

2. 노태우 정권의 정치우선 전략(1988년~1992년)

노태우 대통령은 민주화를 제창한 「6.29 선언」(1987. 6. 29)으로 정권을 잡은 후, 국내외정치에서 각각 민주화와 북방정책을 key word로 하는 전략을 구사하였다.

노태우 정권의 탄생 배경에는 6.29 민주화 선언으로 「거리」에서 이루어진 「정치의 장」을 국회의사당 안으로 수렴하였고, 여야 간의 정치 협상을 벌인 끝에 5년 단임의 대통령제를 골자로 하는 새로운 헌법이 마련되어 국민투표(1987. 10. 27)에서 93.1%의 지지로 통과되었다. 그 후, 대통령 직선제 투표(1987. 12. 16)가 16년 만에 실시되어, 노태우 후보가 36.7%를 얻어 제

13대 대통령으로 당선됨으로써, 정당을 중심으로 하는 의회정치와 선거가 정권의 결정 요인이 되는 민주화 과정을 출발하였다.

박정희 정권과 전두환 정권을 거치는 과정에서 나타난 특징은 권위주의 지배정치로 대변되는 관료화와 치안과 안보를 우선한 군사화 등을 들 수 있다. 이러한 특징을 갖는 개발정치는 괄목할 만한 경제성장의 실현에도 불구하고, 한국 국민들은 표현의 자유, 집회 · 결사의 자유를 요구하게 되었고, 노태우 정권은 정권유지전략의 일환으로 정치우선(민주화)정책을 취하지 않을 수 없었다.

한편 노태우 정권의 북방정책[2)]은 당초 북한과의 관계개선을 추진하였으나, 북한 당국은 노태우 정권과의 대화를 거부하였다. 이에 노태우 정권은 서울올림픽의 성공적 개최를 이용하여 북방외교를 추진한 결과, 최초로 헝가리와의 수교(1989년)를 비롯하여 동구권 국가와의 국교정상화를 거쳐, 소련, 중국과도 각각 1990년, 1992년에 국교를 수립하였다.

서독의 동방정책보다 약 20년 늦게 시작한 북방외교의 성공으로, 한국과 북한은 동서독의 UN 동시가입(1979. 9. 18)보다 약 10년 늦게 UN에 동시가입(1991. 9. 17)하였고, 또한 한국과 북한은 동서독의 기본조약조인(1972. 12. 21)보다 약 20년 늦게

2) 북방정책은 서독의 동방정책을 원용한 것으로서, 1969년 서독의 사회민주당(SPD) 출신의 브란트(Willy Brandt)가 수상에 취임한 이후, 서독 정부는 서독의 자본과 기술도입을 추구하는 소련의 대서독정책과, 긴장완화를 추구하는 닉슨(Richard Nixon) 미국 행정부의 대외정책을 반영해 할슈타인 원칙을 폐기하고, 소련 · 동구제국과의 관계개선을 목표로 하는 동방정책을 추진하였다.

「남북화해와 불가침 및 교류 · 협력에 관한 합의서」(기본합의서)를 1991년 12월 13일 합의하였다.

제 4 절 민주국가화 전략

박정희 정권으로부터 출발한 군사우위 정권은 전두환 정권과 노태우 정권을 거친 후에 김영삼 정권에 와서야 비로소 문민정부가 탄생되었다. 그 후 김대중 정권은 여당과 야당 간에 처음으로 정권교체를 실현하여 「국민의 정부」가 탄생되었고, 여당의 정권 재창출로 탄생한 노무현 정권의 「참여 정부」에서 민주국가화 전략을 추진하였다. 또한 한국 민주화를 추진하여온 김영삼 대통령, 김대중 대통령과 더불어 노무현 대통령은 국외적으로 북한을 포함한 한반도 전체를 국가전략의 범주에 넣는 한반도 전략을 구사하였다.

김영삼 정권의 초기에는 어느 동맹국도 어떤 이념도 민족보다 우선할 수 없다는 한민족 최우선의 정책이라는 한반도전략을 추진하였다. 그러나 소위 "제 1 차 북한 핵 위기" 등으로 한국에서 민주화를 추진한 세력으로서 민주주의를 최상의 가치로 인식하고, 동 · 서독의 통일실현에 영향을 받아, 흡수방식에 의한 민주통일을 우선하는 전략을 강구하였다고 할 수 있다. 그러나 북한의 NPT(핵 비확산조약) 탈퇴 후에는 비록 1% 이하의 가능성이라도 전쟁의 재발을 막아야 한다는 인식 하에, 표면적으로 나타난 현교로서 민주통일보다는 평화통일에 국가전략의 우선순위를 두고 한반도 안전화 전략을 강구하였다.

한편, 김대중 정권과 노무현 정권에서는 한반도의 평화와 안정을 유지하기 위하여 남북한 간의 화해와 협력을 확대해 나가는 민족공조와 동시에, 한반도 주변 4강 등 이해당사국들의 적극적인 협조를 확보하는 국제공조를 통하여 한반도에서 평화공존체제를 구축해 나가는 한반도 안정화 전략을 구사하였다. 또한 대북정책의 목표를 정치적 화해와 경제적 협력을 통한 남북관계의 개선에 두고, 현 단계에서 당장 통일을 서두르기보다는 우선 한반도 냉전적 대결구도를 화해와 협력의 구도로 전환하는 데 주력하였다.

따라서 대북정책에 있어 김영삼 정권에서는 봉쇄정책(Containment Policy)에 중점을 둔 반면, 김대중 정권에서는 햇볕정책(Sunshine Policy)이라는 충격요법의 관여정책(Shock Therapy Engagement Policy)에 무게의 중심을 두었다고 평가할 수 있다. 노무현 정권은 김대중 정권의 햇볕정책을 계승하면서, 점진적인 관여정책(Gradual Engagement)을 수행하였다고 할 수 있다. 어떤 면에서는 김영삼 · 김대중 · 노무현 정권 공히 한반도의 통일이라는 목표를 염두에 두고, 한반도의 안전화와 안정화 전략을 사용하였다고 분석할 수 있다.

한편, 김영삼 · 김대중 · 노무현 정권 공히 대내적으로 민주국가화 전략을 추진하였다. 한국정치의 민주화 과정을 크게 나누어, 정부차원의 민주화, 정치 · 경제차원의 민주화, 시민사회차원의 민주화라는 과정으로 진행하여 왔다고 평가 할 수 있다.

한국정치세력의 교체로 탄생한 김영삼 정권은 문민통제

(Civilian Control)의 실현을 통하여 한국정부 차원에서 비군사화의 전략을 추진하였고, 여야당의 정권교체로 이룩한 김대중 정권은 정권 탄생과 더불어 발생한 소위 IMF 위기극복의 전략을 구사하면서, "국민을 위한" 정치를 시도하였다. 뒤이어 정권의 재창출을 달성한 노무현 정권은 시민사회차원의 민주화 과정을 통하여 "국민에 의한" 참여정치 전략을 구현하려는 노력을 하였다.

1. 김영삼 정권의 문민화 전략(1993년~1997년)

김영삼 정권에서는 한반도 안전화 전략의 일환으로 한국의 민주화를 추진하는 과정에 한국사회의 비군사화의 정책을 추진하였다. 박정희 정권에서 출발한 개발정치는 전두환 정권과 노태우 정권을 거치면서 중산층의 등장과 함께 「밑에서부터의 혁명」을 달성하였고, 권력의 대중화와 변혁을 통하여 경제의 자립화와 정치의 민주화를 성취하려고 노력하였다.

이러한 과정에 민주화를 목표로 한 민주세력이 산업화를 추진한 개발세력에 대신하는 새로운 정치 패턴을 요구하는 역사의 변증법적인 발전 과정에서 비군사화 정책을 추진하게 되었다.

전후 한국에서는 문민통제의 전통을 별로 갖고 있지 않아 개발독재를 통하여 군대의 정치적 역할이 점점 커져서 한국사회 전반에 걸쳐 군사화가 자리를 잡게 되었다. 정치의 대중화와 더불어 군사화 문제에 제동이 걸리게 되고, 「하나회」의 척결로 대표되는 군 수뇌 인사를 통한 비군사화를 추진하였다. 그 결과, 한국에서 군사 쿠데타의 가능성은 사라지고 문민통제(Civilian Control)를 실현하게 되었다.

한편, 개발정치로 경제 발전을 이룩한 한국은 "금융실명제"와 함께, 박정희 정권에서 중단되었던 지방자치제를 전면적으로 실시하는 등 민주화 과정을 진행시켰다. 또한 북한과의 체제경쟁에서 완전 승리하였음을 1988년의 서울올림픽을 계기로 전 세계를 향하여 선언하였다. 소련과 중국의 수교를 실현한 후, 「베를린의 벽」 붕괴 후 동서독의 통일에 고무 받은 김영삼 정권은 북한을 흡수 통일하는 소위 독일형 통일을 열망하였다. 그러나 북한의 NPT 탈퇴 이후 한반도 안전화 전략의 중심은 "북한에 의한 대남공산화"에서 "한국에 의한 흡수통일"로 옮겨졌다.

김영삼 정권하에서는 자유민주주의를 생명보다 더 귀하게 생각하고 민주화 세력들에게 자유민주주의체제 하에서 통일이 절대적으로 중요하다고 인식하였다. 그러나 이러한 입장을 북한의 입장에서 보면, 그것은 한국에 의한 흡수통일론이 될 수밖에 없다. 이러한 점에서 김영삼 정권은 노태우 정권보다 남북관계의 발전에는 크게 후퇴하였고, 오히려 과거의 반공주의적 통일정책과 결과적으로 큰 차이가 없게 되어버렸다.

김영삼 대통령은 또한 1993년 2월 25일 대통령 취임사에서 남북정상회담의 개최 용의에 대한 표명에 대하여, 북한은 같은 해 3월 12일 외교부 대변인의 성명을 통하여 NPT에서의 탈퇴를 선언하고, "핵개발문제의 해결을 위하여 북 · 미 양측은 상호신뢰 하에 평등과 호혜의 원칙에 입각하여 교섭을 실현하지 않으면 안 된다"고 역설하면서, 미국과의 직접교섭을 요청하는 통미봉남(通美封南)은 전략을 구사하였다.

한국은 남북기본문서에 기초를 둔 당사자 해결의 원칙을 주장하면서, 핵무기 개발 문제의 해결을 위하여 한 · 미 간의 협력강화를 요구하였으나, 미국은 소수의 핵무기 보유와 이와 관련 있는 북한의 과거 핵문제보다 오히려 핵무기 양산 방지를 위한 현재의 핵개발동결에 역점을 두었다.

북한의 1993년 3월 NPT 탈퇴 선언 이후, 1993년 6월 뉴욕에서 북 · 미 교섭을 시작하여 1994년 10월의 북 · 미간 소위 「제네바 합의」(Agreed Framework)에 도달하기까지 약 1년 4개월에 걸친 미국과 북한 간의 교섭 과정을 거쳤다. 김영삼 정권에서는 한반도에서 전쟁재발의 위험까지 간 상황 등을 고려, 한반도의 안전화가 무엇보다 중요하다고 인식하였다.

그 결과 북한을 상대로 교섭한 미국은 한국의 양해를 넘어 과거의 핵개발 의혹을 사실상 눈감아 주고, 미국 · 북한 관계개선, 에너지 문제 해결, 경수로 제공 등을 포함한 소위 「제네바 합의」를 1994년 10월 22일 조인하였다.

2. 김대중 정권의 국민화 전략(1998년~2002년)

한국정치사상 처음으로 여당과 야당 간의 정권교체(1997. 12. 9)를 이룩한 김대중 정권은 북한을 포함한 한반도 전체의 민주화 전략의 일환으로 국내적으로는 소위 IMF 위기를 극복하는 위기관리 정책과 한국사회에서의 민주화를 추진하였다. 당면한 외환유동성 부족 문제를 해결하기 위해 IMF 등 국제기구로부터 350억 달러 차입 등 정부차원의 외환 확보 노력을 경주하였다. 위기 초기 단계에는 대외금리차를 통한 외자유입 등을 위하여 재정정책과 통화정책을 긴축적으로 운영하고, 1998년 2/4분기부터는 심각한 자금경색 현상과 경기침체에 대응하여 재정-금융정책을 보다 신축적 기조로 전환하여, 외국인 직접투자 및 포트폴리오 투자를 대폭 자유화함으로써 경제회복과 함께 경상수지 개선을 추진하여 "위기를 기회"로 전환하였다.

또한 한반도 안정화 전략의 일환으로 대외적으로는 한반도에서의 냉전구조를 해체한다는 차원에서 한 · 미 · 일 3국의 공조체제하에서 Perry Process를 추진하고, 대북관계에 있어서는 억지보다는 대화에 무게를 두고, 남북기본합의서의 이행을 통한 "선 교류와 협력, 후 화해와 불가침"이라는 정책을 진행하였다.

김대중 정권에서는 북한체제의 성급한 붕괴를 유도하는 정책은 한반도에서 다시 전쟁이 일어날 수도 있다는 판단 하에, 한반도의 안정화가 중요하다는 인식으로 「햇볕정책」이라는 대북한 연착륙정책을 추진하였다.

김대중 정권의 「햇볕정책」은 현 단계에서 통일을 서두르기보다는 우선 남북대결 구도를 남북화해협력 구도로 전환하는데 목표를 두고, 이러한 목표를 달성하기 위하여 (1) 한반도 평화를 파괴하는 일체의 무력도발을 결코 허용하지 않고[不許], (2) 북한을 일방적으로 흡수하는 통일을 바라지 않고[不願], (3)

남북한 간의 화해와 협력을 가능한 분야부터 적극적으로 추진하되, 당장 통일을 서두르지 않는다[不急]는 소위 3불 정책을 기본원칙으로 하고 있다.

남북회담의 성과로서는 역사적인 남북정상회담(2000. 6. 15) 이후 남북장관급회담과 남북국방장관회담 등을 통하여 한반도에서의 전쟁에 대한 우려를 감소시키고 경의선 철도와 도로의 연결, 임진강 공동수해방지에 합의하였다. 그리고 남북경협 실무접촉 등을 통하여 투자보장, 이중과세방지, 청산결제, 상사분쟁해결절차 등 4개의 경협합의서에 서명하는 등 실질적인 성과를 거두었다.

3. 노무현 정권의 국민참여 전략(2003년~2007년)

한국정치사상 처음으로 정권재창출(2003. 12. 19)이 실현된 노무현 정권은 선거과정에서 나타난 정치형태를 반영하여 대의(간접)민주제에서 참여(직접)민주제로의 전환을 시도하였다. 민주주의가 진화하면 대의민주제는 종말을 고할 것으로 본다. 과거 수세기 동안 선거에서 선출된 의원들이 국회에서 국민의 의견을 대변하고, 그들이 어떻게 활동하였는가를 그 다음 선거에서 투표로 결정하는 것이 대의민주제이다. 이러한 대의민주제의 역사는 전기의 역사보다도 길다. 전신 · 전화, 텔레비전, 비행기, 컴퓨터, 전자메일 등이 없었을 때 대의민주제가 탄생했다.

이러한 대의민주제는 21세기에 들어와서 점점 그 기능이 약화되고 있다. 일반시민들도 지금까지 의원들이 점유하고 있던 중요한 정보를 지체 없이 입수할 수 있고, 필요한 경우에는 자신의 이익을 실현할 수도 있다. 따라서 국민들의 이익을 대변할 의원의 존재는 점점 필요성을 상실하고, 결국에는 오랫동안 계속되어 왔던 대의민주제는 그 존재의의를 상실하고, 참여민주제로 이행할 것으로 판단한다.[3)]

노무현정권의 탄생 배경에서 일반 국민들은 민주화의 과제가 세계화의 과제보다 더 중요한 것으로 인식하였다. 그 결과로 등장한 참여정부는 탈권위주의, 권력기관의 독립, 사회갈등의

도표 3-2 · 역대 대통령의 국가전략

정권 구분	이승만 정권 (1948년-1960년)	박정희 · 전두환 · 노태우 정권 (1961년-1992년)	김영삼 · 김대중 · 노무현 정권 (1993년-2007년)
국가전략	신흥독립국가	신흥공업국가	신흥민주국가
	국가형성 전략	체제 및 정권 유지전략	민주국가화전략
정치발전	"1948년 체제"	"1963년 체제"	"1987년 체제"
	국가형성정책 (독립운동세력)	자주국방 및 산업화정책 (산업화 세력)	민주국가화 정책 (민주화 세력)
경제발전	자본주의 경제체제	계획경제 체제	사회적 시장경제체제
	대미의존정책 추진	경제의 자립화 추진	대외개방화 추진
통일지향	「하나의 한국」	「두개의 한국」	「하나의 한반도」
	남북간 대결구도	남북간 「선의의 경쟁」	남북간 교류 · 협력 추진

3) John Naisbitt, *Global Parodox*(Avon Books, 1995), pp. 46～47.

조정 등 민주화의 연장선에서 국정방향을 추진하였다. 그러나 참여정부는 세계화의 수용이라는 또 하나의 과제를 안고 있었다. 참여정부는 성장과 분배의 선순환으로 이에 맞서 왔으나, 비정규직의 증대, 국제금융자본 영향력의 증가, 사회적 양극화의 심화 등 세계화의 과제는 소위 "좌파 신자유주의"의 영향으로 해결할 수 없었다. 이와 같은 역대 대통령의 국가전략을 도표화하면 [도표 3-2]와 같다.

제 4 장

한국외교의 국가대전략

제 1 절 한국외교의 3대 국가이념

제 2 절 한국외교의 3대 국가이익

제 3 절 한국외교의 3대 국가전략

제 4 절 한국외교의 3대 국가전술

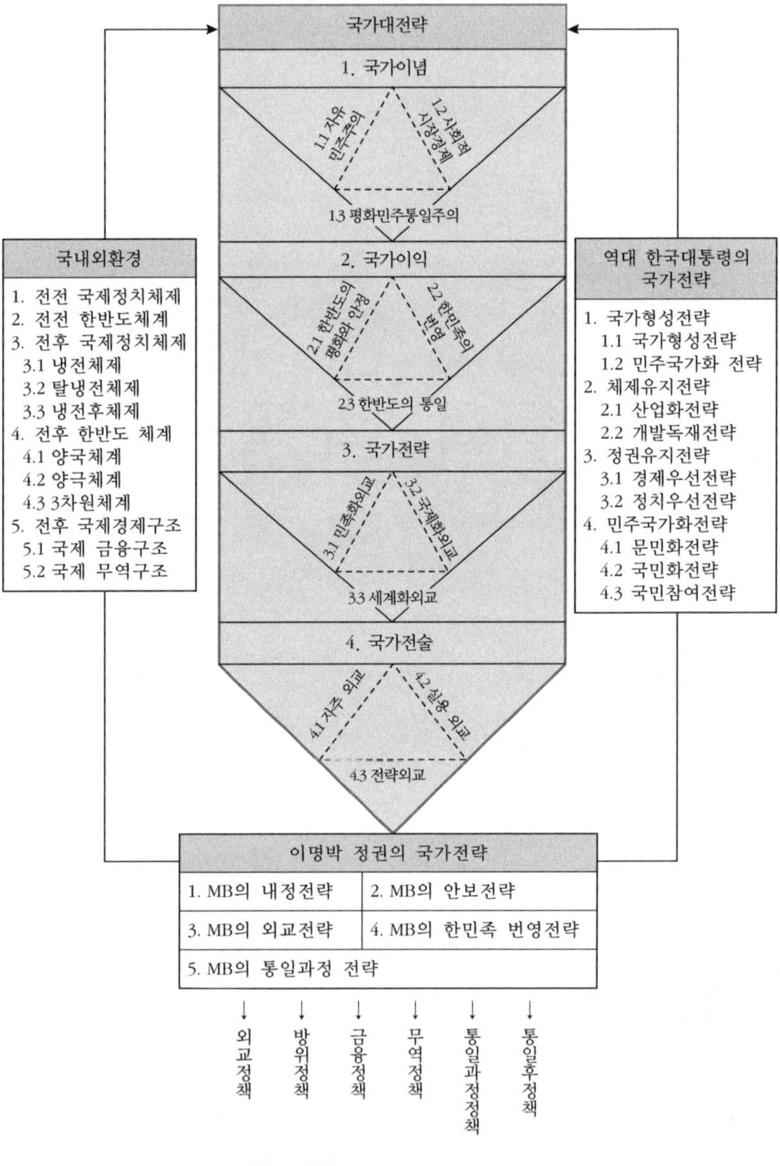

국가대전략
1. 국가이념
1.1 자유 민주주의
1.2 사회적 시장경제
1.3 평화민주통일주의
2. 국가이익
2.1 한반도의 평화와 안정
2.2 한민족의 번영
2.3 한반도의 통일
3. 국가전략
3.1 민족화외교
3.2 국제화외교
3.3 세계화외교
4. 국가전술
4.1 자주 외교
4.2 실용 외교
4.3 전략외교
국내외환경
1. 전전 국제정치체제
2. 전전 한반도체계
3. 전후 국제정치체제
3.1 냉전체제
3.2 탈냉전체제
3.3 냉전후체제
4. 전후 한반도 체계
4.1 양국체계
4.2 양극체계
4.3 3차원체계
5. 전후 국제경제구조
5.1 국제 금융구조
5.2 국제 무역구조
역대 한국대통령의 국가전략
1. 국가형성전략
1.1 국가형성전략
1.2 민주국가화 전략
2. 체제유지전략
2.1 산업화전략
2.2 개발독재전략
3. 정권유지전략
3.1 경제우선전략
3.2 정치우선전략
4. 민주국가화전략
4.1 문민화전략
4.2 국민화전략
4.3 국민참여전략
이명박 정권의 국가전략
1. MB의 내정전략
2. MB의 안보전략
3. MB의 외교전략
4. MB의 한민족 번영전략
5. MB의 통일과정 전략
외교정책
방위정책
금융정책
무역정책
통일과정정책
통일후정책

제 1 절 한국외교의 3대 국가이념

1. 자유 민주주의

대한민국 헌법은 전문에서 「자유민주적 기본질서를 더욱 확고히 하여」라고 규정하고 있어, 자유민주주의는 국가이념인 동시에 외교이념이기도 하다. 민주주의에는 수많은 형태가 있으나, 한국은 자유를 우선으로 하는 민주주의를 한국외교의 국가이념으로 하고 있다. 우리 헌법에는 신체의 자유, 사회적 · 경제적 자유, 정신적 자유, 정치적 자유 등 여러 자유권을 보장하고 있다. 그리고 헌법 제 1 조 1항은 “대한민국은 민주공화국이다”라고 규정하고 있어, 대한민국의 국가 형태가 민주공화국임을 나타내고 있다. 민주공화국의 개념은 권력 분립적인 공화국이라는 점에서 인민공화제를 부인하고 있다.[1)]

비록 현행 헌법에는 헌법 개정의 한계 조항은 없지만, 헌법

1) 김철수, 『한국헌법』(법영사, 1997년), p. 69.

전문의 민주공화국과 민주주권주의(제 1 조), 평화통일주의(제 4 조), 국제평화주의(제 5 조), 사회적 시장경제의 원칙(제119조) 등 헌법제정권자의 근본 결단인 헌법 핵심은 개정할 수 없다고 하겠다.

이와 같이 민주주의와 시장경제를 국가이념으로 하고 있는 대한민국은 국제적으로 자유주의와 시장경제체제를 채용하고 있는 민주주의 국가들과 유대를 강화하고, 이러한 연장선에서 자유민주주의 제국은 서로 싸우지 않는다[2)]는 역사적 사실을 교훈으로 삼아, 「민주주의 국가들을 보호, 강화, 확대하는」 미국의 확대전략(Enlargement)을 지지하고 있다. 아울러 한국 국력의 범위 내에서 민주주의와 시장경제를 적대하는 국가들, 특히 북한을 선택하여 IMF, WTO 등 국제시장경제에 편입할 수 있도록 한국의 국력을 집중하는 관여전략(Engagement)을 추진하여야 한다.

한국 정부는 확대전략의 일환으로 민주주의는 전 세계적으로 평화와 인권 등 보편적 가치를 확대할 수 있다는 인식하에, 제 1 차 민주주의 공동체회의(2000. 6. 25–6. 27, 폴란드 바르샤바)에서 제 2 차 회의의 개최를 유치하고 폴란드, 미국, 인도 등 공동준비 국가들과의 협조 하에 2002년 11월 10일부터 2일간 서울에서 개최한 바 있다. 민주주의 공동체회의는 각국의 민주주의 성공 사례 발표를 통하여 민주주의 구현을 위한 경험을 공유하고, 향후 민주주의 국가들 간의 협력방안을 논의하자는 취지

---

2) Bruce Russet, *Grasping The Democratic Peace: Principles for a Post-Cold War World*(Princeton University Press, 1933).

에서 개최되었다.

민주주의에서 가장 중요한 가치 중의 하나인 인권에 관하여 한국으로서는 21세기에 들어와서 「인권은 보편적인 문제인가」라는 국제사회에서 등장한 커다란 문제에 관하여 입장을 정립하여야 한다. 현재의 국제사회에서 인권은 「권력으로부터의 자유」라는 제 1 세대에서 출발하여, 「권력에의 자유」라는 제 2 세대를 거쳐, 빈곤과 기아로부터 해방되어야 한다는 「발전의 인권」이라는 제 3 세대에서 포괄적인 인권기준을 설정하는 「보편적 인권」이라는 제 4 세대로 넘어가는 과정에 있다고 볼 수 있다.

또한 인권문제를 다루는 국제회의에서는 특정국가(예를 들면, 미얀마 등)의 인권침해를 다루는 국별 결의안을 보면, 인권중시와 정치적 민주화를 경제발전보다 중시하고, 인권의 보편성을 주장하는 서방국가들의 시각(Western Version)이 있다. 반면 경제발전 정도의 차이와 문화적 특수성을 고려하여야 하고, 경제발전이야말로 인권존중 등의 전제조건이라는 아시아 국가들의 시각(Asian Version) 간의 대립이 첨예하게 나타나고 있다. 한국 정부는 인권이 국제사회의 정당한 관심사가 되었다는 것을 재확인하고, 「아시아의 시각」보다는 「서구의 시각」에 우선순위를 두고 인권의 보편성을 지지하여야 한다. 아울러 국제적으로는 세계인권선언과 함께 경제적 · 사회적 · 문화적 권리에 관한 국제규약(A규약)과 시민적 · 정치적 권리에 관한 국제규약(B규약) 등 주요 국제인권협약에 가입하여야 한다. 또한 심각한 인권위반 사례를 예방하고, 이를 시정하기 위한 UN의 활동에도 적극적으로 참여하여야 한다. 아울러 북한 인민들의 인권을 염두에 두고, 「주권보다 인권」이라는 시대적 요청을 어떻게 한국의 국익과 조화시킬 것인가 하는 문제를 심각하게 고려하여야 한다.

2. 사회적 시장경제주의

우리 헌법은 한편으로는 「대한민국의 경제 질서는 개인과 기업의 경제상의 자유와 창의를 존중함을 기본으로 한다」(제119조 1항)고 하여 자본주의 경제 질서를 그 본바탕으로 한다. 다른 한편으로는 「국가는 균형 있는 국민경제의 성장 및 안정과 적정한 소득의 분배를 유지하고, 시장의 지배와 경제력의 남용을 방지하며, 경제부처 간의 조화를 통한 경제의 민주화를 위하여 경제에 관한 규제와 조정을 할 수 있다」(제119조 2항)고 하여, 사회적 약자의 보호와 모든 사회구성원들의 생존권을 보호하기 위하여 경제사회 정책을 펴고, 어느 정도 경제 통제를 인정하는 사회적 시장경제주의에 입각하고 있다.[3)]

이에 따라 사유재산제도를 보장하되, 「공공필요에 의한 재산권의 수용, 사용 또는 제한 및 그에 대한 보상은 법률로써 하고, 정당한 보상을 지급」하게 하였다(제23조 3항).

한국은 경제면에서는 시장기능에 의한 자유경쟁 원칙 하에서 사기업을 중심으로 경제를 운영하되, 한국 정부는 경제적 불평등 축소와 사회복지 증진을 위해 영향력을 행사하는 사회적

3) 김철수, 전게서, p. 35.

시장경제주의라는 경제제도를 유지하고 있다. 기본적으로는 자본주의 시장경제이나, 사회주의 시장경제를 가미하였다고 할 수 있다.

따라서 한국의 역대 정권은 자본주의 시장경제와 사회주의 시장경제 중에 어느 쪽에 무게의 중심을 두는가에 따라 보수정권 또는 혁신정권으로 불리기도 한다.

이러한 발상은 자본주의라는 토대 위에 대부분 고용노동자들은 국가에 의한 사회보장과 공공서비스를 통하여 사회적 자산 및 자본을 공유한 20세기에서는 통용되었으나, 21세기에 들어선 현재는 상황이 변하고 있다. 그래서 시장사회, 자기책임, Shareholder Value(주식보유자의 중시) 등이 진행되고 있다. 연금도 기업연금의 확정지불형(確定支拂型)에서 확정거출형(確定據出型) 연금으로 바뀌어 가고, 개인이 자산운용의 책임을 지게 된다. 연금, 보험, 부동산 등의 자산을 시장에서 가장 유리한 선택을 하고 운용하는 것이 가계의 최대 관심사가 되었다.

한국은 원래 자조(自助)의 국가이었다. 자식에 대한 교육투자, 노후를 위한 저축 등 대부분 고용자 세대는 공공재로부터의 서비스에 의존하지 않고 생활을 구축하여 왔다. 원래 사회적 자산의 공유라든가 사회적 자산으로서의 공공서비스라는 의식이 약하였고, 제도도 빈약하였다. 그러나 Shareholder Value 시대의 도래로 인하여 역으로 한국은 지금이야말로 공공재를 생활을 위하여 공유할 수 있는 새로운 제도를 만들어야 한다.

이러한 새로운 제도는 20세기 복지국가의 재건은 아니다. 「후발의 이익」을 살려, 생활과 정치를 연결하는 새로운 영역을 만드는 것이다. 최근 유럽의 사회민주주의 정당 간에는 복지국가에의 복귀도 아니고, 시장사회도 아닌 「제 3 의 길」을 논의하고 있다. 여기에서 세계화는 사회의 전면적인 시장화(모든 사회관계의 시장화)로 향하고 있다는 사실이 중요하다.

이와 반대로 사회적 공통자본은 원칙적으로 사유나 사적관리가 인정되지 않는 희소자원이다. 이러한 희소자원에는 첫째로 공기, 산림, 하천, 물, 토양 등 자연환경이 있다. 둘째로 도로, 교통기관, 상하수도, 전기, 가스, 공공주택 등 사회자본, 그리고 셋째로 교육, 의료, 금융제도, 지역사회, 법의식 등 제도자본으로 구분할 수 있다. 이러한 희소자원은 한국사회 전체의 공통자산이고, 한국사회의 기준에 따라 관리하고 운용되어야 한다. 또한 첫 번째 자연환경에 관하여는 지속가능한 경제를, 두 번째 사회자본에 관하여는 산업적 인프라에서 생활 · 복지 관련의 사회자본으로 중점을 이동시키고 있다. 그리고 가장 중요한 세 번째 제도자본은 넓은 의미에서의 공공서비스와 개인의 생활이 공유하는 부분이기도 하다.

이러한 제도전략에는 첫째로 국내적으로는 지금까지의 산업사회에서 국민국가의 토대 위에 이룩한 근대화를 유지하는 보수주의 전략과 21세기 세계화와 더불어 자본에 의한 급격한 세계시장 재편전략인 신자유주의 전략 중에 하나를 선택하는 것이다. 둘째로 대외적으로는 미국과 영국 등이 추구하고 있는 개인화, 소 조직화와 더불어 발생하는 자유지상주의(Liberalism) 전략과 독일과 일본 등이 추진하고 있는 새로운 사회민주주의에서 나타난 공동체주의(Communitalianism)전략 중에 한국으로서는 어떠한 제도전략을 선택하여야 할지 심각하게 고민하여야 한다고 본다.

또한 한국과 중국의 경제 질서를 단순하게 비교하면 한국은 외향적으로는 자본주의 시장경제이나 내향적으로는 사회주의 시장경제인 반면, 중국은 겉으로는 사회주의이나 실제로는 자본주의의 성질을 많이 갖고 있다고 분석할 수 있다.

한편 어느 정도 국민의 생활수준이 향상된 한국으로서는 북한인민을 포함한 한민족 전체의 번영을 고려하고, 북한의 경제발전을 지원하며, 북한을 한국기업의 최우선 투자 대상으로 선정하도록 정책적 배려를 하는 동시에, 한국의 상품과 서비스 시장으로서의 역할에 중점을 둔 정책을 고안해야 할 것이다.

3. 평화민주 통일주의

우리 헌법 전문에는「조국의… 평화적 통일의 사명에 입각하여」라고 규정하고 있으며, 나아가서 제 4 조에서는「대한민국은 통일을 지향하며, 자유민주적 기본질서에 입각한 평화통일 정책을 수립하고 이를 추진 한다」고 함으로써 조국의 평화민주 통일주의에 입각하고 있음을 알 수 있다. 이는 공산주의에 입각한 무력통일을 배격하고, 자유민주주의에 입각한 통일정책을 추진하여야 함을 강조하는 것이다. 또한「대한민국은 국제평화의 유지에 노력하고 침략전쟁을 부인 한다」(제 5 조 1항)고 하여, 침략전쟁을 금지하는 국제평화주의를 규정하고 있다.[4)]

4) 김철수, 전게서, p. 33.

한반도의 통일은 또한 한민족의 이익에 반하지 않는 방향으로 추진하여야 하고, 통일조국의 이념은 국제주의를 지향하는 민족주의, 즉「열린 민족주의」(open nationalism)에 기본 좌표를 설정해야 할 것이다.[5] "민족은 살아 있는 생명체"이고 민족주의란 국민국가만이 상정할 수 있는 정신 상태로서, 한 인간으로서 갖는 최고 충성심의 대상이라 할 수 있다.

현재로서 한국정부의 통일 방안은「열린 민족주의」, 즉 신민족주의에 입각하여 평화와 더불어 자유와 민주를 기본원칙으로 하는 한민족공동체통일방안이다. 한민족공동체통일방안은 1980년대 말 수많은 국민의견 수렴과정과 국회 공청회 등 국민적 합의과정을 거쳐 1989년 9월 11일 확정하였다. 이러한 한민족공동체통일방안은 화해협력의 단계에서 통일국가로 가는 과도기에 남북연합이라는 단계를 거쳐 통일헌법에 따라 총선거를 실시하여 1민족 1국가의 통일국가를 완성한다는 단계적이고 또한 점진적인 통일 방안이다.

통일국가의 궁극적 형태는 자유민주주의에 입각한 1체제·1정부·1국가이지만 남북한 체제의 차이와 이질성을 감안, 남북연합이라는 과도적 중간과정을 갖도록 상정하고 있다. 남북연합은 한국과 북한 간에 현존하는 2체제·2정부를 그대로 유지하면서 남북정상회담, 남북각료회의, 남북평의회, 공동사무처 등 남북협력기구를 설치·운영하는 체계이자 그 과정을 포괄하는 개념이다.

---

5) 구영록·임용순 공편, 『한국의 통일정책』(나남, 1993년), p. 296.

제 2 절 한국외교의 3대 국가이익

1. 한반도의 평화와 안정(안전보장)

한국외교의 첫 번째 국가이익은 한반도에서 전쟁의 재발을 막는 것이다. 한반도의 평화와 안정이란 「한반도에서의 전쟁」은 절대로 원하지 않으며, 한국은 김정일의 후계자문제[6] 등 북한의 불안정한 상황으로 인한 「한반도의 불안정」을 바라지 않는다. 「한반도의 평화와 안정」에 반하는 어떠한 움직임에도 반대한다는 뜻으로 인식할 수 있다.

우선 한반도 평화에 반하는 한반도에서의 전쟁을 방지하기 위해서는 몇 가지 조치를 취하여야 한다. 첫째로 북한의 남침에 대비한 방위력을 구축하고, 언젠가는 도래할지도 모르는 주한미지상군의 철수에 앞서, 미국의 공군유지와 더불어 한국방위의 한국화에 대비하여야 한다. 둘째로 한 · 미 동맹의 강화와 아울러 미군의 주둔을 전제로 「미국과의 공동」으로 동북아 안보대화를 통한 역내 국가들과의 신뢰관계를 구축하여야 한다.

또한 셋째로 북한의 남침을 가상할 경우, 우선 북한지원이

---

6) 김정일 국방위원장이 2005년 2월 만63세 탄생일을 앞두고 "성스러운 과제는 자식의 대(代)에서 될 수 없으면 손자의 대가 되었어도 수행해야 한다"는 김일성의 유훈을 소개한 것을 계기로 김정일의 후계자문제가 주목을 받았다. 2003년 9월 이후 국방위원회 위원으로 백세봉(白世峰)이라는 미지의 인물이 등장, 그 인물이 자식 3명(김정남, 김정철, 김정운) 중에 한 사람이라는 관측도 있다.

가능한 국가(중국, 러시아 등)의 자동개입을 차단하는 환경정비를 하여야 한다. 러시아 외무성 대변인은 1995년 9월 8일 러시아·북한 상호원조조약이 1996년 9월 10일로 만료된다고 발표한 바 있다. 중국은 북한과의 동맹조약을 이유로 한반도 문제에 개입할 근거가 약화되었다고 평가하면서, (중·소 우호동맹조약의 실효 이전과 마찬가지로) 북한과의 우호동맹조약을 명존실망(明存實亡)이라고 공언하여 왔다.

다음으로 한반도의 안정을 위하여 북한의 안정이 필수적이고, 북한의 현 정권을 인정하지 않으면 안 된다. 다만 북한의 현 정권과 북한의 인민 간에 발생할지도 모르는 「만약의 사태」에도 대비하지 않으면 안 된다.

이상과 같은 한반도의 평화와 안정을 위하여 가장 중요한 요소는 두말할 것도 없이 북한의 태도이다. 만약 김정일 국방위원장과 북한노동당이 합리적으로 행동한다고 가정한다면 핵전력의 관점에서나 통상전력의 관점에서도 북한은 위협적인 존재는 아니라고 할 수 있다. 문제는 김정일 국방위원장 등이 합리적인 판단을 하지 않을 경우를 상정하고, 한국으로서는 200%의 안전보장에 대비하여야 한다.

전후 한반도는 휴전선을 사이에 두고 극동의 탄약고로 불리고 있다. 북한은 국제적으로 고립화되고, 에너지와 식량의 부족이 막다른 곳까지 가서는 군사적 모험을 감행하지 않을까 하는 가능성도 부정할 수 없었다. 그러나 최근 몇 년간 북한은 소규모의 무력에 의한 위협을 제외하고는 군사행동을 행하지는 않고 있다. 겉으로 나타난 북한의 행동은 갈팡질팡하는 것으로 보이지만, 실제로는 김정일 국방위원장 및 북한노동당 수뇌부의 계산된 전술에 따라 행하여지고 있다고도 볼 수 있다.

북한은 이미 핵탄두 2, 3발분의 핵물질을 보유하고 있는 것으로 고려되고 있다.[7] 최악의 가정으로는 10발분에 상당하는 분량일지도 모른다. 또한 목표에의 명중 정도에는 의문이 있으나, 노동과 대포동이라는 두 가지 종류의 탄도미사일을 핵탄두의 운반수단으로 보유하고 있다.

그러나 핵물질과 핵탄두미사일을 보유하고 있는 것만으로는 위협은 아니다. 1998년 여름 인도와 파키스탄의 지하핵실험에서 밝혀졌듯이 탄도미사일의 핵탄두는 소형화하지 않으면 안되고, 이러한 기술의 신뢰성을 확인하기 위하여 반드시 핵폭발시험이 필요하다. 결국 북한이 2006년 10월 9일 핵실험을 단행하였다. 북한이 공식적인 핵보유국가가 될 경우, 이것은 한국은 물론, 일본에도 치명적인 안보위협이 될 뿐만 아니라, 일본은 물론, 한국과 대만에도 핵 확산을 자극할 수 있어, 이는 중국의 극히 긴요한 이익(vital interests)에 해당하기에, 중국은 북한 핵의 완전한 폐기를 실현할 것으로 본다. 북한이 핵탄두 10발분에 상당하는 핵물질을 보유하고 있다는 것은 현재적 위협이고, 한국은 지금에 와서는 이에 만반의 대비를 하여야 한다.

그러나 미국은 냉전시대부터의 대륙간 탄도미사일, 잠수함 발사의 전략미사일, 그리고 핵폭탄을 적재할 수 있는 폭격기 부대를 보유하고 있다. 이러한 전략 핵전력을 사용하면서도 제 7

7) Joseph S. Bermudez Jr., "Exposing North Korea's secret nuclear infrastructure-part two," *Jane's Intelligence Review*(August 1999).

함대소속의 잠수함과 이지스함에서 사정거리 1,500km 정도의 순항미사일 토마호크 약 300발 정도를 발사할 수 있다. 미국의 압도적인 핵전략을 고려한다면, 북한의 핵위협은 지나치게 과대하게 평가하고 있다고 볼 수도 있다.

또한 통상병기의 관점에서 보면 확실히 무기의 수에서는 북한이 압도적으로 많은 것은 사실이나, 무기의 질을 생각하면 북한은 역으로 열세에 놓여 있다. 주한미군과 제7함대 및 주일미공군의 함선과 항공기만으로 북한을 충분히 압도할 수 있다. 필요에 따라서는 일본의 미군기지 및 항만·항공시설을 완전히 가동하고, 미국 본토에서 육해공군의 부대를 투입할 수도 있다. 주한미육군은 평양까지 침공하는 전쟁계획을 가지고 있다고 한다.[8)]

따라서 첫 번째 문제는 북한군을 타파할 수 있을까 하는 것이 아니고, 어떻게 하면 가장 작은 피해로 신속히 소기의 목적을 달성할 수 있을까 하는 것이다. 군사력의 균형(Balance)을 고려하면 서울은 전쟁이 발발하면 북한의 미사일 공격과 폭격으로 많은 피해를 입을 것으로 본다. 또한 북한이 화학무기를 사용할 경우, 이를 방지할 유효한 수단이 없어, 많은 고전이 예상된다. 그러나 북한이 화학무기를 사용하면, 미군은 반드시 핵무기로 북한에 보복할 것이기 때문에, 결국은 북한도 화학무기를 사용할 수 없을 것으로 본다. 이러한 점에서 본다면 통상전력의 관점에서나, 핵전력의 관점에서도 북한당국이 합리적으로 행동

8) Shim Jae Hoon, "Speak Softly-Clinton urges Pyongyang to cooperate," *Far-Eastern Economic Review*(December 3, 1998).

한다면 북한을 두려워할 필요는 없다고 본다.

또한 두 번째 문제는 김정일 국방위원장 등이 합리적인 행동을 한다는 100%의 보장이 없고, 작금의 북한 핵문제로 인하여 1% 이하의 전쟁재발 가능성에도 대비하여야 한다는 차원에서 소위 「제 1 차 북한 핵위기」에서 출발하여 1993년 3월 북한의 NPT 탈퇴선언 이후 1994년 10월 북 · 미간 소위 「제네바 합의」에 도달하기까지의 경위를 분석하고자 한다.

북한은 1992년 1월 20일 남북한 간의 「한반도의 비핵화에 관한 공동성명」에 서명한 후, 북한 핵개발 의혹을 전면적으로 부정하고, 1992년 1월 30일 IAEA와 보장조치(사찰)협정에 서명하고, 같은 해 4월에 이를 비준하였다. 같은 해 5월부터 다음해 2월 사이에 6회에 걸쳐 북한에 대한 임시사찰의 결과, 특별사찰 문제가 현안으로 부각된 후, 김영삼 정권이 출범하는 1993년 2월 25일에는 IAEA가 특별사찰을 결의하였다. 그러나 같은 해 3월 12일에는 이에 반발한 북한이 NPT의 탈퇴를 선언하면서, IAEA의 특별사찰을 확실히 거부하는 자세를 보였다.

그 결과, 제 1 단계의 북한 핵개발의혹 문제가 현실문제로 부각되었다. 북한은 1985년 12월 NPT에 조인하고, 구소련으로부터 연구용 소형 원자로 2기를 공급받았으나, 그 후 8개월 이내 IAEA와의 전면적인 사찰협정을 체결한다는 NPT의 의무를 이행하지 않은 상태로 플루토늄 생산을 위한 핵재처리 공장의 건설을 개시하였다. 이로 인하여 1990년 가을부터 북한이 군사용 핵무기 개발에 착수한 것이 아닌가 하는 의혹이 급속히 부각되었다.

그 후, 제2단계의 북한 NPT 탈퇴 문제를 IAEA 이사회는 1993년 4월 6일 UN 안보리이사회에 보고함으로써 이 시점에서 북한 핵개발의혹 문제는 IAEA에서 UN 안보리 차원으로 넘어갔다. UN 안보리에서는 같은 해 4월 8일 의장성명을 발표하고, 5월 11에는 북한에 대하여 NPT 탈퇴선언의 철회를 요구하였다. 또한 IAEA와의 보장조치(사찰)협정의 의무이행을 요구하였다. 또한 모든 UN 가맹국에 대하여는 본건 문제 해결을 위한 노력을 촉구하였다. 미국은 이러한 UN 안보리의 결의를 받아들여, 같은 해 6월 2일 뉴욕에서 북한과 교섭을 시작하였다.

이러한 제 3 단계인 북·미 핵 교섭의 결과로 1993년 6월 11일 발표한 공동성명은 (1) 한반도 비핵화에 관한 남북공동선언의 지지, (2) 핵무기를 포함한 무력사용의 부정, (3) 대화를 계속하고, 대화기간 중 북한 NPT 탈퇴의 발효정지 등을 내용으로 하고 있다. 이로써 북한의 NPT 탈퇴(1993. 3. 12)는 3개월 후면 효력이 발생하게 되어 있어, 발효 하루를 앞두고 효력발생이 정지(1993. 6. 11)되고, 북한 핵문제는 UN 차원에서 다시 IAEA 차원으로 넘어갔다.

그 후 같은 해 7월 14일 제네바에서 북·미 핵 교섭의 제2라운드가 재개된 결과, 북한은 IAEA와 한국과의 교섭을 개시할 의향을 표명하고, 미국은 북한 핵개발의 최종적 해결 방안으로 북한에 경수로의 기술공여를 검토할 의향을 표명하였다. 그러나 1993년 6월의 뉴욕과 같은 해 7월의 제네바에서 북·미 교섭의 결과, 북한의 NPT 탈퇴는 일응 동결됨으로써 최악의 사태는 피했다. 하지만 그 후 북한과 IAEA의 교섭은 사찰의 방법과 범위를 둘러싸고 별다른 진전을 보지 못하였고, 이러한 국제사회의 의무이행 압력에 반발한 북한은 1994년 1월 31일 미국이 북한 측에 핵 전면 사찰을 계속 요구할 경우, NPT 탈퇴유보 결정을 철회할 수 있다고 경고하였다.

한편, IAEA 특별이사회는 같은 해 3월 21일 북한의 핵사찰 거부를 UN 안보리에 통고하는 결의안을 채택함으로써 IAEA 차원에서 다시 UN 차원으로 넘어갔다. 그 후 UN에서는 북한의 자세변화를 촉구하기 위하여 대북한 경제제재를 채택하는 관계국 간 의견 조정이 계속되었다. 동시에 IAEA는 같은 해 6월 기술협력 제공을 정지하는 취지의 제재 결의를 채택하였다. 이에 반발한 북한은 같은 해 6월 13일 IAEA에서의 탈퇴를 표명함으로써, 사태는 급박하게 진행되어, UN에서의 대북한 경제제재 결의 채택은 시간문제이었다. 이러한 상황에서 카터 전 미국대통령이 6월 16일, 17일 양일간 평양을 방문, 김일성 주석과 회담하는 등의 결과로 상황이 호전되어, 같은 해 9월 23일부터 제네바에서 재개된 북 · 미 핵 교섭은 10월 21일 제 4 단계 그리고 최종단계인 북 · 미간 「제네바 합의」에 도달하였다.

「제네바 합의」의 첫 번째 특징은 3단계(최초 6개월, 약 5년 후, 2003년)를 거쳐, 북한의 핵무기 개발을 일시동결에서 완전포기로 바꾸는 것이다. 흑연감속형 원자로와 관련시설의 활동은 1개월 이내에 동결되어 IAEA의 감시 하에 두게 되나, 특별사찰의 실시에는 약 5년의 유예를 주었다. 북한의 흑연감속로와 관련시설의 해체가 완료되는 것은 경수로 건설이 완성되는 시점이다.

한편 미국은 북한의 흑연감속로와 관련시설을 경수로 발전소로 전환하기 위하여 국제공동사업체(Consortium)를 구성하고, 동시에 이를 대표하여 6개월 이내에 북한과 공급계약을 체결할 수 있도록 최선의 노력을 다하고, 최초의 경수로가 완성할 때까지 대체에너지(중유)를 공급하기로 하였다. 북 · 미 관계 정상화에 관하여는 3개월 이내에 통신, 금융거래를 포함한 무역과 투자의 제한을 완화하고, 기술적 문제 해결과 더불어 쌍방의 수도에 연락사무소를 개설하여 그 후 사태의 진전에 맞추어 대사급의 관계로 진행할 것이 합의되었다.

그러나 클린턴 정부에서 부시 정부로 정권이 교체된 미국에서는 대북정책 전반, 특히 제네바 합의에 대한 재검토를 진행하던 중에, 북한 외교부 강석주 제 1 부상은 켈리 동아 · 태 차관보 일행의 북한 방문 시(2002.10.3-5) 농축우라늄 개발계획을 추진하고 있음을 시인함으로써, 소위 「제 2 차 북한 핵위기」가 시작되어 오늘에 이르고 있다.

2. 한민족의 번영(경협통상진흥)

21세기의 세계경제는 자유무역주의를 기조로, 미국 등은 경우에 따라서는 신중상주의의 양상을 띠는 방향으로 진행하고 있다. 냉전종결체제의 상황 속에서 이데올로기를 강조하는 정치적 냉전의 시대는 끝나고, 경제적 이익 등 국익을 우선적으로 추구하는 경제적 열전의 시대로 들어가고 있다. 이러한 시대상황 속에서 우리 민족이 살아남기 위하여 서로 소모적인 남북대결을 해소하고, 한국의 자본과 기술을 북한의 노동력과 결합하여 한국의 두 번째 국익인 한민족의 번영을 추구하여야 한다.

따라서 한국의 대외경제정책은 한국 국민의 복지에서 한민족의 번영으로 정책변경을 추구하고, 북한 인민의 번영을 위하여 우선 북한의 노동력을 이용하여 수출주도형 경제를 지원하는 정책을 강구하여야 한다.

아울러 21세기에 들어와서 더욱 가속화되고 있는 국제화, 나아가서 세계화의 흐름 속에서 한국은 농업 등 제 1 차 산업과 공업 등 제 2 차 산업의 단계를 거쳐, 높은 수준의 서비스 산업(연구개발, 제품설계, 자금조달, 마케팅) 등 제 3 차 산업과 지식경제 산업 등 New Economics에 국가전략의 우선순위를 두어야 한다.

또한 어느 국가이든 간에 인간과 유사하게 현재의 능력과 자원 등에 따라 지향하여야 하는 목표도 달라져야 한다. 한국의 국가전략은 사우디아라비아 등과 같이 풍부한 천연자원도 없어, 소위 「자원국가」를 지향할 수도 없고, 중국, 인도, 멕시코 등과는 공업품의 생산과 가격에 있어서 경쟁력을 잃고 있어, 소위 「신체국가」를 목표로 할 수도 없다. 따라서 인간의 두뇌를 활용하여 연구, 제품설계, 그리고 새로운 제조업에 국력을 경주하는 소위 「두뇌국가」를 목표로 할 수밖에 없는 것이다.

선진 국가들은 대부분 제품의 생산거점을 자국으로부터 수천 마일이나 떨어진 국가로 이전하고, 자국 내에서는 연구개발 및 제품설계를 하는 새로운 상호의존관계를 강구하고 있다. 제품을 설계하는 「두뇌국가」와 제품을 제조하는 「신체국가」와의 사이에 새로운 상호의존관계가 형성되고 있다. 제품설계 국가와 제품생산 국가의 관계는 겉으로 보기에는 과거의 영토지배와 유사하나, 반드시 「두뇌국가」가 「신체국가」를 지배하는 것이 아니고, 양국 공히 이익을 보는 win/win 관계인 것이다. 또한 「신체국가」도 새로운 기술을 급속히 습득하여 현재의 능력에 따른 두뇌를 활용하여 「두뇌국가」로 발전하고 있다.

한국은 아직도 신체국가의 지위에 있으면서 「두뇌국가」를 지향하고 있어, 현실적으로 가능한 생산의 일부를 북한으로 이전하고, 고수준의 서비스 산업을 전략의 중심으로 삼아야 한다. 연구개발, 제품설계, 자금조달, 마케팅, 수송, 보험, 관광 등 「머리를 쓰는」 사업의 수익이 제조업보다 훨씬 높기 때문에 「정신의 산물」에 특화하는 것이 바람직하다.

한국은 또한 북한에 생산재를 제공하여 새로운 상호의존관계를 구축한다면, 그동안 알지 못했던 남북한 사람들 간에 지금까지 없었던 신뢰가 싹트게 될 것이다. 남북한 당국은 상호간 협력하는 국가 간에는 자립경제를 추구하는 국가보다 매우 급속히 성장하여 왔고, 산업을 여러 국가로 시장을 넓혀온 국가는 자국에서만 생산하는 국가보다 많은 이익을 가져왔다는 사실을 인식하게 되었다. 더불어 평화로운 국가들은 전쟁의 위험이 있는 국가보다 훨씬 크게 성공하여 왔고, 민주주의국가 간에는 거의 전쟁 없이 평화를 유지하여 왔다는 역사적 교훈을 경험할 수 있게 될 것이다.

한국은 북한으로 하여금 현재의 능력에 맞추어 한국의 자본과 기술을 이용하여 우선은 제품을 생산하는 신체국가로 전략의 중점을 두게 하고, 나아가서는 영토국가에서 벗어나서 통상국가로 발전하도록 유도하여야 한다. 제 2 차 대전 전, 국가는 토지를 확보하려고 제국주의 전쟁을 일으키기도 하였으나, 전후에는 무역의 자유화가 진행함에 따라, 물자의 대량비축(Stock)에 대한 중요성이 저하되었다. 그래서 국제무역을 통하여 막대한 비용을 들여 물자를 비축하려고 하지 않고, 물자를 비축하는 것보다 유통(Flow)의 안전성을 확보하는 것에 우선순위를 두게 되었다. 따라서 현대국가는 군사력으로 영토를 확장하려고 하지 않고, 수출을 통하여 국익을 추구하는 통상국가를 국가전략의 우선순위로 두어야 한다.

오늘날 한국의 지도자는 경쟁이 심한 기업가와 마찬가지로 국가의 운명은 시장원리에 의하여 좌우될 수밖에 없다는 인식하에, 기업가 정신을 갖고 외국의 기업, 노동자, 생산요소를 연계하여 경제성장 달성에 최대한 중점을 두어야 한다. 싱가포르, 네덜란드 등의 국가 지도자들은 불확신한 상황의 토대 위에 과거의 비축에 의존하지 않고, 유통의 세계에 중점을 두고 기술혁신과 시장 개척에 성공하면서 번영을 구축하여 가고 있다.

모든 국가는 또한 자신의 능력에 따라 추월전략을 강구하여야 한다. 우선 아시아 국가를 대상으로 하는 [도표 4-1]과 같은 국가군의「기러기 떼 형태」에서 보듯이, 한국은 NIES(한국, 싱가포르, 홍콩, 대만)로서 일본을 뒤따라가고 있어, 언젠가는 일본을 추월하여야 하고, 또한 선발 ASEAN 국가들(말레이시아, 태국, 인도네시아, 필리핀, 브루나이)과 중국이 뒤따라오는 상황에 있어, 이들 국가들에게 뒤떨어지지 말아야 한다. 한편 북한은

도표 4-1 • 국가군의 「기러기떼 형태」

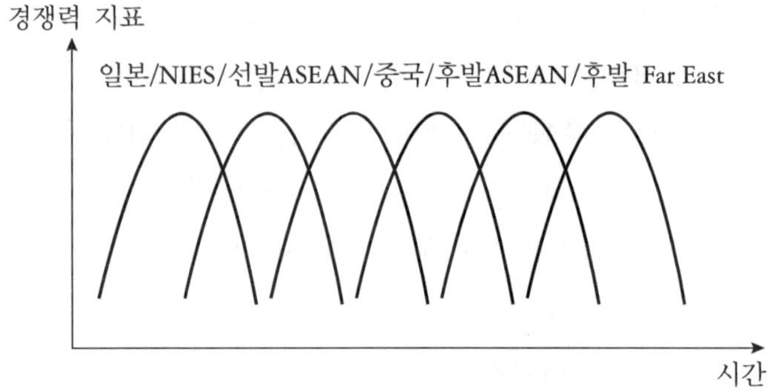

후발 ASEAN국가(베트남, 캄보디아, 라오스, 미얀마)를 뒤따라가고 있는 상태라고 할 수도 있어, 이들 후발 ASEAN국가를 추월하려는 노력이 필요하다.

또한 각 국가들은 [도표 4-2]와 같은 산업발전의 「기러기떼 형태」를 염두에 두고 국가전략을 강구하여야 한다. 따라서

도표 4-2 • 산업발전의 「기러기떼 형태」

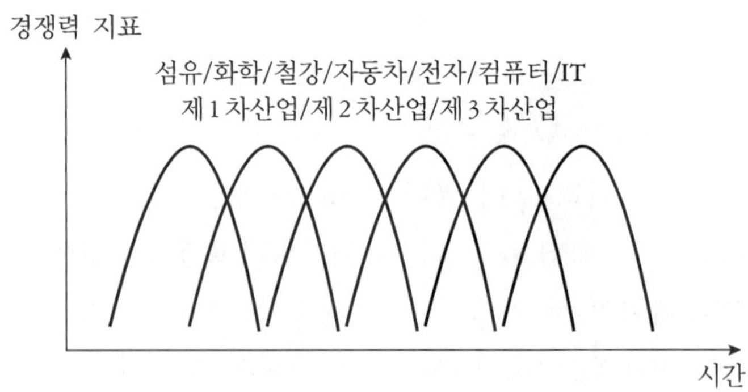

한국은 제 3 차 산업과 IT산업에 중점을 두되 자동차, 전자, 컴퓨터 등에서도 경쟁력을 강화하여야 한다. 그러나 북한은 섬유산업에 국가전략의 우선순위를 두어야 하고, 한국은 이를 지원하여 한민족의 번영을 가져오도록 하여야 한다.

3. 한반도의 통일(평화민주통일)

한국의 세 번째 국가 이익은 한반도의 통일이다. 한반도의 통일이라는 과정은 「남북한의 대립」에서 「남북한의 평화공존」을 거쳐 「남북한의 통일」이라는 긴 시간과 한민족의 에너지가 필요한 작업이다. 남북한과 같은 분단국가들은 제 2 차 세계대전 전후의 소산으로 이들을 (1) 국제형, (2) 국내형[9]과 아울러, 국제형과 국내형의 (3) 혼합형으로 분류할 수 있다.

우선 국제형이란 동 · 서독과 같은 형태에서 보듯이 분단의 역사적 배경이나 현실적 시각에서 독일의 통일은 독일 민족 내부의 문제라기보다는 국제문제의 성격이 보다 많은 형태를 말한다. 동서독의 통일은 동서 유럽의 평화공존이라는 국제구조 속에서 동서독의 평화공존 이라는 과정을 거쳐 숙원인 통일을 달성하였다.

또한 국내형이란 중국과 대만과 같은 형태에서 보듯이 분단 상황의 해소라는 통일을 국제문제로 다루지 않고 국내문제로 취급하는 형태를 말한다. 중국의 경우 중국과 대만[一中 一臺] 또는 두개의 중국론은 원칙론으로 더 이상 존재할 여지가

9) 神谷不二, 『朝鮮半島論』(PHP, 1991年), p. 52.

없고, 하나의 중국론을 완전히 승인한다는 원칙 하에서, 사실상의 중대분단(中臺分斷)을 어디까지 인정할 것인가 하는 문제도 중국의 국내문제로서 다루어야 하는 상황이다.

그리고 국제형과 국내형의 혼합형이란 남북한과 남북베트남에서 보듯이, 비록 통일이 된다고 하더라도 동 · 서독과 같이 인근국가들을 포함한 국제사회에 직접적인 영향을 줄 국제문제는 아니지만, 그렇다고 인근국가들이 단순한 민족내부의 국내문제로 규정하는 것에 동의하지 않는 형태를 말한다. 남북베트남의 경우는 남베트남이 국가형성(Nation-Building)의 실적도 결여되어 있어, 결과적으로 국제문제보다는 민족내부의 국내문제의 성격을 갖는 국내형으로 통일을 달성하였다.

그러나 남북한의 경우 표면적으로나 실질적으로 평화공존을 이행하고 있어, 국내형보다는 상호간에 인정하는 공존에의 이행을 모색하는 국제형의 형태를 띠고 있다고 말할 수 있다. 일방당사국이 타방당사국보다 훨씬 국력의 격차가 크다고 인식하면, 언제든지 국내형으로 국가의 전략을 변경할 수 있다. 한국은 동서독의 통일에서 보듯이 표면적으로는 지금 당장의 통일보다는 시간차(time lag)를 두고, 때로는 협력적 공존관계, 때로는 대립적 공존관계의 정책을 취하여 왔으나, 어느 날 갑자기 다가올지도 모르는 국내형 통일의 상황에도 충실히 대비하여야 한다.

한반도의 분단을 혼합형으로 분류한 또 하나의 이유는 남북분단의 상황을 한민족 간의 통일이라는 측면에서 분명히 불합리하지만, 한반도를 포함한 국제사회의 평화라는 다른 측면도 있기 때문이다. 따라서 국제평화라는 요소는 남북한보다는 한반도를 둘러싼 대국 간의 문제도 있어, 남북 분단이라는 상황을 가져온 최초의 원인이 외부세력에 있었던 만큼, 분단을 해소할 때에도 외부세력과는 관계 없이 자주적 원칙만으로 추진하기에는 많은 제약을 받게 될 것이다.

현실적으로 보아, 통일을 포함한 남북한의 문제는 무엇보다도 남북한 간의 자주적 합의가 가장 중요하나, 남북한의 합의가 필요조건이나 충분조건은 아닌 것으로 판단된다. 따라서 한반도 통일에 관한 첫 번째 조건은 남북한 당사자 간의 해결원칙이고, 두 번째 조건은 미국, 중국 등을 포함한 국제적 보장이다.

한국의 통일정책을 서독의 통일 과정과 비교하여 분석하면 전후 첫 번째 단계로서 정통성의 확보 정책의 일환으로 한국은 서독과 같이 한반도와 독일에서 유일한 합법정부임을 주장한 『하나의 한국』 정책을 추진하여야 한다. 한국과 서독은 상대방(북한과 동독)의 실체를 인정하지 않고, UN감시 하의 총선거를 실시하여 통일정부를 구성한다는 정책을 취하였다. 이승만 정권과 장면 정권에서는 1952년 아데나워 수상의 서방정책(Westpolitik)과 유사한 남방정책의 일환으로 『두 개의 한국』을 부인하고, 북한을 인정하는 국가와는 단교하는 이른바 1955년 서독의 할슈타인 원칙을 고수하였다.

두 번째 단계는 선민족통일 후국가통일의 정책에 따라, 한국과 서독은 민족이익이라는 대의명분을 희생시키지 않는 범위 내에서 국가이익을 증진시키는 『두 개의 한국』, 즉 『하나의 한국, 하나의 조선』 정책이다. 선건설 후통일을 정책기조로 한 박정희 정권은 1970년 8월 15일 남북한 간 「선의의 체제경쟁」을 제의한 후, 1972년 7월 4일 남북공동성명을 발표하였다.

그 후, 노태우 정권에서는 1969년 브란트의 동방정책(Ost-politik)과 유사한 북방정책을 국가전략으로 삼아, 1990년과 1992년 소련과 중국과 각각 외교관계를 수립하였다. 동시에 1991년과 1992년 각각 남북기본합의서의 서명과 한반도 비핵화 공동선언의 발효를 실현하였고, 1991년 남북한은 동시에 UN에 가입하였다. 한편 서독의 경우 1972년 동서독 간의 기본조약을 체결한 후, 1973년 동서독이 UN에 동시 가입하였고, 나아가서 1974년 동서독은 상대방에 상주대표부를 설치하였다.

세 번째 단계는 「자주, 평화, 민주」를 통일원칙으로 하고, 적대와 대립의 관계를 지양하며, 화해와 협력의 단계에서 출발, 공존공영과 평화정착을 통한 경제 · 사회공동체를 형성하는 남북연합의 단계를 거쳐, 1민족 1국가의 통일국가로 이행하는 단계적이고 점진적인 『하나의 한반도』 정책을 추진하는 것이다.

서독은 1975년부터 1988년까지 서독의 주도하에 양독 간의 경제협력과 다방면의 교류를 확대시켰다. 이 기간 동안 동서독은 경제, 문화, 과학, 기술, 환경, 체육, 보건, 우편, 전화, 통행 등을 포함한 교류 및 협력협정을 체결하였다. 그 결과로 1989년 11월 9일 동서냉전의 최대상징으로 대표된 베를린 장벽이 무너지고, 약 1년 후인 1990년 10월 3일 동서독은 국제정치에서 유래를 찾기 어려운 평화적인 통일을 달성하였다.

한국이 독일로부터 배워야 하는 것은 갑작스러운 흡수통일의 결과가 아니고, 그 전 단계에서 동서독이 평화롭게 공존하면서, 경제교역을 중심으로 제반교류를 계속해 왔다는 과정이다. 서독의 기능주의적 접근방법이 동서독 간의 신뢰회복과 통일기반 조성에 기여하였다고 본다.

제 3 절 한국외교의 3대 국가전략

1. 민족국가화 외교: 남북평화공존과 통일외교

민족국가화외교란 남북한 민족 간의 외교로서, 한국의 통일외교에 있어서 가장 중요한 것은 다름 아닌 북한이다. 북한은 한국외교의 3대 국익, 즉 한반도의 평화와 안정, 한민족의 번영, 한반도의 통일과 직접적인 관계를 갖고 있기 때문이다. 미국을 포함한 다른 나라와의 외교는 대북한외교의 일환이라고 하여도 과언이 아니다. 따라서 민족국가화 외교는 국제화외교와 세계화외교에 우선하여 한국과 북한 간의 관계를 다루는 외교이다.

한국은 비록 1% 이하의 가능성이라도 있을지 모르는 북한의 남침에 대비하여 한반도에서 전쟁의 재발을 막아야 한다. 또한 북한에 시장경제의 도입 등을 통한 산업화를 지원하여 북한 인민들도 번영을 가져올 수 있도록 지원하는 등 한반도를 평화적 방법으로 민족통일을 달성하기 위하여 최선을 다하여 한다. 한국은 이러한 국익을 달성하기 위하여 북한과의 평화공존을 통한 한반도의 통일을 추구하는 방법 이외의 대안은 없다.

먼저 한반도의 통일을 당사자 간에 해결하려면 남북한 간의 신뢰관계가 형성되어야 하고, 이를 위하여 우선 상대방의 상호승인이 필요하다. 한국은 1948년 8월 15일 정부수립 이후 계속하여 「한반도에 있어서 유일합법정부」임을 주장하였으나, 1973년 6월 23일 「평화통일외교정책에 관한 선언」(소위 「6. 23선언」) 이후, 북한을 사실상의 정치적 실체로 인정하고 있다. 그리고 한국은 서독의 동방정책과 유사하게 북방정책을 추진한 결과, 남북한은 1991년 9월 17일 UN 동시가입 이후 근대 국제법이 인정하는 묵시적인 국가 승인에 따라, 사실상 상호승인 하는 결과를 가져왔다. 같은 해 12월 13일 남북한 간에 「남북화해, 불가침 및 교류 · 협력에 관한 기본합의서」에 서명하고, 결국에는 2000년 6월 15일 평양에서 남북정상회담을 개최함으로써 남북한의 통일에 관한 당사자 원칙을 대내적으로나 대외적으로 선언하였다.

다음으로는 미국과 중국 등을 포함한 국제적 보장문제이다. 미, 중, 일, 러 등 한반도를 둘러싼 국가들은 평화적이고 민주적인 남북통일에 관하여 어떠한 태도를 가지고 있고, 또한 남북통일을 어떻게 보장하느냐의 문제인 것이다. 우선 미국, 일본 등은 한국과 민주주의와 시장경제라는 정치철학을 공유하고 있어 환영하는 입장을 보일 것으로 예측된다. 그러나 중국은 6.25 전쟁 당시 UN군이 38도선을 넘어 평양을 지나 압록강으로 진출함에 따라, 독립국가로서 북한이 소멸의 위기에 처하자 한국전쟁에 참가한 경위에서 보듯이, 북한의 존속이 중국으로 보아 사활적 이익에 해당할 때에는 한국의 통일을 반대할 것으로 보인다.

그러나 중국은 다만 한반도의 통일이 한반도의 평화와 안정에 반하지 않고, 북한의 존속이 도리어 중국의 국익에 도움이 될 경우에는 환영하는 입장을 취할 것으로 본다. 동서독의 통일 전에 서독은 소련과의 무력불행사조약을 체결하고, 이를 계기로 동서독 간, 나아가서 동서유럽 간의 평화공존을 가져왔다. 결과적으로 독일 인근국가의 반대 없이 통일을 달성할 수 있었던 역사적 교훈을 거울로 삼아야 한다.

따라서 한국은 우선 중국과의 전면적인 협력관계를 구축하는 동시에, 언젠가는 『통일 한국』이 중국과의 우호관계를 유지할 것이라는 확신을 주고, 주한미군의 한반도 남반부 주둔, 현재의 국경선 준수, 조선족 문제 등에 있어서 중국의 국익에 반하지 않는다면, 중국도 한반도의 통일을 반대하지 않을 것으로 본다.

한편, 북한의 입장에서 본 통일전략은 우선 미국과의 불가침조약을 체결하고, 주한미군의 철수를 실현한 후에 대남적화통일을 시도할 것으로 본다.

그리고 남북한의 통일을 어떻게 보장하는가 하는 문제는 우선 남북한의 자주적 합의와 아울러 남북한과 미국, 중국을 포함한 4자회담에서 휴전협정을 평화협정으로 변경하는 문제를 해결하고, UN 안보리의 승인 하에 미, 중, 일, 러 등을 포함하는 국제적 보장기구를 설립하여 해결하는 방법도 고려하여 볼 수 있다.

2. 국제화 외교: 한반도 주변4강우선외교 (현대판『조선책략』)

국제화외교란 International이라는 용어에서 보듯이 국가와 국가 간의 외교를 말한다. 한국의 안보외교에 있어서 가장 중요한 국가는 한국과의 동맹국가인 미국이다. 미국은 현재에도 3만 명 이상의 미군들이 한국에 주둔하고 있고, 한국에서 전쟁이 재발한다면, 미국 국민들이 피를 흘릴 각오가 되어 있는 특별한 국가이다. 또한 냉전 후의 국제정세에서는 미국은 유일한 강대국으로 부상하고 있어, 한국의 국익차원에서도 어느 국가보다 미국과의 특별한 관계를 유지하는 것이 중요하고, 그 중에서 한반도 문제를 포함한 한국의 국익을 어떻게 조정하는가를 검토한 후 대처하여야 한다.

한국외교의 국가 우선순위를 보면, 동맹국가로서 미국이 가장 중요하고, 그 다음으로는 미국을 제외한 일본, 중국, 러시아 등 한반도 주변 3국이다. 한국으로시는 한반도 주변 3국 간에는 우선순위를 두지 말고, 정치문제, 경제문제, 통일문제로 구분하여 case by case로 등거리외교를 추진하는 것이 바람직하다.

먼저 미국과의 관계를 보면, 미국은 한국과 동맹관계를 유지하고 있고, 민주주의와 시장경제라는 공통의 정치철학을 소유하고 있을 뿐만 아니라, 무역 · 투자 등 한국의 경제적 국익도 다른 나라보다 중요한 위치에 있다. 따라서 한반도의 통일에 있어서도 미국의 협력이 절대적으로 필요하다. 나아가서 냉전 후의 국제정치 · 경제구조에서 미국이 차지하는 위치 등도 고려, 한국은 미국과의 전방위 외교를 추진함이 바람직하다.

다음으로 일본과의 관계를 보면, 한국과는 민주주의와 시장경제라는 정치철학을 공유하고 있다. 또한 미국을 정점으로 한 한 · 일 간의 간접적 안보관계도 형성되어 있다. 더불어 무역, 투자 등 밀접한 경제적 이해관계를 유지하고 있어, 일본과는 정치 · 경제외교를 추진함이 바람직하다.

그리고 중국은 북한과 자동군사개입조항을 갖고 있는 상호원조조약(1961. 7)을 유지하고 있고, 한반도의 통일에 있어서 중요한 역할을 수행할 것으로 기대된다. 그리고 무역 · 투자 등 한국의 경제적 이익에 중요한 위치를 차지하고 있어, 중국과는 통일경제외교를 중점적으로 수행함이 바람직하다.

마지막으로 러시아와의 관계를 보면, 러시아는 한국과는 민주주의와 시장경제라는 같은 정치철학을 갖고 있다. 비록 1961년 7월 6일 체결한 조선 · 소련 우호협력 및 상호원조조약이 1995년 8월 7일 폐기되어, 정치 · 군사 면에서는 동맹관계에서 우호관계로 변하고, 경제면에서는 friendship price 관계에서 commercial price 관계로 바뀌었다. 사회면에서는 동지관계에서 Mr. 관계로 변하기는 하였으나, 여전히 남북한 등거리 외교를 하고 있어, 러시아와는 통일정치외교를 실시하는 것이 바람직하다.

이와 같은 한국의 한반도주변4강 외교를 종합한 소위 현대판 『조선책략』을 도표화하면 [도표 4-3]과 같다고 볼 수 있다.

현대판 『조선책략』과는 별도로 정치문제, 경제문제, 통일

도표 4-3 • 한국외교의 좌표

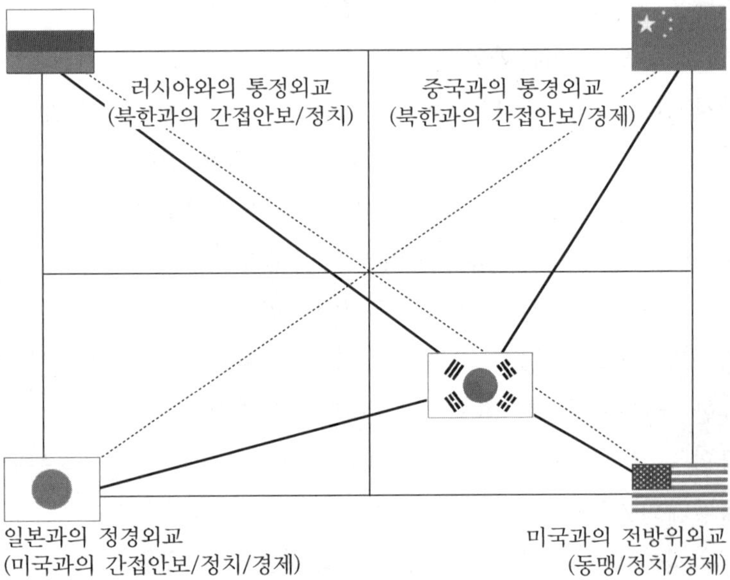

문제 등 분야별로 다국간 협력을 고려하여야 한다. 먼저, 한반도의 평화와 안정을 포함한 정치문제에 있어서는 우선 한미동맹관계가 무엇보다 중요하다. 나아가서 한국은 미국과 일본의 동맹국가인 점을 고려, 한 · 미 · 일 간접동맹관계를 갖고 있고, 공통의 정치철학을 유지하고 있어, 한 · 미 · 일 3국간 공조가 중요하다.

또한, 경제문제에 있어서 한국은 다른 국가보다 미국, 일본, 중국과 긴밀한 관계를 유지하고 있어, 한 · 미 · 일 · 중 4국간 협력이 필요하다. 더불어 통일문제에 있어서는 미국, 일본, 러시아와는 정치철학을 공유하고 있어, 현실적으로 한국 외교의 중점은 중국에 두어야 한다. 『통일 한국』과 국경을 맞대고 있는 중국은 한반도의 통일 이후에도 주둔할지 모르는 주한미군 문제와 중국 동북삼성에 거주하고 있는 조선족 문제를 해결하는 대안을 한국 측에서 제시하여야 한다.

3. 세계화 외교: 아시아 · 태평양국가 일원외교와 전방위 Bridge외교

한국은 미 · 일 · 중 · 러 4강과의 『선의 외교』를 아시아 국가들과의 『면의 외교』로 확대하여야 한다. 금후 『면의 외교』의 비중은 점점 중요하여지고, 동시에 『다국간 관계라는 면』에 가담하면 할수록 대립회피의 기회가 늘어난다. 반면 협조관계를 강화하는 외교환경이 정비되는 관점에서 보면, 안전보장에 있어서도 무시할 수 없는 평화효과를 가져온다.[10)]

나아가서는 한국의 국력 범위 내에서 『선의 외교』와 『면의 외교』를 연장한 전 세계를 대상으로 하는 『공간의 외교』도 관심을 가져야 한다.

세계화 외교에 앞서, 지역주의 외교(Regional Diplomacy)로서는 아시아주의 외교를 들 수 있다. 한반도주변4강 외교의 보완 역할과 한국국력의 한계 등을 고려, 한국은 아시아주의 외교를 강화하여야 한다.

아시아주의 외교의 일환으로 동아시아 공동체의 형성이 필요하나, 많은 장애가 있어 오랜 세월이 소요될 것으로 예상할

---

10) 山口定, 『2025年 日本の構想』(岩波書店, 2000年), pp. 69~70.

수도 있다. 한국은 가능하다면 ASEAN의 정식회원으로 가입하는 외교적 노력도 병행하여 추진함이 바람직하다. 우선 한국은 브루나이, 인도네시아, 말레이시아, 필리핀 등 4개국 간의 동아시아 성장지역(BIMP-EAGA)에 가입하는 노력도 아울러 추진하여야 한다.

한편, ASEAN 회원국들도 한국과 같은 중급국가가 ASEAN의 회원이 된다고 하더라도 ASEAN의 정체성에 문제가 될 리 없고, 오히려 ASEAN의 국제적 지위를 강화하는 효과를 가져 올 것이다. 또한 한국으로서도 중국, 일본, 러시아 등 세계강국에 둘러싸여 자국의 안전을 확보하기 위하여 한국과 유사한 중급국가들이 참가하고 있는 ASEAN에 정식으로 가입할 수 있다면, 한국의 독립을 보장받을 수도 있기 때문에 중요한 것이다.

다음으로 한국은 전 세계를 대상으로 하는 세계화 외교를 추진함이 바람직하다. 한국정부는 아시아와 미주대륙을 잇는 APEC과 아시아와 유럽을 연결하는 ASEM의 노력에 능동적으로 참여하여야 한다. 구체적으로는 민주주의와 시장경제에 대한 확고한 원칙과 개방적 대외통상정책에 입각하여 APEC의 무역투자 자유화의 노력에 적극적으로 참여하여야 한다.

APEC은 개방적 지역주의(Open Regionalism)에 따라 WTO에 근거한 다자무역체제에 대한 보완적 역할을 하고 있다. APEC 차원에서 무역투자 자유화는 각 회원국들이 1996년부터 14개 분야(관세, 비관세, 서비스, 투자, 표준 및 적합, 통관절차, 지적재산권, 경쟁정책, 정부조달, 규제완화, 원산지 규정, 분쟁조정, 기업인 이동, 우르과이 라운드 이행)에 대해 자발적으로 매년 각 분야별 자유화 계획안을 제출하는 개별실행계획(IAP, Individual Action Plan)을 실시하고 있다. 또한 APEC 차원에서의 무역투자 자유화는 각 회원국들이 공동으로 APEC 무역투자위원회(CTI)가 작성한 공동실행계획(CAP, Collective Action Plan)을 실시하고 있다.

또한 ASEM을 통하여 중국, 일본, ASEAN, EU와의 정치 · 경제 · 문화 등 각 분야에서 실질적인 협력을 강화시키고, 아울러 회원국 간 유기적인 협조관계를 바탕으로 세계화의 가속화에 따른 범 세계문제의 해결 노력에도 적극 참가하는 동시에, 한국외교의 다원화와 다변화를 보다 가속화하여야 한다.

한 · 중 · 일 3국은 ASEAN 창설 30주년(1997) 이후 ASEAN+3 정상회의에 참석하고 있다. 1999년 이후 매년 한 · 중 · 일 삼국 정상회담의 개최 등을 통하여 3국 간의 경제협력을 강화하여 지역주의, 세계화 및 최근 경기침체에 대한 공동대응에도 기여하고 있다. 한국정부는 한 · 중 · 일 3국 간의 경제협력을 주도하여 21세기 동북아 경제의 중심지로서의 위상을 강화하고, 동북아와 동남아 국가들 간의 Bridge 역할을 수행하여야 한다.

나아가서는 ASEAN과의 관계를 강화하는 정책으로서 첫째로 다자무역 체제를 보완하는 차원에서 ASEAN과 한 · 중 · 일 3국간의 역내 자유무역지대(EAFTA)를 창설하고, 둘째로 IMF를 보완하고 역내 모니터링 체제를 강화하는 동시에, 거시경제 및 금융분야에서 의견교환과 금융안정 및 경제개발을 위한 역내환율공조체제를 위한 동아시아통화기금(EAMF)을 추진하고, 셋째로 외국인직접투자(FDI)의 역내 유입 확대를 위한 투자환경 조

도표 4-4 • 아태지역내 다자협의체별 회원국 현황

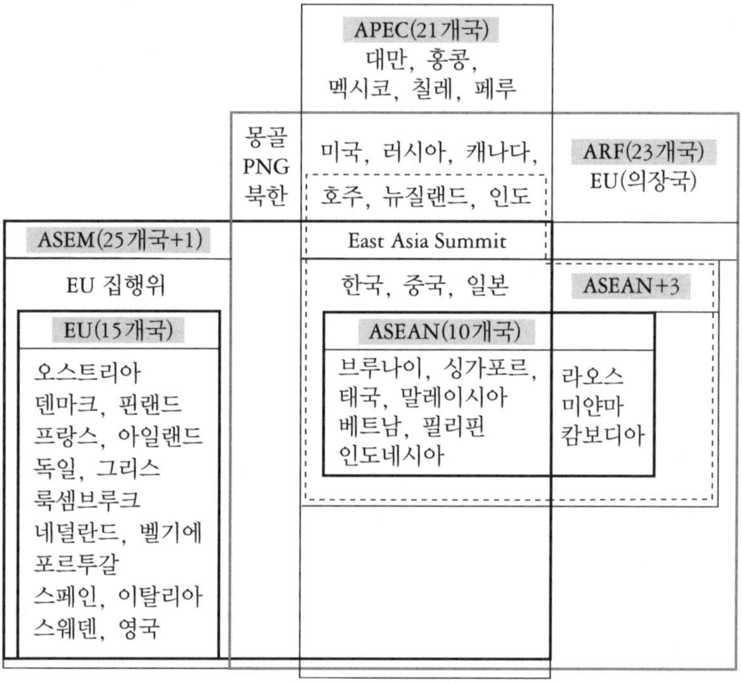

ASEAN PMC: ARF 회원국 중 몽골, PNG, 북한 제외
동북아 다자안보 협의체(안): 한국, 북한, 미국, 일본, 중국, 러시아

출처: 외교통상부, 『아세안 지역안보 포럼』(ASEAN Regional Forum, ARF, 2001년), p. 1.

성을 위해 동아시아 투자지역(EAIA)을 만들 필요가 있다. 결국에는 동아시아 정상회담(East Asia Summit) 등을 통하여 동아시아 공동체(East Asia Community)를 지향하여야 한다.

한국정부는 ASEAN+3 국가들의 민간학자들로 구성된 EAVG(East Asia Vision Group)와 정부 관리들로 구성된 EASG

도표 4-5 · 한국의 전략구도

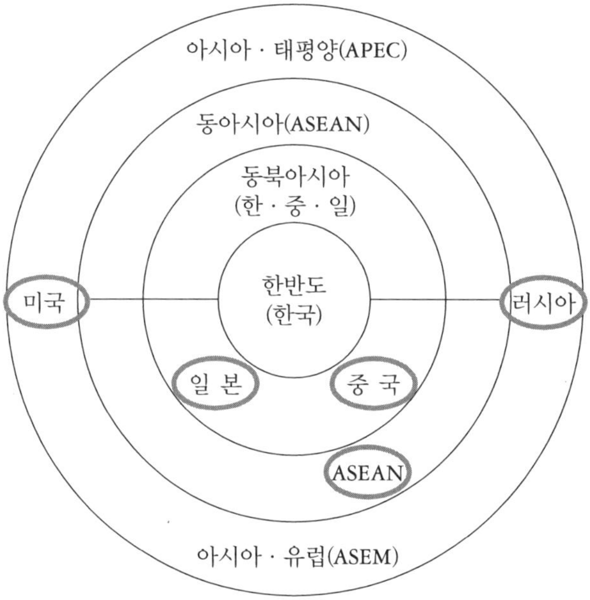

(East Asia Study Group)를 추진하여 왔고, 나아가서 정부 관리와 민간학자들로 구성될 EAF(East Asia Forum)를 추진하기로 한 바 있다. 한국정부는 또한 ASEAN 각국들과 중국, 일본 간의 Bridge 역할을 할 수 있다는 이점을 활용하여, East Asia Summit의 사무국을 한국에 유치하려는 외교적 노력을 시도하여야 한다. 아 · 태지역 내 다자협의체별 회원국 현황을 도표화하면 [도표 4-4]와 같고, 한국의 전략구도는 [도표 4-5]와 같이 도표화할 수 있다.

그리고 한국의 지리적 위치와 경제발전 정도 등으로 보아,

아시아와 미주 간, 아시아와 유럽 간의 가교역할과 아울러 선진국과 후진국 간의 Bridge 역할 그리고 미국과 중국, 일본과 중국 간의 조정 역할 등도 한국외교의 관심사항이다.

또한 세계화의 흐름에 맞추어 WTO, IMF, OECD 등 세계경제기구 등에도 적극적으로 참가하여 세계경제의 흐름에 맞추어 한국의 국익을 추구하여야 하고, 테러, 인권, 환경, 마약 등 초국가문제에도 한국 국력의 범위 내에서 적극적인 역할을 하여야 한다.

제 4 절 한국외교의 3대 국가전술

한국외교의 국가전술에 앞서 외교교섭에 관하여 설명하면, 외교교섭이란 일방당사국이 "현상변경"을 요구하고, 타방당사국이 교섭을 통하여 해결하려고 할 경우에 성립되는 것이다. 우선 교섭의 대상과 범위를 정하고, 교섭에 상대국의 "상황인식"을 파악하고, 교섭에 관한 국내외의 견해를 종합한 후에, 본 교섭에서 최초로 제시할 초안(standard draft)을 준비하는 것이 외교이슈화의 단계이다. 그 다음으로 예비교섭의 단계는 의제 등 실질사항에서 일방당사국이 그들의 인식을 반영하는 의제를 설정하려고 할 것이다. 그래서 그들이 가장 중시하는 의제를 먼저 토의하려고 하고, 교섭 장소 등 의전사항에서는 교섭의 장소와 일시, 대표단의 구성, 사용될 언어, 회의록 작성방법, 비밀유지문제, 신문발표 등을 협의한다.

그러면 본교섭의 단계에 진입한다. 외교교섭은 해결할 문제에 관하여 최초 제안(proposal)이 제시되는 데서 시작하고, 제안을 뒷받침하는 주장(argument)을 통하여 상대편을 설득(persuasion)한다. 다음으로는 양보(concession)를 하면서 제안을 수정하고, 상대편입장에 접근하는 제안-양보-타협의 과정을 거쳐 합의에 도달한다. 또한 외교교섭에서 상호간 양보의 결과에도 불구하고, 최종제안이 대립되는 시점(타협의 시점)에 도달하기도 하고, 때로는 교섭당사들의 의견이 수렴되고 "더 요구"가 없다는 지점(타협의 지점)에 도달하기도 한다. 그 결과, 외교교섭에서 목적과 원칙만 합의하고, 이런 테두리 합의(framework agreement)에 기초한 후, 더 구체적인 합의사항은 뒷날 연역(dedution)해서 합의를 시도하는 2단계 교섭방법도 있다.

이러한 외교교섭을 분류하면, 현상유지(status quo)를 확인하는 합의 또는 현존하는 관계에 근소한 수정을 가하는 연장 합의(extention agreement: 예를 들면 1970년 서독과 소련 간의 국경합의), 국가 간의 비정상적인 관계의 종결 또는 묵시적으로 이루어진 묵시사항을 공식화하는 정상화 합의(normalization agreement: 평화조약, 휴전조약), 국가간 자원의 재분배에 관한 재분배 합의(redistribution agreement: 1938년 영토할양에 관한 뮌헨협정), 당사국들의 공동이익을 증진하기 위한 새로운 제도와 기구의 창설에 관한 신제도 합의(innovation agreement: UN의 창설) 등을 들 수 있다.

그리고 외교교섭은 첫째로, 교섭의 당사자인 국가와 다른 국가의 관계는 언제나 협력과 대립의 상반된 관계가 존재하고,

둘째로, 외교교섭의 대상은 국가존망에 관련된 중대문제에서부터 의례적이고 기술적인 문제에 이르기까지 다양하다. 셋째로, 외교교섭은 국가 간에 압력이 전혀 작용하지 않는 "순수한 설득에 의한 외교교섭"은 사실상 존재하지 않는다는 등의 특징을 갖고 있다.

1. 자주 외교(역사의 교훈)

한국외교는 미래를 향한 국가의 이념을 바탕으로 현재의 국익을 추구하되, 군사적 개념으로 보면, 후방에서 고려하는 국가전략을 염두에 두고, 전장에서 적용하는 국가전술은 현재의 국제환경 속에서 한국의 국력을 넘는 정책을 행하여서도 안 된다. 또한 외교의 특성상 한국의 지리학적 요인과 역사적 요인을 고려하여야만 하며, 한국과 같은 중급국가에서는 특히 내정과 혼돈하여서도 안 된다.

우선 한국의 지리학적 요인을 보면, 한반도는 중국대륙의 동북부에 돌출한 형태를 갖고 있다. 이는 전략적 관점에서 보더라도 특수한 의미를 갖고 있다. 한반도의 남방에는 태평양(동해)과 황해로 둘러싸여 있어 해양적 성격을 갖고 있는 동시에, 한반도의 북방에는 중국 동북부, 시베리아와 접경하고 있어, 대륙적 성격도 갖고 있는 전략적 요충지역인 반도적 성격을 유지하고 있다.

이러한 의미에서, 특히 20세기에 들어와서 해양에의 진출을 시도한 러시아와 군사적으로 성장한 일본이 인근에 위치하고 있었던 조선왕조로서는 불행한 현실이었다. 대륙세력인 러시아와 해양세력인 일본이 한반도를 무대로 충돌한 러 · 일 전쟁이후 조선왕조는 일본이라는 제국주의에 의하여 멸망하였다.

또한 일본의 패전 후에는 포츠담선언을 수락함으로써 36년간의 일본 식민통치는 종결하였으나, 한반도는 구 만주에서 일본열도에 이르는 거대한 권력의 진공상태의 일부로 남아 전후처리 과정에서 한반도와 국경을 접하고 있는 소련군은 급격한 남하가 용이하였다. 그러나 반대 극인 미군의 이동이 해양을 북상하는 여유를 갖지 못하여 결과적으로 북위 38도선을 경계로 미국과 소련이 한반도를 공동으로 통치하게 된 불행한 역사를 갖게 되었다.

이러한 38도선은 일본군의 항복을 수락하고, 무장해제를 진행하기 위한 편의적인 역할분담의 선에 지나지 않았으나, 결과적으로는 대륙세력인 소련과 해양세력인 미국과의 사이에 한반도를 분할하는 발단이 되어, 동일한 민족을 한국과 북한이라는 분단국가로 만들었다. 이같은 전후 냉전이 한국을 미국의 방위선에서 제외시킨 「에치슨 연설」 등으로 북한의 남침에 의한 열전으로 변하여 동족상잔이라는 한국전쟁을 경험하게 된 것이다.

이러한 지정학적 요인과 역사적 교훈과 함께 한국인은 유교적 역사의식과 세계관을 여전히 갖고 있어, 한국의 외교에는 국가의 위신이나 민족의 명예에 극히 민감한 반응을 보이고 있다. 경우에 따라서는 현실적 이익을 희생하더라도 국가의 위신을 우선하는 경향도 있다. 국가의 위신을 잃어버리면 국가의 멸

망으로 연결되었다는 역사적 교훈에서 유래되어, 강국으로 둘러싸인 한국으로서는 경제적 이익보다 독립이 우선한다는 당당한 자주외교를 한국외교의 첫 번째 국가전술로 간주하여야 한다.

한국은 또한 대국들이 조국의 운명을 파멸시켰다는 역사적 교훈에서 "대국이 소국의 운명을 좌우하는 것을 절대로 배제한다"는 대국주의에 대한 강한 반발도 있어, 한국과 북한 간의 7. 4공동성명에서도 외세의 배제를 기본원칙으로 하는 자주외교에 동의하였다. 특히 한반도 문제에 관한 한 남북한의 자주외교로 해결하여야 한다는 민족적 숙명을 갖고 있다.

따라서 한국정부는 한반도 문제에 관한한 주인의식(ownership)을 갖고 자기 입장과 주장이 있는 자주외교를 기본으로 하며, 한국외교사에 나타난 교훈을 살려, 한반도주변4강과의 선린외교와 이이제이외교로 해결하여야 한다. 한국의 통일외교에 있어서 가장 중요한 대상은 북한이다. 그래서 한국의 대미정책 또는 대중정책도 한국의 대북정책의 일환으로 추진할 때도 있다. 특히 한반도주변4강과는 좋은 관계를 유지하는 것이 한국외교의 기본이다. 한반도주변4강으로 하여금 기본적으로 한국정부의 입장을 이해하고, 한국정부의 주장을 지지하게 하는 선린관계가 무엇보다 중요하다.

그러나 현실 문제로 한반도주변4강들은 자국의 국가 이익에 따라 한국정부의 주장을 지지하는 국가들도 있고, 한국정부의 입장에 반대하는 국가들도 있을 수 있다. 따라서 외교 사안에 따라 오랑캐로 오랑캐를 제압한다는 이이제이(以夷制夷)외교가 필요하다. 때로는 한국의 국익추구를 위하여 오랑캐들 간의 견제와 균형이 중요할 때도 있다.

2. 실용 외교(현재의 국익추구)

한국외교의 국가전술에 있어서도 가장 중요한 요소는 두말할 것도 없이 한국의 국가이익이다. 따라서 현재의 한국 국익을 추구하는 실용주의 외교를 한국외교의 두 번째 국가전술로 삼아야 한다. 또한 한국의 국력범위 내에 속하는 동아시아 지역의 평화질서와 경제발전구조를 구축하는 것도 한국의 국가이익에 속한다.

이러한 한국의 국익과 국제정세의 동향분석이라는 정세판단 간에는 우선순위의 문제가 있다. 다시 말하면, 하나는 한국의 국익과 국가이념을 결정하고, 이러한 국익을 국제정세의 움직임을 고려하지 않고 실현하는 문제이며, 다른 하나는 국제정세의 동향을 냉정히 관찰하고, 그런 정세의 움직임을 우선 고려하여 한정된 한국의 국력범위 내에서 국가이익을 신장시키거나 국가이념을 실현시키는지에 관한 문제이다. 한국의 국익 중에 한국의 사활이 걸린 극히 긴요한 이익(Vital Interests)은 정세판단보다 국익을 우선하는 전자에 속하고, 나머지 모든 국익은 정세판단이 선행하는 후자에 속한다고 볼 수 있다.

여기서 국제정세의 판단은 정세의 움직임을 있는 그대로 정확히 파악하는 것이 가장 중요하다. 어떠한 편견이나 고정관념, 희망사항에서 완전히 분리되어, 현재의 상황에서 가능한 한

현명하게 미래를 바라볼 수 있는 식견이 국제정세를 보는 기본이다.

그러나 문제는 한국이 북한을 상대로 하여 조금도 손실을 보지 않고 한반도의 통일이라는 국가이익을 달성할 수 있는가 하는 정세판단이 중요하다는 점이다. 미국과 같은 대국보다 한국과 같은 중급국가에서 정세판단의 객관성은 매우 긴요한 것이다.

미국에서 쓰여진 정책 건의서의 예를 보면, 우선 정세분석에 9할 정도를 할애하고, 최후에 정책건의를 서술하고 있다. 다시 말하면 정세를 자세하게 분석한 후에, 「이러한 정세분석이 미국의 정책에 미치는 의미」를 기술하고 있다. 만약 정세분석의 결과, 선택의 폭이 매우 좁고, 어떠한 경우에도 가능한 대책이 하나밖에 없다면, 정책에 관하여는 고려할 필요가 없기 때문이다. 그러나 한국과 같은 중급국가로서는 정세판단이 가장 중요한 의미를 갖고 있음에도 불구하고, 정세판단은 종래부터 그렇게 중시하지 않고 있다. 이는 역사를 거슬러 보면 우선 쇄국의 영향인지도 모른다.

현재의 국제정세 판단에 필요한 정보의 처리는 우선 첫째로 정보의 수집, 나아가서 둘째로 정보의 분석, 그리고 셋째로 정보의 전달로 이어진다. 첫째로, 정보업무의 기본은 공개정보를 수집하고 분석하는 능력에 있고, 소위 첩보는 공개정보에서 얻은 분석에 따라 종합적인 체계 안에서 보충적이거나 중요한 암시(hint)로 이용되고 있다. 소위 첩보의 가치에 관하여는 외교와 군사 사이에 다른 시각을 갖고 있는 것은 부정할 수 없다.

외교는 "정직이 최량의 외교"라고 일반적으로 말하고 있으나, 방위는 옛날부터 "병은 거짓 책략의 명수"로서 자신의 의도와 능력을 어떠한 방법으로든 감추고 기만하는 반면, 어떠한 방법으로든 상대방의 의도와 능력의 진실을 알아내는 것이 원칙이다. 전쟁이란 이기는가 지는가의 문제이고, 패전한다면 국가의 존립과 관계되기 때문이다. 이러한 취지에서 옛날부터 "All is fair in love and war"이라든가 "무인의 거짓말은 군략"이라는 말이 있다.

둘째로, 정보란 분석의 과정을 지나서 비로소 도움을 주는 정보로 변한다. 전쟁이 시작하였다든가, 어떤 국가에서 쿠데타가 성공했다든가 하는 정보는 있는 그대로 중대한 의미를 갖는 정보이긴 하나, 우선 정책결정자에게 신속히 전달하는 동시에, 분석의 과정을 거치면서 비로소 사태의 추이를 예측하기 위하여 도움을 줄 수 있는 정보가 된다. 예를 들면, 쿠데타의 경우, 종래 축적되어 있는 정보에 비추어 보면, 어떤 정치적 세력이 얼마만한 힘(power)을 가지고 어떤 목적으로 쿠데타를 일으켰을까 라는 것을 알게 되고, 그 후의 전망도 나올 수 있다.

정세 판단에서 가장 중요한 정보의 분석에는 몇 가지의 원칙이 있다.[11] 첫 번째의 원칙은 정세판단에 있어서 일체의 희망적 관측을 배제하여야 한다는 것이다. 이런 희망적 관측이나 편견 및 애증의 배제는 누구나 상식이라고 생각하나, 실제로는 많은 곳에 함정이 있어 객관적인 판단의 눈이 흐려지는 경우가 적지 않은 것이 현실이기 때문이다.

---

11) 岡崎久彦, 『國家と情報』(文芸春秋, 1980年), pp. 21～40.

두 번째의 원칙은 정세판단에 있어서 전문가의 의견을 존중하여야 한다. 전문가란 특정지역이라면 그 지역에 관하여 입수가능한 모든 사실과 증거의 경위를 알고 있는 사람을 말한다. 최고의 정책결정자(대통령)는 자신의 정세판단을 반드시 전문가에 문의하여 그의 의견을 들어 보는 것이 좋고, 가능하다면 다수 전문가의 의견을 듣는 것이 필요하다.

세 번째의 원칙은 국제정세는「한 발 앞은 암흑」이라는 점을 언제든지 잊지 말아야 한다. 물리 현상은 예측가능하나 정세는 생명체와 같이 변화무쌍하기에, 정세가 변화하여 가는 경우, 자신의 판단에 집착하지 말고, 겸허하게 또는 유연하게 판단을 수정할 용기가 필요하다.「한 발 앞은 암흑」이라는 원칙을 알면 알수록 미래에 관하여 세밀한 판단을 할 수 있다.

네 번째의 원칙은 역사적 식견을 가져야 한다. 특히 고위정책결정자는「인간은 인간이고, 국가는 국가인 이상」손자나 마키아벨리가 말한 진리는 현재에도 적용된다는 역사관을 가져야 한다. 이러한 의미에서는 정세분석의 책임자는 보수주의자가 되지 않으면 안 된다. 또한 정치제도는 순환한다는 아리스토텔레스의 정치학 견해도 알아둘 필요는 있다. 즉 민주주의는 민중의 권리만을 증가시켜 정부의 권위가 약해지고, 나아가서 무정부 상태의 혼란을 가져오기 때문이다. 거기에서 독재제가 생겨나고, 그것이 세습되어 군주제가 되고, 그것이 귀족정치 등을 거쳐 민주제가 되고, 그것이 다시 무정부상태에 추락한다는 학설은 많은 그리스 도시국가의 흥망에서 증명하고 있다.

현재의 한국 국익을 염두에 두고, 과거 역사의 교훈과 미래의 식견을 갖고 국제정세를 분석하면서 현재 미국과의 동맹관계를 유지하여 가는 방법 이외에는 정책의 대안이 없다는 현실을 직시하고, 그 중 한국의 국익과 조화를 이룰 수 있는 대책을 강구하여 가야 한다.

셋째로, 정보의 전달에서는 정보란 단순히 수집하고, 분석하는 것만 아니라, 이를 사용하는 정책결정자, 더 나아가 민주주의 국가에서는 국민에게 전달하지 않으면 무의미하다. 또한 정보원을 보호하기 위하여 비밀의 유지라는 이율배반적인 조건을 동시에 만족시키지 않으면 안 된다. 한국은 정보를 언제든지 풍부하게 갖기 위하여 비밀을 지키는 국가로서 신뢰받지 않으면 안 된다.

3. 전략 외교(미래의 예방)

한국 외교의 또 다른 국가전술로 전략외교를 추진함이 바람직스럽다. 전략외교란 국가지도자(대통령)의 국제질서관과 국제정세 인식을 바탕으로 미래에 전개될 국내외의 조류(국제적으로는 민족화→국제화→세계화, 국내적으로는 산업화→민주화→선진화)를 예측한다. 그런 후 주요 모순과 주요 적을 설정하고, 국익의 우선사항을 결정하여 국익실현이라는 목표지향의 기본정책 등을 제시하는 것이라고 할 수 있다.[12)]

우선 한국의 안전보장이라는 국익실현에는 한반도 내에서의 분쟁을 예방하기 위한 외교, 즉 예방외교에 국가전략의 중점

12) 花井等, 『新比較外交政策論』(學陽書序, 1992年), p. 55.

을 두어야 한다. 예방외교를 시간적 흐름에 따라 (1) 일반적인 분쟁예방, (2) 특정의 분쟁예방, (3) 분쟁발생 후의 분쟁예방, (4) 분쟁종결 후의 재발예방 등 4단계로 나눌 수 있다.[13] 또한 한국의 국익추구에는 Self-fulfilling Prophecies(예정대로 될 예언)을 믿고 Pygmalion Effect를 기대하는 Expectancy Theory가 필요하다.

따라서 전략외교의 특징은 미래지향적이고 목표지향적인 외교이다. 「장래」 국가이익과 밀접한 관계를 갖고 있는 외교사안 중에서 제한된 자원을 보다 많은 국익실현을 위하여 선택하여 집중하는 외교이다.

첫 번째 외교 사안은 한반도에서의 전쟁 재발을 막는 환경조성이다. 한반도의 평화와 안정을 위하여 남북한은 물론 미국, 중국, 러시아, 일본 등 한반도주변4강을 포함하여 아시아·태평양에서의 신뢰구축조치(Confidence-Building Measures, CBM)가 필요하다. 냉전 후에도 한반도에서는 여전히 불안정 요인이 상존하고 있어, 분쟁이 발생할지도 모르는 사태를 미연에 방지하는 예방외교가 필요하다.

그러나 아시아·태평양에는 구주에서의 북대서양조약기구(NATO), 서구동맹(Western European Union)과 같은 안전보장기구가 없어, 당면은 ARF(ASEAN Regional Forum)와 같은 장소에서 점진적이고 단계적으로 대화하면서 각국들이 갖고 있는 불신감을 조금이라도 제거할 수밖에 없다. 북한이 23번째 회원국으로 가입한 ARF의 활동방향으로 ① 신뢰구축(CBM), ② 예방외교,

13) 堂之脇 光朗, 『予防外交入門』(中央製版印刷, 1999年), p. 22.

③ 분쟁해결 모색이라는 3단계를 점진적으로 진행하여 가기로 하였다.

두 번째 외교 사안은 대량파괴무기(WMD)의 군축 및 비확산 문제이다. 핵무기와 아울러 화학무기와 생물무기 등 대량파괴무기의 군축문제는 고도의 정치적 사안임에 비추어 실질적이고 단계적인 방식으로 추진되어야 한다. 현재로서는 최대 핵무기 보유국인 미국과 러시아에 의한 핵무기 감축이 가장 중요하고, 일정한 시점에 가서는 중국, 영국, 프랑스 등 여타 3개 핵보유국도 전략무기 삭감조약(START) Process에 동참하며, 궁극적으로는 핵무기금지조약(Nuclear Weapons Convention)의 체결을 검토하여야 할 것으로 본다.

핵무기 군축문제는 핵보유국 및 동맹국의 안보에 관한 기본전략에 속하는 문제로서 핵보유국들이 일차적인 책임과 주도권을 갖고 있다. 핵보유국에 의한 핵군축 노력이 부진할 경우, 핵 비보유국에게 핵 비확산 의무이행만을 계속 촉구하기 어려울 것이다. 따라서 핵군축의 조치와 핵 비확산의 의무이행이 동시에 조화롭게 진행되는 것이 바람직하다.

현재 핵무기를 갖고 있는 국가(괄호안의 첫 번째 연도는 처음으로 원자폭탄을 제조한 해이고, 두 번째 연도는 처음으로 수소폭탄을 제조한 해)는 미국(1945, 1952), 소련(1949, 1952), 영국(1952, 1957), 프랑스(1960, 1968), 중국(1964, 1969) 등 5개국이라 할 수 있으나, 핵무기 보유 가능성이 있는 국가로서는 북한을 포함하여 이라크, 이란 등을 들 수 있다.

핵 비확산조약(NPT)은 범세계적 핵군축 및 비확산체제의 근간이 되고 있고, 5개 핵보유국을 포함한 187개국(인도, 파키스탄, 이스라엘, 쿠바 등 4개국은 불참)이 참가하여 군축 · 군비관리 조약 중에 가장 많은 회원국을 갖고 있는 조약이 되었다. 탈냉전 시대에도 핵보유국에 의한 핵군축 노력 부진, 인도와 파키스탄 그리고 북한의 핵실험 실시, 포괄적 핵실험금지조약(CTBT) 발효 지연, 미국의 NMD 개발 추진 및 이에 대한 러 · 중의 반대 등 일련의 부정적인 사태에도 불구하고, 2000년 NPT 평가회의는 러시아의 STARTⅡ 및 CTBT 비준, 핵군축 문제에 대한 미국의 신축적 자세 등으로 NPT 조약상 핵군축 의무이행을 위한 "분명한 공약" 등에 관해 합의를 이루었다.

한국정부로서는 CTBT의 조기 발효, 핵실험 모라토리엄 유지, IAEA 통합 안전조치체제 수립, NPT 보편성 달성 등의 향후 과제에 중점을 두어야 한다.

세 번째 외교 사안은 2001년 9월 11일의 테러공격사건 이후 「테러와의 전쟁」에 대한 협력과 대테러 대책이다. 소위 9.11 테러사건은 테러행위가 국제평화와 안보, 인류문명에 대한 심각한 위협임을 부각시키는 계기가 되었으며, 테러위협에 대처하기 위한 국제사회의 공조 필요성에 대한 인식이 확산되었다.

한국정부는 9.11 테러사건 이후 강력한 반테러 입장을 천명함과 동시에, 「테러와의 전쟁」과 관련하여 해 · 공군 수송지원단과 육군의료지원단 등 450명 규모의 비전투 병력을 아프가니스탄에 파견하였다. 그래서 아프가니스탄 및 주변국에 대해 총 1,200만 달러의 경제 원조를 제공하였으며, 아프가니스탄 재건지원을 위해 4,500만 달러 공여를 약정하는 등 테러근절을 위한 국제공조의 노력에 적극적으로 참여하였다.

한국정부는 또한 초국가적 성격의 테러에 대처하기 위하여 국제적으로는 UN을 중심으로 한 국제적 공동노력뿐만 아니라 지역차원 및 양자차원의 노력도 병행하고 있다. ARF, APEC 정상회의, ASEAN+3 정상회의 등 국제회의에서 반테러 선언 채택에 적극적으로 참여하였고, 국내적으로는 국제테러집단에 제공되는 자금을 효과적으로 규제하기 위해 국제협약가입 및 국내법 정비 등을 추진 중이고, 테러자금조달억제 협약 등 국제테러 관련 협약에의 가입도 노력하고 있다.

제5장

이명박 정권의 국가전략

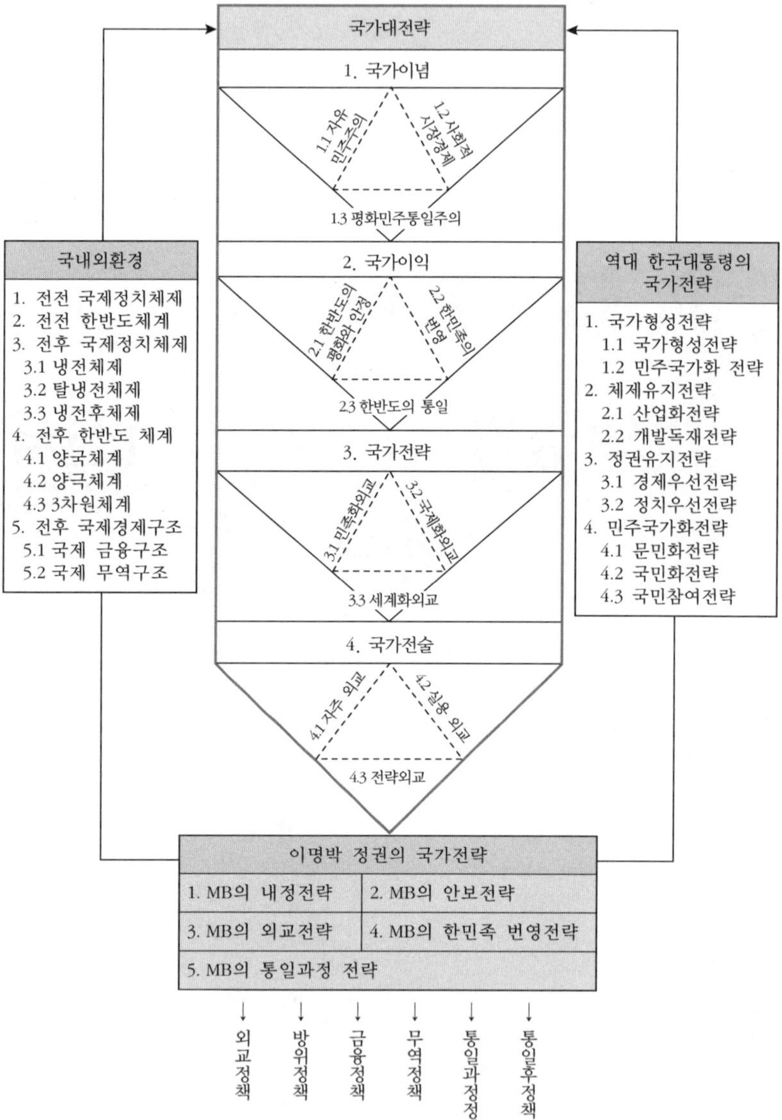

국가대전략
1. 국가이념
1.1 자유 민주주의
1.2 사회적 시장경제
1.3 평화민주통일주의
2. 국가이익
2.1 한반도의 평화와 안정
2.2 한민족의 번영
2.3 한반도의 통일
3. 국가전략
3.1 민족화외교
3.2 국제화외교
3.3 세계화외교
4. 국가전술
4.1 자주 외교
4.2 실용 외교
4.3 전략외교
국내외환경
1. 전전 국제정치체제
2. 전전 한반도체계
3. 전후 국제정치체제
3.1 냉전체제
3.2 탈냉전체제
3.3 냉전후체제
4. 전후 한반도 체계
4.1 양국체계
4.2 양극체계
4.3 3차원체계
5. 전후 국제경제구조
5.1 국제 금융구조
5.2 국제 무역구조
역대 한국대통령의 국가전략
1. 국가형성전략
1.1 국가형성전략
1.2 민주국가화 전략
2. 체제유지전략
2.1 산업화전략
2.2 개발독재전략
3. 정권유지전략
3.1 경제우선전략
3.2 정치우선전략
4. 민주국가화전략
4.1 문민화전략
4.2 국민화전략
4.3 국민참여전략
이명박 정권의 국가전략
1. MB의 내정전략
2. MB의 안보전략
3. MB의 외교전략
4. MB의 한민족 번영전략
5. MB의 통일과정 전략
외교정책
방위정책
금융정책
무역정책
통일과정정책
통일후정책

제 5 장 이명박 정권의 국가전략

이승만 정권에서 대한민국을 수립한 이래, 박정희 정권에서 출발하여 전두환 정권과 노태우 정권을 거치면서 "개발세력"은 김영삼 정권과 김대중 정권, 그리고 노무현 정권에서는 "민주세력"으로 대체되었으나, 민주세력들의 경제정책 실패 등으로 "선진세력"으로의 정권교체가 단행되었다. 언젠가는 한반도의 안전화와 안정화 전략을 추진하는 과정에서 성장한 "통일세력"에 의하여 창출될 정권을 염두에 두고, 이명박 정권에서는 『강한 한국, 선진 조국』을 슬로건으로 "선진화의 시대"를 창출하여야 한다는 사명감에서 한국의 전략(내정전략, 안보전략, 외교전략)과 한반도의 전략(한민족번영전략, 통일과정전략)을 동시에 추진하여야 한다.

제 1 절 MB의 내정전략

1. 중강국(中强國) 전략

유구한 역사와 전통을 자랑하는 대한민국은 국제적으로 국가 활동의 범위를 "중급국가(middle power)"에 상당하는 범위에서 행동하고, 국내적으로는 정부의 크기는 작으나 국가권력의 능력은 "강한 한국"을 지향하는 중강국(中强國) 전략을 구사하여야 한다. 그리고 전전 국제공법의 수용과정에서 실패한 경험을 살려, 전후에는 세계화의 수용과정을 성공적으로 달성하여 KOREA Vision 2020년까지는 반드시 선진화를 성취하지 않으면 안 된다는 절박한 상황에 직면하고 있다. 따라서 이명박 정권에서는 국제적으로 제한된 범위의 국가 활동과 국내적으로 강력한 힘의 국가권력이 조화를 이루는 중강국 전략을 추구하여야 한다.

또한, 한 국가의 국가전략을 논하는 과정에는 언제든지 그 국가의 위치를 좌표의 중심에 설정하여야 한다. 한국은 지정학적으로 동서와 남북이 십자 형태로 교차하는 중심에 위치해 있다. 좌표의 동서 간에는 주로 "평화"의 문제가 논의되고, 남북 간에는 주로 "발전"의 문제가 존재한다. 또한 한반도 전체를 고려하면, 대륙세력과 해양세력이 중첩되는 반도에 위치하고 있어, 역사적으로 한반도를 지배하는 세력이 동양을 제패한 전략적 요충지이다. 따라서 한국은 "평화와 발전"을 국정의 최우선 과제로 삼아 한반도 전체를 스스로 지배하는 세력이 되어야 한다.

한국 이외의 국가 또는 세력이 한국의 동의 없이 한반도를 지배하려고 할 경우, 그 국가 또는 세력의 대외행동을 "패권주의"로 규정하고, 한국은 반패권주의(反霸權主義)의 입장에 서서 강력하게 대응하여야 한다. 한국은 "어느 쪽도 아시아 · 태평양 지역에서 패권을 추구하면 안 된다. 어떠한 쪽도 어떠한 다른 국가 또는 국가집단이 이러한 패권을 내세우는 것에 반대한다"는 반패권주의 입장에서, 특히 한반도에 관한 한 "군사력 또는 경제력을 사용하여 타국을 침략하고 압박하여 자기의 세력을 확대하는" 패권주의를 단호하게 반대하여야 한다. 이것이 당당한 "자주외교"이다.

그리고 미국을 비롯한 동쪽의 자본주의 진영은 "민주평화론"의 입장에 따라 수시로 사회주의 국가의 내정에 간섭하려 한다. 반면 중국을 포함하는 서쪽의 사회주의 진영은 "민주기지론"의 주장에 따라 자본주의 후진국에 혁명의 수출을 시도한 바 있다. 평화의 문제는 곧 전쟁의 문제이다. 미국과 중국 간에는 역사상 비록 한국전쟁과 베트남전쟁과 같이 간접적으로 전쟁을 수행 한 바는 있으나, 직접적으로 전쟁을 한 바 없다. 그래서 한국으로서는 국가이익에 비추어 보아도 미국과 중국 간에는 평화의 문제만 존재할 것으로 기대하고, 가능한 한 그러한 방향으로 노력하되, 「상황의 정의」와 국가의 이익에 따라서 해양세력과 대륙세력 중에 "선택"하지 않을 수 없다.

한편, 북쪽의 선진공업국과 남쪽의 개발도상국 간의 경제격차에서 발생하는 남북문제는 발전의 문제이다. 역사적으로 보더라도, 발전도상국의 경제구조는 수세기에 걸쳐 1차산품의 공급지 또는 구미선진제국의 식민지 지배하에 있었다. 반면 선진제국은 관세장벽 및 그 외의 수입제한을 설정하는 등 보호정책으로 공업화를 촉진한 결과, 세계무역은 선진국의 독점상태가 되고, 발전도상국은 후진국의 상태를 벗어날 수 없었다.

그 후, 1960년대 후반부터 한국을 비롯한 신흥 공업국가(싱가포르, 대만, 홍콩, 브라질, 멕시코)들은 선진국의 평균수준 보다 높은 경제성장률을 실현함으로써 후진국가들에게 희망을 주었다. 그러나 이들 신흥공업국가의 수출규모는 크게 늘어난 반면, 선진국으로부터 원료, 중간제품, 자본재 등의 수입을 크게 늘리는 결과를 가져와, 결과적으로 선진국의 대열에 진입하는 데 난관에 봉착하게 되었다. 이를 극복하기 위하여 "세계화의 수용" 이외의 대안은 없다. 이것이 "실용외교"이다.

막스 베버는 국가를 "주어진 영토 안에서 합법적이고 독점적으로 물리력을 사용할 권리를 인정하는 인간 공동체"라고 정의한 바 있다. 환언하면, 영토라는 테두리 안에서 제복을 입고 권총을 찬 국가권력은 국민들에게 국가의 법을 따르도록 강제할 수 있는 능력을 갖고 있다는 것이다. 국가 활동의 범위란 정부가 떠맡은 다양한 기능과 목표를 의미하고, 국가권력의 능력이란 법을 정당하고 투명하게 집행하는 능력을 말한다. 여기에서 언급한 국가 활동의 범위에 관하여 세계은행(1997년 세계개발보고서)은 최소기능(순수 공공재 제공, 국방, 법과 치안, 재산권, 거시경제 관리, 공중보건, 공평성 증대, 빈곤층 보호)과 중간기능(외부역점사항, 교육, 환경, 독점규제, 불충분한 정보 개선, 보험 · 금융규제, 사회보험)과 적극기능(산업정책, 부의 재분배) 등 세 단계로 나누어, 국가기능의 범위에 관한 유용한 기준을 제공하였다. 또한, 국가권력의 능력에는 법률을 제정하는 능력, 정책을 확정하여 시행하는 능력, 최소한의 관료제로 효율성 높게 국정을 관리하는 능력, 독직 · 부정부패 · 수뢰 등을 감시하는 능력, 제도 내에서 높은 수준의 투명성과 책임성을 유지하는 능력, 그리고 가장 중요한 것으로 재산권 등 법을 집행하는 능력 등이 포함된다.[1)]

재산권 보호와 같은 최소한의 국가권력도 수행하지 못하는 국가라면, 경제성장은 제자리에 머물고, 그렇다고 국가 활동의 범위를 부의 재분배 등으로 지나치게 확대하면, 경제성장률은 저하될 수 있다는 가정에서 출발한다. 작은 정부가 힘이 없는 정부를 뜻하는 것은 아니다. 강한 정부는 경제발전의 필수조건이고 합법성이 없는 정부는 강한 정부가 될 수 없다. 나아가서, 강한 정부는 국민이 원할 때만 만들어 진다는 사실을 인식하여야 한다. 아울러, 국가라는 공동체의 테두리 내에서는 강력하고도 정당한 국가권력을 행사하는 동시에, 국가 활동의 범위는 최소화하여 신자유주의에 입각한 경제활동을 권장하여야 한다.

박정희 정권은 군사 쿠데타를 동반하여 탄생한 결과, 국내정치적으로 군사화된 한국사회를 만들었으나, 전두환 정권과 노태우 정권을 거치면서 탈(脫)군사화 과정을 거쳐 오다가 김영삼 정권에서 「하나회」의 해체 등을 통하여 결정적으로 문민화를 이루었다. 박정희 정권은 또한 경제적 발전과 정치적 안정을 동시에 추구한 개발정치를 추진한 결과, 우선 외국자본을 이용

1) 후쿠야마 저 / 안진환 옮김, 『강한 국가의 조건』(황금가지, 2005년), pp. 21～24.

하여 경제성장을 추구하면서, 외국에의 의존이라는 종속을 초래하였다. 그러나 종속보다는 몇백 배의 에너지를 투입하여 외국으로부터의 자립을 가져왔고, 경제적 성장의 기반을 구축하여 소위「한 마리의 아시아 용」으로 불리우는 NIES의 대열에 들어갔고, 나중에는 OECD의 정회원으로서 선진국의 문턱에까지 도달하게 되었다.

그러나 박정희 정권은 정치적 안정이라는 명분으로 국민의 정치참여를 현저하게 제한하고, 군이나 테크노크라트라고 불리우는 기능집단에 의하여 행정우위와 관존민비를 특징으로 하는 권위주의 지배체제를 형성하였다. 이러한 권위주의 체제는 전두환 정권과 노태우 정권을 거치면서, 민주화를 투쟁으로 쟁취한다는 명목 하에 또 다른 권위주의체제를 만들어, 김영삼 정권과 김대중 정권을 유지하여 왔다. 그러나 노무현 정권에서는 또 다른 권위주의체제를 청산하고, 20세기 민주주의의 폐해를 시정하여 참여민주주의를 통한 21세기의「보다 많은 민주주의」(more democracy)를 추구하면서,「사람의 지배」에서 벗어나, 한국의 정치와 경제제도를 20세기 복지국가의 재건도 아니고, 시장사회도 아닌「제 3 의 길」이라는 새로운 제도를 마련하는「시스템 개혁」을 추진하려고 노력은 하였다.

지난 20세기의 선진 민주주의는 경제성장을 전제로 한 부의 재분배를 수행하는 제도로서 기능하여 왔다. 사람들이 정치에 참가하는 동기는 정책결정 과정에 영향을 주고, 보다 많은 정책적 이익을 받는 것을 목표로 한 것이었다. 그래서 정치참가와 구체적 정책의 혜택 간에는 상관관계가 존재하였다. 특히 같은 지역을 고향으로 갖고 있는 사람과 동일한 직업에 종사하는 집단의 대표를 지원함으로써, 그에 상응하는 이익을 배분받아 왔다. 20세기의 민주주의는 이익분배의 정치라는 성질을 가졌고, 이러한 이익배분의 기반으로 지속적 경제성장을 들 수 있다.

앞으로 21세기에는 석유 등 자원의 제약으로 경제성장에도 한계를 느끼고, 경제정책에 관하여도 이익배분의 정치로서의 민주주의는 커다란 전기를 맞고 있다. 예를 들면 이제는 이산화탄소를 무제한 방출하면서 경제성장을 추구하는 것은 허용되지 않고, 국제적인 규칙을 무시하고 자국산업을 보호하는 것도 인정되지 않는다. 따라서 21세기에 민주주의의 재생을 위하여 정책결정의 과제를 단편적이고 단기적인 이익배분에서 보편적이고 장기적인 이익배분으로 전환하지 않으면 안 된다. 이러한 정책전환을 위해서는 정보제공의 개혁과 국민으로서의 책임감 회복이 필요하다.

우선 민주주의 국가에서 정책결정 과정에 기득권을 가진 소수파가 다수파로 바뀌는 경우가 있는데 이를 타개할 수 있는 방법은 정보의 제공이다. 왜냐하면, 정책선택에 관한 정보의 제공을 통하여, 공공의 이익을 실현하지 않을 경우 장래 어느 정도의 손실을 국민 전체가 부담하여야 하는가를 밝혀 주는 것이다. 또한 어떤 집단의 이익이 기득권화하고 있는 실태를 철저히 밝혀, 보통사람들로 하여금 공공이익에 대한 책임감을 회복시켜 주기 때문이다.

또한 21세기 민주주의의 재생을 위하여 정책에 따라 추구하는 이익을 분할 가능한 이익과 분할 불가능한 이익으로 분류하고, 원칙적으로 분할 가능한 이익의 배분과 조정은 지방정부에 위임하며, 중앙정부는 국민 전체와 관련되는 분할 불가능한 이익에 관한 정책을 논하고, 결정하는 역할을 담당함으로써 지방분권과 국가균형발전이라는 국정과제를 실현할 수 있다.

여기에서 언급한 분할 가능한 이익이란 특정지역에 대한 개발과 보조금, 특정업계에 대한 보조금과 세금의 면제 등을 들 수 있고, 이를 이용하여 지역 전략산업 육성과 지방경제 활성화를 추진하되, 이러한 정책에 따른 이익이 특정의 사람들에게 귀착하지 않도록 「법과 원칙의 지배」에 따라 건전한 상식에 기초한 합리적 선택이 될 수 있도록 「시스템 개혁」을 통한 제도적 장치를 마련하여야 한다.

또한 분할 불가능한 이익이란 깨끗한 공기와 물, 국민전체를 대상으로 하는 사회보장과 교육정책, 치안의 유지 등과 아울러 경기 대책을 위하여 다량의 적자국채발행이나 재정적자 등 경제정책과 인권, Terrorism, 환경 등 초국가적인 issue 등이다. 이는 정책의 혜택이나 정책의 피해가 국민 전체에 영향을 주는 것이다.

2. 공정한 시장경제 구축 전략

한국의 국시는 민주공화체제로서 자유와 인권이 보장되는 민주주의를 실현하는 동시에, 번영과 발전을 목표로 하는 사회적 시장경제체제를 구축하여야 한다. 세계화의 흐름 속에서 한 국가의 시장을 개방하면 할수록 보다 많은 국가의 이익을 가져

올 수 있다는 예는 싱가포르, 홍콩 등에서 찾아 볼 수 있다. 무역의 자유화, 투자의 자유화를 국내적으로 추진하는 동시에, 한국의 경제적 이익이 많은 외국에 대하여도 자유화를 요구하여 한국의 국익을 추구하여야 한다.

우선 한국 정부는 국제경제 전략의 일환으로 경제면에서 민주주의를 실현하는 수단으로 자유시장경제의 개입과 확대(Engagement and Enlargement of Free Market-Economy)를 국가전략으로 선택하고 집중하여야 한다. 개입이란 한국의 경제적 이익이 걸려 있는 국제적 사안에 대하여 능동적으로 관여하는 것이다. 확대란 무역의 자유화, 투자의 자유화 등 자유시장 경제를 국내적으로나 국제적으로 확산을 도모하는 것이다.

한국정부는 무역자유화의 일환으로 1998년 11월 5일 국무총리 주재로 개최된 대외경제조정위원회에서 자유무역협정(FTA, Free Trade Agreements)을 칠레와 추진키로 공식적으로 의결하였다.

한국 정부가 칠레를 첫 FTA 상대국으로 선정한 이유는 한국이 처음으로 시도하는 FTA이므로 한국 경제에 미치는 영향이 크지 않으면서, 이를 통해 향후 한국이 거대경제권과 본격적으로 추진할 FTA를 대비해 경험을 축적하는 데 있다. 칠레는 이미 10여개의 FTA를 체결한 경험이 있어, 칠레와의 FTA협상을 통해서 FTA의 통상규범에 대한 노하우를 습득할 수 있을 것이다. 칠레가 쌀과 소고기를 수출하지 않고, 과일과 채소 위주의 농산물 수출구조를 가지고 있으나, 계절이 한국과 반대인 관계로 한국 농업에 미치는 영향이 적을 것이라는 판단도 크게 작용하였다.

이러한 FTA와 같은 지역무역협정은 GATT 제24조 제 8 항 (b)에 명시된 바와 같이 "체약국 간에 체약국산 제품에 대해 관세와 기타 제한적인 무역규정들이 실질적으로 모든 교역(substantially all the trade)에서 제거되는 둘 이상의 관세지역 그룹으로 정의되고 있다. 지역무역협정의 형태는 (1) 회원국간 관세만을 철폐하는 자유무역협정(FTA), (2) 회원국간 자유무역 외에도 역외국에 대해 공동관세율을 적용하는 관세동맹(Custom Union), (3) 관세동맹에다가 회원국간 생산요소의 자유로운 이동이 가능한 공동시장(Common Market), (4) 회원국간 금융, 재정정책 등에서 공동의 정책을 수행하는 경제공동체(Economic Community), (5) 단일통화, 회원국의 공동의회 설치와 같은 정치 · 경제적 통합을 달성하는 완전경제통합 수준인 단일시장(Single Market)

도표 5-1 • 지역무역협정의 종류와 포괄범위

<table>
<tr><th>역내 관세 철 폐</th><th>역외 공동관세 부 과</th><th>역내 생산요소 자유이동 보장</th><th>역내 공동경제 정책 수행</th><th>초국가적 기구 설치 · 운영</th></tr>
<tr><td>자유무역협정 (NAFTA, EFTA 등)</td><td></td><td></td><td></td><td></td></tr>
<tr><td colspan="2">관 세 동 맹 (베네룩스 관세동맹)</td><td></td><td></td><td></td></tr>
<tr><td colspan="3">공 동 시 장 (EEC, CACM, CCM, ANCOM 등)</td><td></td><td></td></tr>
<tr><td colspan="4">경 제 공 동 체 (EU)</td><td></td></tr>
<tr><td colspan="5">완 전 경 제 통 합 (EU: 마스트리히트 조약발효 이후의 EU)</td></tr>
</table>

등으로 나눌 수 있다.[2] 이를 도표화하면 [도표 5-1]과 같다.

다음으로는 투자자유화의 일환으로 한국 정부는 일본과의 양자간 투자협정(BIT, Bilateral Investment Treaty)을 체결하였고 미국과도 추진 중에 있다. 이런 BIT는 투자보호뿐만 아니라 투자자유화도 포함하고 있어, 투자보장협정(IPPA, Investment Promotion & Protection Agreement)보다는 포괄적인 것으로 볼 수 있다. IPPA가 체약국의 현존하는 투자관련 법제와 투자허용 수준의 테두리 내에서 투자자의 보호와 투자의 증진에 관한 사항을 담고 있는 데 반해, BIT의 경우 기존의 투자관련 법률체제를 전제로 하지 않고 투자 자유화와 투자자 보호수준을 강화하는 새로운 방안을 도입, 이를 협정문에 명문화하였다. 한편 FTA와 BIT와의 관계를 도표화하면 [도표 5-2]와 같다.

또한 한국정부는 국내경제 전략의 일환으로 금융개혁, 세제개혁 등 경제시스템의 개혁과 규제개혁 등 기업하기 좋은 나라를 구축하는 자유롭고 공정한 시장질서의 확립을 추진하는

도표 5-2 · FTA와 BIT와의 관계

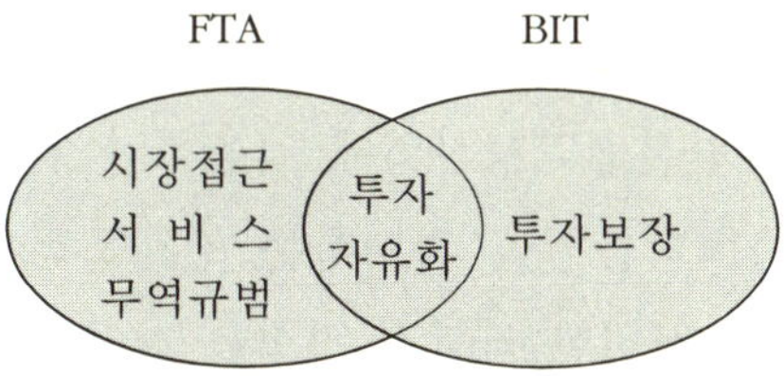

2) 정인교, 『FTA시대에 어떻게 대처할 것인가?』(대외경제정책연구원, 2001년), pp. 18~19.

것이다. 동시에 국민경제의 재건, 즉 경기회복과 재정재건이라는 두 마리의 토끼를 동시에 잡기 위하여 기술혁신, 신산업육성, 과학기술 인력의 양성 등을 통하여 과학기술중심사회의 구축을 국가전략으로 선택하고 집중하여야 한다.

우선 어느 정도의 경제성장률을 유지하고, 낮은 수준의 실업률을 갖는 국민경제의 재건과, 마스트리히트 조약에서 요구하는 GDP 비율 3% 이내의 재정적자라는 재정의 재건을 동시에 추진하기 위하여는 노동집약형산업에서 자본집약형산업을 거쳐 지식집약형산업으로 산업구조를 전환하지 않으면 안 된다. 그리고 지식집약형산업에의 전환에는 과학기술중심사회의 구축이 필수적이다. 19세기 말 선진국에서는 경공업에서 중화학공업으로 산업구조가 전환한 시기라고 한다면, 20세기 말과 21세기 초 선진국에서는 자본집약형산업에서 지식집약형산업으로 전환하는 과정이라고 할 수 있다.

한국은 1970년대 경공업에서 중화학공업으로 전환하여 국제적으로 산업화는 늦었으나, 지식집약형산업으로 대변되는 정보화는 21세기 선진국들과 함께 협력과 경쟁의 과정을 수행하고 있다.

19세기 말 자본집약형산업에 대응하기 위하여 사회보험이 창설되었고, 중화학공업을 지탱하는 전제조건으로 철도, 항만 등의 사회자본을 정비한 역사적 경험을 가지고 있다. 이를 바탕으로 21세기 지식집약형산업을 구축하기 위한 전제조건으로 사회적 Safety Network(사회정책)와 사회적 Infrastructure Network(사회자본)를 정비하여야 한다.

20세기 산업구조의 대량생산과 대량소비를 지탱하여 온 수요는 감퇴하고, 경기불황이 심각해지기도 하였다. 소비재에의 수요도 다양화되고 이에 따른 생산성을 올리는 것이 어려운 현실에 직면하였다. 또한 재정재건이라는 과제는 국민들이 다함께 극복하지 않으면 안 된다. 약자는 경비 삭감으로 인하여 어려움을 겪고 있는 이상, 강자는 소득세의 인상 등 조세부담으로 재정을 재건하고, 세계최고의 IT국가를 목표로 산업구조를 전환하여야 한다.

20세기 중화학공업이라는 자본집약형산업에서는 자본, 요컨대 기계, 즉 인간신체의 연장이라는 노동수단이 생산을 규정하나, 21세기 지식집약형산업에서는 기계가 아니고, 정보를 전달하는 사람이 생산을 규정한다. 다시 말하면 인간신체의 연장이 아니고, 인간두뇌의 연장이 생산을 규정한다. 따라서 한국정부로서는 지난 40여년간 일관되게 추구한 대외 지향적 경제발전전략에 따라 재정을 재건하고, 경기회복을 통한 국민경제의 재건을 동시에 추진하는 방안으로서 서울을 「IT의 수도」로 만드는 지식집약형산업에의 전환을 수행하여야 한다.

3. 『한반도에서의 정통성』 전략

한국의 정통성은 한반도 남반부에 한해서 실시한 제헌국회선거가 UN임시한국위원회 감시하의 자유선거로 실시되었다는 데서 찾을 수 있다. 나아가서 1948년 12월의 UN결의안 195(Ⅲ)은 “한국정부는 한반도에서 유일한 합법정부이다”는 점을 재확인하고 있다. 다만 UN결의문 195(Ⅲ)에는 "임시위원회가 관찰하고, 또한 협의할 수 있는 지역"이라고 명기하고 있어, 한국정부의 정통성 기반이 한반도 전역에는 미치지 않는다고 해석하는 견해도 있다. 그러나 UN 결의문 195(Ⅲ)이 한국정부의 정통성을 UN 감시하의 자유선거에서 논거하고 있다는 의미에서, 한국정부는 이중으로 정통성을 UN으로부터 부여받았다고 할 수도 있다. 따라서 한국정부는 이승만 정권 이래 한국 통일방안으로 UN 감시하의 자유선거를 강조하여 왔다.

한국은 분단국가로서 북한과의 정통성을 둘러싼 대립이 현재에도 계속되고 있다. 당초 UN으로부터 부여받은 정통성을 기반으로 「하나의 한국」이라는 원칙으로 일관하여 왔다. 매년 UN 총회에서 한국 지원국가들이 제출한 결의안이 가능한 한 많은 찬성표를 얻기 위하여 한국정부는 당시 서독정부가 채용하여 왔던 「할슈타인 원칙」을 원용하였다. 즉, 북한과의 국교를 맺고 있는 국가와는 국교관계를 맺지 않고, 역으로 한국과 국교관계를 갖고 있는 국가가 북한과 국교를 수립할 경우에는 그 국가와는 단교한다는 방침을 수립하였다.

한국은 이러한 「할슈타인 원칙」을 당시에는 문자 그대로 적용하여 『두 개의 한국』을 부정하고 한반도에서 유일한 합법정부라는 『하나의 한국』을 관철하는 데 어느 정도 효과를 거두었다. 그러나 북한은 한국판 「할슈타인 원칙」에 대항하고, 한국이 이미 국교관계를 맺고 있는 국가에 대하여서도 적극적인 외교활동을 행하였다.

또한 한국이 「할슈타인 원칙」의 적용을 계속한다면, 북한의 수교국을 증가시키고, 결과적으로 UN 총회에서 한국 지지국의 감소를 가져오는 딜레마를 가져왔다. 또한 닉슨 대통령 방중(1972. 2. 21)에 의한 미 · 중 접근 등 국제정세의 변동에 맞추어, 『하나의 한국』이라는 원칙에 수정을 가하기 시작하여 『두 개의 한국』을 인정하는 남북한의 UN 동시가입을 포함하는 「평화통일 외교선언」(1972. 6. 23)을 발표하였다.

남북한의 UN 동시가입은 북한이 반대하고 UN 안전보장이사회 상임이사국인 중국과 소련이 한국의 가입 신청에 대하여 거부권을 발휘하는 한, 실현할 수 없었다. 그러나 한국은 고르바초프 정권의 수립과 더불어 1990년의 한 · 소 국교정상화에 이어, 중국과 소련 양국에 거부권 불행사를 교섭하였고, 북한도 한국의 UN 동시가입 제안을 현실적으로 받아들여, 1991년 9월 17일 남북한은 UN 동시가입이 성사되어, 『두 개의 한국』, 즉 『하나의 한국, 하나의 조선』정책을 실현하게 되었다.

그 후, 한국은 북한이라는 실체를 인정하면서 『하나의 한국』 정책은 지양하고, 한반도의 통일이라는 『하나의 한반도』 정책을 추진하고 있다고 간주할 수 있다. "선 북한민주화, 후 한반도통일"의 입장에 따라 UN 등 국제사회로부터 한국의 정통성을 확보하고 있는 이상, 한국정부는 한반도 북반부에서도 다당제와 인권개선이 있는 정통 민주정부의 탄생을 지원하여야 한다.

이명박 정권은 북한당국과 싫든 좋든 한반도에서 정통성의 경쟁을 하여야 한다. 한국은 산업화의 경쟁과 민주화의 경쟁에 이어, 선진화의 경쟁까지 진행시키고 있다. 더불어 체제의 경쟁과 정권의 경쟁에 이어 정책의 경쟁에서, 남북 간에 어느 쪽이

"민족의 이익"과 "국민의 이익"을 잘 대변하는가의 경쟁에서 이겨야 한다.

냉전후(post-cold war)체제에 돌입한 1993년에는 유고슬라비아라는 국가의 해체과정 중에 민족주의라는 단어가 부활하였다. 민족주의란 같은 민족, 언어, 문화, 역사 등에 따라 자신이 속한 집단에 대한 무한한 충성심을 말한다. 21세기 정보화 시대에는 민족주의(Tribalism)와 보편주의(Universalism) 간에 균형을 유지하고 있으나, 경제의 세계화가 진행하면 할수록 대부분이 보편화되고 있다. 그러한 과정중에서 유지된 민족의 특이성만이 보다 중요하고도 강력한 힘이 된다. 이를 신민족주의(Neo-Nationalism)라 표현하고자 한다. 21세기 세계화 시대에도 통용되는 개방형 민족주의이다. 환언하면, 세계가 보편화되면 될 수록 우리들의 행동양식은 보다 민족 지향적으로 된다는 대역전의 조류(Global Paradox)이다.[3)]

유럽연합(EU)을 통하여 거대화되고 경제적으로 동질화하는 것에의 반동으로, 유럽 사람들은 자국의 문화적 전통에 대하여 보다 애착을 갖게 되고, 유럽 소수민족의 언어를 지키려는 기운이 높아지고 있다. 세계화가 진행되고 있는 중에 민족적인 것에 중요성이 커지고 있는 지금, "지역에 관심을 가지면서, 세계에 뿌리를 내려라(Think Locally, Act Globally)"는 21세기에 걸 맞는 표어이다.

한편, 국가주권 존중과 내정 불간섭주의를 기본원칙으로

---

3) John Naisbitt, *Global Paradox*(Avon Books, 1995), pp. 5~23.

하는 국가주의(Nationalism)는 Westphalia 조약의 체결(1648) 이후 제 2 차 세계대전 사이에 나타났다. 그 후 독일 및 이탈리아의 패전으로 유럽에서는 소멸되어 가고 있기는 하나, 아직도 국제법, 조약, 개인의 의사보다 국가의 이익이 우선하는 국가주의는 그 힘을 잃지 않고 있다. 특히, 한 민족이 한 국가를 구성하여야 한다는 민족자결주의는 우리 한민족에게는 21세기 현재에도 중대한 과제로 남아 있다.

냉전후 체제에서 나타난 신민족주의는 독일과 예멘과 같이 하나의 민족국가로 탄생하기도 하고, 소련과 유고슬라비아와 같이 여러 개의 민족국가로 해체되기도 하였으며 동티모르와 같이 인도네시아에서 분리하여 독립국가로 탄생하기도 하였다. 하나의 민족이 두개의 국가로 분리된 상황에서는 양쪽 중에 "민족의 이익"과 "국민의 이익"이 되는 편으로 하나의 통일국가가 달성되어야 한다.

제 2 절 MB의 안보전략

한국 정부는 북한과의 정경분리의 원칙에 따라, 안보문제를 포함한 정치문제와 북한 개방화를 지원하는 경제문제를 분리하여 대응하여야 한다. 또한 한국 정부는 미국과의 공조 하에 북한 핵문제 등 안보문제를 해결하고, 일본과의 협조 하에 북한 인민의 「먹는 문제」등 경제문제를 다루어야 한다. 나아가서는 한 · 미 · 일 3국 간의 상호이해와 정책협조를 바탕으로 한 긴밀한 연대를 통하여 한반도의 통일문제와 한민족의 번영문제를 해결하여야 한다. 한국의 주도로 미국, 일본과 함께 중국과 러시아와의 국제공조 하에 휴전선에서 압록강까지 진출하는 "한반도의 시대"를 개척하여야 한다.

한반도 평화체제구축이라는 첫 번째 한국의 안보전략은 북한의 남침에 대비하여 한국의 안보를 스스로 지키는 유비무환 전략으로서 자강을 실행하여야 한다. 두 번째로 북한이 남침하지 않도록 북한과의 안보대화를 강화하는 동시에, 북한의 대량파괴무기 문제를 교섭을 통하여 스스로 포기하도록 하는 등 군사적 신뢰구축에 필요한 민족공조의 전략을 수행할 필요가 있다. 세 번째는 북한이 남침하였을 경우 동맹관계에 있는 미국의 절대적 지원이 긴요한 동맹전략을 추구하고, 미국을 정점으로 일본과의 간접적인 안보협력도 필요하다. 더불어 중국과 러시아의 대북군사지원을 사전에 차단하는 국제공조의 환경정비전략이 중요하다.

1. 유비무환 전략

한국은 중동의 이스라엘과 같이 독립 이래 일관하여 유비무환이라는 위기관리전략을 추진하여 왔다. "최선의 상황에서도 최악의 경우를 생각하여야 한다"는 것은 안보의 불문율이다. 북한과의 평화정착 없는 화해협력은 비현실적이다. 한국은 한국전쟁이라는 경험도 있고, 아직도 북한은 군대가 곧 국가라는 선군정치(先軍政治)를 실시하고 있어, 「고슴도치전략」을 국가전략으로 설정하여야 한다. 북한, 중국 등 공산주의국가에서는 군대를 통해 통치하는 것이 전형적이지만, 실제 군력은 군대에 있지 않고 최고 권력자로부터 나온다는 사실을 잊어서는 안 된다.

국가로서 북한의 특징은 정치와 경제의 비대칭성에 있다. 북한경제는 이미 파탄지경에 있음에도 불구하고, 북한체제가 소련이나 동구국가들과 같이 붕괴하지 않은 이유는 경제체제와는 비교되지 않을 정도의 강한 정치체제가 존재하기 때문이다. 김일성과 김정일 두 사람을 정점으로 하는 일원적인 특이한 정치체제가 경제체제의 파탄을 보완하여 왔다.

1972년 개정된 김일성 헌법 제14조에서 북한의 무장력은 국방뿐만 아니라 사회주의 제도와 혁명획득물의 보위라는 임무를 부여받았다. 이때 국방위원회가 설치되고, 국방위원장이 "국가의 일절 무력을 지휘 통솔 한다"고 규정하였다. 1980년에 개정된 북한노동당 규약 제46조에서 북한인민군은 노동당의 혁명적 무력, 즉 노동당의 군대라고 규정되어 있다.

그리고 지난 1994년 7월 8일 김일성 주석이 사망한 후, 소위 "3년 상"을 지내고, 김정일은 1997년 10월 8일 노동당 중앙위원회와 노동당 군사위원회로부터 북한 노동당 총비서로 추대되었다. 그리고 1998년 9월 5일 북한 최고인민회의 제10기 제 1차 회의에서 북한 국방위원회 위원장으로 재임되어, 사실상 국가원수로 취임하고, 주석제를 폐지하였다.

1999년 1월 1일 『노동신문』 등의 공동사설은 북한이 강성대국(强盛大國)의 건설을 목표로 하고 있음을 강력히 주장하였다. 강성대국이라는 슬로건은 1998년 9월 김정일이 국가의 최고직책이라는 국방위원장으로 재추대된 후 빈번히 사용되어 왔다. 강성대국이란 "사상, 정치, 군사, 경제 등 모든 분야에서 최상의 위력을 갖는 사회주의강국"으로 정의하고, 강성대국을 실현하는 방책으로서 1999년에 들어와서 "선군정치"를 주창하였다.

이러한 선군정치에 관하여 같은 해 6월 16일 『노동신문』은 "군사선행의 원칙에 따라 혁명과 건설에서 제기된 모든 문제를 해결하고, 군대를 혁명의 축으로 사회주의 위업 전반을 추진하여 나간다"고 설명하고 있다. 북한인민군은 군사면에서 "적의 반공화(反共和) 침략책동을 확실히 분쇄하는 무자비한 검(劍)"일 뿐만 아니라, 내정면에서는 "사상적 신념이 철저한 전위부대"로서 사회주의를 수호하고, 외교면에서는 "치열한 외교전에서 위력을 발휘하는 최후의 수단"으로서 상대방으로부터 양보를 받아내는 데 이용되고 있다. 이러한 설명에서 보듯이, 김일성 주석의 사후, 김정일 총비서가 빈번히 군부대를 방문한 경위로 보아, 선군정치라는 이름으로 체계화하고, 이를 정치수법으로 강화하여 나가고 있다.

북한은 수령 · 노동당 · 인민의 삼위일체로 구성된 폐쇄적인 유기체국가(사회정치적 생명체)이다. 김정일 국방위원장을 정점으로 하는 정권과 이러한 김정일 정권을 뒷받침하고 있는 노동당을 중심으로 하는 체제와 이러한 노동당체제는 인민을 포함한 영토와 주권을 갖는 국가로 유지되고 있다.

김정일 정권으로서는 우선 1997년 10월과 1998년 9월 각각 노동당 총비서와 국방위원장으로 추대되어 정식으로 발족하여 북한 내에서 지도체제를 확립하였다. 둘째로 노동당을 중심으로 하는 정치체제는 유지하더라도, 식량문제를 포함한 심각한 경제사정을 해결하기 위하여 개혁과 개방의 정책을 통한 경제체제의 재건이 필요하였다. 마지막으로 북한인민들의 「먹는 문제」를 고려하여, 한국을 포함한 미국, 일본 등과의 대외관계 타개가 필요하다.

북한은 김일성 자신이 언급하였듯이 국가가 수립되기 이전에 군대가 만들어진 특이한 나라이고, 북한 인민군의 건군목적이 조국통일, 즉 한반도의 무력해방이라는 점을 항상 염두에 두고, 북한당국은 남조선 통일전선전략에 따라 한국에서의 인민민주주의 정권의 수립과 (높은 단계의) 연방제를 이행하려고 할 것임을 명심하여야 한다. 한국정부는 북한으로 하여금 대남적화통일을 포기하고, 평화통일의 노선을 선택하도록 유도하여야 한다.

여기에서 북한의 군사전략을 살펴보면, 대외적으로 나타난 "시대적 상황"과 대내적으로 형성된 "국력의 한계"에 따라 남조선해방 전략(1945-53), 사회주의 우선전략(1953-62), 남조선혁명 전략(1962-72), 대남 평화공존 전략(1972-91), 그리고 선군정치의 생존전략(1991-현재)으로 나누어 분석할 수 있다.

첫 번째로, 남조선혁명 전략에 따라, 북한인민군은 "조선로동당의 무장력"으로, 그 전신은 "보안간부 훈련 대대부"(1946. 8)이고, 그 후 "북조선 인민 집단군 사령부"(1947. 5), "조선인민군 사령부"(1948. 2)로 각각 개칭하였다. 북한으로서는 남한과의 "정통성경쟁"에 승리한 후에 북한지역을 사회주의 혁명기지(민주기지)로 만들어 미군을 쫓아내고 남조선을 해방 시킨다는 "민주기지론"을 주장하면서, 한반도에서 소련군의 철수(1948. 12)를 단행하였다. 그 후 북한은 소련과의 군사비밀협정(1949. 3. 17)을, 중국과 상호방위협정(1949. 3. 18)을 각각 체결하고, 무기 및 장비와 공동방위를 각각 약속 받아, 남조선 해방전쟁(1950. 6. 25)이 발발하였다.

두 번째로, 사회주의 우선전략에 따라, 남조선 해방에 실패한 북한은 "선 사회주의건설, 후 남조선혁명"전략으로 수정하고, 우선 북한 내부에서 사회주의건설과 전후 복구에 주력하면서, 소련과 중국의 지원으로 육군과 공군의 장비를 대폭 증강하였다. 그리고 한국전쟁에 참가한 중국 인민군이 철수(1958. 9)한 후, 북한은 소련, 중국과 각각 동맹조약을 체결(1961. 7)하고, 조선노동당 중앙위원회 제 4 기 5차 전원회의(1962. 12)에서 "4대군사 노선"(전인민의 무장화, 전국토의 요세화, 전군의 간부화, 무기의 현대화)과 안보우선의 "국방과 경제건설 병진노선"을 채택하였다.

세 번째로, 남조선혁명 전략은 "남조선에서 미 제국주의 침략세력을 내쫓고, 남조선인민들로 하여금 혁명투쟁을 하도록 하여 나라의 통일을 실현"하는 전략으로, "조선 로동당의 당면 목적은 전국적 범위에서 민족해방(NL)과 인민민주주의혁명(PD) 과업의 완수이고, 최종목적은 공산주의사회의 건설"(조선로동당 규약)하는데 있는 것이다. 조선노동당 중앙위원회 제 4 기 15차 전원회의(1967. 5)에서 김일성 유일체제를 확립한 북한은 베트남 공산주의자들과의 군사원조협정 조인(1967. 8), 청와대 기습사건

(1968. 1. 21), 푸에블로호 나포사건(1968. 1. 23), EC 121기 격추사건(1969. 4), 울진 · 삼척 무장게릴라침투(1968. 11) 등 대남(미)군사 도발을 자행했다.

네 번째로, 대남 평화공존전략에 따라, 닉슨의 「괌 · 독트린」(1969. 7) 후에 김일성은 "사회주의로 나가는 것이 좋기는 하지만, 그것은 주관적 욕망만으로는 될 수 없는 것"이라 하면서 데땅뜨 분위기에 편승하여 남한과는 남북 공동성명을 발표(1972. 7. 4)하고, 남북한 공히 자본주의 · 권위주의와 공산주의 · 전체주의 체제를 수립(1972. 12. 27)하였으며, 미국과는 뉴욕에 UN주재 북한대표부 설립(1973. 9)을 계기로 미국과의 대화 채널을 형성하고 있다. 또한 일본과도 국교정상화 교섭 분위기를 조성하였다.

마지막으로, 선군정치의 생존전략에 따라, 동구사회주의국가의 민주개혁(1989)과 소련연방의 해체(1991)에 이어, 사회주의 시장경제의 붕괴와 중국과 러시아로부터 원조의 중단 등으로 북한의 경제는 위기에 직면해 있다. 제 1 차 "북한 핵 위기"(1993. 3-1994. 8)로 인한 국제적 고립과 김일성 사망(1994. 7)이후 "유훈 통치"와 "고난의 행군"을 거치면서 김정일 체제를 확립하였고, 선노 후군(先勞 後軍: 1985)과 선군 후경(先軍 後經: 1994) 후에 처음 등장한 선군 후노(先軍 後勞)라는 "선군 정치"(1997. 10)는 노동자 계급의 혁명보다 군의 체제수호를 우선하는 등 국내정치와 대외관계의 정책결정과정에서 "군부우선"의 정책으로 자리잡고 있다.

이명박 정권에서는 북한당국이 어떠한 구실을 만들어 한국에 전쟁을 도발하는 대남침공을 원하지 않는 것은 말할 필요도 없고, 경제적 곤경으로 인하여 북한정권이나 체제의 내부붕괴도 바람직스럽지 않은 상황이긴 하나, 여사한 사태에 대비하여 만반의 준비를 하는 유비무환의 전략을 한국의 안보전략의 최우선순위로 삼아야 한다.

첫째로, 자강정책이다. 한국정부로서는 『국방개혁 2020』[4]의 취지에 따라 2010년(제 1 단계)까지는 대북한 전쟁억제능력을 확충하고, 2015년(제 2 단계)까지는 대북한 전쟁억제능력을 확보하며, KOREA Vision 2020년(제 3 단계)까지는 불특정 위협에 대한 충분한 방위전력을 확보한다는 총론은 존중하되, 한미동맹의 복원 등 "상황의 정의"에 따라 각론에서 수정 · 보완이 필요할 것으로 본다.

둘째로, 북한의 남침에 대비한 방위정책이다. 1978년부터 20여년간 한미양국은 한미연합사(CFC)체제를 통해 연합방위태세를 구축하여 왔으나, 전시 작전통제권이 2012년 4월 17일부로 한국군에 이양된다면 한미연합사는 해체되고 새로운 한미연합방위제도로 변화할 수밖에 없어 이에 맞추어 『작전계획 5027』[5]도 수정하여야 한다.

---

4) 지난 2005년도에 수립된 『국방개혁 2020』의 핵심은 병력 위주의 양적 재래식 군사력 구조를 정보 · 기술집약형의 첨단 구조로 전환하며, 저비용 · 고효율의 국방관리체제로 혁신하는 것이다. 이를 위해 2020년까지 상비병력은 68만여 명에서 50만명 수준으로 단계적으로 감축하되, 간부비율을 증대시켜 정예화하고, 전투효율이 높은 첨단무기체계를 확보한다. 또한 부대구조는 전체적인 부대수는 감축시키되 전투부대 편성의 완전성을 보장하며 합동성이 강화될 수 있도록 전환한다는 것이다.

5) 『작전계획 5027』은 주한 미 8군이 태평양 사령부(PACOM)의 명령을 받아,

셋째로, 북한의 붕괴라는 「만약의 사태」에 대한 대비정책이다. 북한사회주의체제, "조선민주주의인민공화국," 김정일 정권이라는 북한체제에서, 점진적 위기진행의 지표로 권력집단(관료)의 동요, 사회유동성(탈북자)의 증가, 김정일(주체사상)의 신뢰도 추락, 외교적 고립, 공장가동률 하락 등을 들 수 있다. 급변사태감지 가능의 지표로는 군부분열(김정일 군부장악도), 당내 권력투쟁(김정일 건강상태), 극심한 식량난(대량탈북), 남한열등감(정보차단) 등을 고려할 수 있고, 결국에는 경제 붕괴, 사회주의체제 혹은 국가의 붕괴, 정권의 붕괴로 이어질 수 있다는 점을 염두에 두어야 한다. 노무현정부의 요청으로 2005년 1월에 협의가 중단된 것으로 알려진 『작전개념 5029』[6]는 2006년 12월 작전계획의 전(前) 단계로 구체적인 군사력 운용계획이 제외된 『개념계획 5029』로 변경된 것으로 알려지고 있어, 『개념계획 5029』를 『작전계획 5029』로 발전시키는 문제를 미국정부와 다시 논의하여야 한다.

마지막으로 인간안보(human security)의 차원에서 인권침해문제, 테러리즘문제, 대량살상무기 및 미사일 확산방지문제 등에 대한 방지정책이다. 우선, 인권침해문제와 관련, 냉전후(post-cold war)체제에서는 국가주권보다 인권을 앞세우는 인도

북한의 남침 등 한반도의 전면전에 대비하여 1973년에 만든 "작전계획(Operation Plan, OPLAN)"이다. 한미 양국군은 2년 단위로 개정하고 있고, 이는 한미연합군이 군사분계선을 넘어 북한을 점령하고 통치까지 하는 것을 포함하고 있는 것으로 알려지고 있다.

6) 『작전계획 5029』는 북한 난민의 대량유입사태 및 북한정권 붕괴 시 일어날 수 있는 돌발사태에 대비하는 것을 골자로, 주한 미군과 한국군이 공동으로 추진하는 "작전계획"이다.

적 개입주의가 새로운 안보개념으로 등장하였다. 미국의 신보수주의자들은 민족, 국가, 주권 등이 전체주의와 독재체제를 비호하는 보호막으로 악용될 수도 있어 국경을 넘어 개입해야 한다는 입장이다. 또한 EU는 미국, 일본 등 38개국과 함께 2003년 4월 제59차 UN 인권위원회에 최초로 "북한인권결의안"을 상정(53개 위원국 중 찬성 28, 반대 10 기권14 로 채택)한 이래 오늘에 이르고 있다.

노무현 정부는 북한 인권문제에 관한 남북 간의 공방보다는 한반도 평화정착과 북한의 개혁 · 개방 유도를 통하여 북한의 점진적 변화를 도모하는 것이 북한 인권 개선에 실질적으로 기여하는 방안이라는 원칙하에, 북한 핵문제의 진전 상황 등을 고려, 2003년(불참), 2004년(기권), 2005년(불참), 2006년(찬성), 2007년(기권) 등과 같이 UN결의안에 대하여 매년 다른 투표행태를 나타내었다. 이명박 정부에서는 인권이 보편적인 가치라는 원칙에 입각하되, 개별국가에 대한 인권결의안에 관하여는 개별국가와의 우호관계 등을 고려, 신중하게 결정하여야 한다.

또한, 탈북자는 억압된 체제를 떠나 자유와 풍요를 추구하기 위해 위험을 감수하는 사람들이라는 점에서 한국정부는 "인권의 시각"에서 접근하여 해외체류 탈북자(중국당국은 1만 명 미만, UNHCR은 3만 명으로 추정)의 경우 본인의 의사에 따라 한국 입국 희망 시 전원 수용하고 있다. 그리고 납북자 및 국군포로 문제에 관하여는 휴전 이후 납북자 중 미귀환자는 2003년 말 현재 486명으로 파악되고, 국군포로는 2003년 말 현재 34명이 탈북 후 귀환하여 500여 명이 생존하고 있는 것으로 추정하고 있다. 한국정부는 그간 남북장관회담 및 남북적십자회의 등 각종 남북대화채널을 통하여 해결하려고 노력하였으나, 북한당국이 납북자 및 국군포로의 존재 자체를 부인하고 있어, 현실적 방안으로 근본적 해결 이전에 이산가족에 포함시켜 생사확인 및 상봉(12명 상봉)을 추진하고 있다.

그리고 테러리즘 문제와 관련, 미국정부는 대한항공 폭파사건(1987. 11)에 따라 북한을 테러지원국으로 지정(1988. 1)하고, 북한에 대하여 무기 수출의 금지 및 이중용도 품목의 수출을 통제하고, 대외원조 및 수출입은행 보증을 금지하였으며, 국제금융기구에서의 차관 및 여타 경제지원 표결 시 반대 입장을 표명하고 있다. 최근 미국은 북한이 핵 폐기를 공약하고, 핵무기/부품, 핵시설/물질, 원심분리기/부품 등을 신고하여 이를 폐기하는 과정에서 단계적으로 제공할 수 있다는 입장이다.

또한 대량살상무기(WMD) 등의 확산방지안보구상(Proliferation Security Initiative, PSI)은 미국 부시대통령이 2003년 5월 폴란드 Krakow G-8회담을 계기에 우려국가 및 우려집단에 의한 WMD 및 미사일관련 장비, 물자, 기술에 대한 국제적 이전을 차단(interdiction)할 목적으로 제의한 바 있다. 노무현 정부에서는 대량살상무기의 유출과 반입을 차단한다는 PSI의 목적과 원칙을 지지하되, (1) PSI에 정식참여는 하지 않고, (2) 역내 차단훈련 시 물적 지원활동에는 참가하지 않고, 남북해운합의서에 따르며, (3) 역외 차단훈련 시 물적 지원활동도 참가하지 않고, 개별상황에 따라 능동적으로 판단해 결정한다는 입장이었다. 이명박 정부에서는 PSI의 목적과 한미동맹의 중요성에 비추어,

2007년 말 현재 전 세계 86개국이 정식 참가하고 있는 PSI에 정식참여를 선언하고(총론), 실제적인 운영(각론)에서는 한국영해에서는 "남북해운합의서"에 국한해 검문 · 검색한다든지, 6자회담 재개 중에는 역내 차단훈련에 대한 물적 지원을 유보하고, 역외 차단훈련에 대한 물적 지원은 상황을 보아가며 결정한다는 입장으로 재정립하여야 한다.

2. 북한과의 민족공조 전략

노태우 정권에서는 북방외교를 통하여 소련과 중국 등과 국교관계를 수립하는 동시에, 북방정책을 통하여 대북한 관여정책(Engagement Policy)을 취하였으나, 김영삼 정권에서는 김일성 사후, 북한의 조기붕괴론에 동조하여 봉쇄정책(Containment Policy)을 수행함으로써 남북당사자의 원칙을 약화시킨 결과를 가져왔다. 그 후 김대중 정권에서는 김영삼 정권의 봉쇄정책을 지양하고, 노태우 정권의 남북기본합의와 비핵화공동선언을 재확인하고, 이들을 토대로 남북 간의 교류와 협력을 촉진하는 소위 「햇볕정책」(Sunshine Policy)이라는 충격요법의 관여정책(Shock Therapy Engagement Policy)을 실행하였다.

이러한 김대중 정권의 충격요법적인 대북정책은 일부 한국 내 여론의 반대에 부딪쳐 대북한 속도조절론도 대두되기는 하였다. 그러나 성과로는 남북한 간 신뢰관계를 구축하고, 한반도 문제에 관한 한 남북당사자의 원칙을 확립하는 계기를 가져왔다.

그리고 노무현 정권에서는 김대중 정권의 「햇볕정책」을 계승하면서, 한국 내 여론, 부시 미국정권의 대북한정책 동향, 북한당국의 대응 등을 종합적으로 검토하는 대북한 「점진적인 관여정책」(Gradual Engagement Policy)을 추진한 것으로 평가할 수도 있다.

한국 정부로서는 한반도에서의 전쟁재발을 방지하기 위하여 북한과의 민족공조 차원에서 군축교섭을 통하여 대량파괴무기문제를 해결하지 않으면 안 된다. 북한의 대량파괴무기 문제는 핵무기개발 문제와 탄도미사일의 개발, 생산, 발사실험, 배치, 수출문제와 아울러 생물 · 화학무기문제 등을 들 수 있다.

이명박 정권의 첫 번째 당면과제는 "대화와 압력"을 통한 "북한 핵문제"의 완전한 해결이다. 한반도 비핵화는 MB 남북관계구상 "비핵 · 개방 · 3000"의 제 1 단계이다. 북한이 핵시설의 불능화를 실현하는 1단계가 지나면, 한국은 북한과 남북 경제공동체 실현을 위한 협의체를 구성하고, 다음으로 북한이 핵 폐기의 초기이행을 실행하는 2단계에 진입하면, 한국은 5대분야(경제, 교육, 재정, 인프라, 복지)의 지원을 시작하면서, 북한에 인도적지원 협력사무소를 개설할 것이다. 아울러, 400억불의 국제협력자금을 조성하고, 마지막으로 북한이 핵 폐기의 최종이행을 수행하는 3단계에 돌입하면, 한국은 남북경제협력을 위한 법적 · 제도적 장치로서 남북경제협력협정을 북한과 협의하여 체결한다는 것이 "신(新)한반도구상"이다.

1994년의 북 · 미간 소위 「제네바 합의」에서 북한은 핵물질의 생산을 정지하기로 하였으나, 그 때까지 북한이 행하여 온 핵무기 개발에 관한 의혹을 완전히 불식시키지는 못하였다. 북한이 생산한 핵물질의 존재여부에 관하여는 KEDO가 진행하고 있는 경수로 사업이 상당히 완료한 시점에 행하기로 되어 있어, IAEA에 의한 전면적인 사찰에 들어가기 전에는 밝혀질 수 없다. 또한, 북한은 기폭장치의 연구와 개발, 탄도미사일 등 핵무기 운반 수단의 연구와 개발에는 규제를 받지 않고 있었다.

북한은 NPT 당사국으로서 1992년 1월 IAEA 측과 체결한 안전조치협정(Safeguards Agreement)을 전면 이행해야 할 의무를 지고 있으나, 1994년의 소위 「제네바 합의」 이후 북한은 IAEA에 의한 흑연감속로 및 관련시설에 대한 동결감시활동에 협조를 제한하여 왔다. 북한은 「제네바 합의」에 따라 경수로 핵심부품 공급 이전에 IAEA 안전조치(사찰)협정을 전면 이행하게 되어 있었다.

한국정부로서는 북한 핵개발은 NPT와 IAEA 안전조치 협정과 아울러 소위 「제네바 합의」 등 국제협약에 대한 중대한 위반일 뿐만 아니라, 핵재처리시설 및 우라늄 농축시설의 보유를 금지한 한반도 비핵화 공동선언의 남북한 합의에 대한 위배라고 인식하고 있다. 더불어 미국정부는 북한을 「불량국가」(rouge state), 「테러지원국」, 나아가서는 「악의 축」(axis of evil)으로 규정하고, 북한 핵문제를 강제적으로 해결하려고 하였다.

한편, 미국의 Kelly 특사(동아태담당 차관보) 방북 시(2002년 10월 3일-5일) 미측은 핵무기 개발을 위한 농축우라늄 프로그램(a program to enrich uranium for nuclear weapons)을 보유하고 있음을 시사하는 증거를 미국이 최근 확보했다고 설명하였다. 이에 북한 관리들[7]은 그러한 프로그램의 보유를 시인(acknowledged that they have such a program)하고, 북한체제의 인정과 북·미 불가침조약 체결 등을 요구하였다. 그 후 같은 해 11월 15일 KEDO 집행이사회의 12월분 대북한 중유공급 중단 결정과 아울러, 11월 29일 신속하고도 검증 가능한 방법으로 북한의 모든 핵무기 프로그램의 포기를 촉구하는 IAEA의 결의에 반발한 북한은 12월 12일 외교부 대변인의 담화에서 "핵동결의 해제"를 선언하고, 북한은 핵무기를 개발한다는 「핵카드」를 갖고, 1993년 3월의 NPT 탈퇴선언과 유사한 「벼랑 끝 전술」(brinkmanship)의 행태를 보였다.

북한은 또한 12월 21부터 31일에 걸쳐 ① 5MW원자로, 방사화학 실험실, 핵 연료봉 제조공장 및 사용 후 연료봉 보관수조 등 핵시설의 봉인제거와 감시카메라 작동 중지에 이어 ② 방사화학실험실 가동준비 결정과 IAEA 사찰관 추방 등으로 핵동결 해제조치의 수위를 높이 다가, 나아가서는 ③ 5MW원자로의 재가동, ④ 영변의 50MW와 평북 태천의 200MW원자로의 건설재개, ⑤ 폐연료봉 8,000개를 인출한 뒤 재처리 가능성도 예측할 수 있었다. IAEA 특별이사회는 2003년 1월 6일 북한 핵시설에 대한 감시체제의 복원 및 사찰단의 복귀 등 안전조치의 이행을 촉구하는 결의안을 채택하였다. 이에 반발한 북한은 같은 해 1월 10일 NPT에서 탈퇴한다는 정부성명을 발표함으로써, 소위

7) 김계관 부상은 2002년 10월 3일 오후와 4일 오전 Kelly차관보와의 면담에서, 미측이 농축 우라늄 프로그램 의혹을 지적한 데 대해 김계관은 미측이 꾸며낸 조작이라고 주장하였으나, 강석주 제1부상은 10월 4일 Kelly차관보와의 면담에서 농축 우라늄 프로그램의 존재를 인정하였다고 한다.

"제 2 차 북한 핵 위기"가 시작되었다.

"제 2 차 북한 핵 위기"의 해결방법에 관하여 북한은 미국과 북한 간 양자차원에서 해결할 것을 주장한 반면, 부시정부는 클린턴정부의 제네바 합의 실수를 다시 범하지 않고, 북한의 잘못된 행동에 대해 보상하지 않겠다는 강경한 입장을 고수하였다. 미국정부는 북한 핵문제가 지역문제임을 강조하면서 중국이 참여하는 다자대화에서 해결할 것을 주장한 결과, 중국의 건설적인 역할로 2003년 4월 23일~25일간 북경에서 미국, 북한, 중국 간 3자회담이 개최됨으로써 다자대화의 새로운 국면으로 전환되었다. 그 이후 한국, 미국, 일본, 북한, 중국, 러시아 등 6개국이 참가하는 제 1 차 6자회담이 같은 해 8월 27일~29일간 북경에서 개최된 후 오늘에 이르렀다. 제 1 기 부시정부의 강경한 대북정책에도 불구하고, 북한은 "핵무기 보유선언"(2005. 2. 10), "미사일 유예조치의 파기경고"(2005. 3. 2), "탄도미사일 시험발사"(2006. 7. 5), "핵실험"(2006. 10. 9) 등으로 북한의 핵 및 미사일문제를 관리하지 못한 채 한반도와 동북아의 정세를 불안전하게 만들었다.

그 후 제 2 기에 들러선 부시정부는 라이스 국무장관을 중심으로 크리스토퍼 힐(Hill) 주한 미국대사를 동아시아 · 태평양차관보로 임명하는 등 대북 외교라인을 재정비하고, "북핵 해결"과 "미 · 북 수교"를 연계하는 구상과 아울러, "선 핵 포기, 후 보상"이라는 기존입장을 버리고, 핵 포기와 보상의 "동시행동"이라는 타협안을 받아들인 결과, 그 첫 번째의 성과물이 바로 2005년 9월 19일 제 4 차 6자회담에서 "북핵문제의 평화적 해결을 위한 공동성명," 소위 『9.19 공동성명』이고, 두 번째 성과물은 2007년 2월 13일에 개최된 제 5 차 3단계 6자회담에서 합의한 "9.19 공동성명 이행을 위한 초기조치," 소위 『2.13 합의』이다. 세 번째 성과물은 2007년 10월 3일 에 열린 제 6 차 6자회담에서 합의한 "9.19 공동성명 이행을 위한 제 2 단계 조치," 소위 『10.3 합의』이다.

우선, 『9.19 공동성명』에 나타난 기본목표는 한반도에서 비핵화의 이행과, 한반도 및 동북아의 항구적 평화안정의 제도화이다. 북한은 '모든' 핵무기와 현존 핵 프로그램을 포기하고, 조속한 시일 내에 NPT(핵확산금지조약) 및 IAEA(국제원자력기구) 안전조치에 복귀하고, 미국은 한반도 내 핵무기의 부재 및 북한에 대한 공격 또는 침공의사가 없음을 확인하기로 하였다. 또한 6자회담 참가국들은 동북아의 항구적 평화와 안정을 위하여 공동 노력할 것을 공약하고, 직접 관련 당사국들은 적절한 별도 포럼에서 한반도의 항구적 평화체제에 관하여 협상하기로 하였다. 이러한 기본목표를 실현하는 로드맵의 작성원칙은 "공약 대 공약(Commitment for Commitment)", "행동 대 행동(Action for Action)"에 따라 "단계적 방식"으로 상호 조율된 조치를 마련하고, 대칭(symmetry)과 동시(simultaneity)의 원칙으로 실천하기로 하였다.

다음으로, 이러한 기본목표를 실현하는 방법으로 『2.13 합의』와 『10.3 합의』에 나타난 로드맵은 살라미(salami) 전술에 따라, 초기단계와 제 2 단계로 나누어 기본목표를 실천하기로 하였다. 초기단계에서는 "핵 포기"와 관련하여 북한은 영변 5MW

원자로 등 5개 핵 시설을 폐쇄(閉鎖) · 봉인(seal)하고 IAEA요원을 복귀시켜야 한다. 또한 모든 핵 프로그램의 목록 작성을 협의하고, 이에 대한 "보상"으로 중유 5만 톤 상당의 긴급 에너지를 북한에 제공하기로 하였다. 그리고 "평화의 제도화"와 관련하여 동북아 평화체제의 구현을 위하여 6자회담 내에 5개(한반도 비핵화, 미국 · 북한 관계정상화, 일본 · 북한 관계정상화, 경제 · 에너지 협력, 동북아 평화 · 안보체제)의 실무그룹(WG)을 구성하고, 한반도 평화체제를 협상하기 위하여 직접관련당사국 간에 별도의 포럼을 마련하기로 하였다.

그리고 제 2 단계에서는 "핵 포기"와 관련하여 북한은 모든 핵 프로그램의 완전하고 정확한 신고를 완료하고, 흑연감속로 및 재처리시설을 포함한 모든 현존하는 핵시설의 불능화(不能化)를 하기로 하였다. 이에 대한 "보상"으로 중유 100만 톤(초기단계 5만 톤 포함) 상당의 경제 · 에너지 · 인도적 지원을 북한에 제공하고, 미국은 북한에 대하여 테러지원국의 해제[8]와 대적성국교역법 적용의 종료를 실행하기로 하였다.

다음 단계(제 3 단계)에서는 "핵 포기"와 관련, 북한은 플루토늄과 아울러 우라늄농축 프로그램(EUP)의 존재여부를 포함하여 제 2 단계에서 신고한 "모든 핵 프로그램"을 국외로 반출하

8) 미국과 북한 간 2006년 9월 제네바에서 개최된 국교정상화회의(WG)에서 "초기단계의 조치"로 정하여진 "테러지원국 지정의 해제" 여부를 협의하였다. 이에 일본정부 수뇌들이 납치문제를 포함하고 있는 이상, "테러지원국지정의 해제"에 찬성할 수 없다는 입장을 반복하여 미국측에 전달한 결과, Hill 차관보는 "미 · 일관계를 강화하는 방향으로 대처하고 싶다"고 하여 현재로서는 신중한 태도를 취하고 있다.

여 완전히 폐기(廢棄)하고, NPT와 IAEA 안전협정에 완전히 복귀하기로 한다. 이러한 복귀시점에 맞추어 "보상"으로서 여타 5개국은 "경제 및 에너지 협력 실무그룹"을 통해 새로운 분담원칙에 따라 "새로운 경수로 제공"에 착수하기로 한다. 또한 "평화의 제도화"에 관해서는 남북한과 미국 · 중국 등 4자가 참가하는 한반도 평화포럼에서 평화체제의 구축과 관련된 남북한, 미국 등 3자 간의 군사적 긴장완화와 아울러, 남북한 간의 평화협정과 미 · 중의 평화협정 보증에 관하여 협의하고, 이와 별도로 평화협정의 전 단계 조치로서 먼저 4개국 간에 "종전선언"을 하기로 한다.

그 다음 단계(최종 단계)에서는 "핵 포기"와 관련하여 북한은 영변 흑연감속 및 재처리시설을 포함한 "모든 핵 시설과 핵무기"를 국외로 반출하여 완전히 폐기하고, 이에 대한 "보상"으로 새로운 운영주체와 비용분담방식으로 경수로 건설을 본격화하고, 완공 이전까지 관련국들은 중간단계까지의 중유 100만 톤 상당의 에너지에 더하여 200만kw의 대북 송전을 위한 설비 작업 또는 그에 상응한 에너지 제공을 시작하기로 한다. 또한 "평화의 제도화"에 관해서는 미국과 일본은 북한의 핵무기와 핵 시설의 폐기 시점에 맞추어 미국 · 북한/북한 · 일본 수교협정에 서명하고, 반출시점에 맞추어 미국과 일본의 의회에서 미국 · 북한/북한 · 일본 수교협정을 비준하기로 한다. 한반도 평화협정의 체결과 비준도 미국 · 북한/북한 · 일본 수교협정의 과정에 준하여 실시하고, "동북아 평화 · 안보 체제 실무그룹"을 발전적으로 해체하여 상설 사무국으로 전환하기로 한다.

그리고 이명박 정권의 두 번째 당면과제는 북한 탄도미사일의 ① 개발, ② 생산, ③ 발사실험, ④ 배치, ⑤ 수출문제와 북한의 생 · 화학무기(生 · 化學武器)문제이다. 우선 북한의 핵개발 문제가 완전히 해결되지 않고 있는 상황에서, 북한은 탄도미사일의 개발을 진행하고 있어, 한국은 물론, 미국과 일본은 북한의 위협에 직면하고 있다.

북한은 1980년대 초반부터 탄도미사일의 연구와 개발을 진행한 결과, 사정거리 약 300km의 「스커드 B」(탄두중량 1,000kg)와 한국 영토의 대부분을 공격할 수 있는 사정거리 약 500km의 「스커드 C」(탄두중량 770kg)를 배치하고 있다. 또한 북한은 일본 영토의 대부분을 공격할 수 있는 사정거리 1,800~2,500km의 「노동」도 개발하였고, 오키나와를 포함하는 일본 영토 전역에 미치는 사정거리 1,500km 이상의 「대포동 1호」(제 1 단계에는 「노동」, 제 2 단계에서는 「스커드」를 이용한 탄두중량 750kg)도 1998년 8월 31일 발사하였다. 또한 북한은 북 · 일 평양선언(2002. 9. 17)에서 미사일 발사 잠정중단(moratorium)을 2003년 이후에도 연장한다는 약속을 파기하고, 2006년 7월 5일 미국 영토까지 도달하는 사정거리 4,000~6,700km의 「대포동 2호」(제 1 단계에는 신형 「브스타」, 제 2 단계에는 「노동」을 사용한 탄두중량 약 1,000kg 추정)를 포함하여 7발의 미사일을 발사하였다.

한편, 한국은 미사일의 사정거리를 180km 이하로 한정한 1979년의 「한 · 미 미사일 각서」를 개정하여, 한국이 보유할 수 있는 미사일의 사정거리를 300km까지 연장할 수 있도록 미국과 합의하였으나, 한국은 북한 전역을 사정거리 내에 둘 수 있는 500km의 탄도미사일의 연구와 개발을 추진하기를 요청하고 있다. 한국정부로서도 탄도미사일의 개발, 생산, 배치, 수출문제 등 북한의 미사일 문제도 해결하지 않으면 안 된다. 이를 위하여 미국정부가 추진하고 일본정부도 "공동기술연구"에 참가하고 있는 미사일 방어체제(Missile Defense)에의 한국 참가문제는 북한이 또 다시 미사일 발사를 실행할 경우에는 신중히 검토하여야 한다.

다음으로는 북한의 생 · 화학무기문제이다. 북한은 Sarin을 포함한 신경작용제 등 20여종의 화학제 등을 보유하고 있는 것으로 추정되고, 화학무기 비축량이 2,500~5,000톤가량인 것으로 추정하고 있다. 따라서 전시에는 개전초기(開戰初期)부터 북한 측이 대량의 화학무기를 박격포 등을 사용하여 기습공격 할 것으로 상정할 수 있다. 또한 북한은 탄저균, 천연두 등 10여종의 생물무기를 연간 1톤 정도 생산 가능할 것으로 관측하고 있고, 전시에는 분말기를 통하여 살포할 수도 있다.

한국 정부로서는 북한으로 하여금 화학무기금지조약(CWC)에 가입하도록 유도하고, 현재 진행하고 있는 생물무기금지협약(BWC)의 강화 방안을 마련하는 협의에도 참가하도록 권유하여, 동족상잔의 피해를 막도록 최선을 다하여야 한다.

3. 미국 등과의 국제공조 전략

북한의 남침을 억제할 수 있는 유일한 대외적 방법은 한 · 미 동맹관계에서 찾을 수밖에 없다. 미국정부는 한반도에서 전쟁이 재 발발할 경우에는 미국 국민의 생명을 희생시킬 수도 있다는 각오를 갖고 있다. 특히, 2006년 10월 9일 북한의 핵실험 등 현실적인 문제로 대두된 미국의 대한국 핵우산 제공을 미국의 대한국 방위공약의 중요한 부분으로 1978년 이후 한미 연례안보협의회(SCM)의 공동성명에 계속 포함되어 있다. 따라서 한국정부로서는 한반도의 안보외교에 관하여 북한과의 화해 · 협력정책보다 미국과의 동맹정책 등을 중시하는 국제공조의 전략을 우선하여야 한다.

주한미군은 한국전쟁 이후 1953년 10월 1일 체결한 한 · 미 상호방위조약 제 4 조("상호적 합의에 의하여 미합중국의 육군, 해군과 공군을 대한민국의 영토 내와 그 부근에 배치하는 권리를 대한민국은 이를 허용하고, 미합중국은 이를 수락한다")에 의거 주둔한 이래, 한반도에서의 전쟁억제와 동북아 평화와 안정을 확보하는데 기여하고 있다. 주한미군은 미 8 군(제 2 보병사단) 및 미 제 7 공군을 주력부대로 하는 약 37,000명이 주둔하고 있고, 약 140 대의 M-1 전차 및 F-16을 중심으로 하는 약 90기의 작전기 등을 보유하고 있다.

한편, 1989년 3월 조지 부시 행정부의 출범을 계기로 미국의회를 중심으로 주한미군의 철수 논의가 활발하게 진행하는 가운데 1989년 7월 31일 민주당의 넌 의원과 공화당의 워너 의원을 포함한 상원 군사위원회 소속의원 13명의 공동 발의로 『한미 안보관계에 관한 법안(일명 넌-워너 안)』이 상원 본회의에 제출되었다. 이 법안은 (1) 미국은 동아시아 및 한국에 있어서 주둔 군사력의 위치, 전력구조, 임무를 재평가하고, (2) 한국은 자신의 안보를 위해 보다 많은 책임과 비용을 부담해야 하며, (3) 한미 양국은 주한미군의 부분적, 점진적 감군의 필요성과 가능성에 대해 협의해야 한다는 점을 바탕으로 대통령은 1990년 4월까지 한국과의 협상결과를 보고하도록 규정하였다.

미국 국방부는 1990년 4월 19일 미국 상원에서 통과된 일명 "넌-워너 수정안"에 따라 대통령 보고서인 『21세기를 지향한 아시아 · 태평양지역의 전략적 틀』(A Strategic Framework for the Asia Pacific Rim: Looking for the 21st Century, 일명 "동아시아 전략구상"(East Asia Strategic Initiative, EASI)을 의회에 제출하였다. EASI에 따라 1990년부터 3단계로 구분하여 아시아 · 태평양 지역에서의 미군병력을 단계적으로 감축하기로 한 결과, 1단계(1-3년)로 공군 2천명, 지상군 5천명 등 7천명을 감축시키고, 2단계(3-5년)에는 6천 5백 명을 철수시키고, 3단계(5-10년)는 2단계 완료 후에 별도의 계획을 수립하도록 하였다.

그러나 1990년 초반부터 북한의 핵개발 의혹에 따라 1992년 12월에 7천명의 병력이 철수한 것으로 미국정부는 1992년 5월에 발표한 EASI Ⅱ에서 1993년부터 시작될 2단계 이후의 주한미군의 철수계획을 보류키로 결정하였다. 또한 1995년 2월의 아시아 · 태평양 지역에서의 미국의 안보전략(United States Security for East Asia Pacific Region), 소위 신 동아 · 태전략(East Asia Strategic Report, EASR)을 통해 주한미군을 포함한 아태지역 주둔미군을 적어도 20세기 말까지 10만명 수준으로 유지할 것을 밝힘으로써, 1990년대 초반부터 시작된 주한미군의 철수 논의는 일단 종지부를 찍게 되었다.

EASR은 주한미군의 역할을 한국방위에 있어 주도적 역할(leading role)에서 보조적 역할(supporting role)로 변경하고, 한국 정부가 더 많은 방위비 분담금을 지불할 것을 요구하는 등 한·미 군사관계가 명실공히 동반자 관계로 발전하는 중대한 계기를 마련하였다.

한·미 간에는 군정위 수석대표에 한국군 장성 임명, 판문점 공동경비구역(JSA, Joint Security Area)의 책임 일부를 한국군에 이관, 한·미 야전사 해체, 지상구성군사(Ground Component Command, GCC)의 분리 및 한국군 장성을 GCC 사령관에 임명, 평시 작전통제권 회수(1994. 12. 1) 등 한국군이 한반도 방위에서 주도적 역할을 담당하기 위한 일련의 조치가 이루어졌다. 아울러 한반도 안보상황 변화에 대비한 한·미 동맹관계의 미래지향적 발전 방향에 대한 한·미 국방당국자 간 공동협의가 1992년부터 진행됨으로써, 통일 이후에도 주한미군의 장기주둔 및 한·미 안보협력 관계를 지속하기 위한 노력을 경주하고 있다.

또한, 한국정부는 한·미 상호방위조약이란 기본 틀을 바탕으로 미국과의 동맹을 둘러싼 미국의 전략 환경 변화를 수용하면서, 한·미 동맹을 더욱 발전시켜 나가는 노력을 계속하여야 한다. 2001년 9.11테러사건 이후 미국은 테러와 대량살상무기 확산방지를 국가안보의 제 1 과제로 삼고, 9.11테러사건 이전부터 검토해 오던 해외주둔 미군의 재배치(GPR)와 전략적 유연성을 높이기 위한 행보에 박차를 가하고 있다.

미국의 군사전략은 자국군대를 다양한 지역에서, 다양한 임무를 신속히 수행할 수 있도록 변화시킴으로써 작전 반경도 주둔지역에서 전 세계로 확대하는 쪽으로 변화하고 있다. 해외 주둔의 미군 수와 기지면적은 축소하되 기동성과 유연성을 극대화해 필요한 지역에 군사력을 신속하게 집중시키는 것도 같은 차원이다. 주한미군의 감축과 재배치 결정도 미국의 전략변화와 무관하지 않다.

한국정부로서는 9.11테러사건 이후 냉전후(post cold-war) 체제에서 전개되고 있는 "상황의 정의"에 맞추어 한 · 미동맹도 조정할 수 있다는 인식 하에, 주한미군의 재배치문제, 주한미군의 전략적 유연성문제, 전시 작전통제권 전환문제 등 한미 간의 안보현안문제를 미국정부와 교섭을 통하여 원만히 해결하지 않을 수 없는 입장이었다.

첫째로, 주한미군의 재배치문제이다. 한미 양국은 2004년 10월 용산기지 이전 협정과 한미 연합 토지관리 계획(Land Partnership Plan, LPP) 개정협정에 서명하고 주한미군의 재배치에도 합의하였다. 한국정부는 주한미군의 재배치문제를 한 · 미동맹 조정의 하드웨어(hardware)라는 관점에서 미국정부와 교섭하였고, 주한미군의 재배치가 완료되면 전국 43개 7,320만 평 규모의 미군기지가 17개 2,518만 평 규모로 축소된다. 그 과정에서 한국은 평택부지 349만 평을 비롯한 365만 평을 미군에 제공하고, 미군은 전국 각지에 있는 5,164만 평의 부지를 한국정부에 반환하기로 하였다. 용산 기지 이전문제는 1988년부터 미국과 협상하기 시작하였으나, 2003년 5월에야 한미정상이 합의하고, 이듬해 국회 비준동의를 거쳐 비로소 결실을 보았다.

둘째로, 주한미군의 전략적 유연성문제이다. 한 · 미동맹관계는 국방부분에 한정된 "한미 연례안보회의(SCM)"를 넘어 양국 외교수장 간의 "장관급 전략대화"가 2006년부터 정례화 되었다. 한미 간의 전략대화의 출범은 과거 군사동맹 차원에서 머물렀던 한미동맹이 포괄적인 동맹과 동반자적인 관계로 나아가는 변화의 가시적인 결과라고 평가 할 수 있다. 한미 양국의 초미의 관심사였던 "전략적 유연성문제"는 2006년 1월 19일 제1차 장관급 전략대화에서 합의하였다.

한국정부는 전략적 유연성 문제를 한·미동맹 조정의 소프트웨어(software)에 해당한다는 인식 하에 동맹국으로서 미국의 세계군사전략 변화에 따른 주한미군의 전략적 유연성을 기본적으로 존중하나, 한반도의 지정학적 특수성에서 비롯된 한국의 입장이 충분히 고려되어야 한다는 기본입장을 가지고 미국정부와 협의에 임하였다.

반기문 장관과 라이스(Condolleezza Rice) 장관은 2006년 1월 19일 워싱턴에서 개최된 제1차 한·미 "동맹·동반자 관계를 위한 전략대화"에서 주한미군의 전략적 유연성 문제에 관하여 "(1) 한국은 동맹국으로서 미국의 세계 군사전략 변화의 논리를 충분히 이해하고, 주한미군의 전략적 유연성의 필요성을 존중한다. (2) 전략적 유연성의 이행에 있어서, 미국은 한국이 한국 국민의 의지와 관계 없이 동북아 지역 분쟁에 개입되는 일은 없을 것이라는 한국의 입장을 존중한다"고 규정하고 있어, 미국의 세계 군사전략적 "필요"와 한국의 의사에 반한 동북아 분쟁 개입방지 "필요" 사이의 조화를 위해서는 구체적인 이행절차를 미리 마련해 두어야 할 필요가 있지 않겠느냐는 문제제기도 가능할 수 있다.

셋째로, 전시 작전통제권 전환문제이다. 1950년 7월 15일 이승만 대통령은 한국전쟁 당시의 긴박한 상황 속에서 군사작전의 효율성을 제고하기 위한 "잠정조치"로서 UN 통합사령관인 맥아더 장군에게 공한(公翰)을 발송, "현재의 적대행위가 계속되는 동안 전(全) 한국군의 지휘권을 UN사령관에게 이양한다"는 의사를 표명하였고, 같은 달 18일 맥아더 사령관이 이를 수락하는 답신을 전달함으로써 한국군의 지휘권이 UN 사령관에게 위임되었다.

1950년 당시 맥아더 장군에게 "현재의 적대행위가 계속되는 동안" 위임되었던 "일체의 지휘권"(command authority)은 1954년 11월 17일 한미 간에 체결된 『한미 합의의사록』에 따라 "UN사령부가 한국방위를 위한 책임을 부담하는 동안"으로 변경되었고, "지휘권"은 "작전통제권"(operational control)으로 수정되었다. 작전통제권은 해당 부대에 대해 임무를 부여하고 지시할 수 있는, 작전지휘의 핵심권한이다. 1978년 10월 17일 한미 연합사령부의 창설과 더불어 "작전지시 1호"에 의거, 연합사령부는 구성군사령부(Component Command)를 통해 한미 양국군을 작전통제 할 수 있게 되었다.

한편, 미국은 1989년 일명 "넌-워너 수정안"을 기초로 탈냉전의 상황을 반영한 3단계 주한미군 재조정 계획안을 제시 하였고, 한미 양국은 작전통제권 전환에 관한 연구 및 협의에 착수하였다. 이어 1991년 한미 군사위원회에서 "평시 작전통제권"을 1993년~1995년 사이에 이양하기로 합의하고, "전시

작전통제권" 전환은 1996년 이후 협의하기로 하였다. 그 결과, 1993년~1994년 소위 "제1차 북한 핵 위기"에도 불구하고 평시(정전시)작전통제권은 1994년 12월 1일부로 이양되었다. 그 후 한미 연합사령관에게 연합위임권한(CODA)을 부여하였고, 작전통제권 이양에 관한 구체적인 한미 간 협의는 일시적으로 중단되었다.

그러나 9.11테러사건 이후 미국의 국가안보전략 및 해외주둔전략의 변화는 전시 작전통제권을 포함한 한미 지휘관계에 대한 양국 간의 토의를 가시화하는 계기를 마련하였다. 한미 간 협의는 2003년~2004년에 거행된 미래한미동맹정책구상(FOTA)에서 미국의 제안으로 양국 지휘관계를 본격적으로 협의하였고, 2005년부터 시작한 안보정책구상(SPI)회의, 특히 2006년 연례안보협의회(SCM)에서 전시 작전통제권을 포함한 한미 지휘관계 협의를 "적절히 가속화"하기로 합의한 바도 있다.

그 후 한미 양국은 전시 작전통제권 전환문제를 SPI회의의 의제로 꾸준히 논의하는 과정에, 2006년 3월『지휘관계 연구 및 보고를 위한 약정』에서 전시 작전통제권의 전환에 앞서 (1) 한미 상호방위조약을 바탕으로, (2) 주한미군의 지속주둔 및 미국 증원군의 전개를 보장하고, (3) 정보자산 등 한국군의 부족전력은 미국이 계속 지원하며, (4) 연합대비태세 및 억지력을 유지한다는 4대원칙을 준수하면서 전시 작전통제권의 전환을 추진하기로 하였다. 그 결과, 2007년 7월 13일~14일 서울에서 개최된 제9차 SPI회의에서 미국은 2009년까지 전시 작전통제권의 이양이 이루어지기를 원한다는 입장을 전달하고, 이를 럼스펠드 국방장관의 서신을 통하여서도 확인하였다. 결국에는 한미 양국은 2007년 2월 23일 워싱턴에서 개최된 국방장관회담에서 “2012년 4월 17일부로 전시 작전통제권을 전환하기로 한다”고 합의하였다.

이명박 정권에서는 현재 전시 작전통제권의 전환과 관련된 로드맵(roadmap)상의 “시기”(2012년)는 일종의 “목표시기”(target year)로 인식하고, 해당시기(2012년)에 이르러서는 북한 핵문제의 완전한 해결 등 한반도의 안보상황, 한미공동의 군사적 대비태세, 한국의 작전기획능력 등 “여건”을 감안하여 “시기”는 조정할 수도 있다는 점을 사전에 미국정부와 합의하는 것이 바람직하다.

아울러, 전시 작전통제권 전환 이후의 한미 지휘관계를 NATO형 모델[9)]과 일본형 모델[10)]을 참고하여 한국형 모델(정보공유, 위기관리, 전투전술 발전 · 연습 등 전쟁억제와 대비태세유지를 위해 필요한 모든 분야에서 한미 간 협력 체제를 구축하는 모델)을 마련하여야 한다.

또한, 한미동맹의 중요성에 비추어, 국방부분에 한정된 “한미 연례안보회의”(SCM)와 외교부분에 국한한 “장관급 전략

---

9) NATO형 모델이란 NATO가 개입하더라도 안보위기가 발생한 회원국은 자국군에 대한 작전통제권을 그대로 가질 수도 있고, NATO사령관에 넘길 수도 있다. 즉 이양여부는 전적으로 해당회원국의 독자적 판단에 의해 결정되는 모델을 말한다.

10) 일본형 모델이란 독립적으로 작전통제권을 행사하는 가운데 서로 협조하는 “합의제 방식의 병렬지휘체제”로서 이를 보완하기 위해 미 · 일 양국은 “합동조정그룹,” “미 · 일 공동조정소” 등과 같은 조정 및 협조기구를 운영하는 모델을 의미한다.

대화"를 함께 개최하는 양국 외교·국방장관 참석의 『2+2회담』의 정례화를 미국정부와 교섭하여야 한다.

한국정부는 한국군의 현대화, 한국군의 역할증대 및 적정 수준의 방위비 분담수용 등 한국 방위의 한국화를 추진하고, 한국이 주도적 역할을 수행할 수 있도록 한·미 간 안보협력체제 내에서 점진적으로 검토하여야 한다. 나아가서는 한·미 안보동맹을 보완한다는 전제 하에 역내 다자간 안보협력도 병행해 나가야 한다.

또한 한국정부는 주한미군이 한반도에서 대북한 억지세력으로서 계속 필요할 뿐만 아니라, 한반도에서 평화체제가 구축된 이후에도 동북아 지역의 평화를 위한 안정자로서 역할을 수행하기를 기대하고 있다. 또한 주한미군의 규모와 역할 변화 문제는 한미 양국 정부 간에 한반도 주변정세 등을 종합적으로 고려한 바탕 위에, 한미 안보동맹 관계의 발전이라는 틀 속에서 중·장기적으로 신중히 검토해 나가야 한다.

한국정부는 또한 한반도 안보상황 진전에 대비하여 한미 간의 통일지향적인 안보협력에도 높은 정책 우선순위를 두고, 긴밀한 협의를 강화하여야 한다. 한미 간 협조 하에 경의선 연결사업 등과 같은 남북협력사업과 관련한 군사적 지원 사항을 적극적으로 추진하고, 남북 간의 군사적 신뢰구축 추진 방안들에 대해서도 사전 연구를 공동으로 수행하여야 한다. 나아가 한반도 통일이 역내 안정에 기여하며 한미 공동이익에 부합하는 것이라는 일치된 인식 하에 한미가 합심하여 일본, 중국, 러시아를 포함하는 주변 4개국 간에 한반도의 통일을 지향하는 협력이 활성화되도록 군사 · 외교적 노력도 경주하여야 한다.

한국정부는 한반도 통일 또는 북한의 군사위협 소멸 이후에도 주한미군이 한반도에 계속 주둔하면서 역내 안정자로서의 역할을 수행하는 것이 한반도 및 역내 안보에 기여하는 방안으로 보아야 한다. 이러한 인식 하에 지역안정화를 위한 한미 간의 포괄적인 안보협력을 제도화하여 양국 간 진정한 의미의 「안보동반자관계」를 정착시키고, 이를 토대로 한미동맹관계가 한반도는 물론 역내 평화와 안정에 기여하는 방향으로 발전되도록 노력해 나가야 한다.

한편, 한국은 미국을 정점으로 한 · 미 동맹과 미 · 일 동맹의 관계에 있어 일본과도 간접적인 안보협력이 필요하다. 한반도에서 전쟁이 발발할 경우를 상정하면, 미국은 일본에 주둔하고 있는 미군과 일본정부의 협조 하에 한반도에서의 전쟁을 수행할 것이다. 이러한 관점에서 한국은 한반도를 둘러싼 미국과 일본과의 관계변화를 예의주시하지 않으면 안 된다. 전후 여러 차례의 미 · 일 정상회담 결과 발표된 공동성명에서 한국조항, 신한국조항, 한반도조항 등으로 발전하면서, 미 · 일 가이드라인(guideline)이 한반도 등에서 전쟁이 발발하였을 경우 주일미군의 역할 등을 규정하고 있다.

또한 1998년 10월 8일 동경에서 한 · 일 양국 정상이 합의한 「21세기 새로운 한 · 일 파트너십」 공동선언과 이에 따른 행동계획은 양국 간 여러 분야에서의 협력과 교류를 더욱 강화하는 계기가 되었다. 이에 따라 1999년에는 한 · 일 간 군사적 협의체제가 다양화되어 한국 합참과 일본 통합막부 간, 한국해군과 일본 해상자위대 간의 대화가 최초로 실시되었다. 뒤어어 1999년 8월 초에는 한국해군과 일본 해상자위대 간 순수 평화 목적의 수색 및 구조훈련을 최초로 실시하였으며, 한 · 일 군사 당국 간 긴급연락체제가 설치되었다.

한국 국방부는 이러한 한 · 일 간 군사교류를 바탕으로 일본과의 군사교류와 신뢰관계를 증진시켜 나가고 있다. 그러나 일본의 역사 교과서 왜곡문제를 비롯한 한 · 일 간에 역사문제도 있어, 향후 한 · 일 군사교류는 양국의 전반적인 관계 및 국민의 지지 속에서 이루어져야 한다는 인식 하에 신중히 대처해 나가야 할 것이다.

한국정부로서는 민주주의와 시장경제라는 공통의 가치를 갖고 있는 한 · 미 · 일 3국이 북한의 남침 또는 붕괴라는 위기에 대비하여, 공동으로 대처하는 긴밀한 안보 공조체제를 구축하여 나가야 한다. 우선 한국과 미국과는 한 · 미 상호방위조약, 한 · 미 연합방위체제, 한 · 미 연례안보협의회를 주축으로 동맹관계를 계속 유지 · 발전하고, 한 · 미 · 일 간에는 유명무실화되었던 대북정책 조정감독그룹(TCOG) 등을 통하여 대북한 정책을 긴밀히 조율하여 나가야 한다.

또한 한반도에서 전쟁을 방지하기 위하여 북한의 동맹국가인 중국과 북한의 우호국인 러시아로 하여금 북한의 남침을 지원하지 못하도록 차단하기 위하여 한국으로서는 중국과 러시아와의 안보협력이 필요하다.

한 · 중 관계는 1992년 수교 후 10년간의 짧은 기간에도 불구하고, 정치 · 경제 · 사회 · 문화 등 여러 방면에서 많은 발전을 이룩하여 왔으며, 1998년에는 김대중 대통령의 중국 방문으로 「21세기를 향한 협력적 동반자관계」를 구축하였다. 이러한 한 · 중 관계의 포괄적인 발전을 바탕으로, 중국과의 군사관계는 1993년 주중한국무관부 개설, 1994년 주한중국무관부 개설 등 꾸준히 발전되어, 최근에는 한 · 중 국방장관의 상호교환방문이 성사되었다. 이후 중국과 각군 참모총장급 상호교환 방문이 이루어지는 등 군사교류가 점차 확대되고 있다. 구체적으로 2007년 4월 노무현 대통령과 원자바오 총리 간에 한국과 중국의 해 · 공군 간 직통통신망(hot line)구축에 합의하는 등 군사 분야에서도 상호신뢰와 협력을 심화시켜 나가고 있다.

또한 한 · 러 군사관계는 1990년대 초반까지 주로 인적교류를 통한 상호 이해의 증진에 중점을 두었다면, 1990년대 중반부터는 군사적 신뢰구축을 제도화하는 방향으로 발전되고 있다. 즉, 1994년의 해상 사고방지 협정, 1996년의 군사협력 양해 각서, 1997년의 "군사기술 · 방산 및 군수협력협정"과 1998년의 "휴가 장병 상호방문 각서"를 각각 체결하였다.

한 · 러 양국은 현재 위험한 군사행동 방지협정의 체결을 추진하고 있고, 또한 해상 사고방지 협정 이행협의회와 국방정책실무회의를 연례적으로 실시하고 있다. 앞으로도 한 · 러 군사관계는 인적교류, 제도적인 군사적 신뢰구축을 바탕으로 한반도의 평화 정착 및 동북아 지역의 평화와 안정에 기여하는 방향으로 지속 발전될 것이다.

제 3 절 MB의 외교전략

1. "사실상의(de facto) 통일" 전략

한반도의 통일은 "민족내부 문제"인 동시에 "국제적 문제"라는 2중 구조(혼합형)로써, 국제적 환경과 민족내부의 여건(북한의 변화와 남한의 통일 의지와 역량)이 성숙된 단계에 달성할 수 있다. 따라서 통일은 "시기"의 문제가 아니고, "여건"의 문제로서, "오는 것"이 아니고, "이루는 것"으로, 우리의 통일전략은 "상황의 정의"에 따라, 국제적 상황과 북한의 변화를 한국의 "종속변수"로 유도하여야 한다.

여기에서 남북관계의 진전 상황을 분석하여 보면, 북한 공세와 남한 수세의 남북관계시기(1948-1972), 남북한 간 경쟁의 남북관계시기(1972-1991), 남북한 간 교류와 협력의 남북관계시기(1991-2000), 남북 간 타협과 제도화의 남북관계시기(2000-현재)로 나누어 분석할 수 있다.

첫 번째로, "공세와 수세의 시기"에 북한은 토지개혁법, 중요산업 국유화법, 노동법 등으로 소위 "민주개혁"을 통하여 북한에서 "민주기지"를 건설한 후, 나중에 "국토통일"한다는 "민주기지론"에 따라 남한에서의 주한미군 철수 등 국제적 여건과 "남조선에서의 인민봉기설"로 "남조선 해방전쟁"(1950)을 시도하였다. 그 후에도 "선 남조선혁명, 후 통일" 전략에 따라 주한미군의 철수를 주장하고, 반독제와 통일세력의 소위 "민주정권"(용공 또는 연공정권)을 수립하고자 하기도 하고, "3대(북조선, 남조선, 국제)혁명역량" 강화(1964)의 전략에 따라 "남조선혁명"(1960년대 말)을 시도하는 등 북한의 공세에 남한은 수세로 대응하였다.

두 번째로, "경쟁의 시기"에는 남북한의 체제경쟁의 일환으로 산업화 경쟁에서 박정희 대통령은 "선건설, 후통일"의 전략을 추진한 반면, 김일성 주석은 "경제 · 군사 병진노선"의 전략을 실행하였고, 민주화 경쟁으로 김영삼 대통령은 "문민정부"를 추진하였다. 반면, 김일성 주석은 "인민민주주의 혁명"을 시도하였고, 민족국가화 경쟁으로 남한의 "열린 민족주의"와 북한의 "닫힌 민족주의" 간의 경쟁이었다. 그러나 지금은 자본주의와 공산주의 체제 경쟁은 끝나고, 자본주의 내에서 Individual capitalism과 communitarian capitalism 간 경쟁 중에 있고, 남북한 간에 세계화 경쟁은 남북한 간의 "민족의 이익"에서 우위 확보와, 한반도주변4강과 UN 등 국제사회의 지지 획득에서 경쟁 중에 있다.

세 번째로, "교류와 협력의 시기"에는 서울 올림픽(1988)의 성공적 개최, "6월 민주화 항쟁" 후 민주화 선언 발표(1987. 6. 29), 노태우 정권의 북방외교로 소련(1990. 9), 중국(1992. 8)과 각각 수교하고, 남북한의 유엔동시 가입과 기본합의서 서명(1991)에 이어, 비핵화 공동선언 서명에 따라, 남북한의 "교류"와 "협력"을 추진하였다. 특히, 남북기본합의서(1991)에 따라, 남북한의 (1) "교류"(이산가족의 자유왕래와 서신거래, 철도와 도로의 연결, 해로와 항로의 개설, 우편과 전기통신교류, 문화 · 예술 · 체육 등 교류)와 (2) "협력"(투자보장협정 등 남북경협 관련 합의서의 시행, 합병투자 등 경제협력)에 이어, 언제가는 (3) "화해"(상호 체제 존중, 내정불간섭, 상호 비방 · 중상 중지, 상대방 파괴 · 전복 금지, 현 군사정전협정 준수 등 정치적 화해)와 (4) "불가침"(상대방 무력침략 금지, 현 군사분계선 준수, 쌍방 군사당국 직통전화 설치, 군축협의 등 군사적 신뢰 구축)을 실현, "사실상의"(de facto) 통일을 달성하려고 노력하였으나, 소위 "제 1 차 북한 핵 위기"(1993-1994)로 좌절되었다.

마지막으로, "타협과 제도화의 시기"로서 남북한의 통일방안에 관한 타협은 국가연합과 고려연방제의 "타협과정"을 거쳐, 결국에는 남북정상회담(2000. 6. 15)에서 "남측의 연합제와 북측의 낮은 단계의 연방제" 간에 공통성을 인정하고, 앞으로 이 방향에서 통일을 지향하기로 합의하였다. 남측의 국가연합은 "1민족 1연합 2국가 2체제 2독립정부"이고, 북측의 연방제는 "1민족 1연방국가 2체제 2지역자치정부"이나, "낮은 단계"의 연방제는 "1민족 1형식적 연방국가 2체제 2'사실상의 국가' 성을 갖는 지역자치정부"를 의미하고, "연합-낮은 단계의 연방"(2국가 2체제)에서 출발하여 "높은 단계의 연방"(1국가 2체제)을 거쳐 "완전한 통일국가"(1국가 1체제)로 나아가는 단계적 통일방안을 제도화하는 과정에서 "사실상의"(de facto) 통일을 추구하려고 하였다.

이명박 정권에서는 우선 남북한 간에 "교류와 협력"의 단계에서 "화해와 불가침"의 단계로 발전시키고, 남북한이 동북아 평화체제의 일환으로 추진하고 있는 미국과 북한 간의 수교와 북한과 일본 간의 국교정상화에 앞서, 서울과 평양에 상호 대표부를 설치하는 "사실상의"(de facto) 통일을 거쳐 제도적 · 법적 통일을 달성한다는 로드맵을 추진하여야 한다.

2. 한미동맹기축(基軸) 일본 · 중국 · 러시아와의 "전략적 동반자관계" 전략

한국외교에 있어서 가장 중요한 관계는 두말할 것도 없이 한미동맹이다. 한 · 미 동맹관계는 역사적으로 보면, 보호-피보호(Patron-Client)의 동맹단계(1954-1968), 한국 참여의 군사관계로의 발전모색 단계(1969-1979), 한 · 미 군사동맹관계의 재결속단계(1980-1989)를 거쳐, 현재는 탈냉전 시기, 특히 9.11 사태 후 새로운 안보동반자관계의 모색단계(1990-현재)라 할 수 있다.

냉전 시기의 한미동맹은 "한반도 유사시" 만을 대비하였으나, 탈냉전 시기의 한미동맹은 "한반도와 그 주변지역의 유사시"에 대응하는 방향으로의 정책전환을 신중히 검토하여야 한다. 이명박 정권에서는 한미안보조약의 목적인 "북한의 위협"이 사실상 소멸되더라도 공통의 정치철학과 공통의 국가이익에 비추어 한미동맹은 필요하다는 인식에 따라, 정권 수립 후 가능한 한 빨리 이명박 대통령과 부시 대통령 간에 "신(新)한미안보공동선언"을 표명하고, 이를 바탕으로 한미 양국실무당국 간에 (1) 평시에 행할 한미방위협력, (2) 한국에 대한 무력공격 시 한미공동대처행동, (3) 한반도 주변지역에서 일어난 사태로 한국의 평화와 안전에 중요한 영향을 주는 경우 한미방위협력 등 구체적인 case를 열거하여 한미 양국 군당국 간에 어떠한 방위협력이 필요한가를 열거하는 "한미방위협력을 위한 지침"(guide-line)을 마련하여야 한다.

또한, 한국외교에 있어서 중요한 관계는 한반도 주변국, 일본 · 중국 · 러시아와의 "전략적 동반자관계"(확대균형)를 구축하는 것이다. 우선, 일본과의 "전략적 동반자관계" 구축은 일본의 전전 한국 식민지 지배에의 사죄라는 "과거에의 반성"에서 출발하여 한일 간에는 "미래에의 우호"로 지향하여야 한다는 관점에서 일본 역사교과서의 왜곡 등 과거사문제의 존재에도 불구하고, 한미동맹의 연장선에서 미일동맹을 고려한 전략적 선택을 찾아야 한다.

북한의 군사위협에 대한 공동대응 차원에서 발전시켜온 한일안보협력관계는 앞으로 동북아시아 지역 전반의 평화질서 구축을 위한 "전략적 동반자관계"로 발전시켜 나가야 한다. 미국의 대한반도 안보정책과 한반도 질서의 변화에 부응하여 한미동맹의 역할과 기능을 조정하고 있어, 한 · 미 · 일 공조가 동북아 안보질서를 안정시키는 데 보다 큰 역할을 수행하여야 한다. 일본의 과거사문제의 해결 방법[지렛대]도 중국, 미국 등과의 국제협조를 통하는 등 선별적 협력에서 찾을 수도 있다.

일본정부는 대내적으로 일본사회의 보수우경화에 맞추어, "보통국가론"에 입각한 헌법의 개정을 추진하는 한편, 대외적으로는 국제구조의 변화(냉전, 탈냉전, 냉전후, 소위 9.11테러사건 이후)에 적응하면서, 일본의 국가이익에 따라 "세계속의 미일동맹"을 추구하고 있다. 냉전의 시기에는 "일본 및 극동 유사시"의 미일동맹, 냉전후(post-cold war)의 시기에는 "일본 및 그의 주변사태"에서의 미일동맹, "9.11사건" 후의 시기에는 "일본 및 세계"에서의 미일동맹을 추구하고 있다.

우선, "일본 및 극동유사시"의 미일동맹(냉전의 시기)은 구(舊)안보조약(1951)이 "일본이 기지를 제공"하고, 그 대가로 미국이 일본을 방위한다는 것은 조문 상 명기되지 않은 "일방적 조약"이었으나, 신안보조약(1960)은 미국의 일본방위 의무(제 5 조)와 "극동의 평화와 안전을 위하여" 일본이 미국에의 기지제공(제 6 조)을 명문화한 "양방적 조약"이었다. 미국의 베트남 철군(1975) 후, 미국과 "일본의" 평시 및 유사시에 있어서의 방위작전계획을 책정하고, 방위책임의 분담(burden sharing)을 명확히 한 구Guideline(1978)을 책정하고, 소련의 아프카니스탄 침공(1979) 등 "신 냉전"에서는 소련봉쇄를 위하여 자위대는 방패(盾), 주일미군은 창(矛)으로 임무역할의 분담(role & missions sharing)을 수행하였다.

다음으로, "일본 및 그 주변사태"에서의 미일동맹(냉전후의 시기)은 걸프전(1991) 및 제 1 차 북한 핵 위기(1994) 후, "제 2 차 한국전쟁"을 염두에 두고, 미일동맹의 "재확인" 작업을 진행하였다. 그 결과, "미일안보 공동선언"(1996)에서 미일동맹은 "21세기를 향해 아시아 · 태평양 지역에 있어서 안정적이고 번영된 정세를 유지하기 위한 기초"라고 선언하고, 구Guideline의 재검토의 의견 일치에 따라 신Guideline은 "일본유사시 이외"의 사태(소위 "주변사태")에도 일본이 기지 및 그의 편의를 제공하는 대미협력을 처음으로 실시하였다.

마지막으로, "일본 및 세계"에서 미일동맹("9.11테러사건" 후의 시기)은 "9.11테러사건" 후 일본의 안전에 대한 위협과 군사적 도전이 "일본 및 그의 주변을 넘는 세계"에서 북한의 핵과 미사일문제, 중국과 대만의 양안(兩岸)문제, 인도 · 파키스탄 핵문제, 이라크 등 중동문제, "실패국가"에서 발생한 난민과 범죄문제 등이 존재하고 있어, 이러한 "지구규모의 위협"에 대한 대응으로 일본자위대의 방패(盾)역할과 미군의 창(矛)역할로 분업하고, "일본 및 그의 주변"에서 "세계 도처"에 파병을 확대하며, "창(矛)의 협력"차원에서 자위대의 무력행사를 포함한 자위대와 미군은 공동작전(power sharing)으로 대처하고 있다.

일본자위대의 역할도 또한 일본의 국익과 시대적 상황에 따라 변경되어 왔다. 베트남의 공산화(1975. 4) 후, 일본자위대의 역할은 일본방위에 국한하고, 소규모 한정적 침략에 대해서는 일본자위대가 방어하였다. 그리고 대규모 침략에 대해서는 미군이 담당하는 역할분담을 내용으로 하는 "방위계획의 대강"을 최초로 제정(1976. 10)하였다. 그 후 냉전후 시기, 특히 제1차 북한 핵 위기(1994) 후, 일본방어는 기본적으로 자위대가 행하고, 미군이 보조하는 형태로 역할분담을 역전시켰다. 그리고 미일동맹이 일본 및 주변지역의 평화와 안정에 필수라고 재해석한 제1차 "방위계획의 대강"을 개정(1995. 11)하였다. 또한 2001년 "9.11테러사건" 후, 대량살상무기, 탄도미사일 확산, 국제테러조직의 활동 등 새로운 위협과 다양한 사태에 대비한다는 인식하에, (1) 일본방위를 제1의 목표로 하고, 국제안보환경의 개선(자위대의 파병 등)을 제 2 의 목표로 상정하였다. 또한 (2) "기반적 방위력 구상"의 차원을 넘어, 자위대의 다기능, 탄력적인 방위력 정비, 실효성 있는 미사일 방위 등으로 구성하는 제 2 차 "방위계획의 대강"을 개정(2004. 12)하였다.

한국정부는 중국과 러시아와도 한반도문제에 관한 전략적 동반자관계를 구축하여야 한다. 국제사회에서 중국의 부상과 러시아의 회복에 맞추어, "동북공정(東北工程)"[11] 등 한 · 중 간의 현안문제에도 불구하고, 북한의 미국 · 일본과의 수교 등으로 한반도에서 소위 "교차승인"이 이루어진 후에도 한국의 중국 · 러시아와의 관계는 보다 심도 있는 관계로 발전하는 "확대균형"이 요구된다. 이는 한반도의 통일을 염두에 두고 한반도 평화협정문제에서 중국의 건설적 역할과 동북아 안보협력기구의 창설문제에서 러시아의 호의적인 역할이 필요하다.

중국과의 전략적 동반자관계의 필요성은 한국의 국가이익에 비추어 동북아지역은 물론 세계질서의 중심축으로 부상하고 있는 중국과의 긴밀한 우호협력에 있다. 한미동맹과 한 · 미 · 일 공조가 중국을 견제하거나 압박하려는 수단이 아님을 중국 측에 주지시키는 한편, 정치 · 군사 · 경제 · 문화 등 다방면에

11) 동북공정(東北工程)이란 기원 전후부터 668년까지 한반도 북부로부터 현재의 중국 동북부 일부를 지배한 고대국가 고구려의 역사를 중국사회과학원이 2003년 여름부터 중국의 "지방사(地方史)"로 위치 · 설정한 한중 간의 역사분쟁을 말한다. 길림성을 중심으로 약 200만명의 조선족이 거주하고 있어, 중국이 소수민족문제의 도화선이 될 조선 Nationalism의 대두를 경계한 것으로 보는 견해와 더불어, 김정일 정권의 붕괴 등 "만약의 사태"에 대비하여 북한지역을 역사적으로 중국영토의 일부로 간주하려는 전략적 사고로 보는 견해도 있다.

걸쳐 『전면적 협력 동반자관계』를 심화시켜 나가야 한다. 북한 핵문제의 해결과 더불어 북한의 개혁 · 개방을 지원하는 공조방안을 중국과 함께 모색하고, 한반도의 통일이 중국의 국가이익에 부합한다는 점을 부각시키는 외교노력도 중요하다.

또한, 러시아와의 전략적 동반자관계와 관련, 러시아는 유라시아주의를 일관되게 추구하고 동북아시아에서의 영향력 제고를 위하여 개입정책을 지속하고 있어, 일본과 중국과 마찬가지로 전략적 동반자관계의 구축이 필요하다. 특히 러시아의 지정학적 환경에 비추어 『상호 신뢰하는 포괄적 동반자관계』를 통하여 한국의 대북정책과 통일 환경조성 외교에 대한 긴밀한 협의와 공조체제를 모색하여야 한다.

3. 『동아시아 공동체』 전략

『동아시아 공동체』 전략은 한국은 아시아 국가로서 한국정부의 "아시아 주의"외교의 일환으로 추진하여야 한다. 『동아시아 공동체』(East Asia Community)는 ASEAN+3(한국, 중국, 일본)을 중심으로 진행하여 온 동아시아의 지역통합구상이다. ASEAN+3의 지식인(민간인)으로 구성된 East Asia Vision Group(EAVG)이 2001년 11월에 제출한 "동아시아 공동체를 향하여"라는 보고서에서 처음 공식적으로 제창하였고, "동아시아 FTA"에 의한 경제통합을 거처, "동아시아 Summit" 등 정치 · 안전보장 협력의 제도화를 제언한 내용으로 구성되었다. 그 후 각국정부의 대표로 구성된 East Asia Study Group (EASG)은 "동아시아 Summit"를 EAVG의 보고서에 근거한 중장기적인 과제로 제안하고, 2002년 10월 ASEAN+3 수뇌회담에서 승인을 얻었다.

그러나 2005년 12월 역사상 처음으로 "동아시아 Summit"를 실현하는 과정에 『동아시아 공동체』의 범위를 둘러싼 대립이 표면화되어, ASEAN+3(한국, 중국, 일본)에 한정할 것을 주장한 중국 및 말레이시아와, 호주, 뉴질랜드 등에의 확대를 주장한 일본 및 싱가포르와의 대립이 있었으나, 결국에는 "동아시아 Summit"는 호주, 뉴질랜드, 인도를 추가하여 16개국으로 구성하게 되었다. 또한 러시아는 제 1 차 회의에 Observer로 참가한 바도 있고, 일본과 중국 등 각국의 견해에도 격차가 커서 『동아시아 공동체』의 구상에 있어서 "동아시아 Summit"의 위치설정을 둘러싼 대립이 존재하고 있다. 그리고 "동아시아Summit"의 참가범위 및 역할에 관하여 아직도 유동적인 점이 많이 남아 있다. 따라서 『동아시아 공동체』의 추진에 관하여는 ASEAN을 「추진력」으로 하고, ASEAN+3이 「주요한 수단」이 되며 "동아시아 Summit"가 「중요한 역할」을 수행하는 서로 다른 구상이 혼재하고 있는 상황이다.

"동아시아 Summit"는 2007년 1월 15일 필리핀에서 제2차 회의가 개최되어, 『동아시아 공동체』를 향한 형태 및 토대작성이 회의의 중심적인 과제이었으나, 결론을 도출하지 못하였다. 또한 의장성명에는 "참가 16개국은 포괄적 경제제휴협정(EPA)을 민간레벨에서 연구를 시작" 하기로 한 결과, "동아시아 EPA"와 "동아시아 FTA"를 어떻게 조화할 것인가라는 과제를 남겨

두었다.

이명박 정권에서는 "동아시아 Summit" 사무국의 유치를 외교의 과제로 선택하여 외교력을 집중하여야 한다. ASEAN의 사무국은 이미 인도네시아 자카르타에 설치되어 있고, ASEAN+3(한국, 중국, 일본)은 말레이시아의 마하티르 전수상의 EAEC 구상에 연유된 점도 있어, ASEAN+3의 사무국은 오래 전부터 말레시아의 쿠알라룸프르에 유치하려는 노력을 하여 온 바 있다. "동아시아 Summit" 사무국의 유치는 우선 내면적으로 일본정부와 미국정부의 동의를 얻은 후, 중국정부의 양해를 얻고, ASEAN국가, 특히 싱가포르정부의 협조를 받도록 외교적인 노력을 경주하여야 한다. 그리하여 『동아시아 공동체』의 실현을 위하여 한국은 인도네시아, 말레시아와 함께 추진하고, 그 과정에 한국의 ASEAN 가입도 적극적으로 시도하여야 한다.

또한, "동아시아 경제공동체"의 구성과 관련, ASEAN은 여타국가(중국, 한국, 일본, 인도, 호주, 뉴질랜드)와의 FTA 또는 EPA를 체결하였거나 교섭 중에 있어, 이들 간의 공통분모로 "동아시아 경제공동체(안)"를 만들어 16개 회원국들과 협의를 시작하여야 한다. 그리고 "동아시아 안보협력기구"의 구성과 관련, 북한 핵문제의 해결을 위한 6자 회담 국가 간의 동북아 안보협력기구의 창설과는 별도로, ASEAN지역안보포럼(ARF)의 실질적인 기능을 강화하여 동아시아지역안보포럼(EARF)으로 확대·개편하는 것도 시도하여야 한다. ARF는 2000년 북한의 가입으로 새로운 국면을 맞이하고 있으나, 아직 각종 지역안보 갈등을 중재하거나 해결하는데 제 역할을 다 하지 못하고 있는 실정이다.

현재의 외무장관레벨 대화에서 국가의 수반들이 함께 안보의제를 논의하는 회의로 격상시키는 방안도 고려하여야 한다.

제 4 절 MB의 한민족 번영전략

MB의 한민족 번영전략에 대한 이론적인 근거는 "민주평화론"보다는 "시장평화론"에 무게의 중심을 둔 것으로 분석할 수 있다. 우선 "민주평화론"의 가설은 첫째, "민주주의 국가 간에는 서로 전쟁을 하지 않는다." 둘째, "민주주의 국가도 비민주주의 국가와는 비민주주의 국가만큼 전쟁을 한다"는 내용으로 구성하고, 실제로 1816~1991년간 353건의 양국간 전쟁 중에 민주주의 국가 간의 전쟁은 단 한 건도 없었다. 그러나 155건의 전쟁은 민주주의 국가와 비민주주의 국가 간의 전쟁이었고, 198건의 전쟁은 비민주주의 국가 간의 전쟁이라고 분석(Griffiths & Callagham)하였고, 나아가서 "민주주의 국가는 여간해서 전쟁을 시작하지 않으나, 일단 전쟁이 시작되면 무력의 사용에 제약을 받지 않는다"는 명제와 "민주주의 국가는 독재국가와 전쟁을 할 경우에는 승리할 가능성이 더 크다"는 명제도 제시하였다. 이를 "민주국가의 정치지도자는 승리의 가능성이 높을 경우 전쟁을 피하지 않을 뿐만 아니라 적극적으로 전쟁을 일으키기도 하고, 또한 승리를 위하여 가용한 모든 자원을 사용한다"고 설명하고 있다.

이러한 "민주평화론"의 관점에서, 한국은 북한의 개혁 · 개방정책을 지원하여 북한인민의 「먹는 문제」를 도와주고, 북한으로 하여금 국제사회의 일원으로 참여하는 것을 지원하여야 한다. 나아가서 북한의 민주화라는 북한 내부의 체제변화에 관심을 갖고 예의 주시하는 정책을 강구하여 "민주국가"로 성공하면 "민주주의 국가 간에는 서로 전쟁을 하지 않는다"는 가설에 따라 한반도의 평화를 달성할 수 있다고 본다. 또한 체제변동의 가능성을 보이는 중국이 경제성장과 더불어 민주화를 추진하고, 그 과정에서 민족주의 혹은 권력투쟁 등의 요인으로 지역분쟁을 일으킬 수도 있으나, 만약 민주화가 성공하여 "민주국가"가 되면 동아시아도 서유럽지역과 같이 민주평화가 작동하는 지역으로 발전할 수도 있다고 분석할 수 있다.

"민주평화론"이 민주주의를 내세우면서 군사적으로 개입하는 기민성을 보이고 있다는 비판이 제기 되면서, 경제적 번영이 평화의 필요조건이라는 인식이 새롭게 떠오르고 있다. 소위 "시장평화론"은 경제적 자유로 인하여 무역과 금융의 증대가 국제관계의 전환을 가져오며, 자유시장과 번영의 전망 위에서 평화가 창출될 가능성이 높다는 데 그 근거를 두고 있다. 그리하여 "자유시장이 민주주의보다 평화를 가져올 가능성이 높다"는 결론(Erik Gartzke)을 내리면서, "민주국가끼리는 전쟁하지 않는다"는 "민주평화론"의 명제를 "높은 수준의 자유 시장을 가진 국가끼리는 전쟁하지 않는다"는 명제로 바꾸어 놓았다.

"시장평화론"에서는 북한이 시장을 개방하여 국제사회의 일원으로 편입시키는 과정이 한반도에서 평화를 가져오고, 한반도 평화체제를 구축하는 과정이라고 보고 있다. 북한의 시장 개방 없이 한국의 경제협력으로 "자유 시장을 가진 국가"로 만들 경우 오히려 북한에 군비증강 여력을 제공하여 한반도의 평화에 장애요인을 제공할 수도 있다는 비판도 있을 수 있다.

1. 『북한의 개혁 · 개방화』지원 전략

북한경제 위기의 원인은 경제운영기구가 중앙의 계획당국(국가계획위원회) - 정부의 산업관련 각 부처 - 기업이라는 피라미드식 위계구조로 국민경제 전체를 하나의 거대한 공장과 같이 운영하고 있어, 국내적으로는 자원동원을 통한 북한 "주체경제"발전의 한계를 보인 것이다. 그리고 대외적으로는 사회주의 시장경제(특히, 중국과 소련) 몰락의 결과, 무역관계의 축소(1991년 무역 규모는 90년의 42%), 과도한 군사비 부담에 있어 소위 "3대난"(식량난, 에너지난, 외화난)의 상황을 가져왔다.

우선, 식량난의 원인은 농업 집단화에 따른 능률 저하와 비효율성에 있고, 1992년 이후 매년 식량이 부족, 1995년-98년 "고난의 행군" 기간에 300만 명의 아사자가 발생한 것으로 알려지고 있다. 에너지난은 석탄생산의 감소와 소련으로부터 원유수입 격감으로 공장 가동률이 하락하고, 산업생산의 부진을 초래하였다. 외화난도 북한경제의 어려움을 가중시켜 북한은 보유외화가 적고, 1970년대 중반 이후 외채 상환 불능상태 등으로 경제위기를 초래하였다.

한편 폐쇄적 체제를 갖고 있는 중국과 베트남의 사회주의는 오랜 세월에 걸친 사회주의의 초급단계라는 개념을 도입하여 프롤레타리아 독재의 정치체제와 개혁 · 개방의 병존을 추진하고 있다. 중국에서는 천안문 사건이라는 대가를 지불하기는 하였으나, 체제유지와 개혁 · 개방과의 균형을 유지하는데 현재로서는 성공적이라고 볼 수 있다.

북한에서는 자주적 민족경제, 주체사상, 유일지도체제가 삼위 일체로 구성하고 있다. 이는 중국이나 베트남보다도 곤란한 대처방안을 필요로 하나, 실현불가능이라고 할 수 없다. 북한으로서는 "안전보장은 담을 치는 것으로 얻어지는 것이 아니고, 대문을 여는 것으로 얻어지는 것이다"라는 것을 교훈으로 삼아야 한다.

북한은 1984년, 전문과 5장 26조의 합영법(合營法)을 제정, 공포한 이래, 자립적 민족경제노선의 수정이라는 개혁 · 개방의 방향으로 발전하고 있다. 1991년 말에는 나진과 선봉지역에 자유경제무역지대를 설치하고, 나진 · 청진 · 선봉의 3개 항구를 자유항으로 한다는 결정을 발표하였으나, 합영법은 "특구 없는 경제개방"이라는 한계로 실패 후, 나진 · 선봉 자유경제 무역지대라는 경제특구는 사회주의 계획경제와 자본주의 시장경제의 "어울리지 않는 동거"로 체제 개혁이 없어 실패하였다.

북한으로서는 중국, 러시아에 각각 300만 명, 100만 명 내외의 조선족 · 고려인과 일본에 있는 조총련을 경제교류의 대상으로 하였으나, 이들은 남북한 간의 분단 상태가 적대관계에 있을 경우 북한에의 투자를 피하려는 분위기가 있다. 그러나 남북한 간의 평화공존이 분명해질 경우에는 조국과의 관계에서 생기는 Business Chance에는 기꺼이 참가할 것으로 본다. 재외한인들은 여러 가지 능력을 갖고 있고, 다양한 산업에 종사하고 있는 위대한 자원이며, 북한당국의 대우 여하에 따라서 백만의 지원군이 될 가능성도 있다.

한국은 재외한인들로 하여금 북한에의 투자를 장려하고 북한의 개혁 · 개방의 지원을 추진하는 정책을 전략의 우선순위에 두고, 북한은 한국을 비롯하여 재외한인과 관계있는 사람들을 적대시하는 것을 포함하여 출신성분에 의한 차별정책은 개혁 · 개방과 양립할 수 없다는 것을 인식하여야 한다.[12] 또한 북한은 이익이 있으면 지옥도 찾아가지만, 투자가치가 없으면 천국도 외면한다는 기업의 속성을 이해하여야 한다.

그러나 김일성 주석은 생전에 김정일 국방위원장에게 경제사업에 관여하면 당의 활동이나 군의 일도 할 수 없기 때문에 경제 사업에는 관여하지 말라고 하였다고 하나, 김정일 국방위원장 스스로 인정하였듯이, 북한은 식량난, 에너지난, 외화난이라는 3대난에 직면하고 있다. 현재로서 김정일 위원장은 지난 1984년의 합영법이나 1991년의 나진 · 선봉 개방과 같은 소극적인 방법으로는 경제위기를 극복할 수 없다고 판단, 2002년 7월 1일부터 경제개혁의 조치를 통하여 ① 기업자율권의 확대, ② 개인경작지 확대 등 소유제도의 다양화, ③ 가격현실화 등 시장요소의 도입 등과 관련한 조치를 취하였으며, ④ 신의주 특별행정구의 설치 등 「북한식 변화」의 조치를 취하려고 시도하는 것으로 보인다.

12) 嶋倉民生編, 『東北アジア經濟圏の胎動』(アジア經濟研究所, 1992年), pp. 211~225.

소위 "7.1경제관리조치"는 가격과 임금의 대폭적 인상, 기업의 경영자율권 확대, 식량과 생필품 배급제의 단계적 폐지, 환율과 관세조율로서, 국가재정난의 완화, 인플레이션 압력의 완화, 주민들에 대한 상품공급의 확대를 가져 올 것으로 기대하고 있다. 신의주 특별 행정구 설치(2002. 9)는 중국기업을 대상으로 하고, 금강산관광지구와 개성공업지구의 설치(2002. 11)는 한국국민과 한국기업을 대상으로 개방하였으나, 소기의 목적을 달성하지 못하였다.

이러한 북한의 개혁모델(2002)은 개혁 직전의 정치구조(등소평 등장), 거시경제의 환경(농업구조), 국제시장과의 연계성(미국의 대북제재조치) 등 개혁 초기조건과 "개혁 없는 개방", 내부체제와 격리된 경제특구 등 개방전략에서 중국(1978)과 베트남(1986)과는 차이가 있다. 그러나 농장의 규모를 줄이고 생산과 처분의 권한을 부여한 농업개혁과 관광개방을 특징으로 하는 쿠바모델(1993)과는 미국의 경제제재 대상국가선정, 미국 의회의 쿠바민주화법 통과(1992), 최고지도자의 교체 없는 개혁, 외국인 투자자의 낮은 관심도, 성장주력 분야에서 관광산업의 역할 등에서 유사한 모델이었다.

소위 "7.1경제 관리조치"의 결과, 도시에서는 개인 상공업을 허용하고, 농촌에서 농산물시장의 형성, 국영 · 협동상점에서 상품의 가격결정과 공급 권한의 부여로 상업 활동을 허용하여 소규모이지만, 생산재와 소비재 시장이 형성될 것으로 전망하였다. 또한 농촌의 잉여 노동력을 서비스업 등 비국영부문으로 확산시키고, 기업 내 비생산 인력을 새로운 소득을 창출하는

→ **도표 5-3** · 북한의 개혁 · 개방 방향

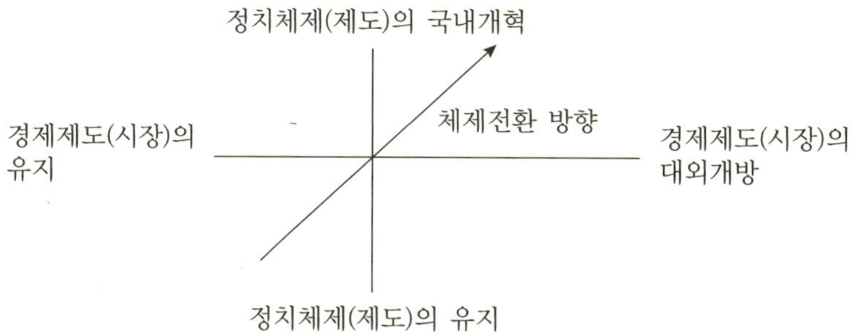

사업에 활용하는 노동시장을 창출하였다. 또한 농업생산체제의 변화는 분조 도급제의 도입(1996)으로 나타났다. 그러나 이는 농업생산성의 제고에 기여하지 못했고, "7.1경제관리조치"후에도 집체(集體) 농업의 틀을 유지하면서 가족 농 중심의 조치들이 시도되었다. 이러한 북한의 개혁 · 개방을 도표화 하면 [도표 5-3]과 같다.

결국에 북한은 정체하고 있는 경제를 회복하기 위하여 제도의 개혁과 시장의 개방 이외의 대안은 없는 것이다. 이러한 북한의 개혁 · 개방을 지원한다는 것이 MB 남북관계구상 "비핵 · 개방 · 3000"의 제 2 단계 이다. 북한 스스로 개방정책을 통하여 한국, 일본, 미국을 포함하는 국가들의 민간자본을 적극적으로 도입하는 정책을 말한다. 우선 북한으로서는 유일지도체제와 개혁 · 개방을 어떻게 조화시키느냐의 문제를 해결하여야 한다. 따라서 한국정부는 북한으로 하여금 한국 우방국들과의 수교와 ADB, IMF, IBRD, WTO 등 국제기구에 가입을 지원하고,

국제사회와의 교류와 접촉을 통하여 북한의 개혁 · 개방을 유도하여야 한다. 또한 한반도 문제와 관련하여 직접 또는 간접적으로 관계가 깊은 미국과 일본의 대북한 관계 개선 문제에 관하여는 한국과의 긴밀한 사전협의와 아울러 한 · 미 · 일 3국 간의 계속적인 정책 공조를 유지하면서 추진하도록 유도하여야 한다.

2. 수레바퀴(Hub & Spoke) 전략

수레바퀴전략(Hub & Spoke)이란 한국기업의 본사를 중앙(Hub)으로 하고, 북한에 설립된 지사를 지축(Spoke)으로 하여 이들을 연결하는 생산 네트워크(network)를 형성하는 것을 말한다. 이를 통하여 10년 내 북한인민 일인당 "개인소득 3000불"시대로 이끌겠다는 것이 MB 남북관계구상 "비핵 · 개방 · 3000"의 제 3 단계이다. 북한경제를 수출주도형으로 전환하고 World Bank 및 ADB 등 국제차관, 남북교류협력기금, 해외직접투자 유치, 북 · 일 관계 개선에 따른 일본의 대북지원금 등으로 약 400억 불 상당의 국제협력자금을 투입하는 것이다. 현재 북한경제는 일인당 소득 914불(한국은행 발표)이다. 이를 기준으로 매년 10%의 성장으로 10년 후에는 국민소득 3000불의 경제로 도약시킨다는 계획이다.

또한, 수레바퀴전략에 따라, 한국기업의 본사에서 자본과 기술을 공급하고, 북한의 지사에서 노동력을 제공하여 상품과 서비스를 생산한 후, 이들 상품과 서비스를 한국이나 제 3 국에 수출하는 것이 그 주요 내용이다. 이러한 결과, 북한인민들은 노동력을 공급한 대가를 받아 생활을 영위할 수 있게 된다. 또한 중국에 진출한 한국기업을 중앙(Hub)으로 하고, 이들 기업이 북한에 설립한 지사를 지축(Spoke)으로 하여 상품과 서비스를 생산하여 한국을 비롯한 제 3 국에 수출하는 것도 수레바퀴전략(Hub & Spoke)으로 볼 수 있다.

수레바퀴전략의 일환으로 재외한국인의 권익옹호기관인 재외동포재단을 중앙(Hub)으로 하고, 미국, 일본, 중국, 러시아 등의 재외동포를 지축(Spoke)으로 하는 재외한국인의 네트워크를 구성하는 것이다. 그리고 이들 재외한인들로 하여금 현재 거주하고 있는 국가와 한국과의 우호협력관계를 발전시키는 동시에, 북한에의 투자도 장려할 필요성이 있다고 본다.

또한 한반도 전체를 염두에 둔 수레바퀴전략은 한반도의 남반부[韓國]를 중앙(Hub)으로 하고, 나진 · 선봉, 신의주, 개성 등 한반도의 북반부[北韓]를 지축(Spoke)으로 하여, 한국은 주가 되고, 북한은 종이 되는 전략이라고 할 수 있다. 이러한 수레바퀴전략의 일환으로 한국정부로서는 북한이라는 실체를 북한인민과 북한정권으로 구분하고, 북한 인민의 번영을 대상으로 하는 정책을 우선적으로 실천하여야 한다.

첫째로, 북한의 극심한 식량난에 따른 대북한 인도적 지원 문제이다. 한국의 대북한 지원(1995. 6-2004. 1)은 정부차원에서 6억 2천만 불(6,600억 원)이고, 민간차원에서 2억 8천만 불(3,500억 원)이다. 또한 국제사회의 대북한 지원은 1995년 9월부터 2004년 1월 말 현재 약 17억 불이고, 미국은 대외 식량원조 프로그램 중에 Public Law 480(1954년 제정한 "농업교역발전 및 원조에 관한 법률")의 Title II "긴급원조 프로그램"(자연재해, 정치적 분쟁에 따른 긴박한 식량부족 상태에 처한 국가에 대해 WFP 등 국제기구를 통해 지원)에 따라 2001년–2003년 간 밀가루 10만 톤, 콩 5만 톤, 잡곡 18만 톤, 기타식량 등을 지원하였고, 일본은 2004년 5월 당시 고이즈미 총리의 평양 재방문을 계기로 식량 25만 톤 및 의약품 1,000만 불 지원을 약속하였다.

한편, 미국, EU, 한국, 러시아 등 12개 주요 대북 식량 공여국은 2003년 5월 WFP 식량 공여국 회의에서 "군수용 전환" 등을 고려, 북한의 "지원식량의 투명한 배급절차"가 계속적인 식량지원 확보에 필요하다는 입장을 북한 측에 전달한 바 있었다. 이에 북한은 최근 방송매체를 통해 미국, 일본 등이 투명성 결여라는 정치적 술책을 앞세워 국제기구의 북한에 대한 인도적 지원을 방해하고 있다고 비난한 바 있었다.

둘째로, 이산가족 상봉, 금강산 관광 등을 추진하는 남북한 간의 인적교류 문제이다. 남북한 간의 인적교류는 남북 주민들 간의 상호 이해의 폭을 넓히고, 한민족의 동질성을 회복하고, 나아가서는 한민족 공동체를 이루어 가는 데 중요한 역할을 할 수 있다. 따라서 이산가족 문제는 이산가족상봉, 생사 및 주소 확인, 서신교환을 할 수 있는 제도적 장치를 마련하여야 하고, 금강산에 상봉면회소 설치를 우선적 과제로 선정하여 추진하고 있다. 금강산 관광 사업은 2003년 9월 육로관광이 정례화 되었고, 2007년 6월 내금강 관광도 시작하여 그 동안 한국인 40만 명 이상이 금강산이라는 북한 땅을 방문하여 북한에 대한 관심을 갖게 하였다. 앞으로는 관광 이외의 교육 · 학술, 문화 · 예술, 종교 · 체육, 출판 · 보도 등 다양한 분야에서 남북한 간의 교류와 협력이 확대될 수 있도록 노력하여야 한다.

셋째로, 경의선 및 동해선 남북 철도 · 도로 연결 사업, 개성공단 사업 등 남북한 간의 경제협력 문제이다. 한국 정부로서는 북한과의 정치협력과 경제협력을 구분하여 북한과의 정치협력은 정부차원에서 주도적으로 추진하고, 북한과의 경제협력은 민간차원에서 시장경제 원칙에 따라 기업의 자기책임하에 추진하도록 하되, 남북관계의 특수성과 북한의 현실을 감안, 정부차원에서도 필요한 범위 내에서 적절한 지원을 하여야 한다.

한국정부 차원의 남북한 간 경제협력은 민간 차원에서 남북 경협을 촉진할 수 있도록 북한에서의 인프라를 구축하고, 남북 당국 간의 경제협력 관련 제도적 장치를 마련하는데 역점을 두어야 한다. 북한에서의 인프라 구축은 우선 경의선 철도 등 남에서 북으로 연결하는 사업부터 추진하고, 한국 기업의 대북한 투자여건 개선에 기여할 수 있는 개성공단 사업 등을 적극적으로 지원하는 것이다. 이를 위한 남북 경협관련 제도적 장치로는 투자보장, 이중과세 방지, 상사분쟁해결, 청산결제 등 남북 경협 합의서를 체결하여야 한다. 개성공단 사업의 경우 2003년 6월 30일 착공식을 거행한 이래 현재 26개 기업에서 17,000여명의 북한근로자가 일하고 있고, 철도 · 도로 연결공사의 경우 2007년 5월 17일 분단 반세기만에 경의선 및 동해선 남북철도 연결구간에서 열차가 군사분계선을 통과, 시험운행을 하는 성과를 달성하였다.

3. 『한민족 경제공동체』 전략

단일 한민족의 뿌리는 조선시대의 소중화(小中華)사상에서 나왔다. BC 12세기경 중국 은나라 사람 기자가 동쪽 고조선으로 왔다는 기자동래설(箕子東來說)에 기반을 둔 사상이다. 즉 기자가 와서 교화시킴에 따라 고조선이 일찍부터 중국처럼 문명화된 나라가 되었다는 것이 소중화 사상의 시작이다. 만주족의 청나라가 중원을 차지하자 조선만이 중화의 전통을 이어가고 있다고 자부하면서 소중화 사상은 절정에 달했고, 이런 소중화 사상에서 순혈 민족주의가 만들어진 것이다.

이러한 한민족은 거대하고 강력한 흡입력을 소유한 중화(중국)에 흡수당하지 않고, 서쪽의 베트남 민족과 더불어, 유구한 역사를 통하여 계속되고 있다. 비록 현재는 하나의 국민국가로 통일을 달성하지 못하고 있지만, 공통의 역사, 언어, 전통을 갖고 살아남아 생존하고 있어, 고조선-고구려-통일신라-발해-고려-조선으로 이어지는 민족의 정통성을 주장할 수도 있다.

이러한 한민족 전체의 번영전략은 궁극적으로 한반도 단일 경제블록, 나아가서는 『한민족 경제공동체』라는 목표를 달성하는 것이다. 이러한 목표를 성취하기에는 현실적 제약 등으로 많은 시간이 필요하나, 현재로서는 한반도 단일경제블록을 중기목표로 하되 단기목표로는 동아시아 경제권(ASEAN+3)과 동북아경제권(남북한, 일본, 중국, 러시아, 몽골)을 추진하고, 장기목표로서 아시아 · 태평양경제권(APEC)과 아시아 · 유럽경제권

(ASEM)을 추진함이 바람직하다.

한국의 단기, 중기, 장기목표를 현실화하는 방안으로 소위 등고선이론(等高線理論, Contour-line Theory)을 통하여 실현함이 현실적이다. 『한민족 경제공동체』라는 정상에 도달하기에 앞서, 현재까지 마련된 정상회의라는 틀(framework)로서 APEC, ASEM, ASEAN+3을 발판으로 하여야 한다는 것이다. 『한민족 경제공동체』의 구성은 MB "신한반도 구상"의 제 1 단계로서 북한이 핵시설을 불능화 하면, "비핵 · 개방 · 3000 구상"을 실현하기 위하여 북한당국과 협의하기로 되어 있다. 우선 이명박 정권에서는 매년 개최되는 ASEAN(10개국)+3(한 · 중 · 일)을 중심으로 하는 동아시아 경제권의 추진과 별도로, 한 · 중 · 일 3국을 중심으로 러시아와 몽골을 통할 하고 동북아경제권을 병행하여 추진하여야 한다고 본다.

우선 ASEAN+3 정상회담의 개최 기회를 이용한 한 · 중 · 일 3국 정상회담에서 한 · 중 · 일 3국 자유무역협정(FTA)과 나아가서는 한 · 중 · 일 3국과 ASEAN을 포함하는 동아시아 FTA를 추진하고, 또한 한 · 중 · 일에 북한, 러시아, 몽골을 추가하는 동북아경제권을 형성하는 외교적 노력을 강구하는 것이다. 또한 한민족 경제권은 남북한을 중심으로 일본의 서해, 중국의 동북삼성, 러시아의 극동 시베리아, 그리고 몽골을 대상으로 고려할 수 있다. 우선 이러한 지역을 대표하는 중앙 또는 지방정부당국으로 구성하는 Track I 과 병행하여 민간 차원에서의 Track II 를 동시에 추진함이 바람직하다.

『한민족 경제공동체』는 남북 산업을 유기적으로 연결하고

→ **도표 5-4 • 등고선이론**

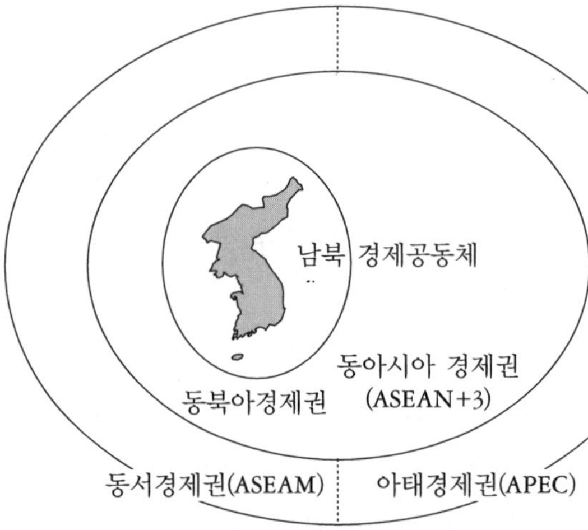

상호 보완적인 차원에서 생산요소의 결합을 통해 한민족의 공동발전과 복리를 극대화하는 데 있다. 이를 위하여 무엇보다 북한 내부로부터의 상당한 수준의 개혁 · 개방이 뒷받침됨으로써 북한경제가 회생하고, 자율적인 성장기반을 구축해야 하는 것이다. 이 과정에서는 IMF나 World Bank와 같은 국제금융기구로부터의 자금지원이 이루어져야 할 것이다.

한국정부로서는 종국적으로 북한을 포함하는 한반도 단일 경제블록을 형성하는 한민족 경제공동체의 전략을 세워야 한다. 남북경제공동체는 등고선 이론의 정상에 있어 장기목표로 설정하고 있으나, 북한당국의 대응 여하에 따라서는 가장 먼저 실현할 수도 있는 단기목표이기도 하다. 등고선이론을 도식화한다면 [도표 5-4]와 같다.

제 5 절 MB의 통일과정 전략

MB의 통일과정 전략은 "선 한반도 비핵화 실현, 후 한반도와 동북아 평화체제 구축"에서 출발한다. 한반도의 통일과정 전략의 제 1 단계는 한반도 문제를 한국 국내문제화(한국화)하는 전략으로 현재의 휴전체제를 유지하는 것이다. 제 2 단계는 한반도 휴전협정을 평화협정화하는 전략으로 한반도에 현존하는 냉전구조의 해체를 통하여 한반도 평화체제를 구축하고, 나아가서 제 3 단계는 한반도 문제의 국제보장화(국제화)하는 전략으로 동북아시아에 존재하고 있는 냉전구조의 해체를 통하여 동북아 평화체제를 구축하는 것이다. 이와 같은 전략의 전제는 우선 북한이 모든 핵무기를 포기하고, 한미 양국이 한반도 내에 핵무기의 부재를 확인하는 한반도의 비핵화이다. 다음으로 남북한의 합의에 의한 평화적 통일로서, 이는 베트남식 무력통일도 아니고, 독일식 흡수통일과도 다르다.

1. 한반도 휴전체제의 유지전략(남북방식)

우선 한반도 문제의 한국화전략과 관련하여, 유럽에서 베를린 장벽의 붕괴(1989. 12. 9)는 "독일문제의 독일화"로 제 2 차 세계대전 전후에 형성된 냉전의 종결을 예고하고, 국제정치의 무대를 크게 변화시켰다. 따라서 한반도에서의 조류도 국제화에서 한국화라는 지역화로 진행하고 있다.

냉전 말기, 미국은 세계전략과 지역방위를 연결하여온 Linkage Strategies를 하나 하나 풀기 시작하였다. 우선 1990년의 동아시아전략구상(EASI)에 기초하여 동아시아에서 병력의 삭감을 행하고, 한국에 대한 군사적 공약(Commitment)을 축소하기 시작하였다.

한반도의 지역화는 한국과 북한 간의 남북회담이 진행하면서 더욱 가속화하였다. 1980년대 말부터 진행한 남북회담은 착실히 진행하였고, 1990년에는 남북한의 총리를 대표로 하는 최초의 남북고위급회담이 개최되었다. 그리고 1991년 12월에는 남북 간 『남북기본합의서』가 조인된 결과, 한반도 문제는 남북한이라는 당사자가 자립적으로 해결하는 것으로 되었다.

북한의 핵개발 문제는 이미 1980년대 후반부터 문제시되기 시작하였으나, 1991년의 시점에는 그렇게 심각하게 받아들이지 않아, 주한미군의 전술핵 철거 등 양보로 해결될 것으로 기대하였다. 그 결과, 1991년 12월에는 남북한이 한반도에서의 『비핵화 공동선언』에 가조인하고 한반도의 남북당사자가 주체적으로 핵문제를 해결할 것을 약속하였다. 핵문제에 관하여서도 지역화의 원칙이 적용된 것이다.

그러나 1992년에 들어서면서 북한의 핵문제는 서서히 지역화의 흐름에 국제화의 역류가 나타나기 시작하였다. 남북 간의 교섭이라는 한반도 문제의 한국화라는 비핵화공동선언의 틀 속에서, 남북한은 상호 사찰실시의 조건에 합의를 보지 못하고, 남북핵통제공동위원회는 결렬되는 등 핵문제 해결이 곤란하다는 사실이 밝혀졌다.

이러한 결과, 북한의 핵문제는 한반도 문제를 다시 국제화라는 방향으로 흘러가게 하고, 남북한 교섭의 진전을 보지 못함에 따라 NPT와 집행기구인 IAEA에의 기대가 커졌다. 냉전 후 세계의 안전보장 문제를 제도화된 틀 속에서 해결하려는 미국도 전략의 중점을 지역화에서 국제적 제도(Regime)라는 국제화로 옮기기 시작하여 북한의 핵문제는 국제적인 문제로 부각되었다.

결국 북한이 1993년 3월 NPT로부터 탈퇴를 선언함으로써 북한 핵문제는 국제문제화 되었고, 북한은 남북한 당사자의 자주적 해결이라는 원칙을 스스로 포기하였다. 이는 물리적 제재 수단을 갖고 있지 않은 국제적 제도(Regime)에의 탈퇴를 표명하고, 미국과의 직접교섭을 요구한 것이다.

결국 북한의 핵문제는 북 · 미 간 양자 교섭을 통하여 해결할 수밖에 없는 결과가 되었고, 지역화와 국제화라는 2개의 조류를 동시에 통제할 수 있는 것은 미국뿐이다. 냉전 후 세계에서 압도적인 힘을 갖고 있는 미국은 지역의 안전보장에 관하여서나 국제적 안전보장에 관하여서도 중심적 역할을 하고 있다.

미국은 NPT, IAEA 등의 국제적 제도(Regime)를 냉전 후의 안전보장의 해결장치로 지원하고 있을 뿐만 아니라 핵무기를 비롯한 대량파괴무기의 확산 방지를 냉전 후에도 가장 중요한 안전보장 문제로 설정하여, NPT의 강화를 진행하는 동시에 몇 가지의 새로운 제도(Regime)를 구축하고 있다. IAEA에 북한의 핵개발상황을 보고하도록 한 것도 미국이다.

미국은 1994년 10월 북한이 핵개발을 동결한다면 경수로와 중유를 공여하고, 북한과 미국 간 관계 정상화를 진행한다는 타협안을 받아들였다. 이러한 소위 「제네바 합의」는 북한에 대하여 경제 · 군사제재 등의 강경책을 사용하는 경우 한반도에서 분쟁이 발생할지도 모른다는 지역적 고려와, 그렇다고 북한의 핵개발을 방치하면 대량파괴무기의 확산이 진행할지도 모른다는 국제적 고려를 절충한 타협안이었다. 소위 「제네바 합의」에 따라 한반도에서의 긴장상태는 일단락되고, 북한 핵개발은 우선 동결되었다.[13] 미국은 또한 1995년의 신동아시아전략(EASR)을 발표, 주한미군을 포함하여 동아시아에 10만명 수준의 미군을 계속 주둔시킬 방침을 천명하였으며, 그 후에도 유사한 원칙을 유지하고 있다.

한국은 『한반도 문제의 한국화』전략, 다시 말하면 한반도 문제의 비국제화 전략의 일환으로 남북회담 등을 통하여 북한으로 하여금 작금의 북한 핵무기개발 문제를 포함한 한반도 문제를 남북한 당사자 주의에 입각하여 비국제화 하도록 유도하고, 미국을 포함한 국제사회에서 『한반도 문제의 한국화』라는 전략을 지원받는 외교적 노력을 하여야 한다.

『한반도 문제의 한국화』의 근거는 한국의 전략적 국경을 한반도 전체에 두는 데 있다. 한국의 지리적 국경은 형식적으로는 한반도 전체를 의미하나, 현실적으로는 한반도의 남반부에 한정되고 있다. 따라서 한국의 전략적 국경인 한반도의 문제에 관한 한, 한국은 미 · 일 · 중 · 러 등 강대국들에 우선하는 발언권을 갖고 있다. 이러한 사실을 도표화하면 [도표 5-5]와 같다.

---

13) 防衛硏究所, 『これからの安全保障環境』(亞紀書房, 1999年), pp. 149~153.

도표 5-5 · 주요 국가의 전략적 경계

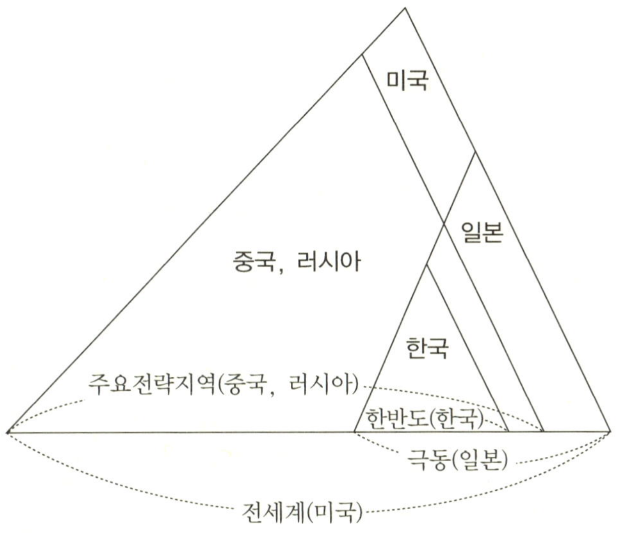

이명박 정권에서는 북한당국과 협조, 『한반도문제의 한국화』에 따라 우선 한반도 휴전체제의 유지에 중점을 두고, 남북기본합의서에서 "교류와 협력"의 단계를 "화해와 불가침"의 단계로 발전시키는 노력을 하여야 한다. 한반도 평화체제 구축에 앞서, 첫째로 남북한관계는 통일을 지향하는 과정에서 잠정적으로 형성되는 "특수관계"라는 것을 인정하고, 남북한 간에 휴전협정을 준수하여야 한다. 둘째로 남북기본합의서에 명시된 "남북 정치분과위원회" 및 "남북 군사분과위원회"와 "남북군사공동위원회"를 재가동하여 남북기본합의서에 명시된 조치에 따라 남북 간의 화해와 불가침을 위한 세부 이행조치, 환언하면 남북한 간의 신뢰구축조치(CBM)와 통상 무기의 군비관리 · 군축을 교섭하여야 한다.

2. 한반도 평화체제의 실현전략(2+2방식)

새로운 평화보장체제를 주장한 북한은 1996년 4월, 인민군 판문점 대표부를 통하여 ① 군사분계선과 비무장지대의 유지 및 관리와 관련된 의무의 포기, ② 판문점 공동경비구역과 비무장지대에 출입하는 요원과 차량으로부터 식별표시의 철거를 발표하고, 공동경비구역 내에서 소규모의 군사훈련까지 실시하였다.

이에 대한 대책으로, 같은 해 4월 16일 한 · 미 정상회담 후에 한반도 평화에 관한 4자회담(남북한, 미국, 중국)을 제안하였다. 이에, 북한 측은 당초 거부적인 반응을 보였으나, 같은 해 9월 16일 북한 인민무력부 정찰국 소속 잠수함이 강릉 부근에 침입한 사건이 발각되어 국제적 비판을 받았고, 2년 연속 수해로 인하여 북한의 식량사정이 심각한 상황을 고려, 결국에는 1997년 12월 9일 제네바에서 제 1 차 본회담을 수락하였다.

그러나 제 1 차 본회담 이후 1999년 8월까지 모두 6차례의 본회담이 개최되어, 긴장완화 및 평화체제를 분과위별로 논의하여 왔으나, 일본과 러시아가 포함되는 6자회담이 논의된 후 북한의 소극적인 태도로 차기 회담이 개최되지 못하고 있는 상황이다. 한반도에서 전쟁재발의 위험성이 사라져 가는 과정을 보면서, 한반도 문제의 직접 당사자인 남북한과 휴전협정 체결 관련국인 미국 · 중국이 참가하는 4자회담에서 한반도에서의 항구적인 평화체제 수립방안을 논의하고, 나아가서는 한반도 휴전협정의 평화협정화를 교섭할 수도 있다. 한국정부로서는 한반도 평화체제를 구축함에 있어서 남북한이 주체가 되어 주도적 역할(leading role)을 하고, 미 · 중은 이를 지지하는 지원적 역할(supporting role)을 수행해 나가는 형태로 추진하여야 한다.

주한미군의 한국주둔문제와 관련, 한국은 1994년 12월 1일 평시작전통제권을 미국으로부터 인수받았고, 전시작전통제권도 2012년 4월 17일부로 전환하기로 한 바 있다. 한국이 방위의 주된 역할을 하고 주한미군은 이를 보조하는 방향에서 역할분담의 재조정을 하는 과정에서, 주한미군은 한반도 문제에서 「동북아시아의 평화와 안정」이라는 역할의 중점을 옮겨야 한다.

주한미군의 역할 변경은 동북아시아의 안전보장을 둘러싼 정세와 주한미군의 역할 등을 면밀히 평가하고 검토한 후에 결정할 문제로 본다. 현재의 판단으로는 「동북아시아 안전보장의 균형자」로서 일정규모의 주한미군이 남북통일 후에도 남한지역에 주둔하는 것이 바람직하다.

주한미군은 통일 이후에는 독일의 경우와 같이 서독 내에서 주둔하듯이 한반도 남반부 내에만 주둔하고, 한반도 북반부는 완충지역(Buffer Zone)의 기능을 함으로써, 전략상 미군은 중국과 러시아의 국경과는 인접하지 않도록 배려함이 바람직하다.

한편 한반도 휴전협정의 당사자(Party)는 남북한, 참전 16개국 및 중국이며, 주한 UN군사령관은 UN측을 대표하여 휴전협정에 서명한 서명당사자(Signatory)이다. 따라서 주한UN사는 휴전협정의 서명 당사자로서 휴전협정의 운영, 유지를 담당하는 기능을 수행하고 있다. 그리고 남북한 간의 정치 · 군사적 신뢰 구축을 바탕으로 현 휴전협정을 대체할 수 있는 한반도의 항구적인 평화보장 장치가 마련될 때까지 한반도의 평화와 안정을 유지하기 위한 주한UN사의 기능 존속이 필요하다. 또한 주한UN사는 1950년 7월 7일 UN 안보리 결의 제84호에 의거 설립된 휴전협정의 준수 · 집행기관인 반면, 주한미군은 1953년 10월 1일 한 · 미 상호방위조약에 근거하여 주둔하는 것으로 주한UN사와 주한미군의 주둔 근거가 서로 다르기 때문에 상호 연계될 수 없는 기관이다.

이명박 정권에서는 한반도에서 평화체제를 실현하는 데 정책의 우선순위를 두고, 우선 주한미군의 병력과 관련 한국, 미국, 북한 등 3자 간에 군사적 신뢰 구축 및 병력 재배치에 관한 협정을 체결한 후, 한반도에서의 종전을 선언하여야 한다. 다음으로 남북한과 미국 · 중국 간에 휴전협정을 평화협정으로 전환한 후, 휴전체제와 관련된 주한 UN사령부 기능의 재조정 등의 조치를 강구하여야 한다.

3. 동북아 평화체제의 구축전략(2+4방식)

한국정부의 통일정책은 1972년 7월 4일의 남북공동성명에서 천명된 바와 같이 자주, 평화, 민족대단결이라는 3대원칙에 따라 추진하고 있다. 여기서 언급한 자주통일이란 남북한이 자주적으로 통일을 달성한다는 남북한 당사자주의이고, 이를 국제적으로 보장받는 전략이다.

박정희 대통령은 1970년 8월 15일 광복절 기념사에서 남북한 간 선의의 체제경쟁을 제의하면서, 북한이 UN에 참석하는 것을 반대하지 않는다는 점을 표명하여 북한과의 접촉용의가 있음을 시사하였다. 박정희 정권에서는 1971년 9월 남북적십자회담에서 출발하여 고위정치회담으로 진전시켰고, 남북고위급인사의 상호방문에 이어, 1972년 7월 4일 남북공동성명을 발표하였다.

또한 1970년대에 들어서면서 미국과 중국을 중심으로 동서간에 데탕트 기운이 나타나는 한편, 1975년 4월 인도차이나반도가 변화되는 충격적인 사태를 맞이하였다. 이에 대응하여, 키신저(Henry Kissinger) 국무장관은 같은 해 9월 22일 제30차 UN총회에서 행한 정책연설 가운데서 남북한, 미국, 중국을 중심으로 한반도 정전당사자협정을 제의하였다. 이에 박정희 대통령은 같은 해 4월 26일 AFP 기자와의 단독회견에서 "남북한의 긴장을 완화하고 평화를 정착시키는 데 도움이 된다면 김일성과 만날 수 있다"는 남북한 당사자주의에 적극적 자세를 보였다. 그러나 박정희 대통령은 키신저 제안에 대해서 당시의 상황 등을 고려, 부정적 태도를 취하였다.

한편 북한은 1976년 말 박동선 사건 등 한 · 미 간의 정책협조체제가 재조정되는 과정에, 특히 1977년 1월 20일 카터(Jimmy Carter) 정권의 등장 이후 미국과의 직접 접촉을 위한 움직임에 박차를 가하였다. 그 결과 북한은 1978년 3월 남북한 및 미국 사이의 3자회담을 제의하였다. 이에 박정희 대통령은 당시의 상황과 북한의 제의 의도 등을 고려, 3자회담 제의에 반대의

사를 표명하였다. 뒤이어 1979년 1월 19일 연두기자회견에서 북한에 대하여 어떠한 시기나, 어떠한 장소에서나, 또 어떠한 수준에서든지 남북한 당국이 서로 만나서 아무런 전제조건 없이 허심탄회하게 대화를 가질 것을 촉구하는 남북한 당사자회담을 강조하였다. 그 후 카터 대통령은 1979년 7월 1일 서울에서 박정희 대통령과의 정상회담 후 공동성명을 통하여 북한에 대한 3자회담(남북한, 미국)을 제의하였으나, 북한 외교부는 한·미 양국의 3자회담 제의를 거부하였다.

또한 북한은 1984년 3월 30일 전두환 정권과의 대화를 하지 않겠다는 종래의 태도를 바꾸어, 갑자기 남북한 간의 체육회담을 제의하였고, 같은 해 11월 15일 분단 40년 만에 처음으로 판문점에서 남북경제회담이 개최되었고, 1985년 9월 21일에는 적십자 총재를 단장으로 151명 규모의 남북이산가족 고향방문 및 예술 공연단의 교환방문이 서울과 평양에서 각각 성사되었다.

노태우 정권에서는 8차에 걸친 남북고위당국자회담의 예비회담 후 1990년 9월과 10월 각각 서울과 평양에 제1차와 제2차 본회의를 개최한 후 1991년 12월과 1992년 2월 각각 「남북기본합의서」의 서명과 비핵화공동선언의 발효를 실현하여 형식상 남북한 당사자주의를 확립하였다.

또한 김영삼 대통령은 1993년 2월 25일 제14대 대통령 취임사에서 "어느 동맹국도 민족보다 더 나을 수는 없으며, 어떤 이념이나 사상도 민족보다 더 큰 행복을 가져다주지 못 한다"는 민족우위의 입장에서 남과 북의 진정한 화해와 통일을 논의하기 위한 남북정상회담 개최의 희망을 표명하였다.

한편 북한은 1993년 3월 12일과 1994년 6월 13일 외교부 대변인의 성명을 통하여 각각 핵 비확산조약(NPT)의 탈퇴와 IAEA의 탈퇴를 선언하는 등 핵불투명성(核不透明性)을 무기로 시종일관 「벼랑 끝 전술」(brinkmanship)을 펴 왔다. 그 결과, UN 안보리에 의한 북한 제재결의 일보 직전에, 카터 전 대통령이 북한을 방문, 김일성과 김영삼 대통령 간의 정상회담을 성사시켰으나, 김일성 사망에 따른 조문파동의 여파로 오히려 남북관계가 경색일로로 치닫게 되었다.

그 후 김영삼 대통령과 클린턴 대통령은 1996년 4월 16일 제주도 정상회담에서 한반도 평화체제 구축과 긴장완화, 그리고 광범위한 신뢰구축 조치를 협의하기 위해 남북한과 미국, 중국이 참여하는 4자회담의 개최를 공동으로 제의하였다. 그 후 1년 8개월이 지난 1997년 12월 9일의 제 1 차 본회담을 개최되었으나, 그 후에도 별 진전을 보지 못하고 있다.

김대중 정권에서는 금강산관광과 더불어 과감하게 북한에 접근을 시도하는 새로운 「햇볕정책」을 통하여, 한반도에서 냉전구조를 해체하고, 남북평화공존 체제를 구축하였다. 나아가서 남북한 사람들이 서로 왕래하며 협력할 수 있는 사실상의(de facto) 통일 상황을 실현하려고 노력하였다.

이러한 「햇볕정책」의 실현과정에서 1998년 6월 16일 정주영 현대그룹 명예회장은 북한에 제공할 소 500마리를 실은 트럭과 함께 최초로 판문점을 통해 북한을 방문하였다. 같은 해 10월 30일에는 정주영 회장과 김정일 위원장이 백화원 초대소에서 담화를 하였고, 2000년 6월 15일 김대중 대통령과 김정일 위원장 간에 남북정상회담을 평양에서 개최하여 남북공동선언을 채택함으로써 사실상 남북한 당사자주의를 실현하였다.

한국과 북한은 현재의 휴전상태를 남북 간의 확고한 평화상태로 전환하는(남북기본합의서 5조) 조치를 남북한 당사자 간에 취하고, 이를 휴전협정체결에 직접 관여한 미국과 중국이 추인해서 지지선언을 행하는 것이다. 나아가서 한반도 문제에 간접적으로 연관된 일본과 러시아도 남북한 당사자의 조치를 추인하고, 유엔안보리가 승인하여 보장하는 방식(2+2+2+UN P5)이 가장 바람직할 것으로 본다.[14]

독일 통일의 경우는 2+4(동서독+미 · 소 · 영 · 불)에 추가하여, EU · NATO · CSCE가 커다란 틀을 형성하여 독일 통일의 국제적 승인을 부여하는 데 크게 기여하였다. 한반도 통일의 환경정비도 독일의 경우를 원용하여 2(남북한)+2(미 · 중)+2(일 · 러)+UN P5 방식에 추가하여, (1) 미국을 정점으로 하는 한국, 일본, 필리핀, 태국, 호주 등을 중심으로 하는 안보외교, (2) 북한 핵개발문제를 다루는 6자회담 국가를 중심으로 하는 아시아판(版) CSCE 외교를 통하여 커다란 틀을 만들고, 한반도 통일을 간접적으로 지지하는 방안도 고려하여야 한다.

이명박 정권에서는 동북아시아에 현존하는 냉전구조의 해체를 통하여 동북아 평화체제를 구축하는 과정에 한국의 국가이익이 반영되도록 최대한 노력하여야 한다. 구체적으로는 미국과 북한 간의 수교와 북한과 일본 간의 국교정상화를 통하여

14) 金大中 著, 波佐場 勳譯, 『金大中平和統一論』(朝日新聞社, 2002年).

동북아시아에서 "완전한 교차승인"이 이루어지고, 나아가서 한국·미국·일본의 "남방3국"과 북한·중국·러시아의 "북방3국" 간의 냉전구조를 해체하는 "6자 동북아 안보협력기구"를 창설하는데 목적이 있다.

첫째로, 미국과 북한의 수교이다. 미·북 수교방식은 기본적으로 한국과 중국 간의 수교한 선례를 따를 것으로 전망된다. 한국전쟁의 교전당사자였던 한국과 중국은 1992년 국교정상화를 교섭할 당시「한·중 평화협정」을 맺지 않은 채「한·중 수교 공동성명」에 서명하는 방식으로 관계정상화를 이루었다. 한국과 중국 간에는 직접적인 국경선 분쟁이 존재하지 않았고, 한국전쟁의 책임소재와 배상과 같은 문제를 꺼내기는 미묘한 상황이었다.

미국은 북한 핵의 "완전하고 검증가능하며 돌이킬 수 없는 폐기(complete, verifiable, irreversible dismantlement, CVID)[15]를 확인하면서, 북한의 테러지원국 지정 해제와 대적성국교역법 적용 종료의 조치를 취하고, 그 다음으로 북한의 대량살상무기(WMD), 미사일, 재래식 군사력, 인권문제 등을 협의하면서, 북한과의 수교문제도 해결한다는 입장인 것으로 분석된다.

둘째로, 북한과 일본 간의 수교이다. 북·일 수교형식은 일본이 한·일 기본조약의 형식보다는 일·소 공동선언의 방식을

15) CVID 원칙은 미국이 북한의 핵프로그램의 폐기방법으로, 이러한 폐기를 북핵문제 해결의 목표로 인식하고 있다. 이러한 입장은 북핵문제 발생시점 이후 곧바로 성립된 입장이라기보다는 시간이 흐르면서 북핵문제에 대한 미국 조야의 총의가 집약되어, 최종적으로 2003년 5월 5일 국무부 대변인이 정례 브리핑에서 CVID가 미국의 목표라고 하였다.

선호하고, 북한도 대일청구권의 금액과 명분에서 어느 정도 만족한다면, 시간적 제약을 고려, 일 · 소 공동선언의 형식으로 수용할 것으로 전망된다. 일본정부는 미 · 북 수교 교섭과정과 시기적으로 균형을 유지하면서, 북한의 핵문제와 납치문제의 해결과 함께 북한의 미사일문제가 해결된 후에야 국교정상화가 가능하다는 입장이다. 북 · 일 양측의 수교교섭은 2002년 9월 당시 고이즈미 총리와 김정일 국방위원장 간에 발표한 「평양선언」에서 큰 틀의 합의를 이루었으나, 일본의 대북보상금의 규모, 한일합방의 불법성문제, 북 · 일 기본조약의 관할범위문제 등 미해결 쟁점에 관하여 교섭할 분위기가 성숙되지 않고 있다.

북 · 일 수교 실무교섭은 1991년 1월 평양에서 제 1 차 회담을 개최한 후 1992년 11월까지 8차에 걸쳐 "기본문제"(구 조약의 효력, 관할권, 해방과 독립), "경제적 보상"(식민지 지배문제, 교전 및 전쟁 배상 · 전후 보상), "국제문제"(핵사찰), "쌍방관심사항"(조총련, 일본인 처) 등의 의제로 협의하였다. 고이즈미 총리는 북한과 약 1년간에 걸친 물밑교섭을 거쳐, 김정일 위원장과의 "평양선언(2002. 9)"에서 일본이 식민지 지배에 대한 "반성과 사죄"를 표명하고, 국교정상화 후 무상자금을 시작으로 폭 넓은 경제협력을 실시하기로 합의하였다. 그러나 미 · 북 간에는 고농축우라늄(HEU)에 의한 제 2 차 북한 핵 위기가 시작(2002. 10)되고, 북 · 일 간에는 납치문제로 교착상태에 빠졌으나 고이즈미 총리의 재방북(2004. 5)으로 납치가족의 일본귀국은 실현되었다. 그러나 결국 "가짜유골문제"로 좌절되었다.

앞으로 북 · 일수교의 과제로서 우선 "한국과의 관계"가 중요하다. 북 · 일 수교는 동경, 평양, 서울 간의 2인3각(二人三脚) 게임으로서, 일본의 국익은 현재 북한보다 한국에 더 많이 있기 때문에, 한국의 입장을 무시한 대북접근은 곤란할 것으로 전망된다. 일본정부는 "한 · 소 수교 후의 북 · 소 관계"보다 "한 · 중 수교 후의 북 · 중 관계"의 교훈에서, 장래 "북 · 일 수교 후의 한일관계"도 감안, 남북한과 더불어 "한반도판 2+4"에서 한반도의 안정화와 평화적 통일을 지향할 것으로 기대된다. 일본정부는 북 · 일 수교에 있어서 북한과 "한 · 일 협정의 범위"를 넘어서는 타협을 하지 않을 것으로 전망된다. 그러나 한국정부로서는 북 · 일 수교과정에서 "과거의 반성"을 조약상에 명기하거나, "한일협정의 범위"를 넘을 경우, 한 · 일 협정과의 정합성(整合性)에 문제가 있어, 한 · 일 협정의 개정을 추진하지 않을 수 없는 상황에 직면할 것으로 전망된다.

다음의 과제는 대일청구권의 금액과 명분이다. 북한은 현재 50억불 이상의 대외채무도 있어, 최소한 "100억 불 이상"을 요구할 것으로 예상된다. 그러나 일본은 한일수교 당시의 금액(무상 3억 불, 유상 2억 불)을 현재의 가치로 환산하여 그간의 물가상승률 등을 고려, 20억 불을 북한에 제의한 바 있어, 북한과 일본 간의 교섭으로 20억 불과 100억 불사이에서 결착될 것으로 전망된다. 또한, 대일청구권의 명분과 관련, 북한은 전쟁 배상, 재산청구권 및 전후 보상을 주장하는 반면, 일본은 한일수교의 선례에 따라 청구권과 경제협력의 형식으로 타협할 것으로 주장하고 있어, 결국에는 준 보상(準 補償)으로 타결될 것으로 예측된다.

셋째로, 동북아 안보협력기구의 창설이다. 동북아 지역은 국제적으로 냉전체제의 해체에도 불구하고 안보적으로는 냉전 질서가 여전히 존재하고 있다. 그리고 3개의 핵보유국들(미국, 러시아, 중국) 및 3개의 경제대국(미국, 일본, 중국)이 포진하여 있어, 한국전쟁 이후 한반도는 여전히 최후의 냉전지대의 하나로 남아 있다. 또한, 동북아 지역은 제도화된 지역안보 협력기구가 존재하지 않고, 대량살상무기(WMD)의 생산 및 수출 능력을 갖춘 국가들과 소비 국가들이 동시에 상존하나, 통제가 거의 불가능한 상황이다.

이러한 상황을 고려, 동북아 지역에서는 1980년대 후반부터 지역분쟁을 사전에 예방하고, 안정적인 경제성장을 달성하기 위하여 역내 국가들 간의 다자안보협력의 필요성이 제기되어 왔다. 구체적인 추진방식으로는 (1) 북한이 비정부차원의 "동북아 다자안보대화"(NEASED)에 참가할 경우, 이를 정부간 다자안보협력기구로 전환하는 방법, (2) 북한 핵문제의 "초기단계" 이행조치가 완료되면 "6자회담 참가국의 외교장관회담"이 개최될 것으로 예정되어 있어, 이를 동북아 안보협력회의로 활용하는 방안, (3) 북한 핵문제의 「2.13 합의」에 따라 이미 만들어져 있는 "동북아 평화 · 안보체제 실무그룹"을 사무국으로 상설기구화 하는 방안을 고려할 수 있다.

제6장

결 론

제 6 장 결 론

1. 세계화와 선진화 동시추진

이명박 정권에서는 민주주의의 중요가치로서 인권과 자본주의의 핵심요소로서 시장을 중시함으로서 대외적 흐름의 세계화와 대내적 목표로서의 선진화를 동시에 추진하여야 한다. 한국은 전후 많은 대가를 치르면서 민주화 과정을 거쳐 자유와 인권 중시를 하는 민주주의 국가로 발전하였다. 어느 정도의 경제발전을 달성한 한국으로서는 인권존중을 경제발전보다 우선하여야 하며, 인권과 민주주의를 국가이념으로 생각하며, 이러한 연장선에서 인권외교의 집행을 통하여 「외교의 공간」(diplomatic space)을 최대한으로 넓혀가야 한다.

한국으로서는 우선 경제적 발전을 통하여 빈곤이나 기아로부터 해방된 후, 자유와 인권을 강조하는 민주주의 국가로 발전한 만큼, 한국정부로서는 국제적으로 각국의 경제적 · 문화적 특수사정이 인권침해를 정당화할 수 없다는 견지에서, 인권의 보편성을 지지하여야 한다.

한국정부는 국내적으로 민주주의를 신장한다는 차원에서도 국가인권위원회의 설립, 교원노조의 결성 및 노조의 정치참여 합법화 등 민주화와 인권개선을 위한 조치를 취한 바 있고, 지속적인 인권증진과 인권에 대한 국민들의 인식제고에 힘을 쓰고 있다. 인권은 이제 국내문제로서만이 아니고 인류 보편적 가치의 하나로 국제적인 관심사항이라는 인권의 국제화 문제로 다루어지고 있다. 또한 국내적으로는 양심의 자유를 침해한다는 비판을 고려, 사상전향 제도를 폐지한 만큼, 국가보안법도 북한과의 대치상황 등을 고려하되, 일부 조항이 표현의 자유와 양립하는 지에 관한 유엔인권이사회의 권고도 감안, 어떠한 경우에도 국가보안법이 인권침해의 구실로서 남용되어서는 안 된다고 본다.

또한 한반도 전체를 고려하여 북한의 인권도 고려의 범주에 넣을 필요성이 있다. 즉 북한의 인권에서 보는 「주권보다 인권」이라는 문제는 한국의 국익이라는 관점에서 고려하여야 한다. 주권에서 파생하는 내정 불간섭의 원칙은 인도적 견지라는 인권과 분리하고, 국제적 개입의 필요성과 정당성에 관한 이론적 근거를 모색하는 과정에서 한국의 국익을 고려함이 필요하다.

북한의 인권문제는 1990년대에 들어와서, 유엔총회, 유엔인권소위원회에서 미국, 캐나다, EU 등의 정부대표 등에 의하여 꾸준히 제기되어 와서, 국제적인 관심으로 부각되고 있다. 한국정부로서는 북한 인권문제의 거론이 남북한 관계에 미칠 영향을 감안하되, 유엔 등 국제무대에서 북한의 인권문제가 토의되는 경우에는 범세계적인 가치로서 인권의 중요성을 고려, 다자차원에서는 적극적으로 임해야 한다.

한국의 시장중시외교란 경쟁과 효율성을 통하여 한국의 수출시장을 확대하고, 그에 따른 무역수지를 개선하는 단기 전략과 아울러, 수입자유화를 통한 한국 국내산업의 구조조정을 단행하고, 그로 인한 한국 국민의 후생증대라는 중 · 장기 전략을 말한다. 구체적으로는 한국의 수출시장으로 중요한 위치를 차지하고 있는 미국, 일본, 중국, ASEAN국가 및 EU국가의 해외시장과 아울러 한국 국내시장의 확보를 의미한다. 또한 한국으로서는 이들 국가들의 시장을 계속하여 확보하기 위하여 우선 미국, 일본, 중국 등 주요 교역국들과 통상마찰을 회피하기 위한 통상외교를 강화하고, 나아가서는 통상제도에 있어서는 투명성, 공정성 및 개방성을 갖도록 선진화하는 데 박차를 가해야 할 것이다.

최근 들어 확대 · 심화되고 있는 FTA(Free Trade Agreements)에 대해서도 적극적으로 참여함으로써 안정적인 수출시장을 확보하는 양자전략을 구사하고, 아울러 APEC 차원에서의 무역 · 투자자유화의 교섭과 아울러, WTO 도하개발 아젠다(Doha Development Agenda, DDA)의 협상에도 적극적으로 참여하는 다자전략도 강구하여야 한다.

우선 한국정부 FTA의 제 1차 목표는 소규모 경제규모와의 FTA를 추진한다는 원칙이다. 이에 따라, 한국 농업농가에 미치는 영향이 적은 점 등을 고려, 우선 칠레를 첫 번째 FTA 상대국으로 선정하고 교섭한 결과, 2002년 10월 24일 양국 간 협상이 타결되어 국회의 비준동의를 거쳐, 2004년 4월에 협정이 발효되었다. 또한 두 번째 FTA 상대국으로 국내 농업에 미치는 영향이 적고, 금융산업과 정보통신산업 분야에서 앞서 있는 싱가포르를 고려하였다. 싱가포르는 이미 일본과의 FTA 협상을 타결하였고, 한국의 ASEAN 중시외교의 일환으로 중요한 상대국으로 간주될 수 있으며, 다음에 추진할 ASEAN과의 FTA에도 기여할 것으로 본다. 한국과 싱가포르 양국은 국회의 비준동의를 얻어 2006년 3월에 FTA협정이 발효되었다. 나아가서는 EFTA와 ASEAN과도 각각 2006년 9월과 2007년 6월에 발효되었다.

다음으로 한국정부 FTA의 제2차 목표는 세계적으로 가장 큰 시장을 대상으로 추진한다는 원칙이다. 그리하여 미국과의 FTA를 추진한 결과, 2007년 6월 30일 워싱턴에서 한미양국정부는 KORUS FTA 협정에 서명하였다. 이제 한국의 국회에서는 KORUS FTA 협정의 국회비준동의와 관련 법령을 개정하여야 한다. 함께 미국은 KORUS FTA 협정 이행법안의 통과와 양국의회의 인준절차를 남겨두고 있다. 양국의 국내정치 일정을 고려하면, 한국의 미국 소고기수입문제를 원만히 해결한 후에, 한미간 "안보동맹"에 추가하여 "경제동맹"을 달성하기 위한 조속한 양국 국회의 비준동의 절차를 마쳐야 한다. KORUS FTA 협정의 발효는 양국의 국내절차를 완료하고, 상호 통보한 후 60일 이후에 발효하도록 되어있다.

이러한 한미 FTA의 기대효과는 첫 번째로 NAFTA(약 15.1조 불)와 EU(약 14.5조 불)에 이어 KORUS FTA(약 14.1조 불)로 세계 3대 경제블록을 형성한다는 것이다. 두 번째로 한국은 미국과 함께, EU와 동북아시아 등 세계 3대경제권을 연결하는 최초의 동아시아국가로서 동아시아 경제중심지로 지향할 수 있는 토대를 마련하였다. 세 번째로 Global Standard(GS)의 법과 제도의 선진화를 통하여 생산성 증대효과를 위한 성장잠재력의 기반을 마련할 수 있다는 것이다.

앞으로 한국정부 FTA의 목표는 미국 이외의 세계 3대 경제블록과의 FTA를 추진한다는 원칙이다. 우선 현재 진행 중인 한국과 EU 간의 FTA를 조속히 완료하고, 다음으로 일본과 중국과의 개별FTA와 병행한 한 · 중 · 일 FTA와 아울러, 멕시코와 캐나다와의 FTA 도 추진하여야 한다.

다음으로 다자전략으로서는 첫째로 APEC의 무역투자 자유화를 들 수 있다. 한국정부는 민주주의와 시장경제에 대한 확고한 원칙과 개방적 대외통상정책에 입각하여, 무역투자의 자유화 목표를 선진국은 2010년, 개발도상국은 2020년까지로 하는 "2단계방식"의 Bogor Goal에 따라, 역내 무역투자 자유화의 수단인 개별실행계획(Individual Action Plan, IAP)과 공동실행계획(Collective Action Plan, CAP)에 적극적으로 참여하고 있다. 더불어 1997년 벤쿠버 APEC 정상회의에서 자발성(voluntarism)과 신축성(flexibility)의 원칙을 전제로 9개 우선 추진 분야(임산물, 수산물, 환경제품 및 서비스, 화학, 완구, 보석, 에너지, 의료장비, 정보통신 Mutual Recognition Arrangement)를 설정, 회원국의 자발적 참여하에 분야별 조기자유화(Early Voluntary Sector Liberalization, EVSL)를 추진하고 있다.

두 번째의 다자전략으로서는 2001년 11월 카타르 도하

(Doha)에서 개최된 제 4 차 WTO 각료회의에서 합의한 도하개발 아젠다(DDA)를 들 수 있다. DDA협상은 1995년 WTO체제 출범 이후 최초의 다자간 무역협상이고, GATT시대로부터 통산하면 아홉 번째 무역자유화 라운드이다. 그러나 WTO 발족 이래 커다란 세력을 갖고 있는 개발도상국의 요망으로 순수한 무역자유화만이 아니고, 개발촉진을 시야에 넣은 무역 라운드라는 「개발 아젠다」(Development Agenda)라는 이름이 붙은 협상이다. 그리하여 DDA는 농업과 비농업품 시장 Access, 서비스, 반덤핑 등 GATT시대 말기의 교섭 아젠다에 추가하여 무역원활화, 투자, 경쟁, 정부조달 투명성, 환경, 개도국 개발 항목을 추가하였다. 이는 신시대의 교섭항목을 광범위하게 포함하고 있고, 협상 감독기구로서 무역협상위원회(Trade Negotiation Committee)를 설치하기로 합의하였다. 2003년 멕시코에 이어 2005년 홍콩에서 개최된 각료회의에서 DDA의 재개가 결정되었으나, 자유화 Rule은 연기되었고, 2006년 7월에는 금년도 미국 대통령 선거 등으로 선진국의 보호주의가 전면에 부각되면서, DDA협상은 중단상태가 되었다. 그러나 한국정부는 지난 반세기 동안 자유무역체제의 혜택을 받아 왔고, 앞으로도 한국의 국익이 자유무역체제에 있는 만큼, DDA협상에 적극적으로 참여하고 있다. 따라서 한국으로서는 한국인의 인권은 물론 북한을 포함한 세계 각국의 인권을 중시하는 외교정책을 통하여 「외교의 공간」을 확장하여야 한다. 나아가 칠레, 싱가포르, EFTA, ASEAN 등과의 자유무역협정(FTA)을 체결하고, 미국과의 FTA 협상이 타결된 만큼, 현재 협상 중인 EU, 캐나다, 멕시코, 인도 등과도 조속한 타

결을 통하여 시장중시외교를 적극적으로 추진하여야 한다.

2. 민족공조와 국제공조 간의 확대균형

한국외교의 대내적 기축(基軸)은 북한이고, 대외적 주축(主軸)은 미국이다. 한국의 통일외교에 있어서 가장 중요한 대상은 북한이고, 그 다음은 북한의 최대후원국인 중국과 러시아이다. 또한 한국의 안보외교에 있어서 가장 우선을 두어야 하는 국가는 미국이고, 그 다음은 미국과 동맹관계에 있는 일본이다. 남북한 간의 교류 등 한반도의 통일문제를 다룰 경우에는 북한과의 교섭을 우선으로 하고, 대미외교도 대북외교의 일환으로 다루어야 한다. 즉 북한 핵 문제 등 한국의 안보문제를 외교현안으로 다룰 경우에는 원칙적으로 북한의 견해(민족공조)보다 미국의 입장(국제공조)을 우선하여야 한다. 따라서 이명박 정권에서는 외교현안에 따라 전략이 달라질 수밖에 없고, 북한과의 통일협력을 확대하는 동시에 미국과의 안보협력도 확대한다는 확대균형의 전략을 구사하여야 한다.

우선 한국의 통일정책은 먼저 민족사회의 통합이라는 사실상의(de facto) 통일상황을 실현한 후에, 남북한 국민들의 정치적 합의에 따라 법적(de jure) 통일을 실현하는 기능주의적 접근방법을 취하고 있다.

그 결과, 한국의 통일외교에 있어서 첫 번째 당면과제는 남북한 간의 교류(이산가족의 자유왕래 등 인적교류)와 협력(공동으로 자원의 개발과 합병투자 등 경제협력)을 증진하여야 한다. 활발한 상품교류를 위하여 남북한 내부교역에 관한 협정을 체결하고, 남북한 간에 청산결제계정(淸算決濟計定)의 설치와 무이자 외상거래 제도를 채택하는 등 남북관계를 특수 관계로 취급하고, 또한 남북한 간에 원활한 인적교류를 위하여 금강산과 개성에 한정된 지역을 확대하는 것이다. 더불어 서신의 왕래를 포함하여 빈번한 이산가족의 상호방문을 수행하고, 문화교류협정의 체결을 통하여 음악, 영화, 연주, 출판 등 교류분야를 확대해 나가는 것이 바람직하다. 또한 청소년교류협정의 체결을 통하여 한국 청소년들의 북한지역 수학여행 등을 실시함이 바람직하다.

또한 남북한 간의 경제협력을 위하여 투자보호협정 등 제도적 장치를 마련하는 것이 바람직하다. 북한의 자유경제무역지대를 나진 · 선봉지역에 한정하지 않고, 한국기업들의 원만한 경제활동을 위하여 남북군사분계선(DMZ) 인근지역에 설치하게 하는 등 개방화 정책을 취하도록 유도하는 것이 필요하다.

나아가서는 이러한 남북한 간의 교류와 협력관계의 실적을 바탕으로 언젠가는 김정일 국방위원장의 한국방문을 성사시키는 것이다. 이를 계기로 서울과 평양에 상주대표부를 상호 설치함으로써 휴전상태의 종결을 선언하고, 남북한 간의 평화공존관계를 수립하는 것이 한국의 대북한전략 중에 가장 중요한 과제가 될 것이다.

그리고 한국의 통일외교에 있어서 두 번째 당면과제는 남북한 간의 화해(상호 체제존중, 내정불간섭 등 정치적 화해)와 불가침(단계적인 군축협의 등 군사적 신뢰구축)을 실현하여야 한다. 남북한 간에 교류와 협력의 단계에서 화해와 불가침의 단계로 넘어가기 위하여서는 남북한 간에 정치적으로 화해하고, 군사적으로 신뢰관계를 구축하여야 한다. 이러한 정치적 · 군사적 신뢰구축을 위한 가장 기본적인 행위는 1991년의 남북기본합의서와 아울러 「“제 1 장 남북화해”의 이행과 준수를 위한 부속합의서」와 「“제 2 장 남북 불가침”의 이행과 준수를 위한 부속합의서」를 실행하고, 이를 위한 남북 정치 분과위원회와 남북 군사공동위원회를 활성화하여야 한다.

남북한 간의 화해를 위하여 남북한은 서로 상대방의 체제를 인정하고, 상대방의 내부문제에는 간섭하지 아니하며, 또한 상대방을 비방하거나 중상하지 않고, 파괴 또는 전복하려는 일체의 행위를 행하지 말아야 한다. 나아가서 남북한은 현 정전상태를 남북 사이의 공고한 평화상태로 전환시키기 위하여 공동으로 노력하고, 이러한 평화상태가 정착될 때까지는 현 군사정전협정을 준수하여야 한다.

또한 남북한 간의 불가침을 실현하기 위하여 남북한은 서로 상대방에 대하여 무력을 사용하지 않고, 상대방을 무력으로 침략하지 말아야 하며, 남북한 간의 의견대립과 분쟁문제를 대화와 협상을 통하여 평화적으로 해결하여야 한다. 남북한 간의 불가침 경계선과 구역은 1953년 7월 27일자 군사정권에 관한 협정에 규정된 군사분계선과 지금까지 쌍방이 관할하여 온 구역으로 하여야 한다.

한국정부로서는 남북한 간의 교류와 협력단계에서 달성하여야 할 최우선 과제를 서울과 평양에 남북한 상주대표부의 설치에 두고, 남북한 간에 화해와 불가침의 실현과 병행하여 남북한, 미 · 중 간의 4자회담에서 한반도의 휴전협정을 평화협정으로 교체하는 교섭을 추진하여야 한다.

탈냉전시대에 들어와서는 구소련과 유고연방의 해체, 동티모르의 독립 등에서 나타나듯이, 국민국가에서 역사와 언어 등을 공유하는 새로운 민족국가에의 재편성이라는 시대조류를 보이고 있다. 남북한은 동서독과는 달리 동족간의 전쟁을 경험한 역사적 배경도 있어, 『하나의 한국, 하나의 조선』이라는 단계를 약 20년 늦게 출발한 만큼, 늦어도 동서독의 통일보다 30년 후인 KOREA Vision 2020년까지는 한민족인 남북한은 민족국가로 사실상의(de facto) 통일을 달성하여야 한다. 중국과 대만도 한족으로 통일할지 모르나, 티베트족, 위그루족 등은 민족국가로 독립할 날이 올지도 모른다.

다음으로 한국의 안보외교에 있어서 대외적인 최우선순위는 동맹국가인 미국에 두고, 당면과제로서 한반도에서의 비핵화 공동선언의 실현에 두어야 한다.

1991년 9월 28일 부시 미국대통령은 “미국이 보유하고 있는 모든 지상 및 해상 발사 단거리 핵무기를 일방적으로 폐기 또는 철수 하겠다”는 핵무기 감축계획을 발표하고, 같은 해 12월 18일 노태우 대통령은 “이 시각 우리나라 어디에도 단 하나의 핵무기도 존재하지 않는다”고 선언한 후, 1992년 1월 20일 남북한은 「한반도의 비핵화에 관한 공동선언」에 서명하였다. 남북한은 핵무기를 실험, 제조, 생산, 접수, 보류, 저장, 배치 및 사용하지 않기로 합의하고, 나아가서 핵에너지를 오로지 평화목적에만 이용할 것을 약속하고, 핵재처리시설 및 우라늄 농축 시설을 보유하지 않을 것을 약속했다.

현재의 과학기술로서 핵무기를 제조할 수 있는 원료로서는 "플루토늄"과 "농축우라늄"을 들 수 있으나, 한반도 비핵화선언에서는 핵재처리시설 및 우라늄 농축시설을 보유할 수 없도록 규정하고 있어, 미국과의 협조 하에 안보외교차원에서 북한으로 하여금 핵 원료의 재처리를 금지하도록 하여야 하고, 독자적으로 농축우라늄의 생산을 금지하도록 조치하여야 한다.

소위 "제 2 차 북한 핵문제"라는 현재의 「상황의 정의」에서는 미국과의 안보외교를 북한과의 통일외교보다 우선하여야 한다. 북한 핵문제가 완전히 해결된 후에도 현실적으로 안보외교와 통일외교는 non-zero-sum game이므로 북한과 미국이 어떻게 균형을 이루는 가의 문제와 나아가서 한국정부로서 남·북 관계와 북·미 관계 간에 어떻게 조화하는가의 문제는 현실적인 과제이다.

전후 냉전질서 속에서 남북한은 서로 상대방의 체제를 부정하면서 북한의 남침과 휴전 등 치열한 대결로 일관하여 왔으나, 1970년대 초반 동·서 간의 탈냉전체제라는 새로운 시대적 상황의 변화에 맞추어, 박정희 대통령은 1970년 제25주년 광복절 경축사를 통하여 북한을 "선의의 경쟁자"로 규정하고, 1971년에는 분단 26년 만에 남·북 적십자회담을 통하여 남·북 교류를 시작한 후에, 1972년에는 남·북 당국자 간의 비공개 접촉과 상호방문을 통해 분단이후 최초의 당국 간 합의문서라 할 수 있는 「7·4 남북공동성명」을 서울과 평양에서 동시에 발표한 바 있다.

또한, 1990년대 초반 동 · 서 간의 냉전후(post-cold war) 체제라는 「상황의 정의」에 앞서, 노태우 대통령은 1988년 북한을 대결의 상대로서 "선의 경쟁자"가 아니라 "선의의 동반자"로 간주하고, 남과 북이 함께 번영을 이룩하는 민족공동체적인 관계로 발전시켜 나가자는 「7 · 7 특별선언」을 발표하였다. 여기에서 "우방국의 대북한 관계개선에 반대하지 않으며, 시간을 가지고 우리와 사전에 협의하여 줄 것을 희망한다"고 밝힌 바 있다.

그러나 1993년 3월 12일 북한의 NPT 탈퇴 선언을 계기로 김영삼 정부는 "핵문제 해결과 남북대화의 의미 있는 진전이 있을 때까지 대북한 관계개선을 유보해 주기를 희망한다"고 하고, 1994년 7월 8일부터 제네바에서 갈루치 미국 국무부 핵담당 대사와 강석주 북한 외교부 제1부 부장 간에 북 · 미 교섭이 본격화 할 때에는 "미국의 대북한 관계개선은 남 · 북 관계와의 조화와 병행"이라는 원칙을 견지하여 줄 것을 미국정부에 요구한 바 있다.

한편, 김대중 대통령은 1999년 9월 22일 Perry 미국 대북한 조정관과의 접견에서 "한 · 미간 긴밀한 공조가 유지된다면, 우리로서는 미 · 북 관계가 다소 앞서 나아가는 데 이의가 없다"고 밝혀, 이러한 "조건부 미 · 북 관계의 남 · 북 관계 선행"이라는 원칙은 노무현 정부에서도 계승되었다고 평가할 수 있다. 그러나 이명박 정권에서는 한미동맹을 바탕으로 주도적인 한반도의 통일을 염두에 두고, 미국과 일본과의 사전협의를 통하여 한반도 주변국의 교차승인 완성을 실현하여야 한다.

3. 「선(線)의 외교」와 「공간(空間)의 외교」의 병행추진

한국은 대외적으로는 미국과의 동맹관계를 최우선으로 하는 외교를 추진하고, 일본, 중국, 러시아 등과의 양자외교를 추구하는 소위 2(한 · 미)+1(일 · 중 · 러 등)전략을 구사하여야 한다. 한국은 미국과의 동맹관계를 생각하면서, 중국과 일본과의 세력균형을 유지(balancing)하는 일 · 중 등거리외교가 바람직하나, 외교현안에 따라서는 중국과 일본 중에 우세한 대열을 지지(bandwagoning)하지 않을 수 없는 전략외교를 구사하여야 한다.

또한 중국과 일본의 재대결의 상황을 상정할 경우에 대비하여 한국이 채택 가능한 대안은 ASEAN의 정식회원국가로 가입하여 한민족의 독립을 유지하는 길이다. 미 · 일 · 중 · 러 등의 강대국으로 둘러싸인 한국으로서는 지리적으로 인접하고, 유사한 중급국가들의 조직인 ASEAN의 일원이 되는 것이 바람직하다. ASEAN 국가들도 현재 ASEAN의 정체성에서 탈피하여, ASEAN에서 패권을 행사할 수 없는 중급국가인 한국이 새로운 활력소를 불어넣어 줄 수도 있다.

이명박 정권에서는 한국외교의 우선순위를 현대판 『조선책략』에서 나타난 미 · 일 · 중 · 러 4강과의 양자외교라는 「선(線)의 외교」에 추가하여 『동아시아 공동체』라는 「공간(空間)의 외교」를 염두에 두고, 1+2+3+4+5+6+α공식이라는 다자외교를 병행하여 추진하여야 한다.

한국외교의 첫 번째 우선순위는 북한(1)이다. 한국외교의 대외적 기축은 미국이나, 대내적 주축은 북한이다. 대미외교를 포함한 모든 한국외교는 대북외교의 일환이라고 하여도 과언이 아니다. 한국은 현재로서 북한을 가상적으로 간주하지 않을 수 없고, 장래에는 같은 민족이 거주하는 통일의 대상으로 인식하여야 한다. 따라서 한국은 북한을 상대로 "북한 핵 문제" 등 안보외교와 북한과의 화해 · 협력 등 통일외교를 전개하지 않으면 안 된다. 나아가서는 한민족의 번영이라는 차원에서 북한인민들의 「먹는 문제」와 인권문제도 외면하지 말아야 한다.

한국외교 두 번째 우선순위는 한 · 미동맹관계(2)이다. 한국전쟁의 휴전과 더불어 한 · 미상호방위조약이 체결됨으로써, 양국 간에는 동맹체제를 수립하여 주한미군은 한반도에서 전쟁의 재발을 방지하고, 한반도의 평화와 안정에 기여하고 있다. 한국의 입장에서 본 미국은 동맹국가로서 군사와 정치면에서 세계 어느 국가들보다 밀접한 관계를 가지고 있을 뿐만 아니라 가장 큰 한국 상품의 수출 시장인 동시에, 전통적인 우호국가로서 경제와 문화면에서도 가장 중요한 국가이며, 통일이라는 한국의 운명을 결정짓는 데 중요한 역할을 할 국가이기도 하다. 또한 한국은 인권을 중시하는 민주주의와 시장을 강조하는 시장경제라는 가치를 미국과 공유하고 있다. 한국의 대미외교의 당면과제는 "북한 핵 문제"의 해결 등 대북정책에 대한 한 · 미 공조체제의 유지에 있고, 중 · 장기적으로는 민주주의와 시장경제의 확산을 통한 한반도의 통일을 달성하는 데 있다.

한국외교의 세 번째 우선순위는 한 · 미 · 일 공조체제(3), 소위 KEDO Formula이다. 미국을 정점으로 한 · 미 · 일 3국은 간접적인 동맹관계에 있고, 삼국 공히 민주주의와 시장경제를 정치철학으로 하고 있어, 한·미·일 3국 공조체제의 당면과제는 북한의 핵문제 등 대북정책 조율이나, 중장기적으로는 주한미군문제와 함께 주일미군문제도 한반도의 통일문제와 더불어 3국간의 정책협조가 필요하다.

또한 남북한과 미국 간의 3자회담(3)과 한·중·일 3국 협조체제(3)도 고려할 수 있다. 우선, 남북한과 미국 간의 3자회담은 북한이 1979년 6월 27일 먼저 제의한 후, 한국은 1979년 7월 1일 박정희 대통령과 카터 대통령 간의 정상회담 후에 제의하였으나, 당시에는 한국과 북한 공히 상대방의 제의에 부정적인 견해를 표명함으로써 실현되지 못하였다. 현재의 상황에서는 한반도의 안보문제와 통일문제 등을 남북한과 미국 간의 3자회담에서도 논의할 수 있다고 본다. 그리고 한·중·일 3국 협조체제는 1999년 제 3 차 ASEAN+3(한·중·일) 정상회담의 참석과 별도로 최초로 동북아 3국 정상 간「조찬회동」에 이어, 2002년 제 6 차 ASEAN+3 정상회담(장소: 캄보디아)에서는 동북아 3국 정상 간「정식회담」으로 격상하였다. 한국정부로서는 중국과 일본 간에 교량 역할을 할 수 있는 점 등을 고려, 한·중·일 3국 FTA 등 경제문제뿐만 아니라, 오늘날 북한 핵문제 등 안보문제에 관한 의견교환의 장소로 적극적으로 활용하여야 한다.

한국외교의 네 번째 우선순위는 남북한, 미국 및 중국의 4자회담(4)이다. 1996년 4월 16일의 한·미 정상회담의 결과로 한반도의 평화에 관한 4자회담을 제안하였으나, 미국과의 수교가 없는 북한의 소극적 입장으로 별다른 성과를 얻지 못하였다.

현재로서는 북한 핵문제의 완전한 해결과 시차를 두면서 북·미 수교교섭과 한반도에서의 평화협정교섭도 진행될 것으로 기대된다. 한국정부로서는 한반도문제의 당사자인 남북한과 휴전협정 체결 관련국인 미·중이 참여하는 4자회담에서 한반도에서의 항구적인 평화체체수립 방안을 논의하여야 한다.

한국외교의 다섯 번째 우선순위는 한국과 한반도 주변 미·일·중·러 4강을 포함하는 5자회담(5)이다. 한국정부로서는 북한이 참석하지 않고 비정부차원(Track Ⅱ)의 동북아협력대화(NEACD)를 정부 간 다자안보체제(Track Ⅰ)로 격상하여 이러한 5자회담에서 작금의 북한 핵문제도 논의할 수 있다. 만약 북한이 NEACD에 참석할 경우 NEACD를 동북아 다자안보대화(NEASED)로 확대·개편할 수 있다. 한국정부는 1994년 5월 동북아 6개국(남북한과 한반도 주변 4강) 정부 간 다자안보체제(Track Ⅰ)로 NEASED를 제의하고, 비정부차원(Track Ⅱ)의 NEACD에도 1993년 이래 적극적으로 참여하고 있다.

한국외교의 여섯 번째 우선순위는 남북한과 한반도 주변 미·일·중·러 4강을 포함하는 6자회담(6)이다. 6자회담은 1988년 노태우 대통령이 유엔총회 연설을 통하여 남북한 당사자와 미국, 일본, 중국, 소련 등 주변국들이 참가하는 한반도 6개국 평화체제의 출범을 제안한 데서 유래를 찾을 수 있다. 이러한 제안의 연장선에서 1998년 2월 11일, 중국을 방문한 김종필 자민련 명예총재는 장쩌민 국가주석에게 김대중 대통령 당선자의 친서를 전달하는 자리에서 동북아의 평화와 안정을 위한 6개국선언이라는 소위 6자회담의 구상을 설명하고, 중국이 주도적으로 참여해 줄 것을 요청하였다. 당시 6자회담은 미국과 일본의 외교관계가 없는 북한의 소극적 태도로 별다른 진전을 보지 못하였으나, 미국 부시 대통령의 전략적 선택으로 현재는 "북한 핵 문제"의 해결을 위한 수단으로서 6자회담을 활용하고 있다. 나아가서 6자회담의 회원국 간에 동북아평화체제를 논의하고 있다.

한국외교의 일곱 번째 우선순위는 ARF(ASEAN)와 UN(P5) 등 다자 Formula(α)이다. 아세안지역안보포럼(ASEAN Regional Forum, ARF)은 아시아 · 태평양지역에서 최초이자 유일한 정부간(Track Ⅰ) 다자협의체이다. 1993년 7월 싱가포르에서 개최된 ASEAN PMC(Post Ministerial Conference: 확대외무장관회의) 전야 비공식만찬에서 1994년부터 PMC와 병행하여 아시아 · 태평양지역의 정치 및 안보협력문제를 협의하는 ARF을 출범하기로 합의하고, 제 1 차 ARF회의를 1994년 7월 25일 방콕에서 개최한 이래, 발전을 거듭해 오고 있다.

한국정부는 ARF가 아시아 · 태평양지역 국가들 간에 안보협력을 꾸준히 향상시켜, 궁극적으로는 아시아판 CSCE(유럽안보협력회의)로서 북한도 23번째 회원국으로 가입한 만큼, (1) 신뢰구축과 (2) 예방외교를 거쳐 (3) 지역분쟁 해결의 역할까지 수행할 수 있는 안보협력체로 인식, ARF의 역할을 높이 평가하고, 나아가서는 한반도의 통일에도 기여할 수 있도록 ARF 제반 활동에 적극적으로 참가하여야 한다.

한편 UN총회는 1947년 10월 23일 한국의 독립문제 라는 안건을 접수하였고, UN 총회 제 1 위원회는 한반도 전체의 총선거 실시를 감시할 UN 한국임시위원단(UNTCOK)을 설치하는 결의안을 채택하였다. 1948년 5월 10일 UNTCOK 감시 하에 한국에서 총선거가 실시되었고, 같은 해 8월 15일 대한민국정부가 수립되었다. UN 총회는 같은 해 12월 12일 대한민국정부를 "UN 임시위원단이 들어간 지역"에서의 유일한 합법정부로 승인을 하였다. 그러나 1950년 6월 25일 새벽 한국전쟁이 발발하자마자 UN 안보리가 즉각적으로 소집되어 미국은 북한이 "선전포고 없는 침략행위"를 자행하였다고 비난하고, 침략행위를 중지하라는 내용의 결의안을 제출, 통과시킴으로써, UN이 한국에 적극적으로 개입하였다.

대한민국 정부는 UN 총회로부터 정통성을 인정받았고, UN 안보리의 결의로 북한의 남침을 막은 만큼, 당면 과제로서는 반기문 UN사무총장의 진출과 더불어 UN 총회와의 유대를 강화하는 것이다. 아울러 미국 등과의 협조 하에 UN 안보리 개혁문제에 한국의 입장을 반영할 수 있도록 UN안보리와의 유대를 강화하여, 중 · 장기적으로는 한반도의 통일을 염두에 두고 UN을 통하여 한국정부의 정통성을 확보하는 노력을 강구하여야 한다.

부 록

1. 한반도 및 국제정세 주요 연표
2. 한반도 관련 자료

[부　　록]

1. 한반도 및 국제정세 주요 연표

한반도 정세		국 제 정 세	
1945년		1945년	
8.15	일본 무조건 항복, 한민족 독립	2. 4	미 · 영 · 소 얄타 회담(소련의 대일참전 등 결정
8.20	소련군, 원산 상륙	5. 7	독일, 연합국에 무조건항복
9. 2	맥아더 사령관, 북위 38도선으로 미·소양군의 한반도 분할정책 발표	6. 5	미 · 영 · 프 · 소, 베를린협정 조인(독일분할점령)
9. 8	미군, 인천 상륙	7.16	미국, 원폭실험 성공
10.14	김일성, 최초로 평양시 군중대회 출현	7.26	미 · 영 · 중, 포츠담선언문(대일선언)발표
10.16	이승만, 미국에서 귀국	8. 6	미국, 히로시마에 원폭투하
10.25	독립촉진중앙협의회(의장: 이승만) 결성	8. 8	소련, 대일본선전포고
11.23	신의주에서 반공, 반소학생 데모 발생	8. 9	미국, 나가사키에 원폭투하
12.17	공산당 북한지부 책임비서로 김일성을 선출	8.15	일본, 무조건항복(제 2 차세계대전 종료)
12.27	미 · 영 · 소 3국 외상회담, 5년간 한반도 신탁통치를 결정(모스크바 선언)	10.24	국제연합(UN)발족
12.31	한국전역에서 신탁통치 반대, 데모발생	11. 9	중국, 국 · 공 내전 개시
		12.27	브레튼 · 우즈 협정발효(IMF 발족)

한반도 정세	국 제 정 세
1946년 1. 2 공산당 북한지부, 미 · 영 · 소 3국 외상회담 결정(5년간 신탁통치)을 지지 1.12 한국 우파, 신탁통치 반대 집회 개최 2. 8 평양에서 북한임시인민위원회(위원장: 김일성) 설립 2.15 한국 좌파, 민주주의 민족전선 결성 3.20 제 1 차 미 · 소공동위원회, 덕수궁에서 개막 9.19 김일성 종합대학 개교	1946년 1.10 유엔 제 1 회총회 개막(런던) 1.10 중국, 국 · 공 휴전협정 성립 2. 5 영국수상 처칠, 「철의 커튼」 연설(냉전의 시작) 7.12 중국, 전면적 내전 시작 11. 1 자유중국, 대만 접수 개시 12.19 베트남군과 프랑스군간의 인도지나 전쟁 발발
1947년 1.18 신탁통치 반대 데모로 서울에 비상계엄령 5.21 제 2 차 미 · 소공동위원회, 서울에서 개최 7.21 미 · 소공동위 소련 대표, 협의대상에서 신탁통치 반대 단체의 제외를 선언 9.23 UN 총회, 한국문제를 의제로 채택 9.26 미 · 소공동위 소련 대표, 48년 초에 미 · 소 양군의 철병을 제안 10.20 미 · 소공동위 미국대표, 소련 철병 제안을 거부 11.14 UN총회, 한국총선거안과 UN한국임시위원단(UNTCOK)설치안 등 가결(소련은 Boycott)	1947년 1. 1 자유중국, 새헌법 공포 3.12 트라만 · 독트린발표(대터키 · 그리스 원조 선언) 6. 5 마샬 · 플랜(유럽부흥계획) 발표 6.19 극동위원회, 「일본점령기본정책」을 채택 8.14 인도 · 파키스탄, 분리독립선언(파키스탄 독립) 8.15 인도독립 · 네루 내각성립 9.25 국연, 팔레스티나 분할가결 10. 5 코민포럼(유럽공산당정보국) 발족(→ 56년) 10.30 「관세와 무역에 관한 일반협정」(GATT) 조인

한반도 정세		국 제 정 세	
1948년		1948년	
1. 8	UN한국임시위원단, 한국 입국	3.17	서구연합(영 · 프 · 벨기에, 네덜란드, 룩셈브루크)조약 조인
1. 9	북한, UN한국임시위원단 입국 거부	4. 1	소련, 베를린 봉쇄 개시 (1949.5.12 해제)
2. 8	북한, 인민군 창설	4. 3	미국, 대외원조법성립
5.10	UN 한국임시위원단의 감시하에 한국 국회의원 단독선거 실시(좌익계, 남북협상파 불참)	5.14	이스라엘 건국 선언
		5.15	아랍연맹, 이스라엘에 선전포고(제 1 차중동전쟁 발발)
5.31	한국, 제헌국회 개최	6.28	코민포럼, 유고 제명
7.10	한국 국회, 국호를 대한민국으로 결정	12.10	UN, 세계인권선언채택
7.17	한국 헌법 공포		
7.20	한국 국회, 초대 대통령에 이승만 선출		
7.24	북한, 태극기 폐지와 신국기 제정을 발표		
8.15	대한민국 수립		
8.25	한 · 미잠정군사협정체결		
8.25	북한. 최고인민회의 대의원 선거 실시		
9. 8	북한최고인민회의, 총리에 김일성을 선출		
9. 9	조선민주주의인민공화국 수립		
10.12	북한, 소련과 외교관계 수립		
10.19	이승만 대통령, 맥아더 장군의 초청으로 일본 방문		
11.20	한국 국회, 국가보안법 통과		

한반도 정세	국 제 정 세
12.10 한·미 경제원조협정 조인 12.12 UN총회, 한국정부를 한반도 유일합법정부로 승인 12.26 소련군, 북한으로 철수 완료	
1949년 1. 1 미국, 한국을 승인 1. 1 남북한 우편물 교환 협정 체결 1. 4 한국정부, 주일대표부를 동경에 설치 2. 9 북한 박헌영 외상, UN에 가입신청을 타전 2.16 UN안보리, 소련의 북한가입 제안을 부결 2.22 김일성 총리를 단장으로 하는 대표단, 소련 방문 3.17 북한, 소련과 경제문화협정을 조인(총액 2억 1,200만 루블 차관 체결) 3.31 한국, 대북한 무역 정식 금지 4.10 UN안보리, 한국가입안을 부결 4.23 한·일 통상협정 조인 5.20 남조선 노동당 국회 Fraction 사건 발생 5.28 미국 국무성, 미군 철수를 발표 8. 7 장개석 총통 방한	1949년 1.25 소·동구5국, 경제상호원조회의(COMECON)발족 성립 1.31 중공군, 北京 입성 2.14 이집트, 이스라엘, 휴전협정 조인 4. 1 중국, 국·공 평화회담개시(20일 결렬) 4. 4 북대서양조약조인(NATO) 성립 9. 7 독일연방공화국(서독) 성립 9.22 소련, 최초로 원폭실험 10. 1 중화인민공화국(중공) 성립 10. 7 독일인민국(동독) 수립 12. 7 자유중국, 대북으로 천도

한반도 정세		국 제 정 세	
10. 1	UN 총회, 한국단독초청안을 가결		
10. 6	북한, 중화인민공화국을 승인		
10.27	지리산 빨치산 300여명, 한국 진주 습격		
1950년		1950년	
1.12	미국 에치슨 국무장관, 한국은 태평양방위선에 포함되지 않는다고 선언	1. 5	미국, 대만 불개입을 선언
1.26	한 · 미 상호방위원조 협정 조인	1.27	미국, NATO가맹국과 상호방위원조협정(MSA) 체결
2.26	이승만 대통령, 맥아더 장군 초청 일본 방문	2.14	중공 · 소 우호동맹상호원조조약 조인
6.18	미국 덜레스 국무장관, 38도선을 시찰	5. 9	슈만 · 플랜 발표
6.19	북한 인민회의 상임위원회, 무조건 통일을 한국 국회에 제의	7.26	한국전쟁 지원 유엔군(16개국) 편성
6.25	한국전쟁 발발	9.19	유럽결제동맹(EPU) 협정 조인
6.26	북한, 군사위원회(위원장, 김일성)를 조직	10.25	중공군, 한국전쟁 개입
6.27	북한 최고인민회의 상임위원회, 전시상태를 선포	12.16	트루먼 미국대통령, 국가비상사태 선언
6.27	UN 안보리, 북한에 대한 군사제재 결의		
7. 4	북한, 김일성을 최고사령관으로 임명		
7. 8	한국, 전국에 계엄령 선포		

한반도 정세		국 제 정 세	
7.15	한국군의 통수권을 미군에 이양		
9.15	인천 상륙 작전		
10. 7	UN총회, 38도선 이북 진격과 한국통일부흥위원단(UNCURK) 설치를 결의		
10.25	중국인민의용군, 한국전쟁 참전		
11.23	한국 국회, 국무총리에 장면을 인준		
1951년		1951년	
2.10	한국 거창에서 양민학살사건 발생	4.18	서구6개국, 구주 석탄철강 공동체 조약 조인
4.11	미국 정부, 맥아더 총사령관을 해임	7. 1	동남아 영연방제국개발계획(콜롬보플랜) 발족
6. 8	미국 마샬 국무장관, 한국 방문	8.30	미 · 필리핀 상호방위조약 조인
6. 9	이승만 대통령, 38도선 정전에 반대	9. 1	ANZUS 조약 조인
		9. 4	샌프란시스코 강화회담 개최
6.23	마리크 소련 UN대표, 38도선 정전회담을 제의	9. 8	대일평화조약 · 일미 안보조약 조인
6.29	트루만 대통령, 미국 총사령관에 정전 교섭 지시	9.20	동 · 서독, 통상협정조인
7.10	개성에서 휴전회담 개시		
10. 8	한미 재정협정 조인		
10.20	제 1 차 한일회담 예비회담을 동경에서 개최		
10.25	판문점에서 휴전회담 재개		
11.27	휴전회담, 잠정적 군사경계선 확정에 합의		

한반도 정세		국 제 정 세	
1952년		1952년	
1.18	대통령 직선제 개헌안, 한국 국회에서 부결	2.24	미 · 서구 제국, 대공산국 수출금지협정 조인
1.18	이승만 대통령, 평화선(이승만 라인)을 선포	4.28	샌프란시스코 강화조약 조인
2.15	제 1 차 한일회담 개최	5.25	아이젠하워, 미국대통령에 당선
4.28	휴전회담, 중립국 감시단의 구성에 합의	5.27	서구6개국, 유럽방위공동체(EDC) 조약 조인
6.25	북한, 동독과의 차관 협정 체결	5.31	동독, 동 · 서 베를린 경계선 봉쇄
7. 4	한국 야간 국회, 대통령 직선제 통과	10. 3	영국, 최초로 원폭실험
8. 5	한국 대통령 선거에서 이승만 재선	11 .1	미국, 수폭실험 성공
12. 2	미국 아이젠하워 대통령, 한국 방문		
1953년		1953년	
1. 5	이승만 대통령 방일, 요시다 수상과 회담	1.20	아이젠하워 미국대통령 취임
2. 4	중국 주은래 수상, 즉시 휴전 용의를 표명	1.27	덜레스, 반격 정책제창
2. 7	북한최고인민위원회, 김일성에 원수 칭호 수여	3. 5	스탈린 서거
2.23	휴전회담 재개	8. 8	소련, 수폭실험 성공
4. 9	이승만 대통령, 휴전 반대, 단독 북진을 성명	9.12	소련, 공산당 제 1 서기에 흐루시초프 선임
5. 7	중국 · 북한대표, 휴전회담에 8개항에 걸친 신제안	10.22	프랑스 · 라오스, 우호연합협정 조인(라오스 실질적 독립)
5.25	한국 대표, 휴전회담 출석을 거부		

한반도 정세		국 제 정 세	
6. 8	휴전회담, 포로교환 협정에 조인		
6.18	이승만 대통령, 반공포로 27,000명을 석방		
7.27	한국전쟁 휴전협정 조인		
8. 8	소련 말렌코프 수상, 북한에 10억 루블 원조		
10. 1	한미 상호방위조약 조인		
11.10	김일성 수상, 중국 방문		
11.23	이승만 대통령, 남북 총선거 실시 용의를 표명		
	중국, 북한에 16억 루블 증여		
11.27	이승만 대통령, 대만 방문		
1954년		1954년	
1.18	한국(해양경비대), 독도에 영토표시 설치	1.12	덜레스, 대량보복정책 연설
7.25	이승만 대통령, 미국 방문	6.28	주은래 · 네루, 평화5원칙공동성명 발표
9.28	김일성 수상, 중국 건국 5주년 기념식 참석	7.21	인도지나 전쟁종료(제네바 협정)
11.27	한국 국회, 초대 대통령 중임제한 철폐 개헌안 부결	9. 3	중공군, 전문 · 마조도 포격
11.29	한국정부, 사사오입으로 개헌안의 성립을 선포	9. 8	동남아시아조약기구(SEATO) 결성(→ 77년)
		10.23	서독, NATO 가맹결정(파리 협정조인)
		12.12	미 · 자유중국 상호방위조약 조인

한반도 정세		국 제 정 세	
1955년		1955년	
4.20	중국군 6개 사단 철수 완료	4.18	아시아 · 아프리카 회의 · 평화 10원칙 채택
5.31	한·미 잉여농산물 협정 조인	5.14	소 · 동구 8개국, 바르샤바조약기구(WTO) 결성
8. 8	한국정부, 중립국감시위의 적성대표(체코, 폴란드)의 철회를 요구	7.18	미 · 영 · 프 · 소, 제네바 사거두회담
8.14	휴전감시위, 한국정부의 요구를 거부	9.13	서독, 소련과 수교
8.17	한국, 대일본 무역 전면금지	9.13	소 · 동독, 동독 주권회복 협정 조인
8.26	한국, IMF와 IBRD에 가입	10.26	남베트남 독립선언
11.17	한국정부, 평화선(이승만 라인) 침범 일본어선에 발포 방침을 선언	12. 9	서독, 할슈타인 원칙 발표
1956년		1956년	
3.18	미국 덜레스 국무장관, 한국 방문	2.24	소련 20회당대회 · 스탈린 비판
5. 5	신익희 민주당 대통령후보 유세중 사망	4.28	프랑스군, 베트남 철수 완료
5.15	대통령에 이승만, 부통령에 장면이 당선	6.28	폴란드 · 포즈나니에서 폭동
5.29	한국전쟁 참전국, 중립국감시위의 철수를 결정	7.26	나세르 이집트 대통령, 수에즈운하 국유화선언
6. 1	김일성 수상, 소련 및 동구라파 방문	10.19	일 · 소 국교회복
9. 5	북한, 소련과 문화협정조인	10.23	헝가리 반정부 폭동
11.29	한 · 미 우호통상조약 조인	10.29	이스라엘군, 이집트 침입(제2차중동전쟁 발발)
12. 1	북한, 천리마 증산운동 시작	12.18	일본, 국연가맹

한반도 정세		국 제 정 세	
1957년		1957년	
1.11	UN총회, UN 감시하의 남북 총선거를 결의	1. 5	아이젠하워 · 독트린 發表
1.12	북한 남일외상, UN 결의안을 부인하는 성명 발표	3.25	로마(EEC · 뉴라도므) 조약 조인
1.24	북한, 중국과 통상의정서 조인	5.15	영국, 수폭실험
5. 7	북한 내각, 구원미 10만석 한국에 제공 결정	8.26	소련, ICBM 실험
6.10	북한올림픽위원회, 남북통일팀 구성을 한국에 제의	9.19	미국, 최초의 지하핵실험
7. 1	UN군사령부, 동경에서 한국으로 이전	10. 4	소련, 세계 최초의 인공위성(스푸트니크 1호) 발사
7.15	미국, 주한미군의 핵무장화 착수를 발표	12.17	미국, ICBM 실험
7.15	북한, 주한미국핵무장계획을 항의		
1958년		1958년	
1.29	주한미군, 핵병기 도입을 정식 발표	1. 1	구주경제공동체(EEC)발족
2. 5	북한정부, 한반도에서 외국군대 철수를 요구	1.31	미국, 최초로 인공위성(에쿠스프로라 1호) 발사
2.14	주은래 중국 총리, 중국군을 1958년 말까지 철수 계획을 발표	3.26	흐루시초프 제 1 서기 · 수상 겸임
2.16	KNA 여객기, 북한에 납치	5. 5	중공, 수정주의자와의 투쟁 선언
3.31	한·미 양국, 한국군을 6만으로 축소하기로 합의	6. 1	드 · 골, 정권복귀
10.26	중국군, 북한으로 완전 철수를 발표	10. 5	프랑스, 제 5 공화제 발족

한반도 정세		국 제 정 세	
11. 8	미국 국무성, 한반도 문제가 해결되지 않는 한 주한미군은 철수하지 않는다는 성명 발표		
12.24	한국 국회 본회의, 국가보안법 개정안을 통과		
12.29	북한, 중국과의 무상원조(8억 元) 결산의정서 조인		
1959년		1959년	
1. 5	한국 전역에서 보안법 반대 데모 발생	1. 1	카스트로, 쿠바 革命
3.17	북한, 소련과 기술원조협정(5억 루블) 체결	3. 5	미국 · 터키 · 이란 · 파키스탄, 상호방위조약(앙카라 협정 조인)
4.15	이승만 대통령, 사선 출마 표명	6. 3	싱가포르, 자치국 독립 선언
10. 8	한국, 대일본 무역 중단을 해제	8.25	중국 · 인도 · 국경분쟁 발발
10.17	북한 남일외상, 남북무력 불행사 선언과 군대를 10만으로 축소할 것을 제안	9.26	미 · 소, 켐프 데이비드 회담
		9.30	흐루시초프 방중, 중소대립 격화
		11.20	유럽자유무역연합(EFTA)설립 조약 조인
1960년		1960년	
2.15	조병옥 민주당 대통령 후보, 미국병원에서 사망	1.19	신미일안보조약 · 행정협정 조인
3.15	제 4 대 대통령에 이승만, 부통령에 이기붕 당선	2.13	프랑스, 최초 원폭실험
3.15	마산에서 부정선거 규탄 데모 발발	5. 5	U2기사건 · 동서수뇌회담 무산
4.11	마산에서 김주열 군 시체인양으로 데모 격화	9.14	석유수출국기구(OPEC) 창설
4.19	서울시내 학생 총궐기, 4	11. 8	미국대통령에 케네디 민주당 후보 당선

한반도 정세		국 제 정 세	
	월 학생혁명 발발	12.14	유엔, 식민지독립선언채택, 경제협력개발기구(OECD) 조약 조인
4.26	한국 국회 앞에서 10만명 데모	12.20	남베트남해방민족전선(베트콩) 결성
4.27	이승만 대통령, 한국국회에 사표제출		
4.28	허정 과도내각 성립		
5. 1	과도정부, 3.15선거의 무효를 확인		
5.29	이승만 박사, 하와이로 망명		
6.15	한국 국회, 내각책임제 개헌안을 통과. 제 2 공화국 성립		
6.19	미국 아이젠하워 대통령, 한국 방문		
6.22	북한, 소련과 통상항해조약 조인		
7.29	한국 총선거 실시, 민주당 대승		
8.12	한국 국회, 대통령으로 윤보선을 선출		
8.15	김일성 수상, 남북한의 연방제를 제안		
8.23	장면내각 성립		
10.13	북한, 중국과 4억2천만 루블 장기차관 협정 조인		
1961년		1961년	
2. 9	한 · 미 경제원조 협정 조인	1. 3	미국, 쿠바와 단교
4.19	4월혁명 1주년 집회, 남북교류 요구 데모	2. 1	미국, ICBM 성공
		1.20	케네디 미국대통령 취임
5. 4	북한학생위와 민족청년중앙위, 남북학생회담 제안의 서	4.12	소련, 세계최초의 유인우주선 발사

한반도 정세		국 제 정 세	
	한을 서울대 민족통일연맹에 발송	6. 3	케네디 · 흐루시초프회담(비엔나)
5.13	민자통 주최로 남북학생회담 환영, 통일촉진궐기대회 개최	7.31	필리핀 · 태국 · 말레이시아 3국, 동남아연합(ASA) 결성 선언
5.16	한국에서 군사쿠데타 발생, 군사혁명위원회 설치	8.13	동독, 베를린벽 구축
5.16	그린 주한미국대리대사와 마그루다 UN군사령관, 장면내각 지지를 선언	9. 1	제 1 회 비동맹제국회의(베오그라드)
5.18	장면내각 총사직(제 2 공화국 붕괴)		
5.19	군사혁명위를 국가재건최고회의로 개칭		
6.29	김일성 수상, 소련과 중국 방문		
7. 2	최고회의 의장에 박정희 장군 취임		
7. 3	반공법 공포		
7. 6	북한, 소련과 우호협력 및 상호원조 조약 체결		
7.11	북한, 중국과 우호협력 및 상호원조 조약 체결		
7.13	항주에서 김일성, 모택동과 회담		
7.22	한국 최고회의, 경제개발 5개년 계획을 발표		
7.27	러스크 국무장관, 한국 군사정권 지지 표명		
8.12	박정희 의장, 1963년 5월 총		

한반도 정세		국 제 정 세	
	선거를 실시, 민정복귀를 표명		
11.11	박정희 의장, 이께다 일본수상과 회담		
11.14	박정희 의장, 케네디 미국대통령과 회담		
1962년		1962년	
1.13	한국, 제1차 경제개발 5개년 계획 확정	2. 7	케네디 미국대통령, 대쿠바 금수조치 실시
2.21	김종필 대통령 특사, 이께다 일본수상과 회담, 한·일 국교정상화에 의견 일치	2. 8	미국, 주월남군사설치 발표
		2.20	미국, 최초의 유인우주선 발사
3.12	한·일 외상회담 개최	5.28	뉴욕 주식시장, 29년 이래 폭락
3.24	박정희 의장, 대통령 권한을 대행	10.10	중국·인도, 국경분쟁중 대화
6.10	한국 통화 개혁, 10분의 1의 평가절하와 "원"으로 변경	10.22	케네디 대통령, 쿠바 해상봉쇄 선언
9.22	북한, 중국과 과학기술협력 의정서 조인	12.21	미·영, 나소 협정조인
11. 5	북한, 중국과 장기무역협정 등 체결		
11.23	북한외교부, 중국·인도 국경분쟁과 관련 중국을 지지		
12.17	한국, 대통령 중심제 개헌안을 국민투표로 가결		
12.27	박정희 의장, 1963년 4월 대통령 선거, 5월 국회의원 선거, 8월 민정 이양 계획 발표		

한반도 정세		국 제 정 세	
1963년		1963년	
1. 1	한국, 민간인의 정치활동 재개	1.14	드골 프랑스대통령, 영국의 EEC 가입 반대 의사 표명
1. 8	북한 노동신문, 중국 노선 지지의 논설 게재	1.22	독불, 협력조약조인(파리 · 본)
1.24	남북올림픽대표, 단일팀 구성 교섭 시작	5.25	아프리카 통일기구(OAU) 헌장조인
3.13	북한, 한일교섭과 관련 북한도 참가하는 3자교섭을 주장하는 정부성명 발표	6.20	미 · 소, Hot Line 설치협정 조인
5.14	민정당 창당, 대통령 후보에 윤보선 지명	8. 5	미 · 소 · 영, 부분적(대기권 및 수중)핵실험정지조약 조인
5.27	민주공화당, 박정희 의장을 대통령 후보로 지명	11.22	케네디 암살 · 존슨 대통령 취임
10.15	한국 대통령 선거, 박정희 당선		
10.28	북한 노동신문 사설, 소련을 수정주의라고 비난		
11.25	박정희 의장, 존슨 대통령과 회담		
11.26	한국 국회의원 선거, 민주공화당 압승		
12. 4	김종필, 민주공화당 의장으로 정계 복귀		
12.17	박정희 대통령 취임(제 3 공화국 발족)		
1964년		1964년	
3. 9	한국 야당정치가와 각계 대표, 대일본 굴욕외교반대 범국민 투쟁위 결성	1.27	프랑스, 중공과 국교수립
		3.23	제 1 회 유엔무역개발회의(UNCTAD) 개최

한반도 정세		국 제 정 세	
8. 2	한국여당 단독으로 언론윤리위 법안 가결	5.27	네루 · 인도 수상서거
8. 5	북한, 통킹만사건(베트남전에 미국 개입 계기)과 관련, 전군에 전투준비 강화령을 하달	6.12	소 · 동독, 우호상호원조협력조약조인
10.31	한국정부, 남베트남과 지원군 파견 협정 체결	7.14	중국인민일보, 흐루시초프노선 비난
11. 1	스카르노 인도네시아 대통령, 북한 방문	10.15	흐루시초프 해임, 후임에 브레즈네프 제1서기 · 코시킨 수상 취임
		10.16	중국, 최초로 원폭실험
		10.19	브레즈네프 서기장, 평화공존 추구선언
		11. 3	존슨, 미국대통령에 당선
1965년		1965년	
1. 8	한국 각의, 남베트남에 비전투병력 약 2,000명 파견을 결정	1.20	존슨, 미국대통령에 취임
2.20	한 · 일 기본조약 가조인	2. 7	존슨 대통령, 북베트남 폭격개시
2.21	소련 코시긴 수상, 북한 방문	3. 1	세계공산당협의회개최 · 중공당결석
2.25	북한외교부, 한 · 일 기본조약을 무효라고 주장	5.13	서독, 이스라엘과 수교, 아랍10개국, 서독과 단교
4.19	김일성 수상, 중국 주은래 수상과 회담	9. 1	인도 · 파키스탄전쟁 발발
5.18	남베트남 민족해방전선 대표단, 북한 방문	9.30	인도네시아, 9.30 사건
5.31	북한, 소련과 군사원조 협정 체결	11.10	중국, 문화대혁명 개시
6.22	한 · 일 기본조약 조인		
7. 2	한국 각의, 남베트남에 1개사단 전투병력 파견을 의결		
7. 8	북한, 북베트남에 무기와 장비를 지원한다고 성명		

한반도 정세		국 제 정 세	
8.14	한국 여당 단독으로 한·일 조약 비준		
1966년		1966년	
1.17	북한, 북베트남에의 무상원조협정 조인	6.20	드골 프랑스대통령, 소련 방문
2.22	한국, 남베트남에 병력 2만명 증파하기로 약속	7. 1	프랑스, NATO군 탈퇴
		8. 8	중국, 문화대혁명 전토 확대
5. 5	북한, 남베트남 해방전선의 상설대표부 설치 합의	10.27	중국, 최초로 미사일 발사실험성공
6. 8	박정희 대통령, 통일문제는 1970년대 후반부터 논의하자고 발표	11. 4	미·소, 민간항공협정조인
6.14	서울에서 제1차 아시아·태평양 각료회의 개최		
7. 9	한·미 행정협정 조인		
7.29	한국 각의, 제2차 경제개발 5개년 계획 의결		
10.21	박정희 대통령, 베트남 참전국 회의 참석		
11. 2	존슨 대통령 한국 방문, 경제발전 5개년 계획 지원과 주한미군 불삭감의 공동성명 발표		
12.22	한국, GATT에 정식 가입		
1967년		1967년	
1.26	북한 중앙통신, 중국 홍위병의 북한 공격을 비난하는 성명 발표	3.12	스카르노 대통령 실각
		6. 5	아랍각국·이스라엘, 각지에서 전면전(제3차중동전쟁) 발발
2.19	중국 홍위병 신문, 김일성은 수정주의자라고 비난	6. 6	아랍6개국, 미·영과 단교
5. 3	한국 제6대 대통령 선거, 박정희 재선	6.17	중국, 최초로 수폭실험
		7. 1	구주공동체(EC) 발족

한반도 정세		국 제 정 세	
6. 8	한국 제7대 국회의원선거, 공화당 압승	8. 8	동남아시아 국가연합(ASEAN) 결성
7. 8	한국 중앙정보부, 동베를린 공작단 사건을 발표		
8. 9	한·일 각료회의, 상업차관 2억 달러 공여합의		
8.11	북한, 북베트남과 무상군사 경제원조협정 조인		
10. 2	미국 AID장관, 대한국 차관 70년대 초 종료 언명		
1968년		1968년	
1.21	북한 무장게릴라 31명, 서울 침입(게릴라 28명 사살, 1명 체포)	1. 9	아랍석유수출국기구(OPEC) 발족
1.23	북한, 미국정보함 푸에블로를 영해 침범으로 나포하였다고 발표	3.31	존슨대통령, 북폭의 일방적 정지발표
4. 1	한국, 향토예비군 창설	5.13	베트남 평화회담개최(파리)
7. 8	UN군사령관, 한국측에 작전권 대폭 이양	7. 1	미·영·소 등 62개국 핵비확산조약(NPT) 조인
8.23	북한, 체코사건의 소련 개입을 지지하는 논평 발표	8.20	체코(프라하의 봄) 사건
11. 2	한국 울산·삼척에 무장게릴라 100여명 출현(5명 나포, 2명 자수, 100여명 사살)	8.24	프랑스, 최초로 수폭실험
12.23	북한, 푸에블로 승무원 82명 석방	10.31	미국, 북폭의 전면정지발표
		11.12	브레즈네프·독트린 제창
		12. 6	동·서독, 통상협정 체결

한반도 정세		국 제 정 세	
1969년		1969년	
3. 1	한국, 국토통일원 발족	1.20	닉슨 미국대통령 취임
4.15	북한, 미국정보기 EC 121기를 영공침범으로 격추시켰다고 발표	3. 2	다만스키도사건(중·소 무력충돌)
6. 9	제68차 IOC총회, 북한의 호칭을 DPRK로 결정	5.30	서독, 할슈타인원칙(동독 승인국과 단교) 폐지 결정
6.19	한국, 삼선개헌반대 학생데모 시작	6. 5	세계공산당회의 개막(모스크바, 75개당 참가)
7. 7	박정희 대통령, 삼선개헌의 의지를 표명	7.20	미국 아폴로 11호·인류최초 월면착륙
7.11	북한 노동신문,「조중우호상호원조조약 체결 8주년」의 논평에서 중국에의 재접근을 표명	7.25	닉슨 대통령, 괌·독트린 발표(베트남전쟁의 베트남화)
8.20	박정희 대통령 방미, 존슨 대통령과 회담	9. 3	호치민 사망
9.14	한국 국회, 여당의원 단독강행으로 삼선개헌안 가결	11.21	닉슨·사토 회담 후 공동성명,「한국조항」발표
10.17	한국 국민투표 실시, 삼선개헌을 가결	12.19	미국, 대중공 비전략물자 금수조치 19년 만에 완화
12.11	대한항공여객기, 북한으로 납치		
12.21	북한 노동신문 사설, 스탈린 칭찬 논문 게재		
1970년		1970년	
2.14	대한항공 승무원 51명 중 39명을 판문점에서 한국으로 송환	1. 2	IMF, SDR 최초로 발동
		3. 5	핵 비확산방지조약 발효(미·영·소 비준서 기탁)

한반도 정세		국제정세	
3.31	일본 전군파에 납치된 일항기 요도호, 김포 불시착 후 승객 99명을 내리고 평양행(4.3)	3.18	캄보디아에서 쿠데타, 론·놀 실권 장악
4. 7	중국 주은래 수상 북한 방문, 미국 제국주의와 일본 군국주의를 규탄하는 공동성명 발표	4. 2	중국, 인공위성 발사
5.26	미국, 한국과 최후의 무상원조 협약 조인	4.16	미·소, 전략무기제한교섭(SALT) 개시
7. 7	한국, 경부고속도로 개통	4.30	미군·남베트남군, 캄보디아 침공
7.25	북한 오진우 총참모장, 중국 방문	8.12	독·소 조약(양국간 무력불행사선언·국경존중조약)조인, 서독의 동방외교
8.15	박정희 대통령, 북한과의 「선의의 경쟁」을 제의	9.28	낫셀 급사, 후임에 사다트 취임
8.24	미국 에그뉴 부통령 방한, 박정희 대통령과 주한미군 철수문제 논의		
10.16	김대중 신민당 대통령 후보, 향토예비군의 폐지, 비정치적 남북교류, 4개국 보장안 등을 제시		
1971년		1971년	
2. 6	한·미 양국, 주한미군 축소와 한국군 현대화 계획에 합의	4.10	미국 탁구팀, 중공 방문("핑퐁외교")
3. 4	한·미 군사합동연습 작전 개시	6.17	오키나와 반환협정조인(→72. 5. 15 정권반환)
3.27	미국 제 7 사단 철수	7.15	닉슨대통령, 방중 계획발표
4.27	한국 제 7 대 대통령 선거 실시, 박정희 당선	8.15	미국, 금·달러교환일시정지 발표
5.25	한국, 8대 국회의원 선거 실시	8.27	일본, 엔의 변동상장제

한반도 정세		국 제 정 세	
7. 3	박정희, 제 7 대 대통령 취임	9.30	미 · 소, 우발핵전쟁방지협정 발표
8. 6	김일성 수상, 닉슨 대통령의 방중을 "미제국주의 침략자가 북경에 백기를 들고 방문한다"고 논평	10.25	중국, 국연 복귀 결정 · 대만 탈퇴
9.22	판문점 공동경비구역 내에 남북을 연결하는 직통전화선 개설	12.27	스미소니안 체제 발족
10.15	서울에 위수령 발동 10개 대학에 무장군인 진주		
12. 6	박정희 대통령, 국가비상사태 선언		
12.27	한국 국회, 국가보안법을 가결		
1972년		1972년	
5. 2	이후락 한국 중앙정보부장, 비밀리에 평양 방문, 김일성 수상과 면담	2.21	닉슨대통령 방중(2.27 상해 코뮤니케 발표)
5.29	박성철 북한 제 2 부수상, 서울을 비밀 방문	4. 6	미국, 북폭 재개 강화
6.21	김일성 수상, 남북군대 15-20만명 삭감과 박정희 대통령이 희망한다면 만날 용의 있다고 발언	5.22	대탄도 미사일시스템제한(ABM) 조약 조인
7. 4	남북공동연맹발표, 조국통일을 위한 3대원칙(자주, 평화, 민족의 대단결) 합의	5.26	전략병기제한조약(SALT I) 조인
7.13	김대중 의원, 남북한의 UN 동시가입을 제창	6. 5	유엔 인간환경회의 개최
10.12	남북조절위 위원장 제 1 차 회담, 판문점에서 개최	6.17	워터게이트 사건 발각
		9.29	일중 국교정상화 공동성명
		12.21	양독 · 기본조약조인(한국, 91.12.13)

한반도 정세		국 제 정 세	
10.17	박정희 대통령, 유신헌법 공포하고 전국에 비상계엄령 선포		
10.31	김일성 수상, 비밀리에 북경 방문		
11. 2	남북조절위 위원장 제2차 회담 평양에서 개최. 이후락 위원장, 김일성과 오찬(11.3)		
11.11	대남·대북방송 중지		
11.22	한국, 유신헌법에 대한 국민투표실시(투표율 92%, 찬성 91%)		
12. 1	박정희 대통령, 남북조절위 북측대표와 면담		
12.12	북한최고인민회의, 도·시·군인민회의 대의원 선거 실시		
12.15	한국, 통일주체 국민회의 대의원 선거		
12.23	한국 통일주체 국민회의, 대통령에 박정희를 선출		
12.27	박정희, 제8대 대통령 취임. 유신체제 출범		
12.27	북한최고인민회의, 사회주의 헌법을 원안대로 채택, 수도는 평양으로 변경. 국가주석제 신설		
12.28	북한, 국가주석에 김일성을 추천		
1973년		1973년	
2.27	한국, 제9대 국회의원 선거	1. 1	확대 EC 발족
3.16	한국정부, 최초로 중화인민공화국의 호칭을 사용	1.27	베트남 평화협정 조인
		3.29	미군, 베트남 철수 완료

한반도 정세		국 제 정 세	
3.23	주베트남 한국군 철수완료	6.16	미 · 소, 핵전쟁방지협정 조인
4. 5	북한, 남북평화협정의 체결을 제의	9.18	양독 · 유엔가맹(한국, 91.9.17)
4.28	IPU(국제의원연맹), 북한의 가맹 가결	10. 6	제 4 차 중동전쟁 발발(~12.25)
5.17	WHO 총회, 북한의 가맹 가결	10.17	아랍 석유수출국기구(OPEC) 석유전략의 발동 결정
6.23	박정희 대통령, 남북한 UN 동시가입 등 평화통일외교정책 발표		
6.23	김일성 주석, 박대통령의 UN 동시가입 제안을 비난하고, 고려연방공화국이라는 단일국호에 의한 연방제 주장		
8. 8	김대중 납치사건		
8.28	김영주 남북조절위 북측위원장, 김대중 사건 등을 들어 남북대화의 중단을 선언		
8.31	UNCTAD, 북한의 가맹 승인		
9. 5	북한, 평양에서 지하철 개통식		
10. 2	서울의 학생들은 2년 만에 반정부 데모, 파쇼통치의 중지와 중앙정보부의 해체 등을 요구		
11. 5	함석헌 등 15명의 지식인, 민주회복을 요구하는 시국선언문을 발표		
12. 3	이후락 정보부장 해임		
12.15	한국정부, 친아랍정책으로 전환		

한반도 정세		국 제 정 세	
1974년		1974년	
1. 8	한국, 긴급조치 제 1 호(개헌 논의 금지), 제 2 호(비상군법회의 설치)를 선포	1.18	이집트 · 이스라엘 병력철수 협정조인
1.18	박정희 대통령, 남북불가침 협정의 체결을 제안	4. 9	유엔 자원특별총회 개최 · 신국제 경제질서(NIEO) 선언 채택
1.30	한일 대륙붕협정 체결	4.30	남베트남 정부항복, 남북베트남 통일
2.13	북한 중앙통신, 한국의 가는 곳마다 김일성 사상 학습 그룹이 조직되어 있다고 보도	5.18	인도, 최초 지하핵실험
		8. 8	닉슨 사임 · 포드대통령 취임
8.15	서울에서 문세광사건 발생, 박대통령 부인 사망	10.26	아랍 수뇌회의 · 팔레스타인 국가수립 결의
10.24	동아일보 기자, 자유언론 실천 선언 발표	11. 5	유엔 세계식량회의 개최
11.15	UN군사령부, 북한이 비무장지대에 터널을 파고 있다고 발표		
11.22	미국 포드 대통령, 한국 방문		
1975년		1975년	
3.24	UN 군사령부, 비무장지대에 제2의 터널 발견을 발표	4.23	포드, 베트남개입종료선언
4. 8	한국 정부, 긴급조치 제 7 호(고려대에 휴교령)를 공포	4.30	해방세력, 남베트남 전토 해방
4.18	김일성 주석, "한국에서 전쟁이 일어나면 잃는 것은 군사경계선이고, 얻는 것은 조국통일이다"고 연설	7.30	전구안보협력회의(CSCE) 헬싱키 선언
		11.15	제 1 회선진국수뇌회의개최(람비에)
		12.26	국제경제협력회의(CIEC) 개최
4.23	한국, NPT 가입		
4.29	박정희 대통령, 시국에 관한 특별담화 발표	12.26	포드 · 미끼 공동신문발표, 「신한국 조항」발표
6.20	슐레진저 국방장관, 북이 남친		

한반도 정세	국 제 정 세
한다면 미국은 전술 핵무기에 의한 반격도 불사한다고 언명 8.25 비동맹 외상회의, 북한의 가입을 만장일치로 가결 9.22 키신저 국무장관, 남북한·미국·중국에 의한 국제회의를 제의 10.29 UN정치위, 한반도 문제에 관하여 서측안과 공산안 모두 가결(UN총회에서도 쌍방안을 가결)	
1976년 1.24 박정희 대통령, 자주국방 5개년계획 실시 발표 2. 9 미국 라로크 국방정보센터소장, 한국에 핵무기가 최대 686개 있다고 언명 3. 1 윤보선, 김대중 등 12명, 민주구국선언을 발표 8.18 북한 병사, 판문점에서 도끼로 미군장교 2명을 살해 8.19 북한인민최고사령부, 전투태세를 명령 8.19 비동맹제국 수뇌회담, 한국제안 한반도문제에 관한 결의안을 채택 9. 6 판문점 공동경비구역 분할경비 실시 9.21 북한, UN에서의 한반도문제 결안 제출을 철퇴 10.15 워싱턴 포스트, 박동선 사건을 보도	1976년 1. 8 주은래 수상 서거 4.13 캄보디아, 폴 포트 정권 탄생 5.28 미·소, 지하핵실험제한조약 조인 6.29 구주공산당·노동당회의 개최, 자주노선(유로·코뮤니즘) 인지 7. 2 남북베트남 공식 통일 9. 9 모택동 주석 서거 10.22 「사인조」 체포·화국봉당주석 취임

한반도 정세		국 제 정 세	
1977년		1977년	
1.12	박정희 대통령, 남북불가침 협정이 된다면 주한미군의 철수에 반대하지 않는다고 언명	1.20	카터 미국대통령 취임
1.28	박정희 대통령, 전투기를 제외한 모든 무기를 국산화한다고 언명	3. 1	미 · 소, 200해리 어업전관수역 설정
3. 9	카터 대통령, 주한미군은 4,5년에 걸쳐 철수	6.30	SEATO 해산
5.21	카터 대통령, 미군이 철수하면 제2의 한국전쟁이 발생한다고 한 싱글로프 참모장을 해임	11.19	사다트 이집트대통령, 이스라엘 방문
5.25	미국 국무성, 북한과 조건부 국교정상화의 용의를 표명		카터 · 후쿠다 공동성명, 「한반도 조항」 발표
6.22	김형욱 전 국가정보부장, 미국하원에서 김대중의 납치는 KCIA의 공작이라고 증언		
7.26	한미안보협의회, 77년 말까지 6,000명의 제1차 주한미군 철수에 합의		
8. 7	중국주재북한대사, 김일성 주석이 등소평 부주석의 직무복귀를 바라고 있다고 전언		
12.31	한미 양국, 박동선에 관한 양국정부의 협력에 관한 공동성명 발표		

한반도 정세		국 제 정 세	
1978년		1978년	
1.10	한미 양국, 박동선 사건 처리를 위한 사법공조 협정에 조인	4. 7	베트남 · 캄보디아 전쟁 발발
1.18	박정희 대통령, 중무기 대량생산 체제에 들어가고, 항공기 생산은 착수하였다고 언명	5.23	제 1 회 유엔 군축특별총회 개최
3. 7	한미 합동연습 Team Spirit 시작	8.12	일중 평화우호조약 조인
4.21	대한항공여객기, 소련에 강제 착륙	8.12	캠프 · 데이비드 합의
4.24	박정희 대통령, 소련의 호의적 조치에 사의를 표명	11.27	일미안보협의위원회, 「미일 방위협력 guideline」 결정
7. 6	한국통일주체국민회의, 제 9 대 대통령에 박정희를 선출	12.29	베트남군, 캄보디아 침공
9. 3	신현학 보사부장관, WHO 회의 참석차 소련 입국		
9. 8	등소평 중국공산당 부주석, 북한 방문		
10.27	UN군사령부, 제 3 터널의 발견을 발표		
11. 7	한미연합사령부 설치		
12.12	한국, 제10대 국회의원 선거 실시		
12.23	북한 노동신문, 중 · 미 국교정상화와 관련, "시대"의 조류 반영이라고 환영		
12.27	박정희, 제 9 대 대통령에 취임		

한반도 정세		국 제 정 세	
1979년		1979년	
1.19	박정희 대통령, 남북한의 무조건 대화를 제의	1. 1	미중 국교수립
2.17	남북대화 재개, 남북한 Hot Line의 재개 등 합의	1. 4	미국, 대만 관계 기본법 제정
5.30	한국 신민당 정기총회, 총재에 김영삼 선출	2.11	이란 혁명세력 승리 선언
6.18	김일 북한노동당 서기, 노동당과 신민당 및 공화당과의 접촉 등을 제안	2.17	중 · 베트남전쟁발발
6.27	북한 허담 외교부장, 조건부 삼자회담의 가능성을 시사	3.26	이집트 · 이스라엘 평화조약 조인
6.30	미국 카터 대통령 한국 방문, 「경제발전에 맞는 인권존중을」이라고 연설	6.18	미 · 소 SALT Ⅱ 조인
7. 1	한미 양국 수뇌, 공동성명을 통하여 북한에 대하여 삼자회담의 개최를 제의	7.20	유엔 인도지나 난민회의(제네바)
7.10	북한 외교부, 한미 양국의 삼자회담 제의를 거부	8.30	비동맹 제국회의(하바나)
7.20	미국 카터 대통령, 주한미지상군의 철수를 1981년까지 동결한다고 발표	12.27	소련, 아프가니스탄 침공
10.16	부산에서 반정부 데모, 폭동사태로 확산 부산지구에 비상계엄령 선포(10.17)		
10.20	마산 · 창원에 위수령 발동		
10.26	박정희 대통령 시해사건		
10.27	한국 정부, 대통령 대행에 최규하 총리를 임명하고, 제주도를 제외한 전국에 비상계엄령 선포		

한반도 정세		국제정세	
12. 6	한국통일주체국민회의, 최규하를 제10대 대통령에 선출		
12. 8	한국, 김대중 자택연금 해제		
12.12	한국 숙군쿠데타, 정승화 계엄사령관 등 군수뇌부 체포		
1980년		1980년	
2.29	윤보선, 김대중 등 687명의 공민권을 회복	1.23	카터 · 독트린 발표
4.14	한국중앙정보부장대리에 전두환 국군보안사령관 취임	4.10	중 · 소 우호동맹상호원조조약 실효
5.18	한국 계엄사령부, 전국으로 계엄령을 확대하고, 김종필, 김대중, 이후락 등 26명을 연행	5. 4	티토 · 유고대통령 서거
5.22	광주시민, 시를 제압	7. 7	모스크바 올림픽 개최(미 · 중 · 일 · 서독 등 불참)
5.27	한국계엄군, 광주시 전역을 무력 제압	9.21	이란 · 이라크전쟁 발발
5.31	국가보위비상대책위설치, 상임위원장에 전두환 장군 취임	10.24	폴란드 정부, 자주노조「연대」승인
6.27	방일중의 화국봉 중국 수상, 북한의 남침은 있을 수 없다고 언명	11. 3	미국, 레이건 대통령 선출
9. 1	전두환 제11대 대통령 취임		
9.17	한국보통군법회의, 김대중에 사형 판결		
10.10	북한 노동당 제6차대회, 10년 만에 김정일 최초 공식		

한반도 정세	국 제 정 세
등장 당내 제2인자의 지위 확보 10.22 한국, 신헌법안(대통령 간접선거, 임기 7년 단임제)에 대하여 국민투표 실시	
1981년 1.12 전두환 대통령, 남북최고수뇌회담을 제안 1.23 한국 각의, 김대중의 무기에의 감형을 결정 1.24 한국, 계엄령 해제 2. 2 전두환 대통령 방미, 레이건 대통령과 회담, 주한미군은 철수하지 않는다는 공동성명 발표 2.11 선거인단에 의한 대통령 간접선거, 전두환 당선 3. 3 전두환 제12대 대통령 취임, 제5공화국 성립 3.15 한국, 제11대 국회의원 선거 실시 9.10 한일 각료회의, 60억 달러 경제협력 대립	1981년 2.18 레이건 대통령, 경제재건계획 발표 5.10 프랑스 대통령, 미테랑 당선 6.29 중국, 등소평·호요방체제 확립 10. 6 사나트·이집트 대통령 암살 10.22 남북서밋트 개최(캉군) 11.30 미소중노선핵전력(INF)제한교섭개시 12.13 폴란드 계엄령, 연대바웬사 연금
1982년 5. 7 한국대검찰청, 이철희·장영자 부부 구속 7.27 한국정부, 일본역사교과서 왜곡 기술의 시정을 요구	1982년 4. 2 포틀랜드 분쟁발발 6. 6 이스라엘, 레바논 침공 개시 6. 7 제2회유엔 군축특별총회개최 6.29 미·소 전략병기삭감교섭(START) 개시

한반도 정세		국 제 정 세	
		9. 1	레이건 대통령, 중동평화안 발표
		11.10	브레즈네프 서기장 서거, 후임 안도로포프
1983년		1983년	
1.11	나카소네 총리 방한, 40억러 경협 합의	3. 7	비동맹제국회의(뉴델리)
5. 5	중국 민항기, 춘천 미군기지 불시착	3.23	레이건 대통령, 전략방위구상(SDI) 발표
5.18	김영삼, 민주화와 정치피규제자 해금을 주장하는 단식 시작	6. 4	PLO 내분, 무력충돌발전
6.30	한국, KBS 이산가족찾기 TV 생방송 시작	8.21	필리핀, 아키노 의원 암살
9. 1	소련 전투기, 항로 이탈 대한항공기 격추(탑승자 269명 전원 사망)	10.25	미군, 그라나다 침공
10. 9	전두환 대통령 미얀마 방문시, 아웅산 묘소에서 폭탄폭발, 서석준 부총리 등 17명 사망	11.23	미소, INF 교섭
		12. 8	미소, START 결렬
1984년		1984년	
4. 9	제1차 남북체육회담, LA올림픽 단일팀 구성 협의	1.17	구주군축회의개최
5.18	한국, 민주화 추진 협의회(민추협) 발족	1.25	레이건 대통령, 「강한 미국」 연설
9. 6	전두환 대통령 일본 공식 방문, 일본 국왕은 "양국간의 불행한 과거는 유감"이라 발언	2. 9	안드로포프 서기장 서거, 후임 체르넨코
		10.31	간디 · 인도 수상암살
		12.31	미국, UNESCO 탈퇴

한반도 정세	국 제 정 세
9.29 판문점, 북평, 인천항에서 북한 수재물자 인수 10. 4 북한적십자, 한국수재민에 대한 구호물자 전달 11.15 판문점에서 제1차 남북경제회담 개최	
1985년 2.12 한국, 제12대 국회의원선거, 신민당 돌풍 2.23 한국, 민정당 대표위원에 노태우 임명 3. 6 한국, 정치피규제자 전면 해금 5.23 서울의 5개 대학생, 서울 미문화원 점거, 광주사태에 대한 미국의 책임 인정을 요구 9.21 제1차 남북한 고향방문단 및 예술단, 서울과 평양 각각 첫 공연	1985년 1. 7 미·소 외상회담 3.10 체르넨코 서기장 사거, 후임 고르바초프 3.12 미·소 포괄적 군축화 교섭 개시 9.21 프라자 협정 체결 11. 9 미·소 정상회담(제네바)
1986년 2.21 한국신민당, 1천만 개헌 서명운동 시작 5.31 김일성 주석, 「조선 노동당 건설의 역사적 경험」을 발표, 후계자 문제 해결을 언명	1986년 2.25 마르코스 정권 붕괴 4.26 체르노빌 원폭사고 8.26 비동맹제국회의(레이케빅) 9. 9 미정부, SDI 연구참가결정 10.11 미·소 정상회담 11.13 미국, 對이란 비밀공작
1987년 1.15 김만철 일가 11명 북한 탈출, 한국에 귀순	1987년 1.16 중국, 호총서기 사임·조수상 대행(11.2 정식선출)

한반도 정세		국 제 정 세	
5. 1	한국, 통일민주당 창당(총재: 김영삼)	12. 8	미 · 소, INF(중거리 핵전력)전폐조약 조인
5. 8	한국 천주교 정의구현 전국사제단, 박종철군 고문치사 은폐 조작 폭로	12.14	ASEAN 정상회의 개최
5. 9	한국국민운동본부, 범국민 규탄 대회를 전국적으로 개최(6월 민주화 항쟁으로 확산)		
6.25	한국, 생물무기금지협정(BWC) 가입		
6.29	노태우 대통령후보, 6.29민주화선언 발표		
7.30	북한 인민군최고사령부, 87년 말 10만 병력 감축 명령		
10.27	한국, 5년 단임 대통령 직선제 개헌안 국민투표로 확정		
11.12	한국, 평화민주당 창당(총재: 김대중)		
11.29	대한항공여객기, 미얀마 상공에서 공중 폭발		
12.16	대통령 직선제 투표, 노태우 당선		
1988년		1988년	
1.12	북한, 88서울올림픽 불참 선언	3.14	중국 · 베트남간 남사군도해역에서 군사충돌
2.25	노태우 대통령 취임, 제6공화국 발족	4.14	아프간 평화협정 조인
		8.20	이란 · 이라크 전쟁 정전
4.26	제13대 국회의원선거 결과, 여소야대 정국	8.23	미국, 포괄무역법 성립
		11. 8	미국, 부시 대통령 선출

한반도 정세		국 제 정 세	
7. 7	노태우 대통령, 7.7 선언 발표	11.15	팔레스티나 독립선언
11 .4	한국 국회, 제5공화국 청산 청문회 시작	12.13	앙골라 평화협정 조인
11. 7	북한, 포괄적 평화방안 제시		
11.16	북한, 남북고위급 정치-군사회담 제의		
12.28	강영훈 총리, 남북고위당국자회담 제의		
1989년		1989년	
2. 8	남북고위당국자회담 제1차 예비회담	1. 1	미·캐나다 자유무역협정 발효
9.11	노태우 대통령, 한민족공동체 통일 방안 천명	2.15	소련, 아프가니스탄 철수 완료
9.27	제1차 남북적십자회담 예비회담, 이산가족 고향방문시기에 의견 접근	5. 2	몬트리올 의정서체약국회의·프론 전폐 합의
		5.15	중소 관계정상화합의
11.15	남북고위당국자 제4차 예비회담, 포괄적 단일의제 의견 접근	6. 4	천안문사건·민주화운동 탄압
		6.24	중국, 강택민 서기 취임
12.20	남북고위당국자 제5차 예비회담, 명칭-의제-수행원수 합의	9.12	동구민주화의 원류·폴란드 「연대」 주도내각성립
		11. 9	「베를린 벽」붕괴
		12. 3	미소 수뇌회담(말타), 냉전 종결 선언
		12.20	미국, 파나마 침공
		12.25	루마니아·차르체스크 처형
1990년		1990년	
1. 1	김일성 주석, 남북한 최고위당국-정당수뇌 협상회의 제의	2. 7	소련공산당일당독재 포기
		3.21	나미비아 독립
2. 8	북한, 팀스피리트훈련기간중	5.21	남북예멘, 예멘공화국으로

한반도 정세		국 제 정 세	
	대화 중단 선언		통일국가 선포
2. 9	한국 보수대연합 3당(민정당, 민주당, 공화당) 합당, 민주자유당 창당	6. 1	미소 수뇌회담(START 합의)
		8. 2	이라크, 쿠웨이트 침공
5.24	노태우 대통령, 일본공식 방문	10. 3	동서 독일 통일
		11.21	CSCE「파리헌장」조인
7.26	남북고위급회담 제8차 예비회담, 총리회담 9월개최 합의서 교환		
9. 4	남북고위급 1차 회담 개최(서울)		
9.18	UN가입문제 관련 제1차 실무대표접촉회의		
9.29	남북 체육회담, 남북 통일축구대회 개최 합의		
9.30	한소 국교수립		
1991년		1991년	
9.17	남북한 UN 동시가입	1.17	만안 전쟁(다국적군, 이라크 공격) 개전(2.28 만안전쟁 종전)
9.24	노태우 대통령, 통일 3원칙 발표(UN총회)		
10. 2	연형묵 북한 총리, 남북 불가침 선언 채택 주장	6.28	코메콘 해산
		7. 1	바르샤바조약기구(WTO) 해체
11. 8	노태우대통령, 한반도 비핵화 선언	7.31	미소 · START 조인
11.17	북한외교부, 한국에서 핵무기철수가 개시될 경우 핵사찰에 응하겠다는 성명 발표	8.19	소련 쿠데타, 공산당 해산(8.24)
		9. 6	발트 3국독립
12.13	「남북화해, 불가침 및 교류 · 협력에 관한 기본합의서」서명	10.23	캄보디아 평화협정 조인(파리)
		10.30	중동평화회담 개막
12.18	노태우 대통령, 핵부재 선언	12.21	독립국가공동체(CIS) 창설, 소련연방 붕괴
		12.25	소련 소멸

한반도 정세		국 제 정 세	
1992년		1992년	
1.20	남북한 수뇌회담, 「비핵화 공동선언」 서명	2. 7	마스트리히트 조약 조인
1.30	북한, IAEA와의 보장조치협정 서명	3.15	UNTAC(UN 캄보디아 잠정행정기구) 정식발족
4. 9	북한, 핵사찰협정비준	4.27	유고 해체
8.24	한중국교수립	6. 3	유엔 환경개발회의 개막
12.18	제14대 대통령선거, 김영삼 당선	9. 1	비동맹제국수뇌회담(자카르타)
12.21	북한, 남북고위급 제9차 회담(서울) TS구실로 무기연기	10.12	중국, 사회주의 시장경제 채택
		11. 3	미국, 클린턴 대통령선출
		12.17	NAFTA 조인
1993년		1993년	
2.25	김영삼 대통령, 남북정상회담 용의표명(취임사), 김영삼 정권 출범	1. 1	EC 시장통합
3.12	북한 외교부 대변인, NPT 탈퇴 성명발표	1. 3	미·러, START Ⅱ 조인
3.19	미전향 장기수 이인모 판문점 통해 북송	1.13	화학병기금지조약(CWC) 조인
5.20	황인성 총리, 핵문제 해결 위한 고위급회담 대표접촉 제의	1.25	미국, 국가경제회의(NEC) 발족
5.29	북한, 동해중부 향해 탄도미사일 발사실험	3.26	평화집행부대 파견 결정(소말리아)
6. 3	강성산 정무원 총리, 특사교환 제의	5.13	미국, SDI 포기 발표
6. 3	김영삼 대통령, NPT 탈퇴 철회 및 IAEA 사찰수용 촉구	9.13	팔레스타인 잠정자치 공동선언
6.11	北·美, 북한의 NPT 탈퇴의	9.24	캄보디아 신헌법 발표
		10. 4	옐친, 최고회의 무력제압
		11. 1	마스트리히트 조약 발효
		11.19	APEC 수뇌회담(시애틀)
		12. 7	남아프리카, 잠정집행평의회 발족
		12.12	러시아, 신의회 선거·신헌

한반도 정세		국 제 정 세	
	효력정지 등 공동성명 발표		법 채택
7. 6	김영삼 대통령, 3단계 통일 방안 등 천명	12.15	우루과이 라운드 타결
1994년		1994년	
2.25	김영삼 대통령, 남북경제 공동개발 용의 천명(취임 1년 기자회견)	1. 1	NAFTA, EEA 발족
		1.14	미 · 러대통령, 「모스크바 선언」 서명
3.29	김영삼 대통령, 북한 핵문제 해결 위해 정상회담 용의 표명	2. 3	미국, 대베트남 경제제재(1964) 전면해제 발표
		5. 2	남아프리카의 인종선거, ANC 만델라 의장 승리 선언
4.28	북한, 군사정전위원회 일방적 철수 통보	5. 5	예멘 내전 격화
5.24	북한, 조선인민군 판문점 대표부 설치 통보	5. 9	남아프리카공화국, 만델라대통령 취임
6.13	북한, IAEA 즉시탈퇴선언, NPT 탈퇴 유보	5.13	이스라엘군 에리코에서 철퇴, 27년간 점령 종지부
6.18	김대통령, 전 미대통령 "카터"의 남북정상회담 개최 제의 수락	5.13	북예멘에 의한 통일 달성
		5.24	러시아, NATO「평화를 위한 파트너십」 구상 무조건 참가 표명
6.28	남북 정상회담 예비접촉 개최, 7.25~27일간 평양개최 합의서 채택	5.25	유엔, 남아프리카 제재 전면해제
7. 8	김일성 주석 사망, 남북정상회담 무기연기	7. 7	예멘 내전종결
		7.10	러시아, 나폴리 · 서미트 정치 토의에 정식 멤버 최초 참가
8.15	김영삼 대통령, 한민족 공동체 건설을 위한 3단계 통일 방안 천명	8.25	ARF 제1회 회합(방콕)
10.21	북 · 미, 「제네바합의」 채택 발표	11.16	유엔 해양법 조약 발효

한반도 정세	국 제 정 세
10.22 북 · 미, 「제네바 합의」 조인 12.21 한국, 유엔군에 이양되었던 평시 작전통제권 환수	
1995년 3. 9 한미일, KEDO(한반도에너지개발기구) 발족 6.17 제 1 차 남북 쌀회담(북경) 쌀 15만톤 대북 무상 지원 합의 8.23 북한, UN에 수해복구 긴급 지원 요청 12.15 KEDO-북한간 경수로 공급 협정 체결(뉴욕)	1995년 1. 1 WTO(세계무역기구) 발족 1. 2 체첸 분쟁격화 1.28 미국 · 베트남, 국교정상화 문서 조인 2.27 미국방성, 동아시아 태평양 안보전략(EASK) 발표 3.26 구주7개국, 사람 이동 자유화(센겐조약) 5.11 NPT 무기한 연장 결정 7.11 미국, 베트남과의 국교정상화 발표 7.28 베트남, ASEAN 가맹 11. 4 이스라엘 · 라빈 수상 암살 12.14 보스니아 분쟁 3당사국, 평화협정 조인 12.14 ASEAN 정상회의, 동남아시아 비핵지대조약 조인
1996년 2.22 북한, 대미 잠정협정 체결 제의 4. 4 북한, 비무장지대 의무포기 선언 4. 5 북한 무장군인, 판문점 공동경비구역 침입 4.27 남북경협 사업자 승인(삼성	1996년 1.20 최초 팔레스티나 자치선거, 아라파드 PLO 의장 자치정부의장 3. 1 아시아구주회의(ASEM)제 1 회정상회의 개최(방콕) 3. 8 중국, 대만근해 군사연습 (~3.25)

한반도 정세		국 제 정 세	
	전자, 태창, 대우전자)	3.23	대만 최초 총통직접선거, 이등휘 압승
6.11	국제기구를 통한 300만 달러 대북수해지원방침 발표	5.27	체첸 분쟁해결 합의
7. 6	KEDO 제 6 차 부지조사단 방북	5.29	이스라엘 최초 수상공선, 리쿠도의 네다니야프 당선
7.29	표류 북한군 하사 김영길, 판문점 통해 송환, 미군유해 1구도 송환	7. 8	국제사법재판소, 핵병기 사용과 위협을 일반적 국제법 위반으로 하면서도 자위목적에 관하여는 명확한 판단 회피
8. 7	북한군인 및 민간인 시신 4구 판문점 통해 송환		
8.29	대우, 북한 남포공단에 직원 첫 상주	8. 9	옐친, 러시아 대통령 재선
9. 8	김영삼 대통령, 대북수해 복구비 35만 달러 지원 표명	9.10	유엔, 포괄적핵실험금지조약(CTBT) 채택
9.10	북한·러 상호 우호 및 원조 조약 시효 만료	10.22	클린턴 미대통령, 「99년말까지 NATO 확대」 의향표명
9.18	북한, 잠수함 이용 무장간첩 26명 동해상 침투	11. 5	클린턴 미대통령 재선
9.20	유엔 안보리, 북한 무장잠수함 침투 관련 의정성명 채택. 미국 국무부 대변인, 잠수함 사건 '중대한 도발행위'로 규정	11.30	ASEAN 비공식 정상회담(캄보디아, 라오스, 미얀마, 동시가맹승인)
		12.21	세계지적소유권기관(WIPO), 저작권의 인터넷 적용 결정
10.11	한국, OECD 가입		
11.20	북한, 판문점 북측 연락사무소 잠정 폐쇄		
12. 9	미·북한, 잠수함 사건 및 미·북 쌍무문제 협의관련 실무접촉		
12.29	북한 외교부 대변인, 잠수함 침투사건 사과 성명 발표		

한반도 정세		국제정세	
1997년		1997년	
1. 8	KEDO-북한 대북 경수로 제공을 위한 서비스의정서와 부지의정서에 서명	1. 1	제7대 유엔사무총장, 코피 아난(가나) 취임
1.13	한국, 화학무기금지 조약(CWC) 가입	1. 5	러시아, 체첸에서 완전 철병
1.14	대만 전력공사 총경리(사장), 북한과 핵폐기물 매립 계약 체결 언급	2.19	중국, 등소평 서거
2.12	북한노동당 국제담당비서 황장엽 망명	4.29	화학무기금지조약(2007년까지 전폐목표) 발효, 87개국 비준
3. 5	4자회담 공동설명회 개최	5.14	NATO·러시아, 제1차 NATO 동방확대 합의
4.16	한·미·북, 4자회담 공동설명회 후속회의 개최(뉴욕)	5.19	미국방성, QDR에서 아시아·구주 10만인 체제유지 명기
5.29	4자회담 3자(한·미·북)실무접촉 재개	5.24	이란, 하다미 정권성립
6.28	한·미·북, 4자회담관련 뉴욕 3자협의회 개최	5.27	NATO·러시아, 협력체제 수립 기본문서 조인
7.14	한국,「북한이탈주민 보호 및 정착지원에 관한 법률」발효	5.31	ASEAN 특별외상회의, 캄보디아, 라오스, 미얀마 3개국 가맹결정
7.28	KEDO 현장사무소 개설	7. 1	홍콩 반환, 중국「1국2제도」
8.24	주이집트 북한대사 장승길 제3국 망명	7. 2	태국, 통화 바트 변동환율제 시행(태국 통화위기)
9.24	한국, 포괄적 핵실험 금지조약(CTBT) 가입	9.23	미·일, 신Guideline 결정
10. 8	김정일 노동당 총비서, 공식추대	10. 2	암스텔담 조약(개정구주연합조약) 조인
10.27	「대구·평양 비행정보구역 통과 국제항로개설에 관한 양해각서」서명	11.10	중·러 공동선언
		12. 1	온난화방지회의 개최(교토)
		12. 4	대인지뢰전면금지조약조인(미·중·러는 미조인)

한반도 정세		국 제 정 세	
11.20	국가안전기획부, 남파 부부간첩 및 고영복 간첩사건 발표		
11.25	대북경수로 공사비 51억 8천만 달러 확정		
12. 9	한국대통령선거, 김대중 당선		
12. 9	제 1 차 4자회담 개최(제네바)		
1998년		1998년	
2.15	북한 사회안전부, 이산가족 주소안내소 설치 계획 발표	2. 9	호주, 2001년까지 공화제 이행 결정
2.25	김대중 대통령, 대북 3 원칙 및 남북특사교환 제의(취임사) 김대중 정권 출범	4.10	북아일랜드 분쟁의 전당사자 평화교섭 합의
3. 3	대한항공, 북한영공 첫 통과	5. 2	EU 수뇌회담, 유로참가 11개국 결정
4.11	리틀 엔젤스 공연단 방북	5.11	인도, 지하핵실험 실시
5.10	김대중 대통령, 대북정책 3원칙 및 교류협력 3원칙 천명(국민과의 대화)	5.21	인도네시아, 수하르토 대통령 사임
		5.28	파키스탄, 지하핵실험 실시
6.16	정주영 현대 명예회장, 1차 방북	6.25	클린턴 미대통령, 중국방문. 「3개의 NO정책」 확인(6.30)
6.22	북한 잠수정 1척, 속초해상에서 그물에 걸려 예인	7.17	국제형사재판소(ICC) 설립회의 개최
6.23	제 1 차 남북 장서급회담 개최	7.29	일러간 첫 해상공동훈련 실시
8.15	김대중 대통령, 남북한 장차관급대화설치 제의	8.20	미국, 아프가니스탄과 수단 공격
8.21	미국-북한 고위급회담 개최(뉴욕)	10.27	독일 수상, 사회민주당 슈뢰더 선출
8.31	북한, 인공위성 '광명성 1호' 발사	11.23	미국방성, 동아시아 태평양 안보전략(EASR) 개정판 발표
8.31	북한, 대포동 발사		
9. 5	김정일 국방위원장, 재추대		
9.25	한일 어업 협정체결		

한반도 정세		국 제 정 세	
9.30	국군포로 장무환 귀순		
10.30	김정일-정주영 담화(백화원 초대소)		
12. 7	김대중 대통령, '대북 현안 미-북간 일괄타결' 제의		
1999년		1999년	
2. 3	북한, 대남 '남북고위급정치회담' 개최 제의	1. 1	EU 가맹 11개국 구주단일통화 「유로」 도입
2.11	김대중 대통령, '대북 일괄타결 구상' 언급	2. 9	중국, 대만과 국교수립 마케도니아 단교
3.25	홍순영 장관, 북한인권 관련 제55차 유엔인권위 특별연설	2.26	미국 국방총성, 「대만해협의 안전보장」 보고 발표
6. 3	임동원 통일장관, 남북차관급회담 개최 합의 발표	3.23	일본해에 부심선, 정선명령에 따르지 않고 도주
6. 7	북한 경비정(3척)에 의한 NLL월선 사건 발생	3.24	NATO군, 유고 공폭개시
6.15	남북함정간 교전 발생, 북한 어뢰정 1척 격침	4.3	NATO군, 최초 베오그라드 중심부 공폭
6.22	제1차 남북 차관급회의 개최(북경)	4. 9	중러양국, 동서국경확정문서 가조인
7.12	Y2K 관련 남북간 항공교통관제 합의서 체결(방콕)	4.11	인도, 중거리탄도미사일 「아구니2」 발사실험 성공
8. 5	금강산 관광 재개(중단 후 45일)	4.14	파키스탄, 중거리탄도미사일 「가우리」와 단거리미사일 「샤빈」(4.15) 발사실험 성공
9. 2	북한 인민군 총참모부, 서해해상 군사분계선 선포	4.23	인도네시아와 포르투갈, 동티모르 주민직접투표실시 합의
9.28	정주영 현대 명예회장 일행 방북(김정일 국방위원장 면담)	4.24	NATO정상회담, "신전략개념" 채택
10.10	북한, 최초의 공식 인터넷 사이트 '조선인포뱅크' 개설	5. 7	NATO군, 재베오그라드 중국대사관 오폭

한반도 정세		국제정세	
10.22	NLL 월선 북한선박 2척, 대북 송환 조치	5.27	일본, 미일 방위협력 신 Guideline 관련법안 성립
12.14	노동신문, '누구도 인정하지 않는 북방한계선' 제하 논평 발표	6.20	NATO, 유고 공폭종료 공식 선언
		10.25	UN, 동티모르 잠정통치기구 발족
2000년		2000년	
1. 3	김대중 대통령, 신년사 발표에서 남북 경제공동체 구성 제의	1. 1	장쩌민 중국 국가주석, 타이완문제 해결 노력 천명
1. 7	김대중 대통령, 남북정상회담 제의	2. 1	미국 하원, '타이완안보강화법안' 가결
3.23	북한, 서해 5도 통항질서 발표	2. 4	러시아 국가안전보장위원회, 핵무기 사용 가능한 신군사독트린 승인
4. 9	김대중 대통령, 대북 베를린 특별선언 발표	2. 5	미국 국방장관, 북한 등 '불량국가'들의 10년 내 장거리미사일 실전배치 경고, NMD체제 구축 표명
6.15	남북정상회담(평양), 남북공동선언 채택	3. 1	미국 하원, 러시아·중국·북한 등이 이란의 대량파괴무기개발을 지원할 경우 제재 법안 가결
6.27	제1차 남북적십자회담(금강산)	4.14	러시아 하원, START-Ⅱ와 72년 미국-러시아간 ABM협정 관련 법안 비준
7.19	푸틴 러시아 대통령, 평양 방문	5.18	세계 5대 핵강국들, 유엔에서 각기 보유한 핵무기 완전히 제거 합의
7.26	남북외무장관회담(ARF 계기)	5.20	NPT, 핵무기 완전제거에 대한 핵보유국의 분명한 약
7.27	북한 ARF 가입		
7.29	제1차 남북장관급회담 개최(서울)		
9.11	김용순 북한 노동당 비서 방한(김정일 위원장 특사 자격)		
9.18	경의선 복원 기공식(임진각)		

한반도 정세		국 제 정 세	
9.25	제1차 남북국방장관회담(제주도)		속을 골자로 한 제6차 평가회의 합의문 채택(유엔본부)
9.28	정부, 1억 달러 규모 대북지원 계획 발표	9.19	미국 상원, 중국에 항구적인 정상무역관계(PNTR) 지위 부여 법안 가결
10. 6	국제테러에 관한 북·미 공동성명 발표	11.14	파키스탄 이슬람과격단체, 미국이 오사마 빈 라덴을 공격하면 미국인을 대상으로 보복공격 경고
10.12	조명록 북한 국방위원회 제1부위원장, 미국방문	11.17	클린턴 대통령, "미국과 베트남은 이제 적이 아니라 우호국"이라고 천명
11. 1	북·미 미사일 회담	12.16	미국·러시아, 우발적 미사일보복사태를 방지하기 위한 미사일 및 위성발사 상호통지협약을 체결
12.10	김대중 대통령, 노벨평화상 수상(오슬로)	12.19	유엔 안보리, 아프가니스탄 탈레반이 오스마 빈 라덴을 인도 않을 경우 새 제재조치 결의안 채택
2001년		2001년	
1.12	클린턴 대통령, 노근리사건에 유감 표명	1.20	조지 W. 부시 제43대 미국 대통령에 취임
1.15	김정일 총비서, 중국 비공식 방문(20일)	2.14	아프가니스탄 탈레반 군사정권, 미국 뉴욕의 탈레반 사무소를 폐쇄키로 결정한데 반발해 카불주재 유엔특별파견단의 사무소를 폐쇄할 것을 지시
3. 2	한국 정부, 미국의 NMD 지지/반대 유보 결정		
3. 8	김대중 대통령, 부시 미국 대통령과 긴밀한 대북정책 공조체제 합의(워싱턴)	2.23	부시 대통령, 블레어 영국 총리와의 공동기자회견에서
3.15	남·북한, 분단 사상 처음으		

한반도 정세		국 제 정 세	
	로 이산가족들의 사연을 담은 서신 600통(각각 300통) 교환		후세인 대통령에의 강경대응 의견 일치
4.23	미 국무부, 북한 테러지원국으로 지정	4.10	북한·중국·러시아, 미국의 NMD체제가 1972년 체결된 ABM협정을 훼손시킬 것이라고 주장
6. 1	WHO, 평양에 북한상주사무소 개설	5. 1	부시 대통령, "대규모 미사일방어시스템 구축을 금지하고 있는 ABM협정을 과거의 유산"이라 강조
6. 2	북한상선, 최초 한국 영해 통과	6. 5	이바노프 러시아 국방장관, 미국이 ABM협정에서 탈퇴한다면 "러시아는 ABM과 관련된 32종의 협정에서 자유롭게 될 것"이라고 경고
6. 5	김대중 대통령, "동북아평화를 위해 미군이 통일 후에도 주둔해야 한다"고 강조	7.16	푸틴 대통령, 장쩌민 주석과 '전략적 동반자관계' 서명(모스크바)
6.24	북한 선박 서해 북한한계선(NNL) 침범	8. 7	부시 대통령, "이라크의 사담 후세인은 영원한 위협적 골칫거리" 비난
6.25	김대중 대통령, "영해와 북방한계선은 굳건히 지키겠다"고 천명	9.11	부시 대통령, 뉴욕과 워싱턴에서 발생한 사상 유례없는 테러에 분노
7.25	북 외무성대변인, 북-미 평화협정 체결 촉구	9.15	부시 대통령, 오사마 빈 라덴을 미국 테러사건의 '첫번째 용의자'라고 규정
8.26	김대중 대통령, 국제통화기금(IMF) 졸업 소감 표명	9.18	유엔 안보리, 아프가니스탄 집권 탈레반에 대해 오사마 빈 라덴의 신병을 "즉각" 인도 촉구
9.12	북, 미 9.11 테러사건 관련 비난		
10.26	미 국무부, 북한을 '종교자유가 없는 특별관심 대상국'으로 지정		
10.29	김대중 대통령, "남북관계를 위해 육체적 생명뿐만 아니라 정치적 생명도 걸었다"고 강조		

한반도 정세		국 제 정 세	
11. 3	북 외무성 대변인, '테러에 대한 재정지원 금지 국제협약'과 '인질반대 국제협약'에 가입 결정 발표	10. 2	부시 대통령, 아프간 탈레반에 오사마 빈 라덴과 테러조직 알-카에다를 넘기든지 아니면 책임을 지든지 양자택일하라고 요구
		11.10	중국, WTO 회원국으로 정식 가입
		11.11	WTO, 타이완의 회원가입을 공식 승인
		11.14	WTO, 제4차 각료회담(도하)에서 극적인 합의에 도달해 뉴라운드를 공식 출범시키는 데 성공
		12.13	부시 대통령, 미국은 ABM 협정에서 탈퇴한다고 러시아에 공식 통보
2002년		2002년	
1. 1	북한 신년 공동사설, 4대(수령, 사상, 제도, 군대) 제일주의 제시	1. 1	미·중 영구 정상무역관계(PNTR) 시행
1.15	IAEA 안전조치 사찰위해 국장 일행 북한 방문	1. 1	유로화 공식 유통
1.31	한·아프간 외교관계 복원협정 서명(뉴욕)	1.25	IAEA 사찰단, 이라크 방문
3. 6	북한, 북·미「제네바 합의」 파기 경고	1.29	부시 대통령, 이라크, 이란, 북한을「악의 축」이라고 발언
4. 3	임동원 대통령 특보, 북한 방문	3.18	IAEA 이사회, 핵안전조치 강화방안 논의(빈)
5.13	박근혜 의원, 김정일 국방위원장과 면담	4. 1	제1차 중국·ASEAN 자유무역지대 창설회의(혼명)
6.29	서해교전 발발	4.12	제1차「Boao 포럼」총회, 중국 WTO 가입 등 토의(중국 해남도)
7. 1	북한, 대폭적 경제관리방식 변경조치 단행	4.25	제12차 동북아협력대화(NEACD) 회의, 한·미·

한반도 정세		국 제 정 세	
7.26	북한, 서해교전관련 유감 표명		일 · 중 · 러 참여(동경)
7.31	백남순 북한외무상, ARF 참석기회에 Powell 국무장관과 비공식 회동	5. 1	제 2 차 UN · 이라크 무기사찰회담, 대량살상무기 사찰 재개문제 협의(뉴욕)
8.12	제 7 차 남북장관급회담 개최, 남북철도 · 도로 연결 등 협의(서울)	5.20	동티모르 독립, 구스마오 초대 대통령 취임
9.12	북한, 「신의주 특별행정구 기본법」 채택	6. 7	상해 협력기구(SCO) 정상회의, 중 · 러 · 중앙아시아 6개국간 안보 · 경제협력 증진방안 논의
9.18	경의선과 동해선의 철도 · 도로 연결공사 착공식	6.22	아프가니스탄 임시정부 출범, 향후 18개월간 아프간 통치
9.24	북한, 신의주 특구 초대장관으로 "양빈" 임명	7. 4	제 3 차 UN · 이라크 고위급회담, UN의 대이라크 무기사찰 재개문제 협의(빈)
10. 3	Kelly 미국무부 차관보, 북한 방문	7.16	미 · 러 · EU · UN간 「중동평화 4자회담」(뉴욕)
10.11	중국, "양빈" 신의주 특구장관 연행	7.31	제 9 차 ARF, 한반도 포함 아태지역 정세 등 주요 안보문제 협의(브루나이)
10.16	미국, 북한이 우라늄 핵개발 프로그램을 시인했다고 발표	8.23	김정일 러시아 방문, 푸틴 러시아 대통령과 정상회담(블라디보스토크)
10.24	한국 · 칠레 자유무역협정(FTA) 타결	9.17	고이즈미 일본 총리, 북한 방문(일·북 정상회담 개최)
10.25	북한외무성 대변인 담화, 북 · 미 불가침조약 요구	10. 2	제13차 동북아 협력대화(NEACD)회의, 한, 미, 일, 중, 러, 북 참가(모스크바)
10.26	북한 경제시찰단, 한국 방문		
11.10	제 2 차 민주주의 공동체(CD) 회의 개최(서울)		
11.15	KEDO 집행이사회, 대북중유 12월부터 중단 결정		
11.25	북한, 금강산 관광 특구지정 발표		
11.27	부시 미국 대통령, '미군장갑차 여중생 치사사건' 사과 표명		

한반도 정세		국 제 정 세	
11.27	북한, 개성공단지구법 발표	10.14	미, 미사일 방어체제(MD) 요격실험(99.10 이후 7번째 실험으로 성공 4차례, 실패 2차례)
12.12	북한 외무성 대변인, 핵시설 가동 재개관련 담화 발표	10.15	이라크 대선, 현 후세인 대통령(임기 7년) 재신임 찬반투표 실시
12.19	한국 제16대 대통령 선거, 노무현 후보 당선	11. 8	UN 안보리, 이라크 무장해제 결의안 채택
12.27	북한, IAEA 핵사찰요원 추방 결정	11.25	탄도미사일확산 방지를 위한 국제행동지침(ICOC) 출범회의(헤이그)
12.30	북한 외무성대변인, 미국의 핵문제 국제화 가능성 규탄 담화 발표	11.27	UN사찰단, 바그다드 외곽에서 첫번째 무장해제 임무수행
		12. 2	제132차 국제박람회 기구(BIE)정기총회, 2010년 세계 EXPO 개최지(상해) 결정(모나코)
		12. 3	UN사찰단, 사담·후세인 대통령궁 조사
		12. 7	이라크, UN에 무기실태 신고서 제출
2003년		2003년	
1.10	북한 정부 성명 발표, NPT 탈퇴 및 IAEA와의 안전조치 협정 폐기 선언	1.11	이집트·요르단·모르코·튀니지 무역장관들, 암만에서 자유무역협정 창설협정을 체결
1.10	한국 외교부 대변인, 북한이 NPT 탈퇴 성명을 즉각 철회할 것을 촉구	1.23	파키스탄, 인도의 자국 외교관 추방 보복조치로 인도

한반도 정세		국 제 정 세	
1.27	임동원 대북 대통령 특사 방북(~29)		외교관 4명을 추방
2.14	한국, 동해선 임시도로 개통 및 금강산 육로 시범관광 실시 (~16)	1.24	IMF, 아르헨티나에 긴급차관 29억 8천만 불 제공키로 결정
2.14	김대중 대통령, 현대 대북송금 관련 대국민 담화 발표	2.12	인도, 러시아와 공동개발한 초음속 크루즈 미사일 "보라모스"의 실험발사에 성공
2.20	북한 미그기, 서해 연평도 인근 북방한계선(NLL) 상공을 침범	2.14	사담 후세인 이라크 대통령, 생·화학무기, 핵무기 등 대량살상무기의 생산과 거래를 금지하는 대통령령을 발표
2.23	일반인 대상 첫 육로 북한관광 실시	2.19	NATO, 대(對)이라크전쟁 발발 시 패트리어트 미사일 시스템과 공중조기경보기(AWACS), 생·화학 방호부대를 터키에 배치하는 방안을 승인
2.24	북한, 미사일 1발 동해상으로 발사	2.26	영국하원, 블레어 총리가 제출한 이라크 무장해제 동의안을 가결
2.25	노무현 대통령, 취임사에서 '선(先) 핵 포기 후(後) 대북지원' 입장 천명	3.11	장쩌민 중국 국가주석, 시라크 프랑스대통령에게 미국의 대이라크 무력사용 결의안에 반대 입장을 표명
2.26	북한, 5MW 원자로 재가동	3.17	죠지 W. 부시 대통령, 사담 후세인 이라크 대통령에게 48시간 내에 권력을 버리고 이라크를 떠나지 않으면 미국주도의 군사공격에 직면
3. 8	한국국방부, 북한 공군기의 미국 정찰기 위협사건 관련 북한군의 신중한 태도 촉구하는 성명 발표		
3.10	북한, 동해안으로 지대함 유도탄 미사일 발사		
3.14	노무현 대통령, 대북송금관련 특검법 공포		
4.18	북한 외교부 대변인, 8천여 개의 폐연료봉들에 대한 재처리 작업이 마지막 단계에		

한반도 정세		국 제 정 세	
	서 성공적으로 진행 중이라고 주장		한다고 최후통첩(사실상의 선전포고)
5.17	남북한, 경의선 철도·도로 연결을 위한 노반공사 완료	3.20	미국, 이라크 남부공격을 개시하고 바그다드의 후세인 지휘 방커와 군 지휘부 건물공습을 강행
6.17	남북경협 4대합의서 조약비준동의안, 국회통일외교통상위원회 통과		
6.29	한적, 북적에 6.25 전쟁중 납북되거나 실종된 언론인 생사확인 요청	3.23	러시아·중국 외무장관, 미국주도 이라크전의 즉각 중단을 공동으로 촉구
6.30	개성공단 1단계 공사 착공식 개최 (개성)	4. 7	미군, 이라크전 개전 20일만에 후세인 대통령궁을 점령
7.1	국회, '북한인권개선 촉구결의안' 채택	4. 9	미군, 이라크전 개전 22일만에 바그다드 전역을 장악
7.15	대북송금 특검법 국회통과	4.25	제59차 UN 인권위원회, 북한, 벨로루시, 투르크메니스탄의 인권침해 상황을 규탄하는 국별결의안을 채택
8.27	제1차 6자회담 개최(북경)(~29)		
8.20	4대 대북 경협합의서 발효		
9. 1	금강산 육로관광 재개	4.30	미국 국무부, 2002년 연례보고서에서 북한, 쿠바, 이란, 이라크, 리비아, 수단, 시리아 등 7개국을 테러지원국으로 재 지정
10. 2	북한 외교부대변인, 연료봉재처리를 통해 얻어진 플루토늄을 핵 억제력을 강화하는 방향으로 용도를 변경시켰다고 주장		
12.24	도라산 남북출입사무소 개소	7.24	미국하원, 칠레 및 싱가포르와의 FTA 체결 비준안을 가결
		12.14	미군정 최고 행정관, 사담 후세인 전 이라크대통령을 8개월 간의 도피 끝에 생포했다고 발표

한반도 정세		국 제 정 세	
2004년		2004년	
1.12	북한 외교부 대변인, 흑연 감속로에 의한 핵 활동 동결 용의 표명	1.19	러시아는 카자흐스탄, 우크라이나, 벨로루시 등과 단일 경제권 창설협정에 서명
2. 2	파키스탄 칸(Khan)박사, 북한으로의 핵 기술 유출 시인	4.21	UN인권위원회, 미얀마군정에 민주화의 상징인 아웅산 수지의 석방을 촉구하는 결의안을 채택
2.25	제2차 6자회담 개최(북경)(~28)	5. 1	유럽연합 회원국이 기존의 15개국에서 25개국으로 확대
4.24	한국정부, 북한 용천역 열차폭발사고 관련 100만 달러 상당 긴급구호 의약품 등 지원 결정	7. 1	사담 후세인 전 이라크 대통령, 처음으로 이라크 특별재판소 법정에 출두
4.29	북한 최고인민회의 상임위, '금강산 관광지구 관리기관 설립 운영규정', '금강산관광지구 세관규정', '금강산관광지구 출입, 체류, 거주규정' 채택	10. 9	아프가니스탄, 탈레반 정권 붕괴 이후 국민이 대통령을 직접 뽑는 선거를 처음 실시(12.7 하마드 카르자이, 첫 대통령에 취임)
6.14	남북경비정, 서해 NLL 인근 해상 5개구역에서 국제공용 주파수를 통해 무선교신 성공	10.21	러시아와 중국, 장기간의 국경분쟁대상이 되었던 3개섬을 절반씩 나누기로 합의
6.23	제3차 6자회담 개최(북경)(~26)	10.29	유럽연합 정상들, 로마에서 유럽연합헌법에 서명(2년 내 25개 회원국 의회나 국민의 승인을 받아야 공식효력이 발생)
7. 3	금강산 당일관광 시작		
7.29	북한 조평통 대변인 성명, 동남아 국가 탈북자 입국 관련 '남조선 당국의 조직적이며 계획적인 유인납치 행위'라고 비난		

한반도 정세		국 제 정 세	
7.29	북한 최고인민회의 상임위, '개성공업지구 부동산 규정' 채택		
8.14	남북, 2004 아테네 올림픽 공동 입장		
9.14	개성공단 5개합의서 국회 통외통위 통과		
10. 2	북한 조평통 대변인, 남한 핵물질 실험 관련 비난 성명 발표		
10.22	북한 외교부 대변인, 6자회담 참가 전제조건으로 미국의 대북 적대시 정책 변경, 미국의 동결 대 보상 참여, 한국의 핵물질 실험 문제 우선 논의 등을 제시		
11. 1	북한 경비정 3척 서해 NLL 침범, 한국 해군함정의 경고통신과 경고사격을 받고 퇴각		
11.26	북한 조평통, 남측정부의 '협력적 자주국방계획' 비난 담화		
12.15	개성공단 첫 제품 생산 기념식 개최		
2005년		2005년	
1.14	북한 조평통 대변인 담화, 탈북자 명칭을 '새터민'으로 변경한 것 관련하여 한국당국 비난	1.30	이라크 정부, 50년 만에 자유 민주선거를 전국적으로 실시

한반도 정세		국 제 정 세	
1.21	북한 조선인민군 해군사령부 기자회견, 한국해군이 서해북측수역을 침범하여 정세를 긴장시키고 있다고 비난	3.13	중국 전국인민대회 전체회의, 후진타오 중국 당서기겸 국가주석 선출 안을 압도적 다수표로 통과
2. 4	북한 조평통, 국방백서에서 북한을 '주적' 대신 '실제적인 군사 위협'으로 표현하는 것은 기만행위라고 주장	4.29	후진타오 중국공산당 총서기와 롄잔 대만 국민당 주석, 60년 만에 베이징 인민대회당에서 회담
2.10	북한 외교부 성명, "핵무기 보유" 공식 발표 및 6자회담 무기중단 선언	6.17	베트남 총리, 베트남전 종료 30년 만에 처음으로 부시 대통령의 공식초청으로 미국 방문
3.31	북한 외교부 대변인, 6자회담 관련국들이 대등한 입장에서 참가하는 군축회담으로의 전환 주장	12.17	UN 총회, 북한의 고문, 공개처형, 송환된 주민들에 대한 처벌 등 "북한 인권 상황에 대한 결의안"을 가결
4.17	북한 조평통 담화, '작전계획 5029-05' 백지화 요구		
5.11	북한 외교부 대변인, 폐연료봉 인출 완료 발표		
6.17	김정일 위원장-정동영 통일부 장관 면담		
7.26	제4차 6자회담 1단계 회의 개최(북경)(~8.7)		
8. 5	남북 9개경협합의서 발효		
8.10	서해상 우발충돌 방지를 위한 통신연락소 개설		
8.31	금강산 면회소 건설 착공		
9.13	제4차 6자회담 2단계 회의 개최(북경), 9.19 공동성명 발표		

한반도 정세		국 제 정 세	
9.20	미국 재무부, 마카오 BDA에 대한 미측의 금융조치 연방관보에 게재		
10.28	남북경제협력협의사무소 개소(개성)		
11.9	제5차 6자회담 1단계 회의 개최(북경), 북한은 BDA 금융조치 해제 주장(~11)		
11.17	유엔총회 제3위원회, '북한 인권 상황에 대한 결의안' 채택		
12.21	미국 재무부, Patriot Act 312조 이행을 위한 조치 발표		
2006년		2006년	
1. 8	북한 금호지구(신포) 경수로 공사 인력 전원 철수	1.14	이라크 총선, 시아파 과반수 확보에 실패
1.28	조평통 대변인 기자회견, 국가인권위원회의 북한인권 논의(1.23) 비난	2.17	미국과 일본, 대만해협에서 중국겨냥 대규모 군사훈련을 실시
2. 9	조평통 대변인 담화, 한국 정부의 PSI 부분 선택적 협력 결정 관련, PSI 훈련 참가 결정 철회 촉구	2.19	파키스탄, 핵탄두 장착 단거리 미사일 발사에 성공
		3. 9	미국, 중국을 인권침해국으로 지목
2.13	남북한, '북관대첩비' 대북 인도 협의	3.30	부시 대통령, 푸틴 대통령과 후진타오 주석에게 '민주와 자유, 두려워 말라' 고 충고
7. 5	북한, 미사일 시험 발사		
7. 6	북한 외무성 대변인, 미사일 시험발사는 자위적 억제력 강화 목적으로 합법적 훈련의 일환이라고 주장	4.19	미국과 일본, 20억불 투입 미사일 공동개발을 계약
		7.23	일본, 이지스함 2척 2008년 봄까지 추가 배치한다고

한반도 정세		국 제 정 세	
7.15	유엔 안보리, 북한 미사일 발사 관련 안보리 결의 1695호 채택		발표
7.16	UN 안보리, 대북결의안 채택(15개 이사국 만장일치)	8.20	ASEAN 10개국, ASEAN 경제공동체를 2015년까지 결성하기로 합의
9.14	한 · 미 정상회담(워싱턴) 개최, 6자회담 재개 및 9.19 공동성명 이행 진전을 위한 '공동의 포괄적 접근방안' 합의	10.11	러시아, 북한은 사실상 9번째 핵 보유국 임을 표명
10. 3	북한 외교부, 핵실험 실시 계획 성명 발표	10.14	반기문 장관, UN사무총장으로 선출
10. 9	북한 핵실험 실시	11.5	사담 후세인 전 이라크 대통령 사형선고
10.11	북한 외교부 대변인, 핵실험이 NPT 등 국제규범 및 9.19 공동성명과 모순되지 않는다고 주장	11.7	미국중간선거, 민주당의 압승으로 상 · 하원 장악
10.14	유엔 안보리, 북한 핵실험 실시 관련 안보리 결의 1718호 채택	11.9	부시 대통령, 럼스펠드 국방장관을 경질하고, 후임에 케이츠 전 CIA국장을 임명
11.16	한국 정부, 유엔 북한인권 결의안 "찬성" 결정	11.27	인도, 사상 처음으로 미사일 요격실험 성공
12.18	제5차 6자회담 2단계 회의 개최(북경), 전체회의 · 수석대표 회의 · 양자 및 다자 협의(~22), 미 · 북간 BDA 문제 별도 협의(12.19~20)	12.9	미국의회, 베트남에 항구적 정상무역관계를 승인함으로써 종전 32년만에 무역관계 정상화

<table>
<tr><th colspan="2">한반도 정세</th><th colspan="2">국 제 정 세</th></tr>
<tr><td colspan="2">2007년</td><td colspan="2">2007년</td></tr>
<tr><td>1.30</td><td>미 · 북 금융회담 개최(베이징)(~31)</td><td>1. 3</td><td>미국 공화 · 민주 양당의 아이오와주 코커스(당원대회)로 제44대 대통령선거가 시작</td></tr>
<tr><td>2. 8</td><td>제5차 6자회담 3단계회의, 「9.19 공동성명 이행을 위한 초기조치」 합의(~13)</td><td>1.11</td><td>중국, 위성공격용 탄도미사일 발사 성공</td></tr>
<tr><td>3.15</td><td>제1차 경제 · 에너지협력 실무그룹회의 개최(주중한국대사관)</td><td>2.27</td><td>아프가니스탄 파병 윤장호 병장과 미군 1명, 현지인 18명이 폭탄테러로 사망</td></tr>
<tr><td>3.16</td><td>제1차 동북아 평화 · 안보체제 실무그룹회의 개최(주중러시아대사관)</td><td>4.2</td><td>한미 FTA협상이 14개월 만에 타결</td></tr>
<tr><td>3.17</td><td>제1차 한반도 비핵화 실무그룹회의 개최(조어대)(~18)</td><td>4.10</td><td>원자바오 중국총리, 한중수교 15주년을 맞아 방한</td></tr>
<tr><td>3.19</td><td>제6차 6자회담 1단계회의(~22)</td><td>4.16</td><td>버지니아 공대 총격사건 범인(조승희)은 학생과 교수 등 30명을 살해한 뒤에 자살</td></tr>
<tr><td>5.17</td><td>남북한, 57년 만에 열차 시험 운행</td><td>6.18</td><td>미국과 유럽연합, 새 팔레스타인 자치정부에 대한 봉쇄제재를 해제하고 관계정상화를 발표</td></tr>
<tr><td>6.21</td><td>Hill 미 국무부 동아태 차관보 방북 협의(~22)</td><td></td><td></td></tr>
<tr><td>6.25</td><td>북한 외교부 대변인, “동결자금 문제 해결” 언급</td><td>7.19</td><td>탈레반, 샘물교회 봉사단원 23명을 납치한 후 2명은 희생시키고 21명은 무사귀국</td></tr>
<tr><td>7.14</td><td>IAEA 사찰단 북한 방문(아델 톨바 단장)</td><td></td><td></td></tr>
<tr><td>7.14</td><td>대북 중유 5만톤 지원 첫 항차 북한 도착</td><td>7.21</td><td>인도에서 사상 처음으로 여성대통령(프라티바 파틸)이 탄생</td></tr>
<tr><td>8. 7</td><td>제2차 경제 · 에너지 협력 실무그룹회의(판문점 평화의 집)(~8)</td><td>7.30</td><td>미국하원, 일본정부의 공식사과 등을 요구하는 종군위안부 결의안을 만장일치로 통과</td></tr>
<tr><td>8.16</td><td>제2차 한반도 비핵화 실무그룹회의 개최(선양), 다음</td><td></td><td></td></tr>
</table>

한반도 정세		국 제 정 세	
	단계 비핵화 조치(신고, 불능화) 방안 협의(~17)	8.16	서브 프라임 모기지(비우량 주택담보 대출)로 인한 신용경색 사태는 미국을 넘어 아시아 전역으로 확산
8.20	제2차 동북아 평화·안보체제 실무그룹회의 개최(모스크바), 동북아 평화·안보 원칙 관련 협의(~21)	8.26	그리스, 사상 최악의 산불 발생
9. 1	제2차 북미관계 정상화 실무그룹회의(제네바)(~2)		
9. 5	제2차 일북관계 정상화 실무그룹회의(울란바토르)(~6)		
9.11	미·중·러 실무기술진 방북(영변 핵시설 방문)(~15)		
9.27	6자회담 6차 2단계회의 개최(북경)(~30)		
10.2	제2차 남북정상회담 개최(평양)(~4)		
10.30	제3차 경제·에너지 협력 실무그룹회의(판문점)		
11.21	한국정부, 북한 인권결의안에 "기권"		
11.24	남북공동 자원개발 흑연 제품 최초 반입(인천항)		
11.29	김양건 북한 통일전선부장 서울 방문(~12.1)		
12.11	문산-봉동간 남북화물열차 운행 개시		
12.19	제17대 한국대통령 선거 실시, 이명박 한나라당 후보 당선		

2. 한국 관련 자료

2.1 한국과 북한 관련 자료

2.1.1 7 · 4남북공동성명(1972. 7. 4.)

1972년 7월 4일 오전 10시 서울과 평양에서 동시에 발표했다.

최근 평양과 서울에서 남북관계를 개선하며 갈라진 조국을 통일하는 문제를 협의하기 위한 회담이 있었다.

서울의 이후락 중앙정보부장이 1972년 5월 2일부터 5월 5일까지 평양을 방문하여 평양의 김영주 조직지도부장과 회담을 진행하였으며 김영주 부장을 대신한 박성철 제2부수상이 1972년 5월 29일부터 6월 1일까지 서울을 방문하여 이후락 부장과 회담을 진행하였다.

이 회담들에서 쌍방은 조국의 평화적 통일을 하루빨리 가져와야 한다는 공통된 염원을 안고 허심탄회하게 의견을 교환하였으며 서로의 이해를 증진시키는 데서 큰 성과를 거두었다.

이 과정에서 쌍방은 오랫동안 서로 만나 보지 못한 결과로 생긴 남북 사이의 오해와 불신을 풀고 긴장의 고조를 완화시키며 나아가서 조국통일을 촉진시키기 위하여 다음과 같은 문제들에 완전한 견해의 일치를 보았다.

1. 쌍방은 다음과 같은 조국통일 원칙들에 합의를 보았다.

   첫째, 통일은 외세에 의존하거나 외세의 간섭을 받음이 없이 자주적으로 해결하여야 한다.

   둘째, 통일은 서로 상대방을 반대하는 무력행사에 의거하지 않고 평화적 방법으로 실현하여야 한다.

셋째, 사상과 이념 · 제도의 차이를 초월하여 우선 하나의 민족으로서 민족적 대단결을 도모하여야 한다.

2. 쌍방은 남북 사이의 긴장 상태를 완화하고 신뢰의 분위기를 조성하기 위하여 서로 상대방을 중상 비방하지 않으며 크고 작은 것을 막론하고 무장도발을 하지 않으며 불의의 군사적 충돌사고를 방지하기 위한 적극적인 조치를 취하기로 합의하였다.
3. 쌍방은 끊어졌던 민족적 연계를 회복하며 서로의 이해를 증진시키고 자주적 평화통일을 촉진시키기 위하여 남북 사이에 다방면적인 제반 교류를 실시하기로 합의하였다.
4. 쌍방은 지금 온 민족의 거대한 기대 속에 진행되고 있는 남북적십자회담이 하루빨리 성사되도록 적극 협조하는 데 합의하였다.
5. 쌍방은 돌발적인 군사사고를 방지하고 남북 사이에 제기되는 문제들을 직접, 신속 정확히 처리하기 위하여 서울과 평양 사이에 상설 직통전화를 놓기로 합의하였다.
6. 쌍방은 이러한 합의 사항을 추진시킴과 함께 남북 사이의 제반 문제를 개선 해결하며 또 합의된 조국통일 원칙에 기초하여 나라의 통일문제를 해결할 목적으로 이후락 부장과 김영주 부장을 공동위원장으로 하는 남북조절위원회를 구성, 운영하기로 합의하였다.
7. 쌍방은 이상의 합의 사항이 조국통일을 일일천추로 갈망하는 온 겨레의 한결 같은 염원에 부합한다고 확신하면서 이 합의 사항을 성실히 이행할 것을 온 민족 앞에 엄숙히 약속한다.

1972년 7월 4일

서로 상부의 뜻을 받들어

이후락, 김영주

2.1.2 남 · 북 사이의 화해와 불가침 및 교류 · 협력에 관한 합의서(1991. 12. 13)

남과 북은 분단된 조국의 평화적 통일을 염원하는 온 겨레의 뜻에 따라, 7.4남북 공동성명에서 천명된 조국통일 3대원칙을 재확인하고, 정치 군사적 대결상태를 해소하여 민족적 화해를 이룩하고 무력에 의한 침략과 충돌을 막고 긴장완화와 평화를 보장하며, 다각적인 교류 · 협력을 실현하여 민족공동의 이익과 번영을 도모하며, 쌍방 사이의 관계가 나라와 나라 사이의 관계가 아닌 통일을 지향하는 과정에서 잠정적으로 형성되는 특수관계라는 것을 인정하고, 평화통일을 성취하기 위한 공동의 노력을 경주할 것을 다짐하면서, 다음과 같이 합의하였다.

제 1 장 남북화해

제 1 조 남과 북은 서로 상대방의 체제를 인정하고 존중한다.

제 2 조 남과 북은 상대방의 내부문제에 간섭하지 아니한다.

제 3 조 남과 북은 상대방에 대한 비방 중상을 하지 아니한다.

제 4 조 남과 북은 상대방을 파괴 · 전복하려는 일체 행위를 하지 아니한다.

제 5 조 남과 북은 현 정전상태를 남북사이의 공고한 평화상태로 전환시키기 위하여 공동으로 노력하며 이러한 평화상태가 이룩될 때까지 현 군사정전협정을 준수한다.

제 6 조 남과 북은 국제무대에서 대결과 경쟁을 중지하고 서로 협력하며 민족의 존엄과 이익을 위하여 공동으로 노력한다.

제 7 조 남과 북은 서로의 긴밀한 연락과 협의를 위하여 이 합의서 발

효 후 3개월 안에 판문점에 남북연락사무소를 설치 · 운영한다.

제8조 남과 북은 이 합의서 발효 후 1개월 안에 본회담 테두리 안에서 남북정치분과 위원회를 구성하여 남북화해에 관한 합의의 이행과 준수를 위한 구체적 대책을 협의한다.

제 2 장 남북불가침

제9조 남과 북은 상대방에 대하여 무력을 사용하지 않으며 상대방을 무력으로 침략하지 아니한다.

제10조 남과 북은 의견대립과 분쟁문제들을 대화와 협상을 통하여 평화적으로 해결한다.

제11조 남과 북의 불가침 경계선과 구역은 1953년 7월 27일자 군사정전에 관한 협정에 규정된 군사분계선과 지금까지 쌍방이 관할하여 온 구역으로 한다.

제12조 남과 북은 불가침의 이행과 보장을 위하여 이 합의서 발효 후 3개월 안에 부대이동과 군사연습의 통보 및 통제문제, 비무장지대의 평화적 이용문제, 군인사교류 및 정보교환 문제, 대량살상무기와 공격능력의 제거를 비롯한 단계적 군축실현문제, 검증문제 등 군사적 신뢰조성과 군축을 실현하기 위한 문제를 협의 추진한다.

제13조 남과 북은 우발적인 무력충돌과 그 확대를 방지하기 위하여 쌍방 군사당국자 사이에 직통전화를 설치 운영한다.

제14조 남과 북은 이 합의서 발효 후 1개월 안에 본회담 테두리 안에서 남북군사분과 위원회를 구성하여 불가침에 관한 합의의 이행과 준수 및 군사적 대결상태를 해소하기 위한 구체적 대책을 협의한다.

제 3 장 남북교류협력

제15조 남과 북은 민족경제의 통일적이며 균형적인 발전과 민족전

체의 복리향상을 도모하기 위하여 자원의 공동개발, 민족내부교류로서의 물자교류, 합작투자 등 경제교류와 협력을 실시한다.

제16조 남과 북은 과학 기술, 교육, 문화·예술, 보건, 체육, 환경과 신문, 라디오, 텔레비젼 및 출판물을 비롯한 출판 보도 등 여러 분야에서 교류와 협력을 실시한다.

제17조 남과 북은 민족구성원들의 자유로운 왕래와 접촉을 실현한다.

제18조 남과 북은 흩어진 가족 친척들의 자유로운 서신거래와 왕래와 상봉 및 방문을 실시하고 자유의사에 의한 재결합을 실현하며, 기타 인도적으로 해결할 문제에 대한 대책을 강구한다.

제19조 남과 북은 끊어진 철도와 도로를 연결하고 해로, 항로를 개설한다.

제20조 남과 북은 우편과 전기통신교류에 필요한 시설을 설치·연결하며, 우편·전기통신 교류의 비밀을 보장한다.

제21조 남과 북은 국제무대에서 경제와 문화 등 여러 분야에서 서로 협력하며 대외에 공동으로 진출한다.

제22조 남과 북은 경제와 문화 등 각 분야의 교류와 협력을 실현하기 위한 합의의 이행을 위하여 이 합의서 발효 후 3개월 안에 남북경제교류·협력공동위원회를 비롯한 부문별 공동위원회들을 구성 운영한다.

제23조 남과 북은 이 합의서 발효 후 1개월 안에 본회담 테두리 안에서 남북교류·협력분과위원회를 구성하여 남북교류 협력에 관한 합의의 이행과 준수를 위한 구체적 대책을 협의한다.

제 4 장 수정 및 발효

제24조 이 합의서는 쌍방의 합의에 의하여 수정 보충할 수 있다.

제25조 이 합의서는 남과 북이 각기 발효에 필요한 절차를 거쳐 그 문

본을 서로 교환한 날부터 효력을 발생한다.

1991년 12월 13일

남북고위급회담 남측대표단 수석대표
대한민국 국무총리 **정원식**

북남고위급회담 북측대표단 단장
조선민주주의인민공화국 정무원 총리 **연형묵**

2.1.3 남북연락사무소 설치합의서(1992. 5. 7)

남과 북은 "남북사이의 화해와 불가침 및 교류 · 협력에 관한 합의서" 제7조에 따라 서로의 긴밀한 연락과 협의를 통하여 남북관계를 개선하고 평화와 통일을 앞당기는데 이바지하기 위하여 남북연락사무소(이하 "연락사무소"라 한다)를 다음과 같이 설치 · 운영하기로 합의하였다.

제1조 연락사무소 명칭은 남측은 "남측연락사무소"라고 하고 북측은 "북측연락사무소"라고 한다.

제2조 남과 북은 연락사무소를 판문점 공동경비구역안의 자기측 지역에 각각 설치한다.

제3조 연락사무소는 다음과 같이 구성한다.

1. 연락사무소는 남과 북에서 각각 소장 1명, 부소장 1명과 필요한 수의 연락관들로 구성한다.
2. 연락사무소 소장은 국장급으로 한다.
3. 연락사무소 소장, 부소장, 연락과들을 교체할 경우 이를 상대측에 통보한다.
4. 앞으로 쌍방이 합의하여 연락사무소 안에 필요한 부서들을 설치할 수 있다.

제4조 연락사무소는 다음과 같은 기능을 수행한다.

1. 위임에 따라 남북사이에 제기되는 제반 연락업무를 수행한다. 의뢰에 따르는 연락업무도 수행할 수 있다.
2. 위임에 따라 남북사이의 합의사항 이행과 관련한 실무협의를 진행한다.

3. 남북사이의 각종 왕래와 접촉에 따르는 안내와 편의를 제공한다.
4. 쌍방 연락사무소 사이에 필요한 수의 전화선을 가설하고 운용한다.

제5조 연락사무소는 다음과 같이 운영한다.

1. 쌍방은 필요에 따라 연락과 접촉을 가진다. 연락사무소 구성원들 사이의 연락은 접촉 또는 전화를 통하여 진행한다.
2. 연락사무소 소장회의는 수시로 진행한다.
3. 자기측 지역을 왕래하는 상대측의 연락사무소 구성원에 대해서는 신변안전과 휴대품에 대한 불가침을 보장한다.
4. 연락사무소의 운영시간은 오전 9시부터 오후 4시까지로 하며 토요일은 오전 9시부터 낮 12시까지로 한다. 경우에 따라 쌍방이 협의하여 운영 날짜와 시간을 조정할 수 있다. 일요일은 휴무일로 하며 명절을 비롯하여 각기 제정한 공휴일은 일방의 통지에 따라 휴무일로 한다.

제6조 이 합의서는 쌍방의 합의에 따라 수정 · 보충할 수 있다.

제7조 이 합의서는 쌍방이 서명하여 교환한 날부터 효력을 발생한다.

1992년 5월 7일

2.1.4 6 · 15 남북 공동 선언(2000. 6. 15)

조국의 평화적 통일을 염원하는 온 겨레의 숭고한 뜻에 따라 대한민국 김대중 대통령과 조선민주주의인민공화국 김정일 국방위원장은 2000년 6월 13일부터 6월 15일까지 평양에서 역사적인 상봉을 하였으며 정상회담을 가졌다.

남북정상들은 분단 역사상 처음으로 열린 이번 상봉과 회담이 서로 이해를 증진시키고 남북관계를 발전시키며 평화통일을 실현하는 데 중대한 의의를 가진다고 평가하고 다음과 같이 선언한다.

1. 남과 북은 나라의 통일문제를 그 주인인 우리 민족끼리 서로 힘을 합쳐 자주적으로 해결해 나가기로 하였다.
2. 남과 북은 나라의 통일을 위한 남측의 연합제 안과 북측의 낮은 단계의 연방제 안이 서로 공통성이 있다고 인정하고 앞으로 이 방향에서 통일을 지향시켜 나가기로 하였다.
3. 남과 북은 올해 8.15에 즈음하여 흩어진 가족, 친척 방문단을 교환하며, 비전향 장기수 문제를 해결하는 등 인도적 문제를 조속히 풀어 나가기로 하였다.
4. 남과 북은 경제협력을 통하여 민족경제를 균형적으로 발전시키고, 사회, 문화, 체육, 보건, 환경 등 제반분야의 협력과 교류를 활성화하여 서로의 신뢰를 다져 나가기로 하였다.
5. 남과 북은 이상과 같은 합의사항을 조속히 실천에 옮기기 위하여 빠른 시일 안에 당국 사이의 대화를 개최하기로 하였다.

김대중 대통령은 김정일 국방위원장이 서울을 방문하도록 정중히 초청하였으며, 김정일 국방위원장은 앞으로 적절한 시기에 서울을 방문하기로 하였다.

2000년 6월 15일

대한민국 대통령 김대중

조선민주주의인민공화국 국방위원장 김정일

2.1.5 2007 남북정상선언문(2007.10.4)

상봉과 회담에서는 6.15 공동선언의 정신을 재확인하고 남북관계발전과 한반도 평화, 민족공동의 번영과 통일을 실현하는데 따른 제반 문제들을 허심탄회하게 협의하였다.

쌍방은 우리민족끼리 뜻과 힘을 합치면 민족번영의 시대, 자주통일의 새시대를 열어 나갈수 있다는 확신을 표명하면서 6.15 공동선언에 기초하여 남북관계를 확대·발전시켜 나가기 위하여 다음과 같이 선언한다.

1. 남과 북은 6.15 공동선언을 고수하고 적극 구현해 나간다.

남과 북은 우리민족끼리 정신에 따라 통일문제를 자주적으로 해결해 나가며 민족의 존엄과 이익을 중시하고 모든 것을 이에 지향시켜 나가기로 하였다.

남과 북은 6.15 공동선언을 변함없이 이행해 나가려는 의지를 반영하여 6월 15일을 기념하는 방안을 강구하기로 하였다.

2. 남과 북은 사상과 제도의 차이를 초월하여 남북관계를 상호존중과 신뢰 관계로 확고히 전환시켜 나가기로 하였다.

남과 북은 내부문제에 간섭하지 않으며 남북관계 문제들을 화해와 협력, 통일에 부합되게 해결해 나가기로 하였다.

남과 북은 남북관계를 통일 지향적으로 발전시켜 나가기 위하여 각기 법률적·제도적 장치들을 정비해 나가기로 하였다.

남과 북은 남북관계 확대와 발전을 위한 문제들을 민족의 염원에 맞게 해결하기 위해 양측의회 등 각 분야의 대화와 접촉을 적극 추진해 나가기로 하였다.

3. 남과 북은 군사적 적대관계를 종식시키고 한반도에서 긴장완화

와 평화를 보장하기 위해 긴밀히 협력하기로 하였다.

남과 북은 서로 적대시하지 않고 군사적 긴장을 완화하며 분쟁문제들을 대화와 협상을 통하여 해결하기로 하였다.

남과 북은 한반도에서 어떤 전쟁도 반대하며 불가침의무를 확고히 준수하기로 하였다.

남과 북은 서해에서의 우발적 충돌방지를 위해 공동어로수역을 지정하고 이 수역을 평화수역으로 만들기 위한 방안과 각종 협력사업에 대한 군사적 보장조치 문제 등 군사적 신뢰구축조치를 협의하기 위하여 남측 국방부 장관과 북측 인민무력부 부장간 회담을 금년 11월 중에 평양에서 개최하기로 하였다.

4. 남과 북은 현 정전체제를 종식시키고 항구적인 평화체제를 구축해 나가야 한다는데 인식을 같이하고 직접 관련된 3자 또는 4자 정상들이 한반도지역에서 만나 종전을 선언하는 문제를 추진하기 위해 협력해 나가기로 하였다.

남과 북은 한반도 핵문제 해결을 위해 6자회담 「9.19 공동성명」과 「2.13 합의」가 순조롭게 이행되도록 공동으로 노력하기로 하였다.

5. 남과 북은 민족경제의 균형적 발전과 공동의 번영을 위해 경제협력사업을 공리공영과 유무상통의 원칙에서 적극 활성화하고 지속적으로 확대 발전시켜 나가기로 하였다.

남과 북은 경제협력을 위한 투자를 장려하고 기반시설 확충과 자원개발을 적극 추진하며 민족내부협력사업의 특수성에 맞게 각종 우대조건과 특혜를 우선적으로 부여하기로 하였다.

남과 북은 해주지역과 주변해역을 포괄하는 「서해평화협력특별지대」를 설치하고 공동어로구역과 평화수역 설정, 경제특구건설과 해주항 활용, 민간선박의 해주직항로 통과, 한강하구공동이용 등을 적극 추진해 나가기로 하였다.

남과 북은 개성공업지구 1단계 건설을 빠른 시일안에 완공하고 2단계 개발에 착수하며 문산-봉동간 철도화물수송을 시작하고, 통행 · 통신 · 통관 문제를 비롯한 제반 제도적 보장조치들을 조속히 완비해 나가기로 하였다.

남과 북은 개성-신의주 철도와 개성-평양 고속도로를 공동으로 이용하기 위해 개보수 문제를 협의 · 추진해 가기로 하였다.

남과 북은 안변과 남포에 조선협력단지를 건설하며 농업, 보건의료, 환경보호 등 여러 분야에서의 협력사업을 진행해 나가기로 하였다.

남과 북은 남북 경제협력사업의 원활한 추진을 위해 현재의 「남북경제협력추진위원회」를 부총리급 「남북경제협력공동위원회」로 격상하기로 하였다.

6. 남과 북은 민족의 유구한 역사와 우수한 문화를 빛내기 위해 역사, 언어, 교육, 과학기술, 문화예술, 체육 등 사회문화 분야의 교류와 협력을 발전시켜 나가기로 하였다.

남과 북은 백두산관광을 실시하며 이를 위해 백두산-서울 직항로를 개설하기로 하였다.

남과 북은 2008년 북경 올림픽경기대회에 남북응원단이 경의선 열차를 처음으로 이용하여 참가하기로 하였다.

7. 남과 북은 인도주의 협력사업을 적극 추진해 나가기로 하였다.

남과 북은 흩어진 가족과 친척들의 상봉을 확대하며 영상 편지 교환사업을 추진하기로 하였다.

이를 위해 금강산면회소가 완공되는 데 따라 쌍방 대표를 상주시키고 흩어진 가족과 친척의 상봉을 상시적으로 진행 하기로 하였다.

남과 북은 자연재해를 비롯하여 재난이 발생하는 경우 동포애와 인도주의, 상부상조의 원칙에 따라 적극 협력해 나가기로 하였다.

8. 남과 북은 국제무대에서 민족의 이익과 해외 동포들의 권리와 이익을 위한 협력을 강화해 나가기로 하였다.

남과 북은 이 선언의 이행을 위하여 남북총리회담을 개최하기로 하고, 제 1 차회의를 금년 11월중 서울에서 갖기로 하였다.

남과 북은 남북관계 발전을 위해 정상들이 수시로 만나 현안 문제들을 협의하기로 하였다.

2007년 10월 4일 평양

대한민국 대통령 노 무 현

조선민주주의인민공화국 국방위원장 김 정 일

2.2 한반도 비핵화 관련 자료

2.2.1 한반도 배핵화에 관한 공동선언(1992. 1. 20)

남과 북은 한반도를 비핵화함으로써 핵전쟁 위협을 제거하고 우리나라의 평화와 통일에 유리한 조건과 환경을 조성하여 아시아와 세계의 평화와 안전에 이바지하기 위하여 다음과 같이 선언한다.

1. 남과 북은 핵무기의 실험, 제조, 생산, 접수, 보유, 저장, 배치, 사용을 하지 아니한다.
2. 남과 북은 핵에너지를 오직 평화적 목적에만 이용한다.
3. 남과 북은 핵재처리시설과 우라늄농축시설을 보유하지 아니한다.
4. 남과 북은 한반도의 비핵화를 검증하기 위하여 상대측이 선정하고 쌍방이 합의하는 대상들에 대하여 남북핵통제공동위원회가 규정하는 절차와 방법으로 사찰을 실시한다.
5. 남과 북은 이 공동선언의 이행을 위하여 공동선언이 발효된 후 1개월 안에 남북핵통제공동위원회를 구성, 운영한다.
6. 이 공동선언은 남과 북이 각기 발효에 필요한 절차를 거쳐 그 본문을 교환한 날부터 효력을 발생한다.

1992년 1월 20일

남북고위급회담	북남고위급회담
남측대표단수석대표	북측대표단단장
국무총리 **정원식**	정무원총리 **연형묵**

2.2.2 미 · 북 제네바 합의(1994. 10. 21)

미합중국(이하 미국의 호칭) 대표단과 조선민주주의인민공화국(이하 북한으로 호칭) 대표단은 1994. 9. 23.부터 10. 21.까지 제네바에서 한반도 핵문제의 전반적 해결을 위한 협상을 가졌다.

양측은 비핵화된 한반도의 평화와 안전을 확보하기 위해서는 1994. 8. 12. 미국과 북한 간의 합의 발표문에 포함된 목표의 달성과 1993. 6. 11. 미국과 북한 간 공동발표문상의 원칙과 준수가 중요함을 재확인하였다.

양측은 핵문제 해결을 위해 다음과 같은 조치들을 취하기로 결정하였다.

1. 양측은 북한의 흑연감속원자로 및 관련 시설을 경수로 원자로발전소로 대체하기 위해 협력한다.
   1) 미국 대통령의 1994. 10. 20.자 보장서한에 의거하여 미국은 2003년을 목표시한으로 총발전용량 약 2,000MWe의 경수로를 북한에 제공하기 위한 조치를 주선할 책임을 진다.
   - 미국은 북한에 제공할 경수로의 재정조달 및 공급을 담당할 국제 콘소시엄을 미국의 주도하에 구성한다. 미국은 동 국제콘소시엄을 대표하여 경수로 사업을 위한 북한과의 주 접촉선 역할을 수행한다.
   - 미국은 국제콘소시엄을 대표하여 본 합의문 서명 후 6개월 내에 북한과 경수로 제공을 위한 공급계약을 체결할 수 있도록 최선의 노력을 경주한다. 계약 관련 협의는 본 합의문 서명 후 가능

한 조속한 시일 내 개시한다.

- 필요한 경우 미국과 북한은 핵에너지의 평화적 이용 분야에 있어서의 협력을 위한 양자협정을 체결한다.

2) 1994. 10. 20.자 대체에너지 제공 관련 미국의 보장서한에 의거 미국은 국제콘소시엄을 대표하여 북한의 흑염감속원자로 동결에 따라 상실될 에너지를 첫번째 경수로 완공시까지 보전하기 위한 조치를 주선한다.

- 대체에너지는 난방과 전력생산을 위해 중유로 공급된다.
- 중유의 공급은 본 합의문 서명 후 3개월 내 개시되고 양측간 합의된 공급일정에 따라 연간 50만톤 규모까지 공급된다.

3) 경수로 및 대체에너지 제공에 대한 보장서한 접수 즉시 북한은 흑연감속원자로 및 관련 시설을 동결하고 궁극적으로 이를 해체한다.

- 북한의 흑연감속원자로 및 관련 시설의 동결은 본 합의문서 후 1개월 내 완전 이행된다. 동 1개월 동안 및 전체 동결기간 중 IAEA가 이러한 동결 상태를 감시하는 것이 허용되며, 이를 위해 북한은 IAEA에 대해 전적인 협력을 제공한다.
- 북한의 흑연가속원자로 및 관련 시설의 해체는 경수로 사업이 완료될 때 완료된다.
- 미국과 북한은 5MWe 실험용 원자로에서 추출된 사용 후 연료봉을 경수로 건설기간 동안 안전하게 보관하고 북한 내에서 재처리하지 않는 안전한 방법으로 동 연료가 처리될 수 있는 방안을 강구하기 위해 상호 협력한다.

4) 본 합의 후 가능한 조속한 시일 내에 미국과 북한의 전문가들은 두 종류의 전문가 협의를 가진다.

- 한쪽의 협의에서 전문가들은 대체에너지와 흑연감속원자로의 경수로로의 대체와 관련된 문제를 협의한다.

– 다른 한쪽의 협의에서 전문가들은 사용 후 연료 보관 및 궁극적 처리를 위한 구체적 조치를 협의한다.

2. 양측은 정치적, 경제적 완전 정상화를 추구한다.
   1) 합의 후 3개월 내 양측은 통신 및 금융거래에 대한 제한을 포함한 무역 및 투자 제한을 완화시켜 나아간다.
   2) 양측은 전문가급 협의를 통해 영사 및 여타 기술적 문제가 해결된 후에 쌍방의 수도에 연락사무소를 개설한다.
   3) 미국과 북한은 상호 관심사항에 대한 진전이 이루어짐에 따라 양국관계를 대사급으로까지 격상시켜 나아간다.
3. 양측은 핵이 없는 한반도의 평화와 안전을 위해 함께 노력한다.
   1) 미국은 북한에 대한 핵무기를 불위협 또는 불사용에 관한 공식 보장을 제공한다.
   2) 북한은 한반도 비핵화공동선언을 이행하기 위한 조치를 일관성있게 취한다.
   3) 본 합의문이 대화를 촉진하는 분위기를 조성해 나아가는 데 도움을 줄 것이기 때문에 북한은 남북대화에 착수한다.
4. 양측은 국제적 핵비확산 체제 강화를 위해 함께 노력한다.
   1) 북한은 핵비확산조약(NPT) 당사국으로 잔류하며 동 조약상의 안전조치협정 이행을 허용한다.
   2) 경수로 제공을 위한 계약 체결 즉시 동결 대상이 아닌 시설에 대하여 북한과 IAEA간 안전조치 협정에 따라 임시 및 일반사찰이 재개된다. 경수로 공급계약 체결시까지 안전조치의 연속성을 위해 IAEA가 요청하는 사찰은 동결 대상이 아닌 시설에서 계속된다.
   3) 경수로 사업의 상당 부분이 완료될 때, 그러나 주요 핵심 부품의 인도 이전에 북한은 북한 내 모든 핵물질에 관한 최초보고서의 정확성과 완전성을 검증하는 것과 관련하여 IAEA와의 협의를 거쳐 IAEA가 필요하다고 판단하는 모든 조치를 취하는 것을 포함하여

IAEA안전조치협정(INFCIRC/403)을 완전히 이행한다.

조선민주주의인민공화국 수석대표
조선민주주의인민공화국 외교부 제 1 부부장 강석주

미합중국 수석대표
미합중국 본부대사 로버트 갈루치

2.2.3 6자회담 공동성명(2005. 9. 19)

제 4 차 6자회담이 베이징에서 중화인민공화국, 조선민주주의인민공화국, 일본, 대한민국, 러시아연방, 미합중국이 참석한 가운데 2005년 7월 26일부터 8월 7일까지 그리고 9월 13일부터 19일까지 개최되었다.

우다웨이 중화인민공화국 외교부 부부장, 김계관 조선민주주의인민공화국 외무성 부상, 사사에 켄이치로 일본 외무성 아시아대양주 국장, 송민순 대한민국 외교통상부 차관보, 알렉세예프 러시아 외무부 차관, 그리고 크리스토퍼 힐 미합중국 국무부 동아태 차관보가 각 대표단의 수석대표로 동 회담에 참석하였다.

우다웨이 부부장은 동 회담의 의장을 맡았다.

한반도와 동북아시아 전반의 평화와 안정이라는 대의를 위해, 6자는 상호 존중과 평등의 정신하에, 지난 3회에 걸친 회담에서 이루어진 공동의 이해를 기반으로, 한반도의 비핵화에 대해 진지하면서도 실질적인 회담을 가졌으며, 이러한 맥락에서 다음과 같이 합의하였다.

1. ① 6자는 6자회담의 목표가 한반도의 검증가능한 비핵화를 평화적인 방법으로 달성하는 것임을 만장일치로 재확인하였다.
   ② 조선민주주의인민공화국은 모든 핵무기와 현존하는 핵계획을 포기할 것과, 조속한 시일 내에 핵무기비확산조약(NPT)과 국제원자력기구(IAEA)의 안전조치에 복귀할 것을 공약하였다.
   ③ 미합중국은 한반도에 핵무기에 갖고 있지 않으며, 핵무기 또는 재래식 무기로 조선민주주의인민공화국을 공격 또는 침공할 의사가 없다는 것을 확인하였다.
   ④ 대한민국은 자국 영토 내에 핵무기가 존재하지 않는다는 것을

확인하면서, 1992년도 「한반도 비핵화에 관한 남 · 북 공동선언」에 따라, 핵무기를 접수 또는 배비하지 않겠다는 공약을 재확인하였다.

⑤ 1992년도 「한반도 비핵화에 관한 남 · 북 공동선언」은 준수, 이행되어야 한다.

⑥ 조선민주주의인민공화국은 핵에너지의 평화적 이용에 관한 권리를 가지고 있다고 밝혔다. 여타 당사국들은 이에 대한 존중을 표명하였고, 적절한 시기에 조선민주주의인민공화국에 대한 경수로 제공 문제에 대해 논의하는데 동의하였다.

2. ① 6자는 상호 관계에 있어 국제연합헌장의 목적과 원칙 및 국제관계에서 인정된 규범을 준수할 것을 약속하였다.

② 조선민주주의인민공화국과 미합중국은 상호 주권을 존중하고, 평화적으로 공존하며, 각자의 정책에 따라 관계정상화를 위한 조치를 취할 것을 약속하였다.

③ 조선민주주의인민공화국과 일본은 평양선언에 따라, 불행했던 과거와 현안사항의 해결을 기초로 하여 관계 정상화를 위한 조치를 취할 것을 약속하였다.

3. ① 6자는 에너지, 교역 및 투자 분야에서의 경제협력을 양자 및 다자적으로 증진시킬 것을 약속하였다.

② 중화인민공화국, 일본, 대한민국, 러시아연방 및 미합중국은 조선민주주의인민공화국에 대해 에너지를 제공할 용의를 표명하였다.

③ 대한민국은 조선민주주의인민공화국에 대한 2백만 킬로와트의 전력공급에 관한 2005. 7. 12.자 제안을 재확인하였다.

4. ① 6자는 동북아시아의 항구적인 평화와 안정을 위해 공동 노력할 것을 공약하였다.

② 직접 관련 당사국들은 적절한 별도 포럼에서 한반도의 항구적

인 평화체제에 관한 협상을 가질 것이다.

③ 6자는 동북아시아에서의 안보협력 증진을 위한 방안과 수단을 모색하기로 합의하였다.

5. 6자는 '공약 대 공약', '행동 대 행동' 원칙에 입각하여 단계적 방식으로 상기 합의의 이행을 위해 상호조율된 조치를 취할 것을 합의하였다.
6. 6자는 제5차 6자회담을 11월초 북경에서 협의를 통해 결정되는 일자에 개최하기로 합의하였다.

2.2.4 6자회담 공동성명의 초기단계 이행을 위한 조치 (2007. 2. 13)

5차 6자회담 3단계회의가 베이징에서 중화인민공화국, 조선민주주의인민공화국, 일본, 대한민국, 러시아연방, 미합중국이 참석한 가운데, 2007년 2월 8일부터 13일까지 개최되었다.

우다웨이 중화인민공화국 외교부 부부장, 김계관 조선민주주의인민공화국 외무성 부부장, 사사에 켄이치로 일본 외무성 아시아대양주 국장, 천영우 대한민국 외교통상부 한반도평화교섭본부장, 알렉산더 로슈코프 러시아 외부무 차관, 그리고 크리스토퍼 힐 미합중국 국무부 동아태 차관보가 각 대표단의 수석대표로 동 회담에 참석하였다.

우다웨이 부부장은 동 회담의 의장을 맡았다.

Ⅰ. 참가국들은 2005년 9월 19일 공동성명의 이행을 위해 초기단계에서 각국이 취해야 할 조치에 관하여 진지하고 생산적인 협의를 하였다. 참가국들은 한반도 비핵화를 조기에 평화적으로 달성하기 위한 공동의 목표와 의지를 재확인하였으며, 공동성명상의 공약을 성실히 이행할 것이라는 점을 재확인하였다. 참가국들은 '행동 대 행동' 의 원칙에 따라 단계적으로 공동성명을 이행하기 위해 상호 조율된 조치를 취하기로 합의하였다.

Ⅱ. 참가국들은 초기단계에 다음과 같은 조치를 병렬적으로 취하기로 합의하였다.

1. 조선민주주의인민공화국은 궁극적인 포기를 목적으로 재처리 시설을 포함한 영변 핵시설을 폐쇄 · 봉인하고 IAEA와의 합의에 따

라 모든 필요한 감시 및 검증 활동을 수행하기 위해 IAEA 요원을 복귀토록 초청한다.

2. 조선민주주의인민공화국은 9.19공동성명에 따라 포기하도록 되어있는, 사용후 연료봉으로부터 추출된 플루토늄을 포함한 공동성명에 명기된 모든 핵프로그램의 목록을 여타 참가국들과 협의한다.
3. 조선민주주의인민공화국과 미합중국은 양자간 현안을 해결하고 전면적인 외교관계로 나아가기 위한 양자대화를 개시한다. 미합중국은 조선민주주의인민공화국을 테러지원국 지정으로부터 해제하기 위한 과정을 개시하고, 조선민주주의인민공화국에 대한 대적성국 교역법 적용을 종료시키기 위한 과정을 진전시켜 나간다.
4. 조선민주주의인민공화국과 일본은 불행한 과거와 미결 관심 사안의 해결을 기반으로, 평양선언에 따라 양국관계 정상화를 취해 나가는 것을 목표로 양자화를 개시한다.
5. 참가국들은 2005년 9월 19일 공동성명의 1조와 3조를 상기하면서, 조선민주주의인민공화국에 대한 경제 · 에너지 · 인도적 지원에 협력하기로 하였다. 이와 관련, 참가국들은 초기단계에서 조선민주주의인민공화국에 긴급 에너지 지원을 제공하기로 합의하였다. 중유 5만톤 상당의 긴급 에너지 지원의 최초 운송은 60일 이내에 개시된다.

참가국들은 상기 초기조치들이 향후 60일 이내에 이행되며, 이러한 목표를 향하여 상호 조율된 조치를 취한다는 데 합의하였다.

Ⅲ. 참가국들은 초기조치를 이행하고 공동성명의 완전한 이행을 목표로 다음과 같은 실무그룹(W/G)을 설치하는 데 합의하였다.

1. 한반도 비핵화
2. 미 · 북 관계정상화
3. 일 · 북 관계정상화
4. 경제 및 에너지 협력
5. 동북아 평화 · 안보 체제

실무그룹들은 각자의 분야에서 9.19공동성명의 이행을 위한 구체적 계획을 협의하고 수립한다. 실무그룹들은 각각의 작업 진전에 관해 6자회담 수석대표 회의에 보고한다. 원칙적으로 한 실무그룹의 진전은 다른 실무그룹의 진전에 영향을 주지 않는다. 5개 실무그룹에서 만들어진 계획은 상호 조율된 방식으로 전체적으로 이행될 것이다.

참가국들은 모든 실무그룹 회의를 향후 30일 이내에 개최하는 데 합의하였다.

Ⅳ. 초기조치 기간 및 조선민주주의인민공화국의 모든 핵프로그램에 대한 완전한 신고와 흑연감속로 및 재처리 시설을 포함하는 모든 현존하는 핵시설의 불능화를 포함하는 다음 단계 기간 중, 조선민주주의인민공화국에 최초 선적분인 중유 5만톤 상당의 지원을 포함한 중유 100만톤 상당의 경제 · 에너지 · 인도적 지원이 제공된다.

상기 지원에 대한 세부 사항은 경제 및 에너지 협력 실무그룹의 협의와 적절한 평가를 통해 결정된다.

Ⅴ. 초기조치가 이행되는 대로 6자는 9.19공동성명의 이행을 확인하고 동북아 안보협력 증진방안 모색을 위한 장관급 회담을 신속하게 개최한다.

Ⅵ. 참가국들은 상호신뢰를 증진시키기 위한 긍정적인 조치를 취하고 동북아에서 지속적인 평화와 안정을 위한 공동노력을 할 것을 재확인

하였다. 직접 관련 당사국들은 적절한 별도 포럼에서 한반도의 항구적 평화체제에 관한 협상을 갖는다.

Ⅶ. 참가국들은 실무그룹의 보고를 청취하고 다음 단계 행동에 관한 협의를 위해 제6차 6자회담을 2007년 3월 19일에 개최하기로 합의하였다.

대북 지원부담의 분담에 관한 합의 의사록

미합중국, 중화인민공화국, 러시아연방, 대한민국은 각국 정부의 결정에 따라, Ⅱ조 5항 및 Ⅳ조에 규정된 조선민주주의인민공화국에 대한 지원부담을 평등과 형평의 원칙에 기초하여 분담할 것에 합의하고, 일본이 자국의 우려사항이 다루어지는 대로 동일한 원칙에 따라 참여하기를 기대하며, 또 이 과정에서 국제사회의 참여를 환영한다.

2.2.5 6자회담 공동성명의 제2단계 이행을 위한 조치(2007. 10. 3)

제6차 6자회담 2단계회의가 베이징에서 중화인민공화국, 조선민주주의인민공화국, 일본, 대한민국, 러시아연방, 미합중국이 참석한 가운데, 2007년 9월 27일부터 30일까지 개최되었다.

우다웨이 중화인민공화국 외교부 부부장, 김계관 조선민주주의인민공화국 외무성 부상, 사사에 켄이치로 일본 외무성 아시아대양주 국장, 천영우 대한민국 외교통상부 한반도평화교섭본부장, 알렉산더 로슈코프 러시아 외무부 차관, 그리고 크리스토퍼 힐 미합중국 국무부 동아태 차관보가 각 대표단의 수석대표로 동 회담에 참석하였다.

우다웨이 부부장은 동 회담의 의장을 맡았다.

참가국들은 5개 실무그룹의 보고를 청취, 승인하였으며, 2.13합의상의 초기조치 이행을 확인하였고, 실무그룹회의에서 도달한 컨센서스에 따라 6자회담 과정을 진전시켜 나가기로 합의하였으며, 또한 평화적인 방법에 의한 한반도의 검증가능한 비핵화를 목표로 하는 9.19 공동성명의 이행을 위한 제2단계 조치에 관한 합의에 도달하였다.

Ⅰ. 한반도 비핵화

1. 조선민주주의인민공화국은 9.19 공동성명과 2.13 합의에 따라 포기하기로 되어 있는 모든 현존하는 핵시설을 불능화하기로 합의하였다.

영변의 5MWe 실험용 원자로, 재처리시설(방사화학실험실) 및 핵연료봉제조시설의 불능화는 2007년 12월 31일까지 완료될 것이다. 전문가 그룹이 권고하는 구체 조치들은, 모든 참가국들에게 수용 가능하고, 과학적이고, 안전하고, 검증가능하며, 또한 국제적 기준에 부합되어야 한다는 원칙들에 따라 수석대표들에 의해 채택될 것이다. 여타 참가국들의 요청에 따라, 미합중국은 불능화 활동을 주도하고, 이러한 활동을 위한 초기 자금을 제공할 것이다. 첫번째 조치로서, 미합중국측은 불능화를 준비하기 위해 향후 2주 내에 조선민주주의인민공화국을 방문할 전문가 그룹을 이끌 것이다.

2. 조선민주주의인민공화국은 2.13 합의에 따라 모든 자국의 핵프로그램에 대해 완전하고 정확한 신고를 2007년 12월 31일까지 제공하기로 합의하였다.

3. 조선민주주의인민공화국은 핵 물질, 기술 또는 노하우를 이전하지 않는다는 공약을 재확인하였다.

Ⅱ. 관련국간 관계정상화

1. 조선민주주의인민공화국과 미합중국은 양자관계를 개선하고 전면적 외교관계로 나아간다는 공약을 유지한다. 양측은 양자간 교류를 증대하고, 상호 신뢰를 증진시킬 것이다. 조선민주주의인민공화국을 테러지원국 지정으로부터 해제하기 위한 과정을 개시하고 또 조선민주주의인민공화국에 대한 대적성국 교역법 적용을 종료시키기 위한 과정을 진전시켜나간다는 공약을 상기하면서, 미합중국은 미·북 관계 정상화 실무그룹 회의를 통해 도달한 컨센서스에 기초하여, 조선민주주의인민공화국의 조치들과 병렬적으로 조선민주주의인민공화국에 대한 공약을 완수할 것이다.

2. 조선민주주의인민공화국과 일본은 불행한 과거 및 미결 관심사안의 해결을 기반으로, 평양선언에 따라 양국관계를 신속하게 정상화하기 위해 진지한 노력을 할 것이다. 조선민주주의인민공화국과 일본은 양측간의 집중적인 협의를 통해, 이러한 목적 달성을 위한 구체적인 조치를 취해 나갈 것을 공약하였다.

Ⅲ. 조선민주주의인민공화국에 대한 경제 및 에너지 지원

2.13 합의에 따라, 중유 100만톤 상당의 경제 · 에너지 · 인도적 지원(기전달된 중유 10만톤 포함)이 조선민주주의인민공화국에 제공될 것이다. 구체 사항은 경제 및 에너지협력 실무그룹에서의 논의를 통해 최종 결정될 것이다.

Ⅳ. 6자 외교장관회담

참가국들은 적절한 시기에 북경에서 6자 외교장관회담이 개최될 것임을 재확인하였다.

참가국들은 외교장관회담 이전에 동 회담의 의제를 협의하기 위해 수석대표 회의를 개최하기로 합의하였다.

2.3 한국과 미국 등 관련 자료

2.3.1 한국군 작전지휘권 이양에 관한 한 · UNC 교환공문 (1950. 7. 15)

이 대통령이 맥아더 장군에게 보낸 공한

「맥아더」장군 귀하

대한민국을 위한 국제연합의 공동 군사 노력에 있어 한국내 또는 근해에서 작전중인 국제연합의 모든 부대는 귀하의 통솔하에 있으며 또한 귀하는 그 최고 사령관으로 임명되어 있음을 鑑하여, 본인은 현 적대 상태가 계속되는 동안 일체의 지휘권을 이양하게 된 것을 기쁘게 여기는 바이오며, 여사한 지휘권은 귀하 자신 또는 귀하가 한국내 또는 한국 근해에서 행사하도록 위임한 기타 사령관이 행사하여야 할 것입니다.

한국군은 귀하의 휘하에서 복무하는 것을 영광으로 생각할 것이며, 또한 한국 국민과 정부도 고명하고 훌륭한 군인으로써 우리들의 사랑하는 국토의 독립과 보전에 대한 비열한 공산 침략에 대항하기 위하여 힘을 합친 국제연합의 모든 군사권을 받고 있는 귀하의 전적 지휘를 받게 된 것을 영광으로 생각하며 또한 격려되는 바입니다.

귀하에게 심후하고도 따뜻한 개인적인 경의를 표하나이다.

1950년 7월 14일

이 승 만

맥아더장군의 회한

(주한 미국 대사를 통해 전달: 1950년 7월 18일)

1950년 7월 16일

대통령 각하

현 적대 상태가 계속되는 동안 대한민국 육 · 해 · 공군의 작전지휘권을 위임한 7월 14일부 귀하의 서신에 관한 맥아더 원수의 다음과 같은 회신을 전달함을 본관은 영광으로 생각합니다.

"7월 15일자 공한에 의하여 이 대통령이 취하신 조치에 대하여 본관의 중심으로부터의 감사와 심심한 사의를 그에게 표하여 주심을 바라나이다. 한국 내에서 작전중인 국제연합군의 통솔력은 반드시 증강될 것입니다. 용감무쌍한 대한민국 군을 본관 지휘하에 두게 된 것을 영광으로 생각하나이다. 이 대통령의 본관에 대한 과도한 개인적 찬사에 대한 사의와 그에 대하여 본관이 또한 가지고 있는 존경의 뜻도 아울러 전달하여 주시기 바라나이다. 우리들의 장래가 고난하고 요원할지도 모르겠으나 종국적인 결과는 반드시 승리할 것이므로 실망하시지 마시도록 그에게 전언하여 주시기 바라나이다."

「맥아더」

본인의 변함없는 존경과 함께

죤. 무치오

대한민국 대통령

이승만 각하

2.3.2 한미 상호방위조약(1953. 10. 1)

1953년 10월 1일 워싱턴에서 서명
1954년 11월 17일 발효

본 조약의 당사국은

모든 국민과 모든 정부와 평화적으로 생활하고자 하는 희망을 재확인하며 또한 태평양 지역에 있어서의 평화기구를 공고히 할 것을 희망하고, 당사국 중 어느 일국이 태평양 지역에 있어서 고립하여 있다는 환각을 어떠한 잠재적 침략자도 가지지 않도록 외부로부터의 무력 공격에 대하여 그들 자신을 방위하고자 하는 공통의 결의를 공공연히 또한 정식으로 선언할 것을 희망하고, 또한 태평양 지역에 있어서 더욱 포괄적이고 효과적인 지역적 안전보장 보직이 발달될 때까지 평화와 안전을 유지하고자 집단적 방위를 위한 노력을 공고히 할 것을 희망하여 다음과 같이 동의한다.

제 1 조

당사국은 관련될지도 모르는 어떠한 국제적 분쟁이라도 국제적 평화와 안전과 정의를 위태롭게 하지 않는 방법으로 평화적 수단에 의하여 해결하고 또한 국제 관계에 있어서 국제연합의 목적이나 당사국이 국제연합에 대하여 부담한 의무에 배치되는 방법으로 무력의 위협이나 무력의 행사를 삼갈 것을 약속한다.

제 2 조

당사국 중 어느 일국의 정치적 독립 또는 안전이 외부로부터의 무력 공격에 의하여 위협을 받고 있다고 어느 당사국이든지 인정할 때에는 언제든지 당사국은 서로 협의한다. 당사국은 단독적으로나 공동으로나 자조와 상호 원조에 의하여 무력 공격을 방지하기 위한 적절한 수단을 지속하여 강화시킬 것이며 본 조약을 실행하고 그 목적을 추진할 적절한 조치를 협의와 합의하에 취할 것이다.

제 3 조

각 당사국은 타 당사국의 행정 지배하에 있는 영토와 각 당사국이 타 당사국의 행정지배하에 합법적으로 들어갔다고 인정하는 금후의 영토에 있어서 타 당사국에 대한 태평양 지역에 있어서의 무력 공격을 자국의 평화와 안전을 위태롭게 하는 것이라고 인정하고 공통한 위험에 대처하기 위하여 각자의 헌법상의 수속에 따라 행동할 것을 선언한다.

제 4 조

상호적 합의에 의하여 미합중국의 육군, 해군과 공군을 대한민국의 영토 내와 그 부근에 배비하는 권리를 대한민국은 이를 허여(許與)하고 미합중국은 이를 수락한다.

제 5 조

본 조약은 대한민국과 미합중국에 의하여 각자의 헌법상의 수속에 따라 비준되어야 하며 그 비준서가 양국에 의하여 「워싱턴」에서 교환되었을 때 효력을 발생한다.

본 조약은 무기한으로 유효하다. 어느 당사국이든지 타 당사국에 통고한 후 1년 후에 본 조약을 종지시킬 수 있다.

이상의 증거로서 하기 전권 위원은 본 조약에 서명한다.

본 조약은 1953년 10월 1일 「워싱턴」에서 한국문과 영문으로 두 벌로 작성됨

대한민국을 위해서 **변 영 태**

미합중국을 위해서 존. 포스터. 덜레스

미합중국의 양해사항

어떤 체약국도 이 조약의 제3조 하에서는 타방국에 대한 외부로부터의 무력 공격의 경우를 제외하고는 그를 원조할 의무를 지는 것이 아니다.

또 이 조약의 어떤 규정도 대한민국의 행정적 관리 아래 합법적으로 존치하기로 된 것과 미합중국에 의해 결정된 영역에 대한 무력 공격의 경우를 제외하고는 미합중국이 대한민국에 대하여 원조를 공여할 의무를 지우는 것으로 해석되어서는 안 된다.

2.3.3 정전시 작전통제권 환수에 관한 교환각서(1994. 11. 30)

서울, 1994년 11월 30일

각하,

본인은 1954년 11월 17일에 서명되고 1955년 8월 12일과 1962년 1월 30일에 각각 개정된 바 있는 "대한민국 정부와 미합중국 정부간의 군사 및 경제 원조에 관한 합의의사록" 및 1978년 10월 17일자 "한·미 연합군사령부 설치에 관한 각서교환"과 1978년 7월 27일자 "군사위원회 및 한·미 연합군사령부 관련약정"에 관하여 언급하는 영광을 가지는 바입니다.

본인은 1994년 10월 7일 워싱턴에서 개최된 제26차 한·미 연례안보 협의회에서 양국 정부 국방 당국간에 전술한 「관련약정」의 개정에 관한 합의 결과, 유엔군사령부 사령관을 겸임하고 있는 한·미 연합군사령관이 정전시 수행하여 온 지정된 한국군부대에 대한 작전통제권을 1994년 12월 1일부로 대한민국 정부에 이양할 것을 제안하는 영광을 가지는 바입니다.

본인은 또한 상기 사항을 미국정부가 수락할 수 있다면, 이 각서와 1994년 10월 7일자 「관련약정」은 각하의 같은 취지의 회답 각서와 함께 양국 정부간의 합의를 구성하고 이 합의는 각하의 회답각서 일자에 발효하여 1994년 12월 1일부로 시행하게 되며, 전술한 1978년 10월 17일자 각서와 1978년 7월 27일자 약정은 1994년 12월 1일부로 종료됨을 제안하는 영광을 가지는 바입니다.

각하에게 본인의 최대의 경의를 거듭 표하는 바입니다.

대한민국 외무부장관

미합중국
특명전권대사 각하

주한 미국대사의 외부무장관앞 회답각서

각하:

본인은 아래와 같은 각하의 1994년 11월 30일자 각서에 관하여 언급하는 영광을 가지는 바입니다.

“…………………………… 한국측 제안각서 ……………………………”

본인은 또한 미합중국 정부가 상기 제안을 수락함을 각하에게 통보하며, 각하의 각서와 1994년 10월 7일자 「관련약정」은 정부간의 합의를 구성하며 이 합의는 오늘 날짜로 발효하여 1994년 12월 1일부로 시행하게 됨을 확인하는 영광을 가지는 바입니다.

각하에게 본인 최대의 경의를 거듭 표하는 바입니다.

미합중국
특명전권대사

대한민국
외무부장관 각하

2.4 북한과 미국 · 일본 관련 자료

2.4.1 북·미 공동성명(1993. 6. 11)

1993년 6월 2일부터 11일까지 뉴욕에서 북한과 미국 사이에 개최된 회담에서 채택되었다.

조선민주주의인민공화국과 미합중국 사이의 정부급 회담이 1993년 6월 2일부터 11일 사이에 뉴욕에서 진행되었다.

회담에는 조선민주주의인민공화국 정부를 대표하여 강석주 외교부 제1부부장을 단장으로 하는 대표단과 미합중국 정부를 대표하여 로버트 엘 · 갈루치 국무성 차관보를 단장으로 하는 대표단이 참가하였다.

쌍방은 회담에서 조선반도의 핵문제를 근원적으로 해결하는 데서 나서는 정치적 문제들을 토의하고 핵 전파를 방지하기 위하여 북남 비핵화 공동선언에 대한 지지를 표명하였다.

조선민주주의인민공화국과 미합중국은 다음과 같은 원칙들에 합의하였다.

- 핵무기를 포함한 무력을 사용하지 않으며 이러한 무력으로 위협도 하지 않는다는 것을 담보한다.
- 전면적인 담보 적용의 공정성 보장을 포함하여 조선반도의 비핵화, 평화와 안전을 보장하며 상대방의 자주권을 호상 존중하고 내정에 간섭하지 않는다.
- 조선의 평화적 통일을 지지한다.

이러한 원칙들에 준하여 조미 쌍방 정부들은 평등하고 공정한 기초 위에서 대화를 계속하기로 합의하였다.

이와 관련하여 조선민주주의인민공화국 정부는 핵무기 전파 방지 조약으로부터의 탈퇴 효력을 필요하다고 인정하는 만큼 일방적으로 임시 정지시키기로 하였다.

1993년 6월 11일 뉴욕

『로동신문』 1993년 6월 13일

2.4.2 북미 기본합의문(1994. 10. 21)

제네바에서 개최된 북한과 미국 사이의 회담에서 핵을 동결하는 대가로 북한에 경수로 발전소를 건설해 주기로 합의했다.

조선민주주의인민공화국 정부 대표단과 미합중국 정부 대표단은 1994년 9월 23일부터 10월 21일까지 제네바에서 조선반도 핵문제의 전면적 해결에 관한 회담을 진행하였다.

쌍방은 조선반도의 비핵화, 평화와 안전을 이룩하기 위하여 1994년 8월 12일부터 조미 합의성명에 명기된 목표들을 달성하며 1993년 6월 11일부터 조미 공동성명의 원칙들을 견지하는 것이 가지는 중요성을 재확인하였다.

조선민주주의인민공화국과 미합중국은 핵문제의 해결을 위하여 다음과 같은 행동조치들을 취하기로 결정하였다.

1. 쌍방은 조선민주주의인민공화국의 흑연 감속로와 연관 시설들을 경수로 발전소들로 교체하기 위하여 협조한다.
   1) 미합중국은 1994년 10월 20일부 미합중국 대통령의 담보 서한에 따라 2003년까지 총 200만 킬로와트 발전능력의 경수로 발전소들을 조선민주주의인민공화국에 제공하기 위한 조치들을 책임지고 취한다.
   - 미합중국은 자기의 주도하에 조선민주주의인민공화국에 제공할 경수로 발전소 자금과 설비들을 보장하기 위한 국제연합체를 조직한다. 이 국제연합체를 대표하는 미합중국은 경수로 제공사업에서 조선민주주의인민공화국의 기본 상대자가 된다.
   - 미합중국은 연합체를 대표하여 이 합의문이 서명된 날로부터 6개

월 안에 조선민주주의인민공화국과 경수로 제공 계약을 체결하기 위하여 최선을 다한다. 계약을 체결하기 위한 협상은 이 합의문이 서명된 후 될수록 빠른 시일안에 시작된다.

- 조선민주주의인민공화국과 미합중국은 필요에 따라 핵 에네르기의 평화적 이용 분야에서의 쌍무적 협조를 위한 협정을 체결한다.

2) 미합중국은 1994년 10월 20일부 미합중국 대통령의 담보 서한에 따라 연합체를 대표하여 1호 경수로 발전소가 완공될 때까지 조선민주주의인민공화국의 흑연 감속로와 연관 시설들의 동결에 따르는 에네르기 손실을 보상하기 위한 조치들을 취한다.

- 대용 에네르기는 열 및 전기 생산용 중유로 제공한다.
- 중유 납입은 이 합의문이 서명된 날부터 3개월 안에 시작하며 납입량은 합의된 계획에 따라 매해 50만 톤 수준에 이르게 된다.

3) 경수로 제공과 대용 에네르기 보장에 대한 미합중국의 담보들을 받은 데 따라 조선민주주의인민공화국은 흑연 감속로와 연관 시설들을 동결하며 궁극적으로 해체한다.

- 조선민주주의인민공화국의 흑연 감속로와 연관 시설들에 대한 동결은 이 합의문이 서명된 날부터 1개월 안에 완전히 실시된다. 이 1개월 간과 그 이후의 동결 기간에 조선민주주의인민공화국은 국제원자력기구가 동결 상태를 감시하도록 허용하며 기구에 이를 위한 협조를 충분히 제공한다.
- 경수로 대상이 완전히 실현되는 때에 조선민주주의인민공화국의 흑연 감속로와 연관 시설들은 완전히 해체된다.
- 경수로 대상 건설 기간 조선민주주의인민공화국과 미합중국은 5 메가와트 시험 원자로에서 나온 폐연료의 안전한 보관 방도와 조선민주주의인민공화국에서 재처리를 하지 않고 다른 안전한 방법으로 폐연료를 처분하기 위한 다른 방도를 탐구하기 위하여 협조한다.

4) 조선민주주의인민공화국과 미합중국은 이 합의문이 서명된 후 될 수록 빠른 시일 안에 두 달래의 전문가 협상을 진행한다.
- 한 전문가 협상에서는 대용 에네르기와 관련한 연관 문제들과 그리고 흑연감속로 계획을 경수로 대상으로 교체하는 데서 제기되는 연관 문제들을 토의한다.
- 다른 전문가 협상에서는 페연료와 보관 및 최종 처분을 위한 구체적인 조치들을 토의한다.

2. 쌍방은 정치 및 경제 관계를 완전히 정상화하는 데로 나아간다.
   1) 쌍방은 이 합의문이 서명된 후 3개월 안에 통신 봉사와 금융 결제에 대한 제한 조치들의 해소를 포함하여 무역과 투자의 장벽을 완화한다.
   2) 쌍방은 전문가 협상에서 영사 및 기타 실무적 문제들이 해결되는 데 따라 서로 상대방의 수도에 연락사무소들을 개설한다.
   3) 조선민주주의인민공화국과 미합중국은 호상 관심사로 되는 문제들의 해결에서 진전이 이루어지는 데 따라 쌍무 관계를 대사급으로 승격시킨다.
3. 쌍방은 조선반도의 비핵화, 평화와 안전을 위하여 공동으로 노력한다.
   1) 미합중국은 핵무기를 사용하지 않으며 핵무기로 위협하지도 않는다는 공식담보를 조선민주주의인민공화국에 제공한다.
   2) 조선민주주의인민공화국은 시종일관하게 조선반도의 비핵화에 관한 북남공동선언을 이행하기 위한 조치들을 취한다.
   3) 조선민주주의인민공화국은 이 기본합의문에 의하여 대화를 도모하는 분위기가 조성되는 데 따라 북남대화를 진행할 것이다.
4. 쌍방은 국제적인 핵전파 방지 체계를 강화하기 위하여 공동으로 노력한다.
   1) 조선민주주의인민공화국은 핵무기전파방지조약의 성원국으로 남아 조약에 따르는 담보협정의 이행을 허용할 것이다.

2) 경수로 제공 계약이 체결되면 동결되지 않는 시설들에 대한 조선민주주의인민공화국과 국제원자력기구 사이의 담보협정에 따르는 정기 및 비정기 사찰이 재개된다. 계약이 체결될 때까지는 동결되지 않는 시설들에 대한 담보의 연속성을 보장하기 위한 국제원자력기구의 사찰이 계속된다.
3) 경수로 대상의 상당한 부분이 실현된 다음 그리고 주요 핵 관련 부분품들이 납입되기 전에 조선민주주의인민공화국은 국제원자력기구와 자기의 핵물질 초기 보고서의 정확성 및 안전성 검증과 관련한 협상을 진행하고 그에 따라 기구가 필요하다고 간주할 수 있는 모든 조치들을 취하는 것을 포함하여 기구와의 담보협정(회람통보/403)을 완전히 이행한다.

1994년 10월 21일
『로동신문』 1994년 10월 23일

2.4.3 북미 공동 콤뮤니케(2000. 10. 12)

김정일 국방위원장의 특사 자격으로 미국을 방문한 조명록 국방위원회 제1부위원장과 울브라이트 미 국무장관이 회담한 후 발표했다.

조선민주주의인민공화국 국방위원회 김정일 위원장의 특사인 국방위원회 제 1 부위원장 조명록 차수가 2000년 10월 9일부터 12일까지 미합중국을 방문하였다.

방문 기간 국방위원회 김정일 위원장께서 보내시는 친서와 조미 관계에 대한 그이의 의사를 조명록 특사가 미합중국 윌리암 클린톤(윌리엄 클린턴-편저자 주) 대통령에게 직접 전달하였다. 조명록 특사와 일행은 매덜레인 알브라이트(매들린 울브라이트-편저자 주) 국무장관과 윌리암 코헨 국방장관을 비롯한 미 행정부의 고위 관리들을 만나 공동의 관심사로 되는 문제들에 대하여 폭 넓은 의견교환을 진행하였다. 쌍방은 조선민주주의인민공화국과 미합중국 사이의 관계를 전면적으로 개선시킬 수 있는 새로운 기회들이 조성된 데 대하여 심도 있게 검토하였다. 회담들은 진지하고 건설적이며 실무적인 분위기 속에서 진행되었으며 이 과정을 통하여 서로의 관심사들에 대하여 더 잘 이해할 수 있게 되었다.

조선민주주의인민공화국과 미합중국은 역사적인 북남 고위급 상봉에 의하여 조선반도의 환경이 변화되었다는 것을 인정하면서 아시아 태평양 지역의 평화와 안전을 강화하는 데 이롭게 두 나라 사이의 쌍무 관계를 근본적으로 개선하는 조치들을 취하기로 결정하였다. 이와 관련하여 쌍방은 조선반도에서 긴장 상태를 완화하고 1953년의 정전협정을 공고한 평화보장체계로 바꾸어 조선전쟁을 공식 종식시키는 데서 4자회담 등 여러 가지 방도들이 있다는 데 대하여 견해를 같이하였다.

조선민주주의인민공화국 측과 미합중국 측은 관계를 개선하는 것이 국가들 사이의 관계에서 자연스러운 목표가 되며 관계 개선이 21세기에 두 나라 인민들에게 다같이 이익으로 되는 동시에 조선반도와 아시아 태평양 지역의 평화와 안전도 보장하게 될 것이라고 인정하면서 쌍무관계에서 새로운 방향을 취할 용의가 있다고 선언하였다. 첫 중대 조치로서 쌍방은 그 어느 정부도 타방에 대하여 적대적 의사를 가지지 않을 것이라고 선언하고 앞으로 과거의 적대감에서 벗어난 새로운 관계를 수립하기 위하여 모든 노력을 다할 것이라는 공약을 확언하였다.

쌍방은 1993년 6월 11일부 조미 공동성명에 지적되고 1994년 10월 21일부 기본합의문에 재확인된 원칙들에 기초하여 불신을 해소하고 호상 신뢰를 이룩하며 주요 관심사들을 건설적으로 다루어 나갈 수 있는 분위기를 유지하기 위하여 노력하기로 합의하였다.

이와 관련하여 쌍방은 두 나라 사이의 관계가 자주권에 대한 호상 존중과 내정 불간섭의 원칙에 기초하여야 한다는 것을 재확언하면서 쌍무적 및 다무적 공간을 통한 외교적 접촉을 정상적으로 유지하는 것이 유익하다는 데 대하여 유의하였다.

쌍방은 호혜적인 경제 협조와 교류를 발전시키기 위하여 협력하기로 합의하였다. 쌍방은 두 나라 인민들에게 유익하고 동북아시아 전반에서의 경제적 협조를 확대하는 데 유리한 환경을 마련하는 데 기여하게 될 무역 및 상업 가능성들을 탐구하기 위하여 가까운 시일 안에 경제 무역 전문가들의 호상 방문을 실현하는 문제를 토의하였다.

쌍방은 미사일문제의 해결이 조미 관계의 근본적인 개선과 아시아 태평양 지역에서의 평화와 안전에 중요한 기여를 할 것이라는 데 대하여 견해를 같이하였다. 조선민주주의인민공화국 측은 새로운 관계 구축을 위한 또 하나의 노력으로 미사일문제와 관련한 회담이 계속되는 동안에는 모든 장거리 미사일을 발사하지 않을 것이라는 데 대하여 미국 측에 통보하였다.

조선민주주의인민공화국과 미합중국은 기본합의문에 따르는 자기들의 의무를 완전히 이행하기 위한 공약과 노력을 배가할 것을 확약하면서 이렇게 하는 것이 조선반도의 비핵 평화와 안전을 이룩하는 데 중요하다는 것을 굳게 확언하였다. 이를 위하여 쌍방은 기본합의문에 따르는 의무 이행을 보다 명백히 할 데 대하여 견해를 같이하였다. 이와 관련하여 쌍방은 금창리 지하시설에 대한 접근이 미국의 우려를 해소하는데 유익하였다는 데 대하여 유의하였다.

쌍방은 최근 연간 공동의 관심사로 되는 인도주의 분야에서 협조사업이 시작되었다는 데 대하여 유의하였다. 조선민주주의인민공화국 측은 미합중국이 식량 및 의약품 지원 분야에서 조선민주주의인민공화국의 인도주의적 수요를 충족시키는 데 의의 있는 기여를 한 데 대하여 사의를 표하였다. 미합중국 측은 조선민주주의인민공화국이 조선전쟁 시기 실종된 미군 병사들의 유골을 발굴하는 데 협조하여 준 데 대하여 사의를 표하였으며 쌍방은 실종자들의 행처를 가능한 최대로 조사 확인하는 사업을 신속히 전진시키기 위하여 노력하기로 합의하였다. 쌍방은 이상의 문제들과 기타 인도주의문제들을 토의하기 위한 접촉을 계속하기로 합의하였다.

쌍방은 2000년 10월 6일 공동성명에 지적된 바와 같이 테러를 반대하는 국제적 노력을 지지 고무하기로 합의하였다.

조명록 특사는 역사적인 북남 최고위급 상봉 결과를 비롯하여 최근 몇 개월 사이의 북남대화 상황에 대하여 미국 측에 통보하였다. 미합중국 측은 현행 북남대화의 계속적인 전진과 성과 그리고 안보대화의 강화를 포함한 북남 사이의 화해와 협조를 강화하기 위한 발기들의 실현을 위하여 모든 적절한 방법으로 협조할 자기의 확고한 공약을 표명하였다.

조명록 특사는 클린톤 대통령과 미국 인민이 방문 기간 따뜻한 환대를 베풀어 준 데 대하여 사의를 표명하였다.

조선민주주의인민공화국 국방위원회 김정일 위원장께 윌리엄 클린톤 대통령의 의사를 직접 전달하며 미합중국 대통령의 방문을 준비하기 위하여 매덜레인 알브라이트 국무장관이 가까운 시일에 조선민주주의인민공화국을 방문하기로 합의하였다.

2000년 10월 12일 워싱턴

『로동신문』 200년 10월 13일

2.4.4 북 · 일 평양선언(2002. 9. 17)

조일 정상은 양국 간의 불행한 과거를 청산하고 현안을 해결해 실질적인 정치, 경제, 문화관계를 수립하는 것이 양국의 기본이익과 일치하고, 지역의 평화와 안전에 크게 기여한다는 데 인식을 같이했다.

1. 쌍방은 이 선언문에 담긴 정신과 기본원칙에 따라 빠른 시간내에 국교정상화를 이루기 위해 모든 노력을 다 한다. 이를 위해 2002년 10월에 국교정상화 교섭을 재개한다. 쌍방은 서로 간의 신뢰관계에 기초, 국교정상화를 이루는 과정에서도 양국 현안에 대해 성실하게 임한다는 강한 결의를 밝힌다.

2. 일본의 과거 식민지 지배에 의한 조선인들이 엄청난 손해와 고통을 입었다는 역사적 사실을 겸허하게 받아들이고 통절한 반성과 마음으로부터 사과의 뜻을 표명했다. 국교정상화 이후 쌍방이 합의한 적절한 시간이 지난 뒤에 무상자금 협력, 저금리 장기차관제공이나 국제기구를 통한 인도주의적인 지원 등 경제협력을 실시한다.

또 민간경제 활동을 지원하기 위해 국제협력은행 등에 의한 융자, 신용제공 등을 실시하는 것이 공동선언 정신에 일치한다는 것이 기본인식이다. 이를 위해 국교정상화협의 과정에서 경제협력의 구체적인 규모와 내용을 성실하게 협의하겠다.

양국은 국교정상화를 위해선 1945년 8월 15일 이전에 일에 대해선 국가와 국민이 모두 재산청구권을 포기한다는 기본원칙에 따라 국교정상화교섭에서도 이에 대해 구체적인 협의를 한다. 제일조선인의 지위에 관한 문제와 문화재 문제에 대해서도 국교정상화 과정에서 성실하게 협의한다.

3. 양국은 국제법을 준수하고, 상호의 진전을 위협하는 행동을 하지

않기로 확인했다. 또 일본국민의 생명과 재산에 관련된 현안문제에 대해서 북한은 북일 관계가 비정상적인 관계였던 때에 발생한 유감스런 문제라고 밝히고, 앞으로도 이같은 문제가 발생하지 않도록 적절한 조치를 취한다는 것을 확인했다.

4. 쌍방은 북동아시아지역의 평화와 안전을 유지, 강화하기 위해 서로 협력하기로 했다. 이 지역의 관련국들 사이에 서로의 신뢰에 기초한 협력관계를 구축하는 것이 중요하다고 인식했다. 관련국가들의 관계가 정상화되고, 지역의 신뢰구축을 위해 안보질서를 정비하는 것이 중요하다는데 합의했다. 쌍방은 한반도의 핵문제의 포괄적인 해결을 위해 모든 관련 국과 합의를 준수하기로 했다. 또 핵문제와 미사일문제를 포함한 안전보장상 모든 문제에 관해 관련국가 간의 대화를 촉진시켜 문제를 해결하는 것이 필요하다는 데 합의했다.

북한은 이 선언의 정신에 따라 미사일 발사 유예(모라토리움)를 2003년 이후에도 또 연장시킬 의사를 표명했다.

쌍방은 안전보장에 관한 문제에 관해 협의를 하기로 했다.

조선민주주의인민공화국 국방위원회 위원장 **김정일**
일본국 총리대신 **고이즈미 준이치로**

2002년 9월 17일
평 양

찾아보기

저자 약력(e-mail: whlee1125@hanmail.net)

학　력

1964년 2월 경북고등학교 졸업
1970년 2월 연세대학교 정치외교과 졸업(정치외교 학사)
1976년 8월 서울대학교 행정대학원 졸업(행정학 석사)
1990년 3월 일본 게이오(慶應)대학교 졸업(정치학 박사)

연 구 력

1981년 9월~1982년 8월 영국 Oxford대학교 외교관과정 수료
1988년 5월~1989년 4월 일본 게이오(慶應)대학교 방문연구원
2004년 3월~2005년 8월 연세대학교 정치외교과 겸임교수
2006년 9월~2007년 8월 미국 Harvard대학교 객원교수(Fellow)

경　력

1973년 5월 외무고등고시 합격
1977년 2월~1979년 8월 주일본대사관 2등서기관
1983년 3월~1987년 2월 주일본대사관 1등서기관
1987년 3월~1988년 3월 외교부 아주국 서남아과장
1989년 8월~1992년 9월 주헝가리대사관 참사관
1992년 10월~1995년 2월 주일본대사관 참사관
1995년 9월~1997년 2월 외교부 아시아·태평양국 심의관
1997년 2월~1999년 2월 주중국대사관 공사
1999년 2월~2001년 2월 주일본대사관 공사
2001년 2월~2003년 6월 주캄보디아 특명전권대사
2003년 6월~2005년 9월 외교부 본부대사
2005년 9월~2006년 7월 대전광역시 국제자문대사
2007년 9월~현재 배재대학교 정치외교과 초빙교수

저작 및 상훈

2003년 2월『韓國의 外交戰略』博英社 刊
2006년 12월 대한민국 홍조근정훈장

이명박 정권의 외교전략 — 한국의 국가전략 —

2008年　3月　10日　初版印刷
2008年　3月　15日　初版發行

著　者　李　元　炯
發行人　安　鍾　萬
發行處　(株)博　英　社
서울特別市 鍾路區 平洞 13-31番地
電話 (733)6771 FAX (736)4818
登錄 1959. 3. 11. 제300-1959-1호(倫)

저자와 협의하에 인지첩부를 생략함

www.pakyoungsa.co.kr　e-mail : pys@pakyoungsa.co.kr

定　價　25,000원　　ISBN 978-89-7189-595-5